国家卫生和计划生育委员会"十三五"规划教材
全国高等医药教材建设研究会"十三五"规划教材
全国高等学校教材

供法医学类专业用

法医物证学

第4版

主　编　侯一平

副主编　丛　斌　王保捷　郭大玮

编　者（以姓氏笔画为序）

王保捷（中国医科大学）	张更谦（山西医科大学）
丛　斌（河北医科大学）	庞　灏（中国医科大学）
包其郁（温州医科大学）	侯一平（四川大学）
许冰莹（昆明医科大学）	高玉振（苏州大学）
孙宏钰（中山大学）	郭大玮（山西医科大学）
杜　冰（川北医学院）	黄代新（华中科技大学）
李生斌（西安交通大学）	谢建辉（复旦大学）
李英碧（四川大学）	赖江华（西安交通大学）
李淑瑾（河北医科大学）	翟仙敦（河南科技大学）
张　霁（四川大学）	

秘　书　张　霁（四川大学）

人民卫生出版社

图书在版编目（CIP）数据

法医物证学 / 侯一平主编. —4 版. —北京：人民卫生出版社，2016

ISBN 978-7-117-22236-5

Ⅰ．①法… Ⅱ．①侯… Ⅲ．①物证－法医学鉴定－高等学校－教材 Ⅳ．①D919.2

中国版本图书馆 CIP 数据核字（2016）第 046547 号

| 人卫智网 | www.ipmph.com | 医学教育、学术、考试、健康，购书智慧智能综合服务平台 |
| 人卫官网 | www.pmph.com | 人卫官方资讯发布平台 |

法医物证学

第 4 版

主　　编：侯一平

出版发行：人民卫生出版社（中继线 010-59780011）

地　　址：北京市朝阳区潘家园南里 19 号

邮　　编：100021

E - mail：pmph @ pmph.com

购书热线：010-59787592　010-59787584　010-65264830

印　　刷：北京铭成印刷有限公司

经　　销：新华书店

开　　本：850×1168　1/16　　印张：18　　插页：2

字　　数：533 千字

版　　次：1998 年 6 月第 1 版　　2016 年 3 月第 4 版
　　　　　2024 年 2 月第 4 版第 10 次印刷（总第 23 次印刷）

标准书号：ISBN 978-7-117-22236-5

定　　价：48.00 元

打击盗版举报电话：010-59787491　E-mail：WQ @ pmph.com

质量问题联系电话：010-59787234　E-mail：zhiliang @ pmph.com

全国高等医学院校法医学专业第五轮
规划教材修订说明 ············

20 世纪 80 年代，我国在医学院校中设置了法医学专业，并于 1988 年首次编写了成套的法医学专业卫生部规划教材，从而有力地推动了法医学教育的发展。2009 年五年制法医学专业规划教材第四轮出版发行。为促进本科法医学专业教学，教育部法医学专业教学指导委员会在 2014 年开始制定审议国家法医学本科专业教育质量标准并拟报教育部审批。根据质量标准要求及法医学相关领域学科进展，2014 年经全国高等医药教材建设研究会和全国高等医学院校法医学专业教材编审委员会审议，启动第五轮教材修订工作。

本轮修订仍然坚持"三基""五性"，并努力使学生通过学习达到培养具有坚实基础理论知识和专业知识、熟悉司法鉴定程序和法医鉴定技能、掌握法学、医学及相关学科知识，具有良好的思维判断能力以及分析问题能力的法医学高级复合型人才的专业培养目标。新教材体现了法医学领域的新进展和我国的新法规、新政策与新要求；考虑了学生的就业，具有较强的实用性，使学生在毕业后的实际工作中能够应用所学知识。本轮教材在编写中强调了可读性、注重了形式的活泼性，并全部配备了网络增值服务。

全套教材 16 种，其中主教材 11 种，配套教材 5 种，于 2016 年全部出版。所有教材均为国家卫生和计划生育委员会"十三五"规划教材。

第5轮法医学专业教材目录 •••

主编简介

侯一平，教授，博士研究生导师。教育部国家级教学名师，首批国家"万人计划"教学名师。四川大学华西基础医学与法医学院院长。四川大学法医学国家重点学科学术带头人，四川大学教育部法医学特色专业学术带头人，国务院特殊津贴获得者。国际法医遗传学会华语区（Chinese Speaking Working Group of International Society for Forensic Genetics）主席，教育部高等学校法医学专业教学指导委员会主任委员，中国法医学会法医学教育委员会主任委员，全国高等医学教育学会法医学研究会主任委员，全国高等医学院校法医学专业教材编审委员会主任委员。

作为德国洪堡基金会研究奖学金获得者，先后在德国科隆大学和不来梅大学从事科学研究。近5年获国家"十二五"科技支撑计划2项，国家自然科学基金重点项目1项、面上项目3项，国家授权发明专利7项，教育部技术发明奖1项。通过遗传标记分析解决个人识别和亲权鉴定等法医物证学核心问题。在Y染色体，MicroRNA和混合斑分析等研究领域形成了标志性成果；通过发展新的检测技术，在分析降解、微量、疑难检材等前沿领域取得了重要突破。研究论文发表在Nature Medicine，Genome Research，Forensic Sci Int Genet等学术期刊上。主编了普通高等教育"十一五"国家级规划教材《法医学》，普通高等教育"十五""十一五""十二五"国家级规划教材《法医物证学》。

副主编简介

丛斌，中国工程院院士，博士，教授，主任法医师，博士研究生导师。全国人大常委、法律委员会副主任委员，九三学社中央副主席，河北医科大学副校长、法医学系主任，中国法医学会副会长，中国法医学教育研究会副理事长，教育部法医学教学指导委员会副主任委员，《中国法医学杂志》编委会副主任、副主编。

从事法医学教学、科研、检案工作32年。在腐败检材降解DNA分型技术，多位点复合扩增体系构建，混合斑检验，广泛软组织损伤，应激性损伤，毒品依赖的信号转导机制，天然药物毒性化合物分离、纯化及其毒性机制，缩胆囊素细胞调节，自身免疫性疾病发病机制等方面的研究取得重要成果。获国家科技进步一等奖1项、二等奖2项，省部级一等奖三项。主编专著8部，发表论文350余篇，单篇最高影响因子40.2。培养博士、博士后56名、硕士93名。

王保捷，教授，博士研究生导师。教育部法医学专业教育指导委员会副主任委员，中国法医学会理事，《中国法医学杂志》与《法医学杂志》编委。省级名师，国务院特殊津贴获得者。作为客座教授5次赴日本久留米大学访问讲学。

从事法医学教学、科研、研究生培养、法医学鉴定、学院行政管理等工作。科研方向为：DNA遗传标记的法医学意义研究。主持科研项目12项，国家级规划教材《法医学》(第3、4、5、6版)主编，国家级规划教材《法医物证学》(第2、3版)副主编。发表论文80余篇。

郭大玮，教授，博士研究生导师，山西医科大学法医学院法医物证学教研室主任。中国法医学会物证专业委员会委员。留学美国、荷兰。从事教学工作30余年，曾参加国家规划教材《法医物证学》(第2版)、《现代法医学》(第2版)和《刑事科学技术大全法医学分册》等编写，"十二五"普通高等教育本科国家级规划教材《法医物证学》(第3版)副主编。研究领域涉及遗传标记及表观遗传标记的法医学应用和真核基因表达调控机制。曾主持国家自然科学基金重大研究计划，山西省自然科学基金及山西省青年自然科技基金等项目。

前　言

　　法医物证学是高等医学院校法医学专业课程之一,《法医物证学》规划教材的前三版为在大学本科讲授法医物证学提供了新途径,其出发点是以 DNA 分型为核心。当前,我国高等医学教育既面临发展机遇,又面临新的挑战。因此,全国法医学教材编审委员会决定修订《法医物证学》规划教材。

　　法医 DNA 分型技术的普及和发展,有力地证明了这种技术惊人的潜力,它不仅可以证实罪行,可以还无辜者清白,同时还极大地推动了法医物证学科的发展。本书主要目的是遵循专业培养目标,发扬前三版教材取得的成果,为学生知识、能力、素质的协调发展创造条件,帮助提高法医物证学专业人员的技能。希望本书的内容对法医学专业的师生有所帮助。

　　为了适应本学科新进展、新信息的大量涌现,本版编写了 6 个全新的章(法医 DNA 分析技术基础、STR 长度多态性、性染色体 STR 分型、法医 DNA 测序、二等位基因 DNA 遗传标记和表达产物水平遗传标记)。其中,法医 DNA 测序既包含了经典技术,也介绍了新一代测序在法医物证学的应用前景。STR 长度多态性和性染色体 STR 分型是在上版《DNA 长度多态性》一章的基础上扩展而成,而表达产物水平遗传标记是上版红细胞血型、HLA、血清型、酶型共 4 章的有机整合,着重体现新旧知识恰到好处的衔接和系统化。本版还修订了其余 14 章。所有各章均增添了知识拓展和知识链接。

　　本书共分 20 章,第 1~11 章包括绪论、法医物证分析的遗传学基础、DNA 多态性的分子基础、法医 DNA 分析技术基础、STR 长度多态性、STR 自动分型、性染色体 STR 分型、法医 DNA 测序、线粒体 DNA 多态性、二等位基因 DNA 遗传标记、表达产物水平遗传标记;第 12~20 章则介绍亲子鉴定及法医物证检验,包括法医物证检材的提取、包装和送检,血痕检验,精液斑检验,唾液及唾液斑检验,混合斑检验,人体组织检验,个人识别的证据意义评估,DNA 数据库等。

　　在本书的编写过程中,得到了人民卫生出版社、四川大学华西基础医学与法医学院及参编院校的大力支持,谨此致以诚挚的谢意!

　　限于我们的知识水平和经验,本书难免有不足乃至错误之处,祈盼各院校师生在教与学的过程中不吝指出,以期再版时更正和提高。

侯一平

2015 年 7 月于成都

目 录 ......

第一章 绪 论

学习目标

通过本章学习，应该**掌握**法医物证学的基本概念和基本任务。**熟悉**法医物证学的基本理论、基本技术、法医物证鉴定书与鉴定意见的一般要求。**了解**法医物证学发展概况。

法医物证学是以法医物证为研究对象，以提供科学证据为目的，研究应用生命科学技术解决案件中与人体有关的生物检材鉴定的一门学科。法医物证学是法医学的分支学科，其研究内容属法医学中的物证检验部分，是法医学研究的主要内容之一。法医物证学是因法律的需要和自然科学的发展而产生的一门交叉学科。随着本学科的不断发展与学科间的相互渗透，法医物证分析技术日臻完善，理论知识日趋丰富，解决检案问题的能力不断提高，已成为一门独立学科。这门学科的命名目前国内外尚未完全统一。国外称为法医血清学（forensic serology），法医血型血清学（forensic blood group serology），法医血液遗传学（forensic hematogenetics），法医遗传学（forensic genetics）及法医生物学（forensic biology）。我国法医专业目录定名为法医物证学。

第一节 法医物证的概念

法医物证学研究的对象是与人体有关的生物物证，通常称为法医物证。法医物证以其生物成分和特性来证明案件事实，通常包括血液、精液、阴道分泌液、乳汁、唾液、鼻涕、尿液、羊水及其斑痕，毛发、指甲、骨骼和牙齿，人体各种组织器官及其碎块等。如上所述，法医物证往往需要借助检验与鉴定来发现它们与案件事实的联系，因此在检验之前，它们常被称为法医物证检材。法医物证除具备物证的共性外，还有不同于其他物证的特点。

知识链接 1-1 ▶

物证的概念

物证是指能够以本身所具有的物质特征证明案件真实情况的物品和物质痕迹。作为一种独立的证据形式，物证有不同于其他证据的特征。

（一）物证以物质特征证明案件事实

物质特征是指物品所特有的属性，它包括物品的外部特征和内部特征。物品的外部特征是指物品的外形、颜色、体积、数量、重量及存在的位置等；内部特征包括物品的物理结构、化学成分、生物成分及特性。物品或物质痕迹证明案件事实依据其物质特征，例如刑事案件中的血痕，往往以其 DNA 特征证明案件事实。以物质特征证明案件事实，是物证的一个重要特点。

（二）物证对案件事实的证明具有间接性

物证是那些能够证明案件事实的物品和物质痕迹。由于它们以物质特征证明案件事实，与案件事实的联系性并非一目了然，往往需要借助检验与鉴定来发现它们与案件事实的联系。例如，在凶杀案件的现场发现一把有血痕的斧头。这把斧头可能是凶手杀人的工具，但从它本身是看不出来的，必须要对它进行检验与鉴定。经过鉴定发现这把斧头上的血痕与被害人的 DNA 特征一致，才可以断定这把斧头是杀人凶器。因此，斧头这个物证与案件事实的联系是通过血痕 DNA 鉴定才被人们所认识的。

（三）物证不易受人们主观因素影响

物证与其他证据相比较，客观性更强。物证是随着案件的发生而出现的，是案件当事人的行为与人或物发生作用的直接结果。物证以本身客观的物质特征起证明作用，不易受主观因素的影响。

物证的种类繁多。以物证客观存在形式和特性不同进行分类，可简单分类为物品物证、痕迹物证、文书物证、音像物证、化学物证和生物物证。

一、法医物证的特点

1. 法医物证的稳定性受环境条件影响　案件过程的多样性和犯罪现场的复杂性，使法医物证检材不可避免地受到环境的影响。法医物证的检验与鉴定即使对一个非常有经验的法医鉴定人，也是一个严峻的挑战。以血液为例，血液一旦从身体流出，就将迅速变质。死亡意味着生命活动停止，尸体内部的变质即刻开始，尸体中的血液也同时经历不可逆的变化，并且这种变化可由于温暖和潮湿的环境而加速。鉴定人不能预测收集检材前血痕所经历的环境条件与时间，也难以控制从血痕收集至送到实验室之前保存血痕的方法。血痕收集来自现场，现场也可能有类似血痕的其他生物性斑痕，在没有进行实验分析之前，鉴定人甚至不知道检材是否是血痕。因此，法医物证检材不同于临床实验室使用的医学样本，它的主要特点在于环境条件的作用使它具有某些不确定性。法医物证学的重点之一，正是针对法医物证检材的特点，设计合理的分析策略，选择正确的实验方法，减少不确定性，实现对法医物证的鉴定。

2. 法医物证属于"科学证据"　法医物证鉴定对科学技术有很强的依赖性。法医物证的发现、提取和检验需要运用科学技术来完成，法医物证鉴定意见与案件事实之间是否具有相关性的信息必须用科学的理论来解读。例如，对于血痕分析，无论是血型鉴定或 DNA 分型必须在法医物证专业实验室进行，有严格的操作管理程序和质量控制体系。对于鉴定意见的解释需要严格的逻辑推理和科学理论。因此，法医物证属于"科学证据"的范畴。

二、法医物证的意义

在案件调查和审判中，法医物证的作用主要表现在以下方面。

1. 法医物证是侦破刑事案件的向导　刑事案件中，特别是在凶杀、抢劫、盗窃、殴斗、强奸等案件中，常会出现人身伤害与死亡。由于个体与个体间，或个体与环境物品间发生接触，常遗留有血液、毛发、皮肤、指甲、牙齿、精液或唾液等，这些法医物证检材通常细小而且分布范围广，罪犯很难彻底将其毁掉。侦破工作往往是从一点一滴的法医物证收集开始，并经分析鉴定，能为侦查提供线索，是侦破刑事案件的向导。

2. 法医物证是查明案件事实的依据　案件是过去发生的事件，办案人员无法直接感知那些与案件有关的事实，只能通过各种证据来查明或"重建"案件事实。在许多案件中，法医物证都是这种"案件重建"的主要依据。它能帮助办案人员查明案件的性质，发案的时间和地点、过程和原因，以及案件中涉及的人和物。以事实为依据的法律原则，包含了与案件有关的物证及其鉴定意见对重建案件事实的重要作用。

3. 法医物证是审查其他证据的手段　法医物证属于"科学证据"。法医物证的证明价值是经过严密的科学检验所确认的，具有高度客观性和可靠性，被誉为"无声的证人"。美国学者赫伯特·麦克唐奈曾经形象地指出："物证不怕恫吓。物证不会遗忘，物证不会像人那样受外界影响而情绪激动……在审判过程中，被告人会说谎，证人会说谎，辩护律师和检察官会说谎，甚至法官也会说谎。唯有物证不会说谎"。所以法医物证在司法实践中可以作为审查和鉴别证人证言和当事人陈述等其他证据的有效手段。

第二节　法医物证学的基本任务、理论与技术

法医物证学的基本任务是解决案件中与人体有关的生物检材鉴定问题，其解决问题的方法是自然科学公认的理论与技术。

一、基本任务

法医物证学主要解决司法实践中的个人识别（personal identification）及亲子鉴定（parentage testing）问题。许多民事或刑事案件需作法医物证鉴定，诸如下列情况：

1. 斗殴、伤害、谋杀及碎尸案件，常在犯罪现场或可疑凶器上遗留有血痕或可疑血痕，需鉴定是否人血，是被害人或作案人所遗留。

2. 强奸或强奸杀人案，常在现场床上、地上、被害人衣裤或阴道中遗留有作案人的精液或精液与阴道分泌液的混合斑，需鉴定可疑精液斑或混合斑中的精液是否犯罪嫌疑人所遗留。

3. 道路交通事故，嫌疑车辆上的血痕、毛发与组织碎片需鉴定是否来自死者。

4. 灾害事故、空难事件造成的尸体离断，需鉴定是否同属一人；纵火杀人，焚尸灭迹、火灾遇难或集体被屠杀需进行尸源鉴定。

5. 可疑父母与子女之间有无血缘关系，诸如私生子、调错婴儿、拐骗儿童、财产继承、移民及强奸致孕等民事与刑事案件，需进行亲子鉴定。

二、基本理论

（一）个人识别的理论

鉴定法医物证用以揭示个体身份的任务称为个人识别（personal identification）。个人识别是以同一认定理论为指导原则，通过对物证检材的遗传标记作出科学鉴定，依据个体特征来判断前后两次或多次出现的物证检材是否同属一个个体的认识过程。第一次出现的个体往往是与案件事实有联系，并且在案发现场留下了该个体的生物检材，如血痕、精斑等。这第一次出现的个体对办案人员来说往往是未知个体，是要查找的对象，所以称为"被寻找个体"。个体第二次出现一般是侦查或调查活动的结果，如通过"摸底排队"发现了杀人案件的嫌疑人，需要认定这个嫌疑人是否是那个在现场留下血痕的人。第二次出现的个体通常是已知身份的个体，是要审查对象，所以被称为"受审查个体"。同一认定的实质是通过比较案发现场收集到的生物性检材与受审查个体的相应特征，判断前后两次或多次出现的个体是否为同一个个体。显然，鉴定分析无非有两种结果：先后出现的个体可能是同一个个体，也可能不是同一个个体。必须通过检验和比较，作出科学判断。

需要正确理解同一认定的概念，首先，同一认定是一种认识活动，这种认识活动的目的是判断案件中多次出现的法医物证检材是否同一。应该明确"同一"的内涵，"同一"与"相同""相似"有严格的区别。法医物证学中所说的"同一"是指一个人自身与自身的同一关系，而"相同""相似"是指两个人相同或相似的关系。其次，要认识到同一认定所使用的方法是比较的方法，是具有专门知识、经验的

专业人员对案件中多次出现的物证检材分别进行检验,通过比较分析其异同,从而得出结论。

同一认定是对案件中多次出现的法医物证检材进行比较、检验,这里的"多次出现"是概括的提法。实际上,多次出现的物证检材,其出现方式、获取途径以及称谓等有所不同。通常,将在案件现场发现的可疑痕迹称为"检材",即需要检验的材料,是办案人员在现场勘查时发现并提取的。鉴定人通过对检材进行检验分析,得出鉴定意见,为侦查提供线索,但此时并不能对检材进行同一认定。要进行同一认定,必须具有可供与检材比较的材料,通常将这类材料称为"样本"。样本是办案人员通过多种渠道获取的,如通过查询 DNA 数据库获得,通过调查、搜查等方式获得等。同一认定是鉴定人对案件中的"检材"与"样本"进行比较检验后而得出检材与样本是否来源于同一个体的过程。在某些情况下,同一认定可能是针对多起案件中的"检材"与"检材"进行的,如果认定两起案件中出现的检材同一,那么就能够说明两起案件存在一定的联系,为串并案提供有力的支持。

同一认定检验和比较的依据是人类遗传标记(genetic marker, GM)。人类遗传标记众多,例如 ABO 血型就是其中的一种。同一认定并不需使用人体的全部遗传标记,而只是一定数量遗传标记的组合。因此,在研究同一认定问题时,必须具体考察某遗传标记组合是否具备了同一认定所要求的条件,包括遗传标记的特定性、稳定性和反映性。

1. 遗传标记的特定性 要对某个体进行个人识别,需要把他与人群中其他所有个体区分开来,理想的和理论上的考虑是所检测的多个遗传标记组合的概率极其低,以至该遗传标记组合在群体中只能出现一次。换言之,同一认定所依据的遗传标记组合必须具有个体特定性。遗传标记组合的特定性主要由以下因素决定。

(1)遗传标记的数量:分析的遗传标记数量越多,遗传标记组合的特定性就越强,该遗传标记组合在群体中出现重复的概率也就越小。分析的遗传标记达到一定数量时,该遗传标记组合在群体中就不可能出现重复,理论上该遗传标记组合就具备了同一认定所要求的个体特定性。显然,遗传标记的数量与该遗传标记组合的特定性成正比,与该遗传标记组合出现重复的可能性成反比。

(2)群体中个体的数量:遗传标记组合在群体中出现重复的可能性与群体中个体的数量有关。因此,同一认定要求的特定性与群体中个体的数量有密切关系。群体中个体数量越多,同一认定对个体特定性的要求就越高,要求遗传标记的数量也就越多。

2. 遗传标记的稳定性 同一认定采用的遗传标记要求具有稳定性。所谓稳定性是指个体的遗传标记能够保持不变属性的时间长短,即遗传标记可检测时限的长短。从案件发生、检材提取到实验室检测的时间有长有短,其间伴随着遗传标记的变质过程。时间越长,检测的阳性率越低。例如,从罪犯在现场留下血痕到发现嫌疑人并提取其血样作为比对样本这一段时间内,现场血痕遗传标记特征保持了基本不变,它就具备了同一认定所要求的稳定性。鉴于遗传标记自身的大分子特征,这种可检测时限具有明显的差异。遗传标记的稳定性还包含另一层意思,即生物检材中遗传标记对外界各种物理、化学和生物性因素的抵抗或耐受的能力。紫外线、高温、潮湿、腐败以及环境中各类化学物质,都具有破坏遗传标记大分子的作用。如果检材中遗传标记的特征因自然原因或人为原因发生了质的变化,那它就不具备进行同一认定的条件了。由此可见,无论是在刑事案件还是在民事案件中,办案人员应该尽量保存好法医物证检材,尽量缩短送检时间。

3. 遗传标记的反映性 遗传标记的特定性与稳定性是进行同一认定的基础,但遗传标记分析的前提是遗传标记的特定性能够反映出来,并能被人们所认识。刑事犯罪的发生涉及物质接触和交换,罪犯或者在现场留下痕迹,或者把现场的痕迹带走,留下或带走的痕迹中常有大量的法医物证。涉及人体的物证检材多种多样,各具特征,并非总是可以检验鉴定的。有些检材容易检验,如血痕,有些不容易检验,如毛发。这就涉及遗传标记的反映性问题,理想的案件调查,要求最大限度地从检材中获取同一认定的信息,能够足够地反映出个体的特征。

个体遗传标记的反映性与人类的认识能力之间有着密切的关系。一般来说,个体遗传标记的反映性是客观存在的,但是这种反映性能否在同一认定中加以利用则取决于我们的认识能力和技术水平。随着科学技术的发展,对遗传标记的认识能力不断提高,法医物证鉴定的遗传标记从血型发展到 DNA 遗传标记。在这一发展过程中,个体遗传标记本身并没有发生什么变化,而是随着人类认识能力与科学技术水平的提高,原来无法识别的遗传标记转化成为可以识别的遗传标记。

(二)亲子鉴定理论

法医物证学中,分析个体的遗传标记,根据遗传规律对被控父母与子女血缘关系的鉴定称为亲子鉴定(parentage testing)。与个人识别不同,亲子鉴定研究的是两个以上个体之间是否有血缘关系的问题。遗传规律与统计学原理是亲子鉴定的理论基础。亲子鉴定必须通过检测个体遗传标记,分析遗传关系才能实现。用于鉴定亲子关系的遗传标记,应该是一种简单的遗传性状,遗传方式已被确定,具有遗传多态性。

三、基本技术

法医物证学用遗传标记进行个人识别和亲权鉴定。分析人类多态性遗传标记是法医物证学技术的核心,而检材的处理策略和实验结果的科学解释是法医物证技术的两个关键环节,其具体方法涉及多种学科。由于法医物证学应用了许多相关学科的新方法与新技术,近年来发展迅速。

1. 化学方法 在鉴别斑痕的类别时,多采用传统的化学方法,如血痕检验的联苯胺、血色原结晶及氯化血红素结晶试验,精斑检验的碘化碘钾结晶试验,唾液斑检验的碘 - 淀粉试验等。这些方法尽管不特异,但操作简单有效,有的非常灵敏,故一直沿用至今。

2. 物理学方法 相对其他方法而言,以往采用物理学方法解决法医物证检验问题较少,常用的有作为预试验在紫外光下检测精斑,用分光光度法测血红蛋白及其衍生物确证血痕等。近年来,应用物理学的技术解决法医物证检验问题逐渐增多,如用磁共振法测定血痕的陈旧度,有些酶型测定及 DNA 分析需在紫外光下阅读酶谱及 DNA 扩增产物片段。近年来,荧光染料标记引物复合扩增 STR 基因座,应用激光诱导获得分型信息等技术已经成为物证检测的常规。

3. 电子计算机技术 用电子计算机进行图像分析,处理数据及建立数据库等。

4. 形态学方法 形态学方法是法医物证学的基本方法之一,有的形态学检验结果可作为证据保存。主要形态检验方法是显微技术及扫描电镜技术,如用显微镜技术区别人类及鸟类红细胞,即区别人血与鸟血;根据血痕中发现不同形态的细胞,推断出血部位,确定该血痕为鼻血或月经血;根据毛发的形态结构区别人毛与兽毛,以及兽毛的种属;以及根据哈佛氏管的形态及数量,区别人骨与兽骨等。

5. 免疫血清学方法 物证检验广泛采用了免疫学技术,包括传统经典的沉淀反应和凝集反应等,并将其用于血痕种属鉴定、精斑确证试验、血痕血型测定的解离试验等。"法医血清学"曾经是法医物证检验的核心。高灵敏度的免疫学方法如酶联免疫吸附试验、免疫固定蛋白分析技术、免疫层析技术等至今还是学科研究和物证鉴定的重要手段。

6. 生物化学方法 常用各种电泳技术测定人类血清型与红细胞酶型及 DNA 分析。常用的电泳支持介质有淀粉凝胶、琼脂糖凝胶、混合凝胶及聚丙烯酰胺凝胶等。电泳方法则包括圆盘电泳、垂直板电泳、水平电泳、等电聚焦、梯度凝胶电泳、变性凝胶电泳及 DNA 序列分析等。

7. 分子生物学方法 DNA 指纹技术、聚合酶链式反应及 DNA 序列测定法等分子生物学方法均已应用于法医物证学。DNA 探针所得高度个体特异的限制片段长度多态性图谱,已经使法医物证鉴定实现了从只能否定到高概率肯定的飞跃。用 PCR 法可检测 VNTR、STR、mtDNA 及序列多态性。对于法医物证学,STR 多态性比限制片段长度多态性更具优势,是目前个人识别与亲子鉴定的主流技术。mtDNA 多态性测定可以解决缺少核 DNA 的毛发与指甲等角化组织的个人识别与母系单亲的亲子鉴定问题。

8. 遗传学方法 亲子鉴定应用遗传学原理对假设父母与子女的血缘关系进行分析。人类的遗传标记,包括各种血型、红细胞酶型及 DNA 多态性,均按孟德尔定律遗传。不同遗传标记的表型不同,遗传规律亦不完全相同,因此亲子鉴定必须具备基本的遗传学知识。计算各种遗传标记否定父权的概率,父权指数等量化指标均需遗传标记的基因频率,后者从群体遗传学调查结果获得,理论基础是群体遗传学。

第三节 法医物证的鉴定

鉴定是指在诉讼过程中,司法机关指派或聘请具有专门知识的人就案件中的专门性问题做出判断性结论的科学活动。法医物证鉴定应符合法律程序,包括案件的委托、受理与鉴定。受理案件时,接案人应检查委托书,了解案情,并做好记录,逐 清点检材是否符合检验要求。对于高度腐败影响检验可靠性的检材不应接受,以免得出错误的鉴定意见。亲子鉴定案件,接案人员应亲自抽取当事人的血液样本,防止样本调错。法医物证鉴定是一项技术要求高、专业性极强的工作,应由受过专业训练的技术人员担任,保证选用的方法可靠,操作方法标准化,试剂有效,仪器性能良好,结果准确可靠。

一、鉴定人

法医物证鉴定人是指具有从事鉴定资格,接受委托,运用专业知识和技能解决诉讼活动中有关物证方面专门问题的人。目前,我国的鉴定人有三种:一种是司法机关内从事法医物证鉴定的人员;另一种是在司法行政管理部门注册,取得了执业资格和鉴定资格,在法医学鉴定机构从业的鉴定人;还有一种是司法机关在办理案件中根据需要,临时聘请的具有法医物证学专门知识的人员。不论是哪一种鉴定人,都必须具备以下基本条件:

1. 鉴定人必须具有解决法医物证问题的专门知识和技能,能够对法医物证问题做出科学的鉴定意见。

2. 鉴定人与案件没有利害关系,能够客观公正地进行鉴定。存在法定回避的情况时,例如鉴定人是本案当事的人的近亲属或者有其他利害关系,鉴定人应主动回避。

3. 鉴定人必须是自然人,单位不能充当鉴定人。鉴定人因个人具有法医物证专门知识和技能,以个人名义参加诉讼活动,鉴定意见应由鉴定人自己负责。鉴定意见除加盖鉴定单位的鉴定专用章外,必须有鉴定人签名,否则不具备法律效力。

二、法医物证鉴定书与鉴定意见

鉴定人在接受司法机关的指派或聘请后,要对案件中的专门性问题得出结论。这种结论是鉴定人在进行实验分析和研究案件有关材料后,对案件中的特定问题所做出的判断。所以,鉴定意见是鉴定人提供的判断性意见,书面表现形式是鉴定书。

法医物证鉴定书一般包括如下内容:①委托进行鉴定的单位;②要求鉴定的目的和要求;③提交鉴定的材料;④进行鉴定的时间、地点;⑤鉴定采用的科学方法;⑥实验分析结果;⑦鉴定意见;⑧鉴定单位及鉴定人签名。

鉴定意见作为一种独立的诉讼证据,除具备证据的基本特征外,还有以下的特点:

1. 科学性 鉴定的原理和方法是被科学界普遍接受的,是经得起检验的,这是鉴定得以进行,鉴定意见可用作诉讼证据的必要前提。鉴定意见是一种具有科学根据的判断性意见。

2. 可重复性 采用被科学界普遍接受、掌握的技术原理和方法得出的鉴定结果具有可重复性。不同的实验室、不同的鉴定人对同一物证检材分析的结果应该是相同的。

3. 非法律评价性 鉴定意见的内容是鉴定人就案件中某些专门性问题所作的判断性结论。鉴定人依据案件调查和鉴定结果等资料,向法庭提供的是符合案件客观的科学证据,而不是对相关事实做出的法律评价。被告是否有罪的法律评价属于司法机关的职权范围。

第四节 法医物证学发展概况

法医物证学的历史源远流长。三国时代，谢承著的《会稽先贤传》有"以弟血滴兄骨验亲"的记载。南宋宋慈编著的《洗冤集录》中亦有"判血入水辨认亲子、兄弟"的记述，这些都是我国古代有关判定血缘关系的最早记载。这些检验方法虽不科学，但有启蒙意义，是现代血清学和遗传学的萌芽和先声。在欧洲，1893 年奥地利的汉斯·格劳斯所著《检验官手册》已将运用科学技术办案写入书中。1900 年 Landsteiner 发现 ABO 血型以后，人类红细胞血型应用于检案，法医物证检验步入了科学时代。1910 年法国刑事犯罪学家艾德蒙·洛卡德提出了接触与物质交换原理，表述为"任何接触都可以留下痕迹"。这个论点奠定了现代法庭科学的基础。20 世纪 60 年代用电泳检测血清型及酶型，为法医物证检验与鉴定提供了更多的技术手段。20 世纪 70 年代，应用等电聚焦发现了多种血清型及酶型的亚型，进一步提高了个人识别概率。1985 年，英国科学家 Jeffreys 研究人类肌红蛋白基因结构时，在第一内含子中发现一段由 33bp 为核心序列（core sequence）的串联重复小卫星序列。以该核心序列筛选人类基因文库，得到多个串联重复序列克隆，分别以这些串联重复序列单链作为 RFLP 分析的探针，杂交结果表明可在 4～23kb 范围内检出 20～30 条多态片段，多态性信息量极大，个体的条带模式独一无二，类似经典的指纹，故称 DNA 指纹。DNA 指纹的高度个体特异性克服了传统法医遗传标记鉴别能力低的缺陷，使法医个人识别和亲子鉴定实现了从仅能排除到高概率认定的飞跃，被誉为法医物证分析的里程碑。1993 年，国际法医遗传学会推广了以 STR 为核心的第二代法医 DNA 分型技术。不仅实现了法医物证检验高概率的认定，也为法医 DNA 分型技术的标准化铺平了道路。法医物证学采用 DNA 遗传标记是因为它有足够的多态性，理论上可以通过 DNA 分型，而不必通过测定全基因组序列来进行个人识别。DNA 分型的优点还在于能从任何含有细胞的体液或组织中得到相同的结果，能够对陈旧斑痕和极微量的检材分型，分析结果能够成为计算机可查询的数据库形式。快速分型的能力还可保证无辜的犯罪嫌疑人能尽快被排除，使鉴定工作不至于延误案件调查。

知识拓展 1-1 ▶

国际法医遗传学会

国际法医遗传学会（International Society of Forensic Genetics, ISFG）是旨在促进法医遗传标记研究的国际科学组织，1968 年 6 月 24 日成立于德国美因兹市，原名为国际法医血液遗传学会（International Society of Forensic Haemogenetics, ISFH）。随着学科发展，基于 DNA 的分子遗传分型技术成为主流，检测对象扩展到血液以外的所有组织和体液，因此 1991 年更名为国际法医遗传学会。学会现有超过 60 个国家 1100 多名会员。学会目前有英语、德语、法语、意大利语、西班牙和葡萄牙语、华语、韩、日语等 8 个基于不同语言的工作组（Working Group, WG）以及 DNA 委员会（DNA Commission）和欧洲 DNA 分型小组（European DNA Profiling Group, EDNAP）。这些工作组已日益成为学术交流、处理相关特殊问题、质量控制和能力验证的重要平台。华语工作组（Chinese Speaking Working Group of ISFG, CSWG）成立于 2005 年 9 月 16 日。华语工作组的任务为促进学术交流、质量控制和成员间的技术合作；充分利用和发现学科领域中的科学理论知识；发展中国法医遗传学教育。

ISFG 主要通过制定并发表 ISFG 专家委员会的科学建议、定期的国际会议来促进遗传标记应用于法医科学领域。每两年定期举办 1 次国际性学术会议。自 1989 年以来，ISFG 的 DNA 委员会已陆续发布了许多针对法医遗传学相关问题的建议和指南，对世界范围内 DNA 分型的规范化、标准化发挥了关键作用。2007 年，ISFG 与 Elsevier 出版集团联合创办了专门针对法医遗传学领域的国际性学术期刊 Forensic Sci Int Genet。ISFG 网址为：http://www.isfg.org

至今,法医物证检测由常量检测发展到了微量检测,从蛋白质水平进入了 DNA 水平,国内外法医物证实验室在同步发展,分析技术日臻完善,理论知识日趋丰富,解决检案问题的能力已经得到了极大的提高。

本章小结

法医物证学是以法医物证为研究对象,以提供科学证据为目的,研究应用生命科学技术解决案件中与人体有关的生物检材鉴定的一门学科。法医物证学是法医学的分支学科,是法医学研究的主要内容之一。法医物证学研究的对象是与人体有关的生物物证,通常称为法医物证。法医物证以其生物成分和特性来证明案件事实,通常包括血液、精液、阴道分泌液、乳汁、唾液、鼻涕、尿液、羊水及其斑痕,毛发、指甲、骨骼和牙齿,人体各种组织器官及其碎块等。法医物证学主要解决司法实践中的个人识别及亲子鉴定问题。法医物证学用遗传标记进行个人识别和亲权鉴定。分析人类多态性遗传标记是法医物证学技术的核心,而检材的处理策略和实验结果的科学解释是法医物证技术的两个关键环节。法医物证学主要采用 DNA 遗传标记分型,这是因为它有足够的多态性,理论上可以通过DNA 分型,而不必通过测定全基因组序列来进行个人识别。DNA 分型的优点还在于能从任何含有细胞的体液或组织中得到相同的结果,能够对陈旧斑痕和极微量的检材分型,分析结果能够成为计算机可查询的数据库形式。快速分型的能力还可保证无辜的犯罪嫌疑人能尽快被排除,使鉴定工作不至于延误案件调查。

关键术语

法医遗传学(forensic genetics)

法医生物学(forensic biology)

个人识别(personal identification)

亲子鉴定(parentage testing)

遗传标记(genetic marker)

(侯一平)

思考题

1. 法医物证的特点是什么?
2. 法医物证学的基本任务是什么?
3. 法医物证学的基本理论是什么?
4. 何谓法医物证学鉴定?
5. 法医物证鉴定意见的特点有哪些?

第二章　法医物证分析的遗传学基础

学习目标

　　通过本章学习，应该**掌握**作为法医物证学重要基础的人类遗传标记的概念。**熟悉**遗传标记的法医学应用参数。**了解**遗传标记的分类、遗传规律及群体遗传。

　　人类遗传学是法医物证学重要的基础。人类的遗传和变异使每一个体的遗传信息与他的亲代和子代具有相似性，但每一个体又具备自身的遗传特征性。法医物证学就是研究将这些遗传学规律应用于个体识别与亲权鉴定实践，为案件的侦破与审判提供准确、有效的科学证据。

第一节　遗传标记概述与分类

　　个体的单位遗传性状作为标志用于法医物证分析时，这种遗传性状就称为遗传标记（genetic marker，GM）。遗传学中，单位遗传性状是指可检测的、由遗传决定的、并能够以一定的规律从亲代传给下一代的形态学、生理学及分子生物学特征。例如 ABO 血型是一种遗传性状，用 ABO 血型可将人类简单地分为 A、B、AB 和 O 等 4 种类型，任何一个人只是其中一种。分析遗传标记可以为案件的侦查、审判提供科学证据。例如在一强奸案中，从被害人身上取得的精斑，分型结果为 A 型，犯罪嫌疑人血型为 B 型，据此可确定该嫌疑人与此案没有关系。又如 TH01 基因座是一种 DNA 片段长度遗传性状，用 TH01 通常可将人类分为 28 种基因型，任何一个人只是其中一种。分析杀人案件嫌疑凶器上血痕的 TH01 基因型，若与被害人的型别相同，则支持嫌疑凶器是作案工具的推论。遗传标记具有个体特异性，遗传标记的检测与分析是法医学进行个体识别的重要依据。

一、概述

　　遗传标记分析涉及基因、基因型和表型。在遗传学史上，奥地利的孟德尔（G.Mendel）发现了两大遗传规律。他指出，生物体表现出来的形状、颜色等性状是由某种内在因素所控制。Mendel 把这种决定性状的内在因素称为"遗传因子"，这是 Mendel 学说的基本概念。1909 年，丹麦遗传学家 Johannsen 称孟德尔的"遗传因子"为"gene"，我国遗传学家谈家桢将其翻译为"基因"。此后，学术界将决定和控制生物遗传与变异的内在因子称为"基因"。1903 年，W.Sutton 将染色体同 Mendel 的"遗传因子"联系起来，他观察到生殖细胞分裂中，线状的染色体也一分为二，使每一子代细胞仅接受形态完整的一套染色体，符合 Mendel 杂交试验所表明的遗传因子在杂交子代中的分配规则。据此，他提出了一个假说：染色体是基因的载体。这一假说很快被各项实验所证实。目前，基因的分子生物学概念是指能够表达出特定功能的产物，并决定生物体特定性状的一段 DNA 序列。基因在染色体上的一个特定位置被称为基因座（locus）。例如：ABO 血型的基因座在 9 号染色体上，TH01 短串联重复序列基因座则位于 11 号染色体上。同一个基因座上的基因可以有多个，它们之间存在 DNA 一级结构的差异，这种有差异的基因互称为等位基因(allele)。对群体而言,一个基因座上具有 3 种或 3 种以上的等位基因,称为复等位基因。例如 ABO 血型基因座上常见的等位基因有 A,B 和 O 三个,TH01 基因座上常见的等位基因有 7 个,即 5,6,7,8,9,9.3 和 10。因此,ABO 血型基因和 TH01 都是具有复等位基因的基因座。

基因型(genotype)是指个体一个或多个基因座上等位基因的组合,是生物体可见性状的实际基因组成。每个个体的染色体组由来自父方和母方的同源染色体构成,所以每个基因座上的等位基因是成对存在的。对一个基因座而言,基因型是指基因座上成对等位基因的组成,成对的等位基因相同时,称为纯合子(homozygote);不同时,称为杂合子(heterozygote)。例如:某一个体 ABO 血型基因座上成对的等位基因为 O 和 O,其基因型即为 OO;另一个体成对的基因为 A 和 O,其基因型即为 AO。前者是纯合子,后者为杂合子。同理,某一个体 TH01 基因座上成对的等位基因为 7 和 7,其基因型即为 7-7,另一个体 TH01 的等位基因为 7 和 9,其基因型即为 7-9。前者是纯合子,后者为杂合子。

表型(phenotype)是指生物体某特定基因所表现的性状。有的性状需通过一定手段才能观察到,例如某人的 ABO 血型表型为 B 型,白细胞抗原 HLA 表型为 A1,A2,B7 和 B8,观察 ABO 血型需要通过红细胞凝集试验,分型 HLA 需要微量淋巴细胞毒试验。表型是由基因型决定的,例如 ABO 血型的表型有 A 型、B 型、O 型和 AB 型四种,它们分别由以下基因型 AA 或 AO,BB 或 BO,OO 和 AB 决定。因此,基因、基因型和表型是不同的概念,必须加以区分。决定群体遗传结构的是基因、基因型及其频率,而表型是个体的遗传标记检测结果。

二、遗传标记的分类

法医物证分析主要采用 DNA 遗传标记、血型及蛋白质遗传标记。血型有广义与狭义两种概念,广义的血型是指由遗传决定的人类血液的个体差异,狭义概念指血液中细胞表面由遗传决定的抗原差异。广义概念不仅包括红细胞、白细胞、血小板等各种血液有形成分,还包括血清蛋白和酶型多态性。随着 DNA 遗传标记的发现和现代分子生物学技术的应用,使法医物证分析在 DNA 及其表达产物水平上都有了迅速的进展。法医物证分析目前使用的遗传标记分类如图 2-1 所示。

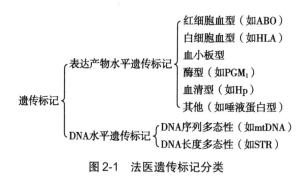

图 2-1 法医遗传标记分类

第二节 遗 传 规 律

孟德尔分离律和孟德尔自由组合律通称为孟德尔定律,二者分别称为孟德尔第一定律和第二定律。

一、孟德尔分离律

孟德尔分离律(law of segregation)指体细胞核中的基因以成对的形式出现并决定着生物体的遗传性状,在生殖细胞通过减数分裂形成配子时,成对的等位基因彼此分离,分别进入不同配子。每个配子中就只含有亲代一对基因中的一个,完成不同遗传性状的独立传递。例如 MN 血型中的杂合子基因 MN 在形成配子时,等位基因 M、N 分别进入不同的配子,各自独立遗传(图 2-2)。

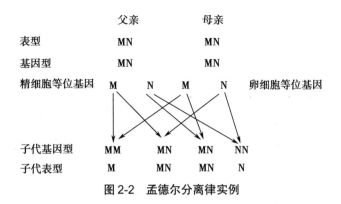

图 2-2　孟德尔分离律实例

二、孟德尔自由组合律

自由组合律（law of independent assortment）是指基因的传递过程中，不同基因座上的非等位基因在形成配子的过程中，自由组合，随机配对，机会均等，形成子代的基因型。该定律揭示了两个及两个以上基因座上的基因遗传规律。表 2-1 显示了孟德尔自由组合律在 MN 血型和红细胞酶型 EAP 的表现。

表 2-1　孟德尔自由组合律举例

		精细胞基因			
		MA	MB	NA	NB
卵细胞基因	MA	MMAA	MMAB	MNAA	MNAB
	MB	MMAB	MMBB	MNAB	MNBB
	NA	MNAA	MNAB	NNAA	NNAB
	NB	MNAB	MNBB	NNAB	NNBB

表中 M 和 N 是 MN 血型的等位基因；A 和 B 是酶型 EAP 的等位基因。MA，MB，NA，NB 是 MN 血型和红细胞酶型 EAP 的基因在配子中自由组合形成的。MMAA，MMAB，MMBB，NNAA，NNAB，NNBB，MNAA，MNAB，MNBB 是子代 MN 血型和红细胞酶型 EAP 的基因型。自由组合律归纳了不同基因座上等位基因的组合传递规律，先决条件是各基因座之间没有遗传连锁关系。该定律是计算遗传标记累积鉴别概率的理论基础，是个人识别统计学中乘积定律的计算基础。个人识别鉴定或亲权鉴定，应选择符合自由组合律的遗传标记，通常这些标记位于不同染色体上，或是在同一染色体上相距较远的位置。并且通过群体调查证实没有遗传连锁关系，可独立遗传。多个遗传标记累积鉴别概率的计算只有使用独立遗传的表型频率或基因频率，乘法原则才有效。

知识链接 2-1 ▶

孟德尔

孟德尔（Gregor Johann Mendel，1822 年 7 月 20 日—1884 年 1 月 6 日），奥地利天主教圣职人员，出生于西里西亚一个贫寒的农民家庭，自幼年时就对植物感兴趣。他在 1856 年到 1863 年间进行了 8 年的豌豆杂交实验，对一些稳定、容易区分的性状进行了由单一性状到多性状的观察，并对观察结果进行了统计学分析，研究成果于 1866 年发表在布吕恩自然科学研究协会会刊。在这篇题为《植物杂交试验》的论文中，孟德尔提出了遗传单位是遗传因子（现代遗传学称为基因）的论点，以及显性性状、隐性性状等重要概念，并对分离规律和自由组合规律进行了论述，为遗传学的诞生和发展奠定了基础，他也因此被誉为"现代遗传学之父"。

三、其他遗传规律

在生物体内还有一些基因并不按照孟德尔规律，而是按照其他特有的规律遗传，这些其他方式的遗传称为非孟德尔遗传。其中，与法医物证分析有着密切关系的遗传规律主要是母系遗传和父系遗传。

（一）母系遗传

母系遗传规律的典型例子是线粒体DNA（mitochondrial DNA，mtDNA），它是唯一的核外基因组DNA。mtDNA遗传主要通过卵细胞将其中的遗传信息传给下一代，使得子代中线粒体DNA序列和母亲的一致，即所谓的母系遗传。它除了不遵循孟德尔遗传规律以外，主要还有以下几个特点：

1．无有丝分裂和减数分裂的周期变化。

2．遗传物质位于细胞器中，不受核移植的影响。

3．杂交或正反交后，子代只表现母方的特征。

根据这些特征，人们可以直接追溯人类母系进化史。由于子代线粒体遗传标记仅源于母亲，在缺乏父方的亲子鉴定、隔代祖母 / 孙或同母的兄弟姐妹间亲缘关系鉴定有特殊价值。

（二）男性伴性遗传

Y染色体DNA中，除拟常染区（pseudoautosomal region）外，Y染色体上大部分不与X染色体重组，这些非重组部分的遗传标记从父亲直接传给儿子，子代男性中，每条Y染色体非重组部分的DNA序列保存有前辈父系的突变记录，属于Y染色体非重组部分DNA的多态性特征，毫无例外地一代一代呈父系单倍型遗传给儿子，具有高度的保守性和特异性。研究群体中Y染色体非重组部分DNA多态性，不仅可以追溯人类父系进化历史，在法医学个人识别，特别是性犯罪案件中的个人识别及亲子鉴定中也有非常重要的作用。

第三节　群体遗传

群体遗传学是研究群体的遗传组成结构及其演变规律的一门学科。群体遗传学产生于遗传学与进化论，是孟德尔遗传规律与数理统计学的结合。群体遗传结构是指孟德尔群体中的基因及基因型的种类和频率，所以群体遗传学研究群体中基因及基因型频率，以及影响这些频率的各种因素，包括基因突变与多态、选择、遗传漂变、人口迁移、近亲婚配等。

群体的概念指包含同一物种所有的个体，如地球上所有的人体，这是一个广义的群体概念。法医物证学应用时也指狭义的群体，即在一定地域内一群随机婚配，能实现基因世代传递并保持稳定的许多个体的集群，又称为Hardy-Weinberg群体。例如一个民族，一个国家，一个城市或一个村落的范围内包含的所有个体。群体中所有的基因数是一定的，个体间能实现基因的自由交换。一个群体内所包含的全部基因的总和就是基因库（gene pool）。群体遗传学是法医物证个人识别与亲权鉴定重要的理论基础。

一、遗传多态性

从遗传学的角度分析，遗传多态性（polymorphism）是指控制遗传标记的基因座上存在有2个或2个以上等位基因，并且等位基因的频率大于0.01。群体中存在因基因突变而产生的遗传不稳定的新等位基因，由于其频率远未达到0.01，而不属于遗传多态性。遗传多态性的形成机制是基因突变，但只有在突变基因经过了数代乃至数十代的遗传后，该等位基因不再需要突变来维持，在群体中能够保持稳定的频率时，才能认为具有遗传多态性。评估遗传多态性的主要参数是基因频率、基因型频率以及表型频率。

基因频率，确切的应该是等位基因频率（allelic frequency）是指群体中某种等位基因数目占该基因座上所有等位基因总数目的百分比。在一个基因座中，无论有多少等位基因，所有等位基因频率之和应为1。

基因型频率（genotype frequency）是指在一个群体中，某基因座上的基因型在全部基因型中所占的百分比，该基因座上全部基因型频率的总和应为1。

表型频率（phenotype frequency）是就某一性状而言，某一表型在群体中所占的百分比。所有表型频率之和必等于1。

二、基因频率计算

基因频率可通过直接计数法获得，直接计数法是一种准确和客观的方法，实际应用较多。从群体中抽取若干样本个体，检测基因型，然后直接计数等位基因，计算基因频率。目前使用的大多数遗传标记，包括 DNA 水平及表达产物水平遗传标记，如 MN 血型、GC 血清型、PGM1 红细胞酶型以及 DNA-STR 遗传标记等均是用计数法直接计算基因频率。

例如调查某群体 MN 血型的基因频率，群体随机抽样人数1000。调查结果基因型为 MM 的个体有 372 个，基因型为 MN 的个体有 496 个，基因型为 NN 的个体有 132 个。三种基因型频率分别为0.372、0.496 和 0.132。

MM 型个体有 2 个 M 等位基因，NN 型个体有 2 个 N 等位基因，MN 型个体有 1 个 M 和 1 个 N 等位基因。故在此群体中 M 等位基因的数目应该为：

$$2\times MM+MN=(2\times 372)+496=1240$$

N 等位基因的数目为：

$$2\times NN+MN=(2\times 132)+496=760$$

由于每个个体在此座位上有 2 个等位基因，故群体中等位基因的总数应为个体数的 2 倍，即 $1000\times 2=2000$。由此可计算 M 和 N 的基因频率。两个等位基因的频率我们通常用 p 和 q 来表示：

$$P=f(M)=\frac{2\times MM+MN}{2\times 个体总观察数}=\frac{1240}{2000}=0.62$$

$$P=f(N)=\frac{2\times NN+MN}{2\times 个体总观察数}=\frac{760}{2000}=0.38$$

在共显性等位基因遗传的遗传标记系统，基因频率的计算公式如下：

$$基因频率=\frac{2\times 纯合子数+含有该等位基因的杂合子数}{2\times 总个体观察数}$$

当有隐性基因存在时，要确切地从表型推出个体的基因型是困难的，不可能用直接计数法来计算基因频率。此时往往要依据群体中表型的频率来估计基因频率。主要有两种方法估计，一为方根法，运算比较方便；一为最大似然量估计法，它可靠性较高，但计算过于复杂。这里仅介绍通过表型频率来估计基因频率的方根法。

设群体中某基因座上的显性等位基因 A 的频率为 p，其他等位基因频率之和为 q，则 $p+q=1$。根据 Hardy-Weinberg 定律，我们可以得到表型与基因型之间的关系如表 2-2 所示。

表 2-2　具隐性基因基因座的表型与基因型关系

表型	表型频率	基因型频率
含显性等位基因 A	f	p^2+2pq
不含显性等位基因 A	1-f	q^2

从表中可知表型频率 $1-f=q^2$，可得 $q=\sqrt{1-f}$；同样由于 $p+q=1$，可得 $p=1-\sqrt{1-f}$。

由于方根法是以 Hardy-Weinberg 定律为基本原理，故在计算时需注意所调查的群体应符合 Hardy-Weinberg 群体的条件。

三、Hardy-Weinberg 平衡定律

Hardy-Weinberg 平衡定律又称遗传平衡定律，是群体遗传学中最重要的基本定律，它阐述了繁殖对群体的基因频率和基因型频率的影响作用。

（一）Hardy-Weinberg 平衡定律的概念

Hardy-Weinberg 定律建立在一个理想的群体模式上，有四个假设前提条件：①群体无限大；②随机婚配；③没有突变；④没有大规模的迁移和没有选择因素的影响。结论是群体中的基因频率和基因型频率在逐代传递中保持不变。

Hardy-Weinberg 定律只有在满足上述假设条件的"理想群体"中才成立，实际上这种理想群体的条件不可能完全满足。但是 Hardy-Weinberg 定律的数学模式有重要的实用价值。经过平衡定律的数学模式推定，在一个群体中，基因频率和基因型频率在每一代都是恒定的。即使未达到平衡的群体，只需繁殖一代即可重新达到平衡。

假设一对等位基因 A 和 a，其频率分别为 p 和 q。根据配子随机交配时等位基因的分离和自由组合规律（表 2-3），可以得到子代中三种基因型的频率分别为 $p^2(AA)$、$2pq(Aa)$、$q^2(aa)$。

表 2-3 随机交配的配子组合表

		母	
		A(p)	a(q)
父	A(p)	AA(p^2)	Aa(pq)
	a(q)	Aa(pq)	aa(q^2)

这一结果也可以通过数学公式 $(p+q)^2 = p^2 + 2pq + q^2$ 得到。在下一代进行随机交配后，后代的基因型频率可见（表 2-4）。

表 2-4 平衡群体随机交配后子代的基因型频率

交配类型 父 × 母	交配概率	子代基因型频率		
		AA	Aa	aa
$p^2(AA) \times p^2(AA)$	p^4	p^4	—	—
$p^2(AA) \times 2pq(Aa)$	$4p^3q$	$2p^3q$	$2p^3q$	—
$p^2(AA) \times q^2(aa)$	$2p^2q^2$	—	$2p^2q^2$	—
$2pq(Aa) \times 2pq(Aa)$	$4p^2q^2$	p^2q^2	$2p^2q^2$	p^2q^2
$2pq(Aa) \times q^2(aa)$	$4pq^3$	—	$2pq^3$	$2pq^3$
$q^2(aa) \times q^2(aa)$	q^4	—	—	q^4
总计	$(p+q)^4=1$	$p^2(p+q)^2=p^2$	$2pq(p+q)^2=2pq$	$q^2(p+q)^2=q^2$

从表中的结果我们可以看出子代的基因型频率仍然是 p^2、$2pq$、q^2，与其亲代保持一致，这样群体的每一代中的三种基因型频率均是以 $p^2 + 2pq + q^2$ 的比率存在，周而复始，不断循环，所以这个结果就可以说明该群体达到了遗传平衡。同时这个结果也反映了群体中基因频率和基因型频率的数学换算关系。

（二）Hardy-Weinberg 平衡定律的意义

1. 反映基因频率和基因型频率的关系 按照 Hardy-Weinberg 平衡定律，在达到遗传平衡的群体，基因频率和基因型频率之间的关系可以用二项式展开的公式表示。设某基因座有 A_1、A_2、A_3、……A_n 个等位基因，基因频率分别为 p_1、p_2、p_3、……p_n。则：

$(p_1A_1 + p_2A_2 + p_3A_3 + \cdots + p_nA_n)^2 = p_1^2A_1A_1 + p_2^2A_2A_2 + p_3^2A_3A_3 + \cdots + p_n^2A_nA_n + 2p_1p_2A_1A_2 + 2p_1p_3A_1A_3 + 2p_1p_4A_1A_4 \cdots + 2p_{n-1}p_nA_{n-1}A_n$

上述等式的左侧称配子组数；等式的右侧称合子组数。从二项式展开的公式，归纳出基因频率与基因型频率的数量关系为：

（1）纯合子基因型频率等于该基因频率的平方。

（2）杂合子基因型频率等于该两基因频率乘积的两倍。

这种基因频率和基因型频率间的数量关系对物证鉴定结论的量化有重要作用。

2. 群体样本的检验　Hardy-Weinberg 定律的另一个意义在于对抽样调查的结果进行检验，评估所调查的对象群体是否符合 Hardy-Weinberg 平衡定律，评估群体调查资料的可靠性。由于在实际中"理想群体"是不存在的，所以在应用群体调查资料计算法医物证学鉴定参数之前，需要先检验对象群体是否是统计学意义的 Hardy-Weinberg 平衡群体。

群体的 Hardy-Weinberg 平衡检验方法有吻合度检验法、纯合度检验法、似然比检验法以及确切概率分析法等等。其中吻合度检验法最为常用，而纯合度检验法、似然比检验法和确切概率分析法由于计算较复杂而使用较少。

吻合度检验是运用 χ^2 检验来衡量基因型数目的观察值与该位点上全部基因型频率分布在符合 Hardy-Weinberg 平衡时的期望值之间的吻合程度。首先计算出比较每个基因型的观察值与期望值之间吻合程度的 χ^2 值，再将所有基因型的 χ^2 值求和获得总的 χ^2 值，查表求得 P 值，一般以 $P > 0.05$ 作为无显著性差异的界限。计算公式如下：

$$\chi^2 = \sum \frac{(观察值 - 期望值)^2}{期望值}$$

其中 χ^2 检验的自由度为：

$$df = 观察到的基因型数 - 等位基因数$$

基因型的期望值按照 Hardy-Weinberg 公式计算：

$$纯合子基因型数的期望值 = (基因频率)^2 \times 样本含量$$

$$杂合子基因型数的期望值 = 2 \times (基因频率1) \times (基因频率2) \times 样本含量$$

吻合度检验法是一经典的方法，优点在于计算方法简便。$P > 0.05$ 说明所调查的群体达到了遗传平衡，也说明本次群体调查的数据可信。如果检验的结果 $P < 0.05$，有三个问题要考虑：①被调查的群体不是处于遗传平衡状态；②遗传标记分型的技术或标准出现误差；③没有达到随机抽样的要求。

在 χ^2 检验时，要求列联表中每一格子中基因型的数目均大于 5，而现在法医物证分析中最为常用的高多态性 DNA 基因座，如 VNTR 或 STR，每个基因座有许多等位基因，群体调查的样本量不够大时，调查资料中常会出现一些基因型数目小于 5，甚至有些基因型未观察到的情况。这不适合于检验该群体调查资料是否与 Hardy-Weinberg 平衡吻合。可以用调整数据结构的方法解决这个问题。常用的方法是并组法，可以忽略基因频率很小的等位基因对群体结构影响。以 STR 遗传标记的 D18S51 基因座为例：

表 2-5 列出了 128 名汉族无关个体 D18S51 基因型分布原始数据，即基因型的观察值。例如基因型 12-12 的观察值为 0，基因型 12-13 的观察值为 2，基因型 12-14 的观察值为 2。

等位基因频率按照前述直接计数法的公式算出，即：

$$等位基因12的基因频率 = (0+2+2+2+0+1+2+1+1+0+0+0+0)/2 \times 128$$
$$= (2+2+2+1+2+1+1)/2 \times 128$$
$$= 0.043$$

所有等位基因频率的计算结果见表 2-5。

$$纯合子基因型12-12的期望值 = (基因频率)^2 \times 样本含量 = 0.043^2 \times 128 = 0.2367$$
$$杂合子基因型12-13的期望值 = 2 \times (基因12频率) \times (基因13频率) \times 样本含量$$
$$= 2 \times 0.043 \times 0.140 \times 128$$
$$= 1.5411$$

表 2-5　成都地区汉族群体 D18S51 基因型分布及等位基因频率（n=128）

等位基因	12	13	14	15	16	17	18	19	20	基因频率
12										0.043
13	2	1								0.140
14	2	11	11							0.215
15	2	9	4	5						0.203
16		3	4	10	3					0.133
17	1	2	5	3	1					0.058
18	2	2	1	3	3	1				0.055
19	1	5	3	4						0.055
20	1			3	2		2	1	1	0.043
21			2	3	3	1				0.035
22					2	1				0.012
23			1							0.004
24				1						0.004

其余纯合子或杂合子基因型的期望值同样用上述公式计算，并与基因型观察值一起代入吻合度检验公式进行 Hardy-Weinberg 平衡吻合度检验，即：

$$\chi^2 = \sum \frac{(观察值-期望值)^2}{期望值} = 513.7658$$

$$df = 基因型数目 - 等位基因数目 = 42 - 13 = 29$$

查表得 $P<0.01$，结果显示群体不处于 Hardy-Weinberg 平衡状态。

但是由于 D18S51 基因座实际观察到的基因型数为 42，明显少于根据等位基因数推算出的预期基因型数 91。在列联表中大部分的格子数值小于 5，影响了 χ^2 检验对群体的估计能力。此时的 χ^2 检验不能说明群体是否处于 Hardy-Weinberg 平衡，需要用并组法对群体调查资料的数据结构进行调整，即将基因频率等于和小于 0.058 的等位基因并组为 C，得到表 2-6 数据。

表 2-6　D18S51 基因座低频率等位基因并组后的计算结果

等位基因	C	13	14	15	16	基因频率
C	12					0.309
13	11	1				0.140
14	14	11	11			0.215
15	19	9	4	5		0.203
16	11	3	4	10	3	0.133

按前述步骤计算结构调整后的数据，求得基因型观察值，基因频率和基因型期望值，将基因型观察值和期望值代入吻合度检验公式进行 Hardy-Weinberg 平衡吻合度检验，得：

$$\chi^2 = 16.588$$

$$df = 基因型数目 - 等位基因数目 = 15 - 5 = 10$$

查表得 $P>0.05$，结果显示群体处于 Hardy-Weinberg 平衡状态。

四、基因座独立性分析

在法医学个人识别和亲权鉴定中，常常要检测多个遗传标记来形成极小概率事件，来支持同一性或认定亲子关系的结论。一般的方法是经一组遗传标记测定，采用统计学中的乘积定律（product rule）

将各个单独的遗传标记组合成为了一种具有极小概率的表型组合。运用统计学中的乘积定律的先决条件是所检测的各个系统遗传标记之间具备独立性。一般来说，位于不同染色体的基因座，或者位于同一染色体但相距较远的基因座之间常常是按照随机原则进行组合的，呈不连锁遗传。这种基因座间没有相关性的状态称之为连锁平衡（linkage equilibrium，LE）。各个遗传标记处于连锁平衡状态，表明各遗传标记之间相对独立，在分析系统的累积概率时就可以运用乘积定理。

在遗传过程中，如果不同基因座上的等位基因没有按照孟德尔自由组合定律的随机原则组合时，这些基因座的遗传则处于一种连锁不平衡状态。说明系统中各个遗传标记之间具有相关性，不符合运用乘积定律的先决条件，在分析系统的累积概率时就不能运用乘积定理。处于连锁不平衡状态的基因座上的等位基因具有一同遗传的趋向，群体中的组合基因频率会高于或低于应用乘积定律求出的累积频率。在法医遗传标记数据分析处理中，基因座的独立性分析十分重要，否则会导致过高或过低的估计证据的鉴定能力。

基因座的独立性可以直接用 2×2 统计表及 χ^2 检验来进行分析。例如：判断 STR 基因座 D8S384 上的等位基因 7 与 TPOX 的等位基因 8 之间的独立性，可以将其等位基因数列成 2×2 列联表进行 χ^2 检验（表 2-7），得到 $\chi^2 = 0.0924$，$P > 0.05$，从而得出 D8S384 上的等位基因 7 与 TPOX 的等位基因 8 之间无明显关联。依此法将 D8S384 的等位基因与 TPOX 的等位基因进行两两检验，得出两个遗传标记是否处于连锁平衡状态。

表 2-7　STR 基因座独立性检测

	D8S384*7	非 D8S384*7	合计
TPOX*8	28	186	214
非 TPOX*8	26	158	184
合计	54	344	398

一般情况下，不在同一条染色体上的标记是相互独立的，位于同一染色体上物理距离大于 10Mb 以上的也相互独立，没有连锁关系。观察发现，位于同一染色体上物理距离小于 10Mb 的标记多存在连锁关系。

当两个遗传标记处于连锁不平衡状态时，需要用单倍型频率来描述和评估群体的遗传结构，计算相关参数。单倍型是指连锁基因座等位基因的组合，构成单倍型的等位基因呈连锁遗传。确定常染色体上遗传标记的单倍型需要进行家系调查，而母系遗传的 mtDNA 和父系遗传的 Y 染色体遗传标记则可以根据个体分型的结果直接确定单倍型。

知识拓展 2-1 ▶

连锁互换定律

美国生物学家摩尔根（Thomas Hunt Morgan，1866 年 9 月 25 日—1945 年 12 月 4 日）提出并建立了被称为遗传学的第三定律——连锁互换定律，即位于同一染色体上的基因之间不能自由组合，但由于同源染色体的断裂和重组，不同染色体上的基因之间会互相交换。

生殖细胞形成过程中，同一染色体上相邻基因座位上的等位基因作为一个整体向下传递给子代，称为连锁相。一对同源染色体上的不同基因座位上的等位基因之间可以发生交换，称为交换相或互换相。连锁和互换是造成生物多样性的重要原因之一。一般而言，两个基因座位相距越远，他们之间发生交换的机会越大，即交换率越高；反之，相距越近，交换率越低。如果两个基因之间只有连锁没有交换，这种连锁被称为完全连锁，此时后代只表现出亲本类型。如果基因在向下一代传递的过程中不仅有连锁，还出现了交换，这种遗传被称为不完全连锁遗传，此时后代会表现出不同于亲本的类型。

第四节　遗传标记的法医学应用参数

为了评估遗传标记在法医物证学中的使用价值，根据不同的使用目的常采用下列不同的参数。

一、杂合度

杂合度（heterozygosity）是一个传统的遗传学指标，指群体中某遗传标记所有基因型中杂合子所占的比例。杂合度高，说明该遗传标记的杂合性大，在法医学个人识别中的应用价值就越大。与其相类似的另一个概念是基因差异度（gene diversity），是指某一遗传标记在某群体中的变异程度。从本质上来说，二者意义相同，都与该基因座的法医学应用价值成正比。

杂合度用 H 或 h 表示。杂合度观察值的计算公式为：

$$h = \frac{\text{样本中杂合子数目}}{\text{样本中个体总数}}$$

杂合度期望值计算公式为：

$$H = \frac{n}{n-1}\left(1 - \sum_{i=1}^{k} p_i^2\right)$$

其中 n 为样本中所有等位基因或单倍型的总数，k 为等位基因或单倍型种类的数目。p_i 为样本第 i 个等位基因或单倍型的频率。

二、个人识别概率

个人识别概率（discrimination power，DP）是指在群体中随机抽取两个体，二者的遗传标记表型不相同的概率。DP 是评价该遗传标记系统识别不同个体效能大小的指标。随机抽取的两个体，在某个遗传标记中的表型、基因型不相同的概率越高，说明这个遗传标记在识别不同个体方面的效能就越强。DP 值的计算公式为：

$$DP = 1 - Pm = 1 - \sum_{i=1}^{n} P_i^2$$

其中 n 为某一遗传标记的表型数目，P_i 为该群体第 i 个表型的频率。$\sum_{i=1}^{n} P_i^2$ 指人群中随机抽取两个无关个体在某一个基因座上二者表型纯粹由于机会而一致的概率。

在个人识别案件中，通常要检测许多遗传标记系统，需要对所有遗传标记识别不同个体的综合能力进行评估，即计算累积个人识别概率（TDP）。公式如下：

$$TDP = 1 - (1 - DP_1)(1 - DP_2)(1 - DP_3)\cdots(1 - DP_k)$$
$$= 1 - Pm_1 \times Pm_2 \times Pm_3 \times Pm_4 \times Pm_5 \times \cdots \times Pm_k$$
$$= 1 - \prod_{j=1}^{k} Pj$$

式中 Pj 为第 j 个遗传标记的 Pm 值，∏Pj 为 k 个遗传系统的总 Pm 值。鉴定多个遗传标记，先用公式求出每种遗传标记的 Pm 值，再求出累积 Pm 值，最后求出累积 DP 值。通常在鉴定中使用的遗传标记数越多，DP 值就会越高，累积的个人识别能力就会越强。必须强调的是，所有检测遗传标记是独立遗传的，符合乘积定律的要求。表 2-8 中列出了成都地区汉族群体 13 个 STR 基因座的个人识别能力计算。

表2-8 成都汉族群体13个STR基因座的个人识别概率及累积个人识别概率

基因座	个人识别概率	累积个人识别概率
TPOX	0.789	0.789
D3S1358	0.856	0.9696
FGA	0.952	0.998 54
D5S818	0.912	0.999 872
CSF1PO	0.858	0.999 981 8
D7S820	0.917	0.999 998 49
D8S1179	0.950	0.999 999 924
TH01	0.833	0.999 999 987
VWA	0.924	0.999 999 999
D13S317	0.931	>0.999 999 999
D16S539	0.921	>0.999 999 999
D18S51	0.958	>0.999 999 999
D21S11	0.931	>0.999 999 999

对于连锁的遗传标记,由于不能运用乘积定律,例如线粒体的碱基序列多态性、Y染色体上的遗传标记等。此类遗传标记的累积个人识别概率的计算需要先统计出几个基因座或区域的单倍型之后计算单倍型的频率,再计算其个人识别概率。即计算个体间的平均基因差异度,公式为:

$$GD = \left[n \left(1 - \sum P_i^2 \right) \right] / (n-1)$$

这里 P_i 为单倍型频率,n 为观察到的单倍型个数。

三、非父排除概率

非父排除概率或排除概率(probability of paternity,PE)是指孩子的非亲生父亲的男子,能够被某个遗传标记系统排除的概率。这个指标用于评估某一遗传标记系统在亲权鉴定案件中的实用价值。当不是生父的男子被指控为孩子生父时,理论上可以根据鉴定的遗传标记予以否定,但如果遗传标记的鉴别能力较差时,无关个体相同基因型的机会较高,不能排除该男子与孩子具有亲生关系。遗传标记系统的多态性程度越高,排除非亲生父亲的效能越高。这个评估参数即是非父排除概率,又称为排除概率(probability of exclusion,PE)。

本章小结

遗传学是法医物证学的重要理论基础。本章内容从遗传标记、遗传学规律、群体遗传学、遗传标记的法医学应用参数四个方面对法医物证学所需的遗传学理论基础进行了阐述。遗传标记概述与分类一节重点介绍了法医学遗传标记的定义、特点和分类,并对基因座、等位基因、基因型、表型等概念进行了阐述。遗传规律一节对孟德尔分离率和自由组合率进行了阐述,还介绍了与法医物证学密切相关的母系遗传和男性伴性遗传两个重要的伴性遗传规律。第三节群体遗传,结合遗传多态性、基因频率、基因型频率等基本概念,对Hardy-Weinberg平衡定律及其意义进行了详细阐述,并介绍了基因座独立性分析的方法和法医学意义。在遗传标记的法医学应用参数一节中,介绍了如何应用杂合度、个人识别概率、非父排除概率三个重要的评价指标评估各种遗传标记在法医物证学中的使用价值。

关键术语

遗传标记(genetic marker,GM)
基因座(locus)

等位基因（allele）

基因型（genotype）

表型（phenotype）

纯合子（homozygote）

杂合子（heterozygote）

分离律（law of segregation）

自由组合律（law of independent assortment）

遗传多态性（polymorphism）

等位基因频率（allelic frequency）

基因型频率（genotype frequency）

表型频率（phenotype frequency）

连锁平衡（linkage equilibrium，LE）

个人识别概率（discrimination power，DP）

非父排除概率（excluding probability of paternity，PE）

（张　霁）

思考题

1. 什么是遗传多态性？

2. 何谓遗传标记？

3. 何谓基因、基因型和表型？

4. Hardy-Weinberg 平衡定律的意义是什么？

5. 基因座独立性分析的意义是什么？

第三章　DNA 多态性的分子基础

学习目标

　　通过本章学习，应该**掌握** DNA 的基本结构与性质及 DNA 多态性的分类；短串联重复序列的结构类型及命名；单核苷酸多态性的概念。**熟悉**短串联重复序列的成因以及短串联重复序列基因座用于法医学鉴定的基本条件。**了解** DNA 序列多态性的法医学应用前景及小卫星 DNA 可变重复序列多态性的基本特征。

　　人类遗传标记的检测和分析是法医学个体识别鉴定和亲子鉴定的理论基础。自从 20 世纪 80 年代 DNA 分析技术面世后，人类 DNA 遗传标记成为法医物证学应用研究的热点。与蛋白质多态性标记一样，形成 DNA 多态性的原因是基因组特定的座位上出现了等位基因。等位基因可以出现在编码区，也可以出现在非编码区，它们之间或是碱基序列的差异，也可是 DNA 片段长度差异，并且这些差异可以按照孟德尔遗传规律由亲代传递给子代，这一特点符合遗传标记的特征。

　　随着 DNA 遗传标记研究的日渐深入，DNA 分型已经成为法医学鉴定的主要手段。这一高新技术使物证鉴定由蛋白质水平进入到 DNA 分子水平，能够直接对检材样品 DNA 分子作出个体特征分析与判定。在人类基因组中，DNA 多态性基因座的数量远多于蛋白多态性座位，多态性程度远高于蛋白多态座位，应用 DNA 分型技术才真正使物证鉴定实现了从否定向认定的飞跃。凡是含有细胞、组织的生物性检材，均能够提取到 DNA 并作出分型检测，物证取材的广泛性成为 DNA 分型的又一优势。应用分子生物学技术，如限制性片段长度多态性分析技术、PCR 技术、DNA 测序技术、斑点杂交技术等日趋成熟，DNA 分型方法日趋简化，PCR-STR 分型、DNA 测序已经实现仪器自动分析，并且检测的灵敏度逐步达到微量、超微量水平。直至 20 世纪 90 年代，法医物证鉴定才真正地实现了准确、微量和快速的目标。

第一节　DNA 分子结构与功能

　　核酸（nucleic acid）是生物大分子，由核苷酸通过 $3',5'$- 磷酸二酯键连接成线性多聚核苷酸构成。根据核苷酸中的戊糖种类可将核酸分成两种，脱氧核糖核酸（deoxyribonucleic acid，DNA）和核糖核酸（ribonucleic acid，RNA）。DNA 中的戊糖是脱氧核糖，RNA 中是核糖。

一、DNA 的分子结构

（一）DNA 的基本结构单位
DNA 的基本结构单位是脱氧核苷酸，由碱基、脱氧核糖和磷酸构成。

　　1. 含氮碱基　　含氮碱基分嘌呤碱和嘧啶碱两种，DNA 分子中的嘌呤（purine）碱主要有腺嘌呤（adenine，A）和鸟嘌呤（guanine，G）；嘧啶（pyrimidine）碱主要有胞嘧啶（cytosine，C）和胸腺嘧啶（thymin，T）。

对各种生物 DNA 的碱基组成定量分析证明，分子中 A 和 T 的克分子含量相等；G 和 C 的克分子含量相等。因此，嘌呤总含量和嘧啶总含量相等，即 A＋G＝C＋T。

2. 核苷　DNA 分子中的戊糖是 D- 脱氧核糖。含氮碱基与 D- 脱氧核糖缩合形成核苷。嘌呤类核苷由嘌呤碱 N_9 原子与核糖的 C_1 原子之间形成的糖苷键连接构成；嘧啶类核苷由嘧啶碱 N_1 原子与核糖 C_1 原子间的糖苷键连接构成。DNA 的脱氧核糖核苷有 4 种：脱氧腺苷、脱氧鸟苷、脱氧胞苷和脱氧胸苷。

3. 核苷酸　核苷的磷酸酯即核苷酸。戊糖分子中最常见的酯化部位在 C_5 和 C_3，脱氧核苷的戊糖 C_5 原子与磷酸形成酯键，即成为脱氧核苷酸。所有核苷的戊糖 C_5 位置都可以连接一个以上的磷酸，从戊糖开始第 1,2,3 个磷酸残基依次被称为 α、β 和 γ（图 3-1），磷酸之间的键均是高能键。脱氧核苷三磷酸可缩写为 dNTP，N 代表 A，T，C 和 G 的总称。脱氧核苷二磷酸为 dNDP，戊糖仅连接一个磷酸则为 dNMP。例如脱氧鸟苷分别连接 1、2、3 个磷酸时，则称 dGMP、dGDP 和 dGTP。dNTP 是 DNA 合成的前体。

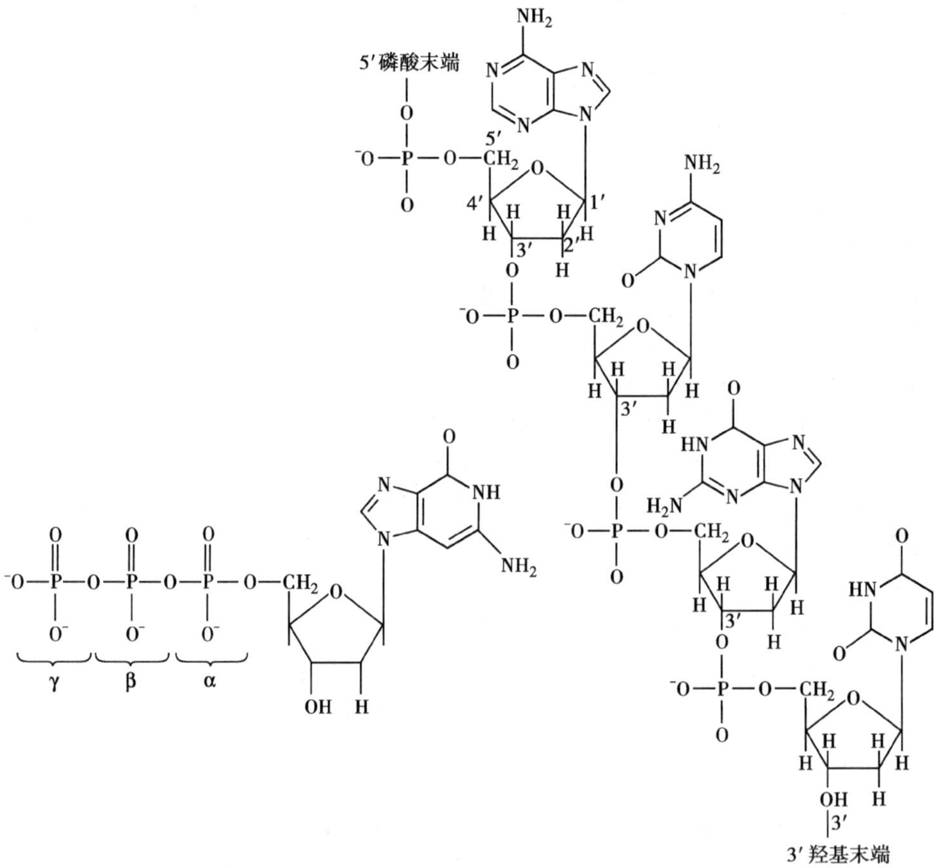

图 3-1　DNA 基本结构

（二）DNA 的分子结构

DNA 一级结构是指 DNA 分子中核苷酸的排列顺序，二级结构指两条 DNA 单链形成的双股螺旋结构，三级结构则指双链 DNA 进一步扭曲盘旋形成的超级螺旋结构。

1. DNA 的一级结构　DNA 分子由多个脱氧核苷酸通过 3′,5′- 磷酸二酯键连接而成，由脱氧核糖和磷酸构成了多聚核苷酸链的骨架，含氮碱基突出于骨架之上。多聚核苷酸链有不对称的两个末端，一端的核苷酸具有自由的 5′- 磷酸基团，称为 5′ 末端。另一端的核苷酸有游离的 3′ 羟基，称为 3′ 末端（图 3-1）。

DNA 多核苷酸分子中脱氧核苷酸的排列顺序称为 DNA 一级结构。因为不同单核苷酸中的戊糖和磷酸是相同的,可直接用单核苷酸中的碱基顺序表示DNA的核苷酸序列(nucleotide sequence)。规范的表达方式是从左至右,由5′端开始,按顺序逐一记录碱基至3′末端止。DNA一级结构是遗传信息的载体,生物的遗传信息以核苷酸的不同排列顺序贮存在DNA分子中。如果核苷酸的排列顺序发生改变,它的生物学含义也就改变。DNA的碱基虽然只有4种,可是碱基的排列组合却是无穷尽的。

2. DNA的二级结构　1953年,Watson和Crick提出了DNA双螺旋结构模式。DNA双螺旋结构具有以下两个特征:① DNA分子是由两条逆向平行的多聚核苷酸长链组成,即一条是5′→3′方向,另一条是3′→5′方向,围绕同一中心轴相互盘旋形成双螺旋。磷酸和核糖主链位于螺旋的外侧,磷酸基团携带负电荷。嘌呤碱和嘧啶碱具疏水性,位于螺旋的内侧,碱基的平面结构与螺旋主轴垂直。②两条多聚核苷酸链依靠对应碱基之间的氢键相连,建立氢键连接的碱基必然是嘌呤配嘧啶。其中只有A和T、G和C构成配对碱基,又称碱基互补。A和T之间有两个氢键,G和C间有三个氢键(图3-2),所以G-C之间的连接比较稳定,DNA双股螺旋结构的稳定性与G+C百分含量成正比。

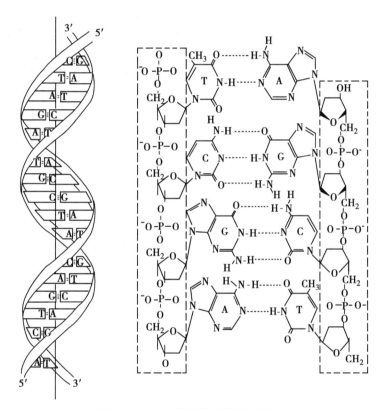

图3-2　DNA双股螺旋结构及碱基配对

　　DNA分子结构的碱基配对原则具有重要的生物学意义,是DNA的复制、转录等重要生理功能的分子学基础:①细胞分裂伴随的DNA复制是半保留复制(semiconservation replication)方式,以亲代每条DNA单链为模板,按照碱基配对原则,合成一新的DNA单链。新合成的DNA双链分子中,一条是原有的亲代链,一条是新合成的子代DNA单链。②DNA一级结构提供了贮存和传递遗传信息的编码,也是构成DNA遗传标记的结构基础。③提供RNA合成的模板,DNA分子的转录是蛋白质合成的第一步。DNA的碱基排列顺序决定了蛋白质的一级结构,即蛋白质分子中氨基酸的种类、数量和排列顺序。

　　3. DNA的三级结构　DNA双螺旋进一步盘曲,形成更加复杂的超螺旋结构,即DNA的三级结构。真核生物DNA三级结构的特征性形式是核小体(nucleosome)。核小体由4种组蛋白(H_2A, H_2B, H_3和H_4)各2分子组成八聚体,长约140bp的DNA双链在组蛋白八聚体上缠绕1.75圈。在相邻核小体间有 60bp 的连接链,连接链结合有组蛋白 H₁。所以,核小体结构总共由 5 种组蛋白及 200bp 长的 DNA 双链组成。串珠样 DNA 线性分子通过扭曲盘旋,可形成更复杂的、多层次的超螺旋大环状结构,进而盘旋形成染色单体。DNA 的三级超螺旋结构的主要意义是压缩 DNA 分子体积,有利于在细胞中的包装。例如 200bp 的 DNA 缠绕核小体后,长度 10nm,200bp 长度的 DNA 分子被压缩了 7 倍。人类基因组 DNA 直线长度约 2m,形成 23 对染色体并组装在直径约 5μm 的细胞核中,DNA 分子已经被压缩了近一万倍。

二、DNA 的理化性质

(一)DNA 的高分子性质

DNA 溶液具有较大的黏性。通常高分子溶液的黏性与溶质分子的不对称有关,分子不对称性越明显,溶液的黏度越大。线性 DNA 分子的长度和直径比例可达 10^7,所以极稀的 DNA 溶液黏性也十分明显。

DNA 分子既含有带负电荷的磷酸基团,也具有带正电荷的含氮碱基,因此 DNA 与蛋白质一样,具有两性电解质的性质。两单核苷酸之间的磷酸残基类似多元酸的特征,当溶液的 pH 值大于 4 时,全部解离,具有较强的酸性。DNA 分子的等电点较低,在中性或弱碱性溶液中,DNA 分子带负电,在电场的作用下向正极移动。利用 DNA 分子的带电性质,用凝胶电泳技术可将分子量大小不同的 DNA 分子分离。若电泳介质为变性凝胶,则 DNA 电泳迁移率与其分子量对数成反比。一些电泳介质如 POP4 由单链组成,这些单链分子间相互缠结,形成瞬时分子筛小孔(transient pores),在适当电场中,DNA 依分子量大小分离。

带负电的 DNA 可以与金属离子结合成盐,一价正离子如 Na^+、K^+,二价正离子如 Mg^{2+}、Mn^{2+} 等都可以与 DNA 结合。多负离子状态的核酸也能与碱性蛋白,如组氨酸结合,使 DNA 分子更具有稳定性。向 DNA 溶液中加入盐,带正电荷的金属离子可中和 DNA 的负电,在有乙醇或异丙醇存在时,DNA 即可以从溶液中沉淀析出。

DNA 分子中的碱基都含有共轭双键,具有强烈吸收紫外线的性质,最大紫外线吸收波长在 260nm。利用这一特征,可以对 DNA 样品做定量分析。

(二)DNA 的变性和复性

DNA 最重要的理化特性是变性和复性。

1. DNA 变性　维持 DNA 双链结构的主要是氢键。在加热、溶液碱性、加入有机溶剂如二甲基亚砜(dimethyl sulphoxide, DMSO),甲酰胺(formamide)等条件下,DNA 双链间的氢键断裂,形成两条单链的过程叫做变性(denaturation)。溶液中 DNA 变性使分子内部的碱基暴露,同时溶液黏度降低,沉降速率增加,浮力密度上升,因此对紫外线吸收增加。不同 DNA 结构有不同的 A₂₆₀ 吸收值,基本规律是双链 DNA < 单链 DNA < 单核苷酸,DNA 分子对紫外线的吸收强度与变性程度成正比。在所有 DNA 变性的因素中,热变性的意义较大。随温度上升,DNA 溶液的紫外线吸收增强,A₂₆₀ 值上升。这个现象称作"增色效应"(hyperchromic effect)。如果以 A₂₆₀ 值的上升与温度变化的函数作图,可得到 DNA 的融链曲线(图 3-3)。融链曲线的中点所示温度称作该 DNA 分子的融链温度(melting temperature, Tm),Tm 是一半 DNA 分子变性时的温度。DNA 分子的 Tm 值与碱基组成有关,因为 G 和 C 之间有三条氢键,变性需要较多的能量,故 Tm 值随分子中 G/C 含量呈线性增加。每增加 1% 的 G/C 含量,Tm 值约增加 0.4℃。天然 DNA 分子中的 G/C 含量从 22% 到 73%,Tm 值一般在 85~95℃ 之间。由于 DNA 分子的 Tm 值与 G/C 含量成正相关,因此测定

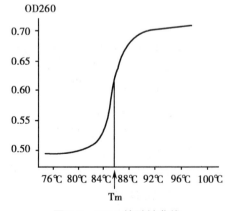

图 3-3　DNA 的融链曲线

DNA 的 Tm 值可以估计分子中 G/C 的含量，二者之间的关系可用下式表示：

$$(G+C)\% = (Tm-69.3) \times 2.44$$

Tm 值还受到介质中离子强度的影响，在离子强度较低的溶液中，DNA 的溶解温度较低，溶解温度的范围也较窄。高离子强度介质中，DNA 分子相对要稳定，所以 DNA 制品一般保存在 1mol/L NaCl 中。

DNA 分子变性仅是维持双股螺旋结构的氢键断裂，不涉及核苷酸间的共价键，所以变性作用不引起 DNA 分子量的改变。在某些因素的影响下，例如紫外线、DNA 酶等，可以使 DNA 分子中的共价键断裂，形成多个分子量更小的 DNA 片段，这个过程叫做 DNA 降解。

2. DNA 复性　当撤除变性因素后，原变性的两条互补 DNA 单链通过碱基配对又重新缔合成为双链结构的过程叫做复性（renaturation）。加热后变性的 DNA 在温度降低过程中的复性又称为退火（annealing）。复性过程依靠两条互补链之间特异性的碱基配对，需经过两个阶段：首先，溶液中的 DNA 单链以随机方式相遇，如果二者的序列可以互补，两链的碱基即发生配对，形成局部的双螺旋区；随后，该碱基配对区延伸至整个分子。

DNA 分子复性受多种因素的影响。首先是温度对复性过程影响明显。温度高有利于分子运动，增加 DNA 分子间碰撞机会，但温度过高、接近 Tm 值时，DNA 也不易复性；温度过低易导致碱基错配率上升。最适宜的复性温度约在 Tm 值下 25℃。影响复性的另一个因素是离子强度。DNA 复性过程必须有足够盐浓度，以中和 DNA 分子携带的负电荷，有利于复性过程。其次，DNA 分子的大小和碱基序列对复性也有影响，简单序列的小分子，彼此容易发现互补序列，复性较快；序列复杂的 DNA 大分子，两条单链间碱基互补的机会较小，因此复性要比简单序列复性所需的时间更长。另外，由于复性首先要靠单链分子的随机碰撞，所以浓度高的 DNA 溶液比浓度低的 DNA 溶液容易复性。对于特定的 DNA 分子，影响复性过程的主要因素是复性温度与溶液的离子强度，因此，通过人为地控制复性的温度和盐浓度可以调节复性的速率。

3. 杂交　在复性的条件下，来源不同、但具有同源性的 DNA 单链按碱基配对原则形成双链 DNA 分子的过程称作杂交（hybridization）。有时两种不完全互补，仅局部碱基序列具有同源性的 DNA 分子也能形成局部双链的杂交产物，可通过两核酸分子的杂交能力可分析二者间碱基序列的互补程度。在现代分子生物学技术中，杂交已经成为检测靶 DNA 片段的一种基本技术。将与靶片段序列互补的 DNA 寡核苷酸单链标记示踪物，使其在复性条件下与靶 DNA 单链形成杂交双链，然后通过显现示踪分子来定位靶 DNA。其中标记有示踪物的寡核苷酸片段叫做探针（probe）。杂交通常有液相杂交和滤膜杂交等方法。DNA 分子杂交的实质是 DNA 复性，通过人为地控制杂交体系的温度和离子强度，可影响杂交的过程。

第二节　人类基因组

基因组（genome）是细胞中所有 DNA 的总称，它包含了生物体的全套基因及其基因间的序列。人类基因组由两类不同的组分构成，即核基因组与线粒体基因组。核基因组由约 30 亿个碱基对（bp）组成。

人体绝大多数细胞为二倍体（diploid），含 22 对常染色体和两条性染色体，分别来自父、母亲。男性个体的性染色体是 XY，女性个体是 XX。这些含有 46 条染色体的细胞是体细胞（somatic cell），而生殖细胞（sex cell）或配子（gamete）是单倍体（haploid），仅有 23 条染色体，包括一套常染色体和一条性染色体。

不同染色体所包含的 DNA 长度不同，最短的为 5.5×10^7 bp，最长的为 25.0×10^7 bp。人类基因组 DNA 中基因及其与基因有关的序列大约占基因组的 25%～30%，基因外的其他序列约占 70%～80%（图 3-4）。然而，随着对人类基因组结构及功能的深入研究发现，所谓"基因外的序列"也与基因的转录及表达有关。

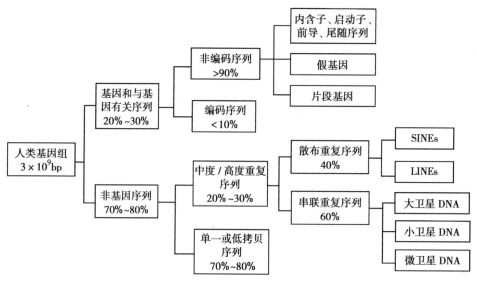

图 3-4　人类核基因组 DNA 分类

一、基因与基因有关序列

DNA 是遗传信息的载体，人类基因组能够携带多少信息？假定每编码一种蛋白质需要 1kb 的 DNA，人类基因组 DNA 可以包含 300 万个基因。但是在人类基因组计划完成全序列草图后，发现在人类基因组中能够确定的基因数大约只有 3 万多，可见基因组中的非编码 DNA 占据了大部分。据估计，人类基因组 DNA 中的基因和与基因相关的序列所占比例不到 30%，基因以外的序列占 70% 以上。如果按照人体有 10 万种蛋白质计，平均每种蛋白质编码需要 1kb 的 DNA，编码序列则需要 10^5kb，照此计算，人类基因组中的编码率的只占 3% 左右。

在基因组 DNA 中，那些能够编码出蛋白质或 RNA 产物的序列叫做结构基因。真核生物结构基因的基本特点是基因中的编码序列被若干个插入序列所分隔。这些插入序列属于非编码序列，叫做内含子（intron），被分隔的编码序列称作外显子（exon），一个基因有 n 个外显子，则相应有 n−1 个内含子。因为这种外显子和内含子相间相隔，形成不连续的镶嵌结构特征，故称断裂基因（split gene）。基因起始和结束的两端一般都是外显子，对应其转录产物 mRNA 的 5′ 端和 3′ 端。许多长的基因并不表示它的编码产物较长，基因的长度主要取决于它的内含子长度。例如二氢叶酸还原酶基因含有 6 个外显子，其 mRNA 长度为 2kb，但是它有极长的内含子，使基因总长度达 25～31kb。基因中内含子的长度相差很大，短的内含子仅 200bp，长的可达 10kb 以上，极端的例子中，内含子甚至有 50～60kb。编码序列长度占整个基因序列的比例叫编码率。一般的规律是内含子要占基因总长的 50%～90%。例如人血红蛋白 β 珠蛋白基因全长 1700bp，编码 146 个氨基酸，编码序列需要 438bp，编码率为 25.8%。基因转录时，内含子和外显子均被转录成初级 mRNA，然后经过剪接去除内含子转录部分。成熟 mRNA 仅保留有外显子信息，成为翻译的模板。分析内含子碱基结构，发现一个共同的特点，其 5′ 端总是以 GT 开始，3′ 端总以 AG 结束，这些特点可能是 mRNA 剪接加工的信号。

初级 mRNA 的剪接方式可能有多种方式，一个特定的外显子可能选择性地与不同的外显子连接形成 mRNA，出现同一基因有多种表达产物的现象。有时一段序列以某种途径表达时表现为外显子，而以另一途径表达时却作为内含子，使得同一段序列可分别以两种方式起作用，因此不能简单地确定它是内含子或外显子。这种由同一 DNA 序列可以得到不同的 mRNA，从而编码多种具有部分重叠序列的蛋白质的基因称作重叠基因（overlapping gene）。

与基因有关的序列有前导序列（leader sequences）和尾随序列（trailer sequences），这部分序列能被转录，但不被翻译。启动序列（promoter sequences）位于结构基因转录起点的上游，在基因的 5′ 端约 1kb 处，是 DNA 链上能够与 RNA 聚合酶结合并能起始 mRNA 转录的特殊序列，在调控基因表达上起重要作用。增强子（enhancer）是一些特殊的序列，一般位于基因上游，具有促进基因转录的活性，增强启动子的作用。

二、基因外 DNA 与重复序列

基因组中除了上述基因以及与基因相关的序列之外，余下大约占基因组 70%～80% 的 DNA，这部分称作基因外 DNA（extragenic DNA）。这类 DNA 序列多数以单拷贝或低拷贝数形式出现，有 30% 左右呈现串联重复的特点。

基因组中含有一个以上序列相同的拷贝称为重复序列（repetitive sequence），这是真核生物基因组的一个显著特征。基因组中的重复序列较少受选择压力的限制，因此在个体间最具有变异性，是形成 DNA 多态性的基础。

按照重复 DNA 序列的结构特征，可以分成反向重复序列，串联重复序列和散布重复序列（dispersed repetitive sequences）等类型。

（一）反向重复序列

反向重复序列（inverted repeats）是指两个序列相同的拷贝在 DNA 链上呈反向排列。有两种形式，一种形式是反向排列的两拷贝间隔着一段序列；另一种形式是两个拷贝的中间没有间隔序列，呈反向串联，这种结构又称回文式序列（palindrome sequences）。在人类基因组中反向重复序列大约占 5%，散布在整个基因组中，常见于基因的调控区内，可能与基因的转录、复制有关。

（二）串联重复序列

串联重复序列（tandem repeats）的结构形式是以相对恒定的短序列作为重复单位，首尾相接，串联连接形成。在人类基因组中，串联重复序列约占 10%，主要分布在非编码区，少数位于编码区。编码区中的重复 DNA 与功能有关，例如组蛋白基因，编码 5 种成分的基因集中在一段 7.0kb 的重复单位，各重复单位序列高度一致，串联重复。这种结构对于快速、大量合成组蛋白有重要意义。非编码区串联重复 DNA 多分布在间隔 DNA 或内含子，重复单位短的仅 2bp，长的可达数十 bp，重复次数少则数次，多则几百，甚至数十万次。

早期在染色体 DNA 片段的 CsCl 密度梯度离心中，将基因组 DNA 用适当的方法打断，形成约 10kb 大小的片段，然后加入 CsCl 溶液中作超速离心形成密度梯度，结果在主带 DNA 附近形成浮力密度不同的其他几条卫星带。序列分析发现这部分卫星带 DNA 呈串联重复形式，后来将所有的串联重复 DNA 序列都称为卫星 DNA（satellite DNA），按重复序列的长度和序列特征分成大卫星 DNA，小卫星 DNA 和微卫星 DNA 等主要类型。

1. 大卫星 DNA　大卫星 DNA（macrosatellite DNA）也称经典卫星 DNA，是指最初在 CsCl 密度梯度离心中发现的卫星 DNA。根据浮力密度不同，分为 Ⅰ、Ⅱ、Ⅲ、Ⅳ 和 α、β 卫星 DNA，各类型都由不同的重复序列家族组成。同类型各家族成员序列中的 G/C 含量比例近似，具有相同的浮力密度，但是重复序列的特征可能存在明显的差异。大卫星 DNA 的确切功能目前不太清楚。大卫星Ⅱ和Ⅲ的重复单位都是 5bp，分布在几乎所有的染色体。大卫星Ⅰ序列富含 A/T，重复单位 25～48bp，分布在大多数染色体着丝粒区异染色质区和其他异染色区。α 卫星重复单位 171bp，分布在染色体着丝粒异染色质。β 卫星又称 Sau3A 家族，重复单位 68bp，主要分布在 1、9、13、14、15、21、22 号染色体和 Y 染色体的着丝粒区异染色质。

2. 小卫星 DNA　小卫星 DNA（minisatellite DNA）是一类由 15～30bp 长度重复单位组成的卫星 DNA，序列总长度 100bp～20kb。小卫星 DNA 在基因组中广泛分布，多位于染色体的近端粒处。小卫星 DNA 的特征是高度变异性，重复单位的重复次数变化极大，构成极其复杂的 DNA 片段长度多态性。在小卫星 DNA 重复单位中，几乎都有一共同的核心序列 GGGCAGGAXG，可能与 DNA 同源重组有关，是基因组中的重组热点。绝大多数高度变异的小卫星 DNA 是非编码序列，极少数以编码序列形式出现。例如编码 18S、5.8S、28S rRNA 前体的基因就约有 10～10 000 个拷贝在核仁区重复排列。组蛋白的 5 个基因串联成簇，可以多达数百次。这些串联形式的基因多与细胞分裂间期合成大量的 rRNA、组蛋白有关。

3. 微卫星 DNA　微卫星 DNA（microsatellite DNA）的重复单位更简单，长度仅 2～6bp，重复次数 10～60 次，总长度多在 300bp 以下。其中二核苷酸重复单位（AC）n 和（TG）n 的微卫星，在基因组中极为常见，例如（AC）n 重复在基因组中约占 0.5%。也有由单个核苷酸形成的串联重复序列，在基因组中大约占 0.3%。微卫星 DNA 主要分布在内含子，间隔 DNA 中，少数在编码区。编码区内的微卫星都是 3bp 重复单位，这与它的编码功能有关，例如人雄性激素基因内的微卫星（AGC）n。

（三）散布重复序列

基因组中除卫星 DNA 以外的重复 DNA，都可以归类为散布重复序列，散布重复序列主要有两类，根据重复片段的长度分短散布元件（short interspersed element，SINE）和长散布元件（long interspersed element，LINE）。

典型的 SINEs 例子是 Alu 序列，该序列结构相似，平均长度 250bp，在基因组中广泛分布。因为这类序列中都有 -AGCT- 的 *Alu* I 限制酶识别点，故称 Alu 序列。人类 Alu 元件长约 300bp，由两个 130bp 的重复序列组成，中间有 31bp 的间隔序列。序列分析发现 Alu 序列同源性高达 80%，说明它们可能是从同一个祖先基因进化而来。在 300bp 片段的两侧端各有一 17～21bp 的正向重复序列。Alu 序列具有转位的活性，能够自我复制并移动到基因组的其他位置。在漫长的灵长类动物进化中，始终伴随 Alu 元件在基因组中的转位过程，至今在人类基因组中其拷贝数已超过一百万个。并非所有的 Alu 元件都具有反转录转座活性，Alu 元件转位到新的位置后由于碱基变异结果失去转座活性，这些变异随生物进化过程而保留；由此可通过 Alu 元件的序列检测分析个体的种属及人类种族来源。

LINEs 与 SINEs 类似，只是序列较长。例如 KpnI 序列，用 *Kpn* I 限制性核酸内切酶消化，可以检测到 4 种长度的 DNA 片段，分别为长度 1.2、1.5、1.8 和 1.9kb。Kpn 家族序列长度约 6500bp，拷贝数约 6 万。KpnI 序列的两端侧翼也含有短的正向重复序列，推测 Kpn 序列也具有转位功能，通过反转录自我复制并插入到基因组其他位置。

散布重复 DNA 在基因组中广泛分布，仅 Alu 和 KpnI 序列就几乎占了基因组的 10%。

三、DNA 的甲基化修饰

人类基因组 DNA 可以被甲基化（methylation）修饰（图 3-5），甲基化修饰限于 CG 序列中的胞嘧啶（图 3-6）。由甲基转移酶（methyltransferases）催化完成，在 DNA 复制后，甲基转移酶根据亲本 DNA 链的甲基化位置。在子代相应位置完成甲基化修饰。因此，亲本的不同位置的甲基化状态可以忠实地反映到子代。目前认为 DNA 的胞嘧啶甲基化修饰为可逆过程。

在哺乳动物中 CpG 胞嘧啶甲基化（mCpG）约占总 CpG 的 70% 左右，真核细胞中 DNA 甲基化程度与基因表达水平呈负相关。因此 DNA 甲基化是基因表达的调节方式之一。

人类组织细胞属双倍体细胞，两套基因分别来自父本和母本；人类基因组中一些基因只表达一种亲源的基因版本，这种现象称为基因组印迹（Genomic Imprinting）。某些印迹基因如：胰岛素样生长因子（IGF-2）的母本基因表达抑制的机制与 CpG 中胞嘧啶甲基化密切相关。对小鼠该基因表达的研究表明：隔离子（insulator）将 *Igf2* 基因编码区与增强子隔开，隔离子与 CTCF 蛋白结合而妨碍增强子作用于编码区，由此导致母源 *Igf2* 基因未能表达。而来自父本的该基因其隔离子被甲基化，使其隔离作用失活，因此父源的 *Igf2* 基因编码区可以在增强子的作用下表达。这种父源隔离子甲基化的状态可以在细胞世代间传递；目前对基因组印迹的确切机制目前尚未完全明了。

除基因组印迹外，人类 DNA 差异甲基化（differential methylation）格局还反映在同一个体不同组织细胞上。这类型的差异甲基化可以用来进行组织或体液来源鉴定。

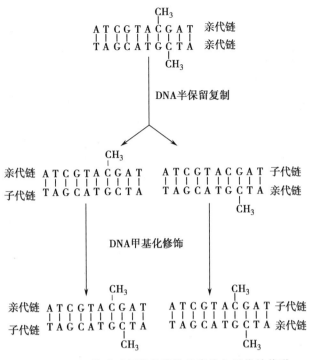

图 3-5　DNA 胞嘧啶甲基化修饰从亲代向子代的传递

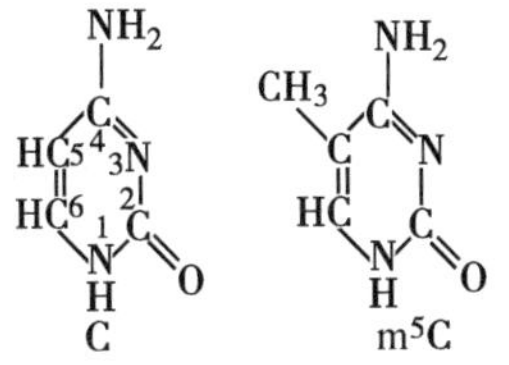

图 3-6　胞嘧啶甲基化修饰与去甲基化

知识拓展 3-1 ▶

表观遗传学与法医学鉴定

表观遗传学研究有丝分裂和减数分裂过程中不能用 DNA 序列改变解释的基因功能的可遗传变化，基因组 DNA 甲基化是细胞表观遗传调控的手段之一。其余还有组蛋白修饰，核小体构象重塑，非编码 RNAs 等形式的表观调控机制。细胞的增殖，分化等过程都表现出不同基因表达谱，其中关键基因的表观遗传状态也有所不同，作为表观遗传机制的一环，在此过程中，DNA 甲基化的格局也可以变化。对于法医学，不同的 DNA 甲基化格局可以提示某种病理状态，导致死亡的状况，组织类型，个体年龄等信息。如人类血细胞中 *P16* 基因的甲基化水平与个体血铅水平呈正相关关系。文献报道选用五个基因的 CpG 甲基化水平联合进行年龄推断，推断年龄的平均精度为 9.3 岁。同卵双生子的个体识别难以用 DNA 水平的变异区别，一项对 22 对同卵双生子的 27 000 个 CpG 位点甲基化的研究结果显示：其中 377 个 CpG 甲基化位点在同卵双生子之间有区别。上述研究资料还需进一步充实才能用于法医学鉴定。

第三节　基因突变

生物体的基因组 DNA 并不稳定，经常会出现各种各样的可遗传的改变，在子代留下变异的遗传信息。在 DNA 分子水平，DNA 损伤的后果之一是突变（mutation）。突变后的表型相对于正常型而言，称作突变型（mutant）；原来没有发生 DNA 分子结构改变的个体表型则称为野生型（wild type）。

一、编码区突变

碱基替代在基因组中是最常见的突变形式，分转换（transition）和颠换（transversion）两种；转换指突变类型为嘌呤互换或嘧啶互换，而颠换为嘌呤（嘧啶）与嘧啶（嘌呤）互换。从理论上分析，转换的发生率要比颠换高一倍。对编码区序列的研究发现，转换与颠换的频率略高于2∶1。在编码区，碱基替换突变有两种效应，即同义突变和非同义突变。同义突变是指不改变基因产物序列的突变，又称中性突变。编码氨基酸的密码子具有简并性的特点，其中第三位碱基摆动不影响正常的翻译。因此涉及第三碱基的突变多是同义密码子，不会造成产物氨基酸序列的改变。

非同义突变则是可导致多肽产物的氨基酸序列改变或功能性RNA碱基序列改变的突变，这种突变可能对表达产物没有影响，也可能会带来好处，或者带来有害效应，但多数非同义突变是有害的或是致命的。错义密码子是指碱基的替换使编码一种氨基酸的密码子改变成另一种氨基酸的密码子，例如原来编码亮氨酸的密码子是UUG，突变成为UUU，则是苯丙氨酸密码子。错义密码子改变了编码产物蛋白质的一级结构，可能影响蛋白质的正常生理功能，最终影响到个体的生命过程。有些点突变改变了表达产物中单个氨基酸，但是对蛋白质的生理功能没有影响，这是一种沉默突变，可以在子代保留，并以变异体基因或等位基因的形式出现在群体中。群体中许多沉默突变和非致死突变的积累只要被固定下来，该基因座上就出现了碱基序列不同的、可遗传性的等位基因，形成遗传多态性。这种错义的沉默突变是形成蛋白多态性的主要原因。

在点突变中，如果某一个碱基的替换使氨基酸密码子变为终止密码UAG，可过早地终止转录，形成无活性的肽链，这种因突变出现的UAG称为无义密码子（nonsense codon）。

插入与缺失一个或一段核苷酸，可以使下游的密码子阅读框（reading frame）发生变化，改变了自突变点至肽链C端的所有氨基酸顺序，这类突变叫移码突变，会影响细胞生长、死亡过程。

二、非编码区突变

非编码区DNA没有表达产物，DNA复制中也能够出现碱基的错配、插入和缺失，但是对细胞正常生理过程不构成实质性影响。无论在编码区或非编码区，突变的后果从没有效应到有害效应和有利效应，各种情况都会出现。其中最严重的后果是致死效应，这是自然选择的一个必然结果。生物进化过程中，生物体要承受来自自然选择的压力，必然通过变异来保持生物群体中能够适应自然环境的某种杂合子优势，以提高生存能力，有利于物种的延续。因此，生物进化与基因突变以及生物群体的遗传结构密切相关，个体的遗传多样性是生物体应对选择压力的一种表现形式。非编码区没有表达产物，因此非编码序列能够承受的选择压力远高于编码区，估计有10倍以上。目前的观察证实，人类基因组非编码区的序列变异要远比编码区多，变异程度也远比编码区复杂的多。

在人类基因组中点突变最常见，如果比较任意两条同源染色体，发现平均每600～1000bp就有一个点突变。估计人基因组中的点突变率为0.5‰～10‰，涉及的单碱基突变位置至少有300万个。在编码区和非编码区，点突变分布频率总体上基本相同。编码区内突变点估计有20万个，因为简并密码的原因，其中只有约40%的点突变能够影响到编码氨基酸的序列。

第四节　DNA多态性

基因水平上的多样性来自基因的突变，当基因突变以等位基因形式在群体中得以保留，并能够从亲代遗传给子代，可形成个体间的遗传差异。不同个体间的遗传差异形式是不同的等位基因组成。等位基因之间的差异可以是点突变引起的序列不同，也可以是因为碱基的插入/缺失引起的片段长度不同，都能构成具有个体特征的DNA遗传标记。DNA遗传标记可以出现在编码区，也可以存在于非编码区。在基因组DNA中，这种由不同碱基结构的等位基因所形成的多态性叫做DNA多态性（DNA polymorphisms）。

传统的基因概念是指一段具有功能的DNA片段，碱基序列携带有指导蛋白质合成的编码信息，是一个能够转录的独立功能单位。DNA分型技术建立后，DNA多态性靶基因绝大多数属于基因组中非编码序列，DNA遗传标记是特定的碱基序列，具备遵循孟德尔遗传规律和终身不变等遗传标记特征。除了没有编码产物外，其他所有的遗传学特征与编码基因没有区别。多年来，在描述 DNA 多态性座位上等位基因时一直"借用"了传统基因的名称。

按照 DNA 遗传标记的结构特征，DNA 多态性可分长度多态性和序列多态性两类。

一、DNA 长度多态性

DNA 长度多态性（DNA length polymorphisms）是指同一基因座上各等位基因之间的 DNA 片段长度差异构成的多态性。DNA 长度多态性靶序列主要是指可变数目串联重复序列（variable number of tandem repeats，VNTR），VNTR 既存在于小卫星 DNA 中，也存在于微卫星 DNA 中。由于命名习惯和为了便于区分，通常小卫星 DNA 中的可变数目串联重复序列称为 VNTR，而把微卫星的可变数目串联重复序列称为短串联重复序列（short tandem repeat，STR）。

（一）VNTR 序列

1980 年，Wyman 和 White 首次报告了人类基因组 DNA 中具有片段长度多态性的小卫星序列。作者从人基因文库中筛选出一个 16kb DNA 片段，以此片段作为探针对人基因组 DNA 的 *EcoR*I 限制酶酶切产物杂交，发现 RFLP 图谱具有高度多态性。经过人群调查，至少发现有 8 个片段长度等位基因，基因座的杂合度大于 0.75，证实这是一个高度变异的区域（hypervariable region，HVR）。分析发现 HVR 形成变异的原因不是点突变，而是基因的重排（rearrangement）。序列构成是由一段短的、碱基组成相对保守的序列作为单位，在基因组中特定的位置串联重复，属于一个典型的小卫星序列。不同个体、不同等位基因的串联次数不同，形成不等长的等位基因，在同一基因座，每个等位基因之间的长度差异刚好是重复单位的整倍数。图 3-7 中，个体 A 的 2 个等位基因重复单位重复次数分别是 5 和 8；个体 B 是 3 和 6；个体 C 是 4 和 7，通过电泳后的片段长度可以明确地分出三个个体的表型。这种特定的长度多态性序列后来由 Nakamura 命名为可变数目串联重复序列。随后在人类基因组中又发现几个类似的 VNTR 序列，例如 α- 珠蛋白基因 3′ 端的高变区，*c-Harvey ras* 原癌基因高变区，*Zeta* 珠蛋白基因高变区，胰岛素基因内含子中的高变区，肌红蛋白内含子中的高变区等。

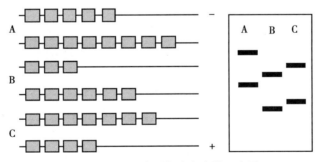

图 3-7 VNTR 序列长度多态性示意图

1. VNTR 长度多态性特征 序列分析发现，小卫星 VNTR 基因座具有某些共同的特征：

（1）重复单位长度 9～24bp，重复次数少则数次，多则数百次，基因长度范围 0.1～20.0kb。不同的小卫星在基因组中都有特定的染色体定位，就重复单位而言，重复序列是多拷贝的；而对于特定基因座的等位基因，则是单拷贝的。

（2）小卫星重复单位的碱基构成分析发现，所有的重复单位几乎都有一共同的富含 G/C 或 A/T 碱基的核心序列。以下是几个常见小卫星的核心序列：

α珠蛋白 HVR   GGGGCACAGGTTGT

胰岛素 HVR   GGGGACAGGGGTCT

z珠蛋白基因 HVR   GGGGACAGTGAGGA

Ha-ras 基因 -HVR   CCTGGAGAGAAGGGGAGTGTGCCCTCC

核心序列   GGAGGTGGGCAGGAXG

因此,不同座位的小卫星VNTR序列间具有同源性,可发生相互杂交。如果以小卫星的核心序列作为探针,在特定的杂交条件下可与多个小卫星VNTR序列形成杂交,可同时检测出多个靶VNTR座位的等位基因,理论上可以获得多至100个小卫星座位的多态性信息。这个特征是多基因座DNA探针RFLP分析的理论基础。

（3）小卫星核心序列的G/C含量与碱基序列和大肠杆菌的χ序列（chi-like-sequence）类似。研究证实,χ序列是原核生物基因组DNA的重组信号。以小卫星的核心序列为探针,与减数分裂中期人染色体杂交,显示出杂交信号主要集中在常染色体着丝点及其附近区域,正处于常染色体发生交换的部位。有理由认为,小卫星重复单位是人类基因组DNA序列的重组热点。目前,在人基因组中发现的小卫星DNA有3000多个。

高度多态性是小卫星VNTR基因座的主要特征,有的基因座杂合度几乎接近100%。例如某VNTR基因座重复单位17bp,重复次数70～450次。该基因座最短的基因长17bp×70＝1190bp;最长的基因有17bp×450＝7650bp。在VNTR基因座,片段长度相差一个重复单位就形成一个等位基因,则该基因座等位基因数应为450−70＋1＝381个,基因型数应为[381(381＋1)]÷2＝72 771个。假设381个等位基因的频率相同(1/381),则该基因座杂合度的理论值应为0.9974,个体识别能力为0.999 99。按照这个鉴别能力,在10万个无关个体中,才可能找到基因型相同的2个人。在已发现的VNTR基因座中,等位基因频率多在0.1%～10%之间。假设用一种探针作RFLP分析,在某个体检出一个等位基因,它的频率为0.05,如果同时用5种探针检测出5个这样的基因,在人群中的机会只有$0.05^5＝3.125×10^{-7}$,即相当于在300万人中只有一个人同时具有此5种基因。小卫星VNTR基因座高度多态性特征是生物性检材同一性认定的重要依据。

知识链接3-1 ▶

VNTR与DNA指纹

1985年,Jeffreys报告了人肌红蛋白基因第一内含子中的一个小卫星序列,重复单位由33个碱基组成,共重复4次。重复单位的序列如下:

5′-GACCGAGGTCTAAAGCTGGAGGTGGGCAGGAAC-3′

其中核心序列16bp,非核心序列17bp。以此小卫星序列作为探针从人类基因组DNA文库中筛选出8个阳性克隆,都含有基本相同的核心序列（core sequence）: -GGAGGTGGGCA GGAXG-。从中确定2个作为探针,即探针33.6和33.15。对人基因组DNA的HinfI限制酶产物作RFLP分析,在特殊的低强度杂交条件下,获得多VNTR基因座杂交图谱。自显影的RFLP图谱,在3.0～23.0kb范围内有20条左右的片段,形似商品上的条码。不同个体表现在片段数不同,片段长度不同,呈现极高的多态性。人群中随机两个体RFLP图谱完全相同的机会为10^{-19}～10^{-11}。可以认为世界上除同卵双生外,找不到RFLP图形相同的两个体。Jeffreys称之为DNA指纹（DNA fingerprint）。

2. 小卫星变异重复单位多态性　小卫星VNTR重复单位的序列并非一成不变,同基因座有部分重复单位内出现碱基的替换突变,形成重复单位变异。这类突变碱基呈随机性,且突变后的碱基序列可以遗传给子代,成为VNTR序列又一层次的遗传标记系统。Jeffreys等建立了检测这类遗传标记的PCR方法,并称之为小卫星变异重复单位多态性（minisatellite variant repeat mapping, MVR）。

（二）STR序列

1981年,Miesfield等在人δ和β珠蛋白基因之间发现一类[TG]n组成的双核苷酸重复序列。1989年,Litt和Weber等在研究心肌肌动蛋白基因时,也发现[CA]二碱基为核心序列的串联重复。同年,Edwards等应用测序方法分析"自毁容貌综合征"患者的基因突变,首次发现由3个或4个碱基为重复单位构成的串联重复序列。这类特殊的碱基序列结构称为短串联重复序列（short tandem repeats,STR）,也称简单串联重复序列（simple tandem repeats,STR）。后来Edwards等又报道了10个核心序列均为 3～4bp 的 STR 基因座,确定了各基因座的等位基因数和杂合度。证实 STR 基因座长度多态性的实质也是 VNTR,等位基因的长度差异是重复单位长度的整倍数。

　　STR 序列在人类基因组中占 5% 左右,估计有 20 万～50 万个,平均每 6～10kb 就出现一个,其中约一半具遗传多态性。绝大多数 STR 序列分布在非编码区,极少数三核苷酸 STR 位于编码区。单个 STR 基因座的个体识别能力在 0.8～0.95 之间,多个 STR 基因座联合检测可以使个体识别能力大大提高,对于中国汉族群体如用 CODIS 13 个 STR 基因座联合检测,个体识别能力可达到 0.999 999 999。由于 STR 有诸多显著优点,已经发展成为当今法医 DNA 分型的主流遗传标记(详见第 5 章)。

(三)短串联重复序列(STR)的形成机制

　　在 VNTR 基因座,不同等位基因间长度差是重复单位的整倍数,可推测等位基因的形成原因是重复单位长度片段的插入/缺失突变。形成 VNTR 的原因十分复杂,对于小卫星可变数据重复序列,其形成的机制主要有同源重组和等位基因结构重排。

　　微卫星 STR 基因座重复单位仅 2～6bp,具有长度多态性 VNTR 序列结构特征。虽然染色体的重组与不等交换是形成 VNTR 多态性原因之一,但 STR 基因座等位基因间的长度差异如此之小,等位基因形成的原因不能完全由不等交换来解释。基因组中 STR 的起源与进化最适宜的解释是因为两条染色体单链之间出现了滑动链错配(slipped-strand mispairing, SSM),即染色体 DNA 复制滑动(replication slippage)形成的一种遗传变异形式。

　　早年对 RNA 双链复制过程的观察就发现,如果双链序列的碱基构成近似,在复制过程中容易出现多个碱基错配的单链环(single-stranded loops),并认为这些因错配形成的碱基不配对环可导致碱基的插入/缺失。研究大肠杆菌自发性突变,证实滑动链错配是串联重复片段插入和缺失的原因。图 3-8 说明 3 个 TAG 串联重复序列在复制过程中出现滑动链错配的两种结果:一个是重复单位的插入,另一个是缺失。

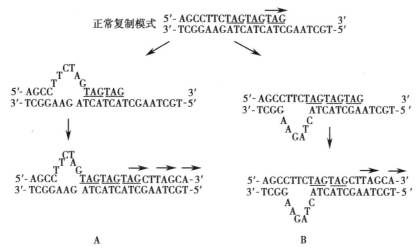

图 3-8　滑动链错配突变模式图

　　(1)正向链由 3′→5′ 出现 3 个碱基的滑动错配,出现一个错配单链环。正向链继续由 5′→3′ 方向复制,结果在正向链的 TAG 重复单位序列中插入一个 TAG 重复单位(图 3-8A)。

　　(2)反向链由 5′→3′ 方向出现 3 个碱基滑动错配,导致正向链的 3′ 末端的重复碱基 TAG 成为错配状态,被 DNA 聚合酶的 3′→5′ 外切酶活性切除,然后正向链由 5′→3′ 继续复制,结果在正向复制链中缺失了一个 TAG 重复单位(图 3-8B)。

　　滑动链错配是形成 STR 多态性主要原因,具有以下几个特点:①滑动链错配多发生在同源碱基结构区域,更倾向于较短的串联重复序列,因为局部的滑动错配对 DNA 构象影响较小。当滑动链错配机制形成较长的短串联重复序列后,仍有可能靠不等交换的形式使重复序列继续延长。②在滑动链错配事件中,形成重复单位插入比缺失多见,卫星序列链有自我加速复制、延长的倾向,这类序列可以减轻编码区承受的选择压力。③滑动链错配是 DNA 双链内姐妹染色体间的关系,只要 DNA 复制或修复过程中出现不配对环(unpaired loop)时,多为滑动错配。在遗传变异的各类机制中,就微卫星序列而言,滑动错配是比不等交换更常见的事件。

知识链接3-2 ▶

人类基因组DNA多态性系统的揭示及其互联网查询

当人类掌握了遗传信息的载体 DNA 的测序方法之后,科学家们便尝试了解自身细胞核基因组 DNA 所有排列顺序,这个于 2003 年宣告人类基因组草图基本完成的计划就是由包括中国、美国、英国、日本、法国、德国等国在内的多个国家参与的人类基因组计划(Human Genome Project,HGP,http://www.genome.gov)。之后,在 Sanger 测序技术基础上开发出的二代深度测序技术使得单个个体的基因组全序列在短时间内测出成为可能。如此,我们对人类基因组遗传多态性基因座的认识越来越清晰。HGP 基本完成之后,国际人类基因组单体型图计划(international HapMap Project,http://hapmap.ncbi.nlm.nih.gov)和千人基因组计划(1000 genomes project,http://www.1000genomes.org)逐步实施,更加充实和细化了我们对人类不同个体之间遗传多态性系统的认识。

目前,包含 STR,SNPs 和插入 / 缺失片段(InDel)的人类寡核苷酸多态性数据库(Single Nucleotide polymorphism database,dbSNP,http://www.ncbi.nlm.nih.gov/snp)的数据库在不断充实。供全世界从事生命科学包括法医学在内的各个领域学者们使用。而国际法医遗传学会(international Society for Forensic Genetics,ISFG)网站(http://www.isfg.org)是法医学工作者更加青睐于登录的网站。通过该网站的链接(进入网页,点击 Links)可以查询到人类常染色体和性染色短串联重复顺序与单核苷酸变异等的多态性群体分布及其他信息。

二、DNA 序列多态性

DNA 序列多态性(sequence polymorphism)是指一个基因座上,因不同个体 DNA 序列有一个或多个碱基的差异而构成的多态性。可以理解为该基因座上所有等位基因 DNA 长度相同,但它们之间的序列存在差异。在基因组 DNA 中,无论是编码区或者非编码区,单碱基替换是最基本的突变形式。例如脱氧核糖核酸酶Ⅰ(*DNase Ⅰ*)基因定位 16p13.3,含 9 个外显子。序列分析发现 *DNase Ⅰ* 基因中有 4 个点突变,外显子 2 中的 C91G,外显子 6 中的 C1592G,内含子 7 中的 C1978G 和外显子 8 中的 A2317G。以 *DNase Ⅰ* 基因作为一个遗传标记观察单位,编码区的突变是 DNase Ⅰ 蛋白多态性的原因,但内含子中的 C1978G 突变仅限于序列多态性,与基因表达无关。在 DNA 水平上,*DNase Ⅰ* 基因片段实质上是一个典型的序列多态性标记系统,包含了编码区和非编码区的点突变。

序列多态性可以发生在染色体与线粒体 DNA。在人类基因组范围内,任何单碱基突变使特定核苷酸位置上出现两种或两种以上碱基,其中最少的一种在群体中的频率不少于1%,就形成单核苷酸多态性(single nucleotide polymorphism,SNP)。

多数单核苷酸多态性表现为基因座上二等位基因(bi-allelic)的变化,并形成于非编码区,一般并不直接影响蛋白的一级结构。但部分 SNPs 出现在编码区,如前述脱氧核糖核酸酶Ⅰ外显子 8 中的 A2317G,表示该基因座有两种等位基因 A 或 G。该处突变位于外显子上又非简并突变,可以形成谷氨酰胺或精氨酸两种氨基酸,使蛋白一级结构发生改变。

与具有多个等位基因(multi-allelic)的短串联重复序列基因座相比,由于 SNPs 呈现二等位基因变化,其单个基因座的多态性程度不高。因此,在混合斑个体识别中其效能远低于短串联重复序列基因座。但对于法医学个人识别或亲缘鉴定,多个 SNPs 基因座组合仍可达到指认个体或确定亲缘关系的目的,据估计,大约 20~50 个 SNPs 基因座组合的个体识别能力相当于 10~15 个短串联重复序列基因座组合。少部分 SNPs 基因座含两个以上等位基因，在混合斑个体识别中的效能比二等位基因 SNPs 强。

　　SNPs 基因座在人类基因组中分布很广泛，据 2007 年国际人类基因组单体型图计划报道，在人类基因组已发现 310 万个 SNPs 基因座。这个数量远高于个人认定或亲缘关系鉴定要求。在法医学鉴定中，同时高效检测多个 SNPs 基因座等位基因组合方能满足个人识别和亲权鉴定的要求。目前，诸如 DNA 芯片技术、基质辅助激光解吸电离 / 飞行时间质谱技术、焦磷酸测序技术、微测序技术、荧光定量 PCR 技术、微珠阵列技术（beadArray）和 SNPstream 技术等可以实现同时检测多个 SNPs 等位基因的目的。

　　核基因组 DNA 的 SNPs 多数位于常染色体上，其突变率远低于 STR 系统，通过比较黑猩猩与人类的部分基因内 SNPs 的差异，计算出假设被检 SNPs 为中性突变时，其突变率平均为 1.2×10^{-9}/ 每个位点 / 每年；另一些研究资料显示，若以每代的突变率表示，则 SNPs 的突变率为 10^{-8}/ 代；与平均突变率为 10^{-3}/ 代以上的 STR 相比，SNPs 在亲缘鉴定中的优势显而易见。

　　法医学应用 SNPs 的典型范例是线粒体 DNA（mtDNA）基因组。作为细胞器内的 DNA，其拷贝数远较核基因组 DNA 拷贝数多，因而其灵敏度明显高于核 DNA 的标记系统；但与 STR 基因座相比，mtDNA 序列多态性几乎微不足道。一项针对 mtDNA 数据库的 182 106 次随机个体的比对试验证实有 699 个随机个体 mtDNA 单倍型匹配，其随机匹配概率高达 0.38%；可见以 mtDNA 检测结果难以直接认定两个个体来自同一母系。

　　DNA 降解为小片段是导致法医 DNA 分型失败的重要原因之一。用于分型的 PCR 产物设计越短，越有利于降解检材的分型。与 STR 长度多态性不同，SNPs 的特征表现为点突变。可以将用于检测 SNPs 的 PCR 产物设计得很短，通常商业试剂盒的 STR PCR 片段长度在 100～450bp 之间，而 SNPs PCR 产物片段长度可短至 50～120bp。显然对于降解 DNA 检材的分型，SNPs 较 STR 更有优势。在大型灾难事故的个人识别案件，小片段的 SNPs 扩增片段能够从严重降解的 DNA 样品中发掘出个体遗传信息。

三、其他类型多态性

　　早在 1991 年，临床遗传学家就观察到人类基因组中小于 20bp 的 DNA 片段缺失可以导致遗传性疾病的发生。在人类基因组，除碱基替代形成 SNPs 外，一个或多个碱基的插入 / 缺失也是变异的常见类型。这些碱基的插入 / 缺失可以形成一个基因座有两个等位基因或多个等位基因；后者如 STR 基因座，该类基因座可看作多个核心序列插入 / 缺失而成；前者的情况为插入 / 缺失碱基数目涉及一个至数十个碱基并形成二等位基因座，此类基因座称为插入 / 缺失多态性（insertion/deletion polymorphism）。

　　InDel 基因座在人类核基因组 DNA 分布较广，以包括 SNPs，STR 和 InDel 在内的人类 10 000 000 个变异中约 16%～20% 为 InDel 基因座估算，理论上应该有 16 000 000～25 000 000 个 InDel 基因座。InDel 的突变率远低于 STR 系统，类似于 SNPs；但等位基因表现为片段长度变化，用电泳分析技术即可辨别不同的等位基因；这些特点成为法医物证学家关注 InDel 系统的主要原因。有研究选择插入 / 缺失碱基数目在 2～15bp 范围的 29 个独立 InDel 基因座进行法医学应用价值评估，结果显示在中国汉族人群 109 个个体中，29 个 InDel 座位的累积个体识别能力达 0.999 999 999 990 867，由此可见 InDel 基因座的法医学应用潜力。

知识拓展3-2 ▶

利用SNPs进行生物地理祖先推测

　　人类基因组草图的完成及测序技术的不断提高，SNPs 基因座被大量揭示。常染色体某些 SNPs 基因座在不同地理人群中等位基因频率分布有明显的差别，加之 SNPs 的遗传稳定性好并且在基因组 DNA 中分布较广等特点促使人们尝试用多个群体特异性 SNPs 推测个体的不同地理群体来源。文献报道用 650 000 个 SNPs 对来自 51 个世界不同地理位置群体的 938 个个体进行研究，结果显示不同地理区域的群体特征可以以某些特定的 SNPs 等位基因频率分布格局反映。也即有可能采用 SNPs 分型方法对个体的生物地理祖先（biogeographic ancestries，BGA）进行推测。这类 SNPs 归类于祖先信息遗传标记（ancestry informative Markers，AIMs）。

本章小结

DNA 是遗传信息的分子基础，其双链结构由链间的配对碱基以氢键维持，遗传信息的传递依赖于原有双链分开并以一条链为模板按碱基配对原则形成新的 DNA 链。DNA 双链打开或重新形成双链的过程谓之变性及复性。伴随这一过程 DNA 分子对 A260nm 波长的紫外线吸收也发生变化；许多检测 DNA 方法正是基于上述特点设计。人类基因组 DNA 在个体之间有碱基序列和长度的差异，是法医学个人识别，亲缘鉴定的结构基础。目前广泛应用于法医学实践的 DNA 长度多态性为短串联重复序列（STR）。多个 STR 联合检测对法医学个人识别或亲缘鉴定具有极其重要意义。STR 序列的结构类型分简单序列、复合序列和复杂序列。STR 的多态性形成机制主要为滑动链错配机制。单核苷酸多态性（SNPs）是具有潜力的法医遗传标记，大多数为二态性基因座。联合检测 SNPs 基因座的个体识别能力也可以满足个人识别和亲缘鉴定的需要。SNPs 在基因组 DNA 分布广泛，变异率低，便于短片段 PCR 产物设计等优于 STR 系统的特点使 SNPs 在法医学个人识别及亲缘鉴定等案件中具有应用前景。

关键术语

脱氧核糖核酸（deoxyribonucleic acid，DNA）

半保留复制（semiconservation replication）

杂交（hybridization）

基因组（genome）

微卫星 DNA（microsatellite DNA）

突变（mutation）

DNA 多态性（DNA polymorphisms）

可变数目串联重复序列（variable number of tandem repeats，VNTR）

短串联重复序列（short tandem repeats，STR）

复制滑动（replication slippage）

序列多态性（sequence polymorphisms）

单核苷酸多态性（single nucleotide polymorphisms，SNPs）

插入 / 缺失多态性（insertion/deletion polymorphisms）

（郭大玮）

思考题

1. STR 与 SNPs 在法医学实践中的应用前景如何？二者今后的发展趋势如何？是否可以相互取代？为什么？

2. 何谓 DNA 的变性和复性？

3. DNA 多态性有几种类型，各自的特点如何？

4. VNTR 与 STR 的全称是什么？两者的区别如何？

5. STR 多态性形成的机制如何？

第四章 法医DNA分析技术基础

学习目标

通过本章学习,应该**掌握**DNA提取的方法;PCR技术原理与方法;DNA电泳的原理与方法。**熟悉**DNA定量方法。**了解**复合PCR和毛细管凝胶电泳技术。

DNA分型是法医个人识别和亲子鉴定的基本技术。作为方法学基础,法医DNA技术一般包括DNA提取、DNA定量、DNA扩增和扩增产物电泳检测。

第一节 DNA提取

DNA提取(DNA extraction)是法医物证学最重要的基本技术之一,核酸样品的质量直接关系到实验的成败。DNA存在于每一个有核细胞中,因此也存在于犯罪现场遗留的生物检材中。生物检材多种多样,常见有血痕、精斑、唾液斑、毛发、骨骼、指甲、指纹、组织碎片、鼻涕、头皮屑等;检材的基质也多种多样,有衣服、日常用具、烟头、树木草叶、土壤、水泥、塑料、玻璃、皮革等,对DNA分析可能存在不同程度的干扰。生物学检材多从案件现场收集,不可避免会受到复杂的环境因素的影响,检材DNA常出现降解,甚至被破坏,尤其是腐败、污染、陈旧的检材。因此提取检材DNA应根据现场提取的检材种类、来源和保存条件,有针对性地选择提取方法。

一、DNA提取原则

法医DNA提取过程中主要有三个原则:①裂解细胞,释放DNA分子;②将DNA分子与其他细胞物质进行分离;③将DNA制备成可以进行PCR扩增等应用的形式。无论采取哪种提取方法,所有样本都应该认真严谨的处理,以防止样本间或外源DNA的污染。在法医DNA分析过程中,提取环节是实验室DNA样本最易受到污染的阶段。因此,实验室经常分不同的时间段,有时甚至在不同的地点来处理证据样本与参照样本。对于法医DNA分析,应尽量简化操作步骤,缩短操作时间,以减少各种不利因素对核酸的破坏。

在实验过程中,应注意以下条件及要求:①减少化学因素对DNA的降解。避免过碱、过酸对核酸链中磷酸二酯键的破坏,操作多在pH 4~10条件下进行。②减少物理因素对核酸的降解。强烈振荡、搅拌,反复冻贮等造成的机械剪切力等条件都会明显破坏线性DNA分子。③防止核酸的生物降解。细胞内、外各种核酸酶作用于磷酸二酯键,直接破坏核酸的一级结构;DNA酶需要Mg^{2+}、Ca^{2+}的激活,因此实验中常利用金属二价离子螯合剂EDTA,以抑制DNA酶的活性。

二、DNA提取方法

DNA提取方法的关键是将蛋白质和其他细胞成分与DNA分离开来。细胞核DNA与蛋白质互相紧密缠绕构成染色质，染色质高度螺旋卷曲形成染色体。只要将染色质中的其他成分去掉，即可提取到 DNA，这主要可以通过酶、蛋白质变性剂、盐、酚和氯仿等有机溶剂达到。依据所要求的 DNA 质量，有些提取步骤可以省略或者简化，提取粗制 DNA 一般只需几分钟。

（一）有机溶剂提取法

有机溶剂提取法即经典的饱和酚 - 氯仿提取法，基本提取过程分四个步骤：首先在碱性和螯合剂 EDTA 条件下溶解细胞膜和核膜；然后利用阴离子去污剂 SDS 和蛋白酶 K 消化核蛋白，分离 DNA；第三步用苯酚和氯仿有机溶剂萃取 DNA，除去蛋白酶、去污剂和残留蛋白；最后用乙醇沉淀 DNA，去除残留的氯仿，得到纯净的检材 DNA。提取过程中，EDTA 既可螯合金属离子 Ca^{2+}、Mg^{2+} 等，还可抑制核酸酶活性，起到保护 DNA 的作用。有机溶剂可使核蛋白变性溶解。离心后，有机溶剂位于离心管下层，溶解有 DNA 的水相在上层。有机溶剂提取法可以从检材中提取到 20kb 以上的大分子 DNA，DNA 纯度较高。

（二）盐析法

DNA 是极性化合物，一般都溶于水，不溶于乙醇、氯仿等有机溶剂，它的钠盐比游离酸易溶于水。DNA 和蛋白质等其他成分在不同浓度的 NaCl 溶液中溶解度不同。利用这一特点，选择适当的盐浓度就能使 DNA 充分溶解，而使杂质沉淀或者相反，以达到分离目的。DNA 在 NaCl 溶液中的溶解度先增大后减小，在 DNA 溶解度最低时，DNA 从溶液中析出，而其他杂质还留在溶液中，达到粗提取的目的。回收 DNA 可用 70% 乙醇洗去 DNA 沉淀中的盐，真空干燥，用 TE 缓冲液溶解 DNA 备用。盐析法具有简便、快速、得到 DNA 质量高的特点。

（三）Chelex-100 提取法

Chelex-100 是一种由苯乙烯、二乙烯苯共聚体组成的化学螯合树脂，含有成对的亚氨基二乙酸盐离子，可螯合多价离子，特别是对高价金属离子有很高的亲和力和螯合作用，如螯合镁离子。就如磁铁吸附铁一样，镁离子被吸附起来。镁离子去除后，核酸酶会失活，从而保护 DNA 分子不被降解。在低离子强度、碱性及煮沸的条件下，可以使细胞膜破裂，并使蛋白质变性，通过离心除去 Chelex 颗粒，使其结合的物质如镁离子与上清中的 DNA 分离。Chelex-100 法提取 DNA，提取过程始终在同一个试管内进行，不涉及转移，减少污染机会，同时也降低了检材的损失，是一个十分简单、快速的方法，很适合微量检材的 DNA 提取；但本法提取的 DNA 纯度不高，仅适用于 PCR 反应模板制备。

（四）固相提取方法

固相提取方法是一种吸附层析方法，以固体吸附剂为固定相，以有机溶剂或缓冲液为流动相。原理是利用吸附剂对混合试样各组分的吸附力不同而使各组分分离。在高盐低 PH 值（5.0～6.5）状态下，DNA 选择性结合在固定相基质上，如磁珠颗粒，而蛋白质和其他成分被冲掉；而在低盐（TE 缓冲液或 Tris-HCL 缓冲液）或水溶液状态下，DNA 被洗脱下来。固相提取方法适用于从全血、血痕、体液以及体液斑中提取 DNA，特别适合自动化提取平台操作。法医常用的固相提取法见表 4-1。

表 4-1　法医常用的固相提取法

方法	QIAamp	DNAIQ	PrepFiler
固相	硅珠颗粒	磁珠颗粒	磁珠颗粒
洗涤方式	离心或真空转移	磁力架	磁力架

第二节　DNA 定量

法医物证检材提取的 DNA 量受组织种类、检材量和检材保存条件等因素影响，同时也与提取方法有关。常用的 DNA 定量（DNA quantitation）方法有凝胶电泳法、紫外分光光度计测定、探针杂交法和荧光实时定量 PCR 技术。

一、法医 DNA 定量的特点

确定样本中 DNA 的量是以 PCR 为基础的法医 DNA 分析的基本步骤。由于 PCR 非常灵敏，对 DNA 的量要求很严格。DNA 模板量太多会引起非特异人为带影响数据的分析和解释；如果 DNA 模板量太少，会造成部分等位基因带丢失或扩增失败。另外，法医检材常常是混合样本，可能包含非人源 DNA，例如微生物 DNA 可能存在于暴露在污染环境的样本中。因此，有必要采取人类特异的 DNA 定量方法有选择地确定 DNA 的量。

二、法医 DNA 定量方法

（一）紫外吸收法

组成 DNA 的碱基均具有一定的吸收紫外线特性，最大吸收值在波长为 250～270nm 之间，其吸收强度与核酸浓度成正比。由于结构上的差异，各组分紫外吸收也有区别，其中腺嘌呤的最大紫外线吸收值在 260.5nm，胞嘧啶为 267nm，鸟嘌呤为 276nm，胸腺嘧啶为 264.5nm，尿嘧啶为 259nm。这些碱基与戊糖、磷酸形成核苷酸后其最大吸收峰不会改变，但核酸的最大吸收波长是 260nm，吸收低谷在 230nm。这个物理特性为测定核酸浓度提供了基础。核酸分子的单链、双链之间的转换，对光吸收水平有一定影响，但其偏差可用特定的公式进行校正。在波长 260nm 紫外线下，1OD 值的光密度相当于双链 DNA 浓度为 50μg/ml；单链 DNA 或 RNA 为 40μg/ml；单链寡聚核苷酸为 20μg/ml。可以此来计算核酸样品的浓度。

紫外吸收法不但能够确定核酸的浓度，还可以通过测定在 260nm 和 280nm 的紫外吸收值的比值（A260/A280）估计核酸的纯度。DNA 的比值为 1.8，RNA 的比值为 2.0。若 DNA 比值高于 1.8，说明 RNA 尚未除尽。RNA、DNA 溶液中含有酚和蛋白质将导致比值降低。270nm 存在高吸收表明有酚的干扰。当然也会出现既含蛋白质又含 RNA 的 DNA 溶液比值为 1.8 的情况，所以有必要结合凝胶电泳等方法鉴定有无 RNA，或用测定蛋白质的方法检测是否存在蛋白质。紫外分光光度法只用于测定浓度大于 0.25μg/ml 的核酸溶液。此法多用于分子生物学实验室，在法医学领域较少采用，主要缺点是难以对微量 DNA 精确定量，不具有人类特异性，且样本中所含的其他化学物质，如衣服上的染料、骨骼样本中的腐植酸等，具有干扰作用。

（二）琼脂糖凝胶电泳结合溴乙锭荧光测定法

有些小分子与 DNA 结合后，会使原本荧光很弱的核酸分子荧光强度增强很多，而有些小分子与 DNA 结合后，会发生显著的荧光淬灭作用。溴乙锭（ethidium bromide，EB）能插入 DNA 或 RNA 的碱基对平面之间并与之结合，结合后能在紫外光的激发下产生橘红色荧光，并使发射的荧光增强几十倍。荧光强度与被结合的 EB 的量成正比，而被结合的 EB 的量又与核酸分子长度和数量成正比，所以荧光强度可以初步代表 DNA 含量。将提取的 DNA 液与一系列已知浓度的 DNA 样品液在同一琼脂糖凝胶上加样电泳，然后用溴乙锭染色。观察并比较标准含量样本 DNA 荧光强度，就可以估计出待测样品的 DNA 浓度。DNA 用量只需要 5～10ng。该法为一种主观性的半定量方法，灵敏度较低，无人类特异性。同时因缺乏适宜的参考标准，故对降解 DNA 难以定量。此外，须注意的是 EB 是一种强诱变剂，并有中度毒性，可用 SYBRR® Green 或 4′,6- 二氨基 -2- 苯基吲哚（4′,6-diamidino-2-phenylindole，DAPI）替代。

（三）荧光实时定量 PCR

法医 DNA 定量本质的目的是估计可扩增 DNA 的量。PCR 扩增反应可能由于抑制物的存在、DNA 高度降解、DNA 量不够或者几方面的综合原因导致反应失败。所以，一种能准确反映样本中 DNA 质和量的试验方法对于下一步的检验是非常有益的。实时定量 PCR 就是这样一种方法。实时定量 PCR（real-time Q-PCR）的理论基础见知识拓展 4-1。

知识拓展4-1 ▶

实时定量PCR

实时定量PCR（real-time Q-PCR）是指在PCR反应体系中加入荧光基团,利用荧光信号累积实时监测整个PCR进程,最后通过标准曲线对未知模板进行定量分析的方法。在real-time Q-PCR中,对整个PCR反应扩增过程进行实时监测并连续分析荧光信号,随着反应时间的进行,监测到的荧光信号的变化可以绘制成一条曲线。PCR反应早期,产生的荧光不能与背景明显地区别,而后荧光的产生进入指数期、线性期和最终的平台期。因此在PCR反应处于指数期的某一点上来检测PCR产物的量,并且由此来推断模板最初的含量。real-time Q-PCR需设定一定荧光信号的阈值,一般这个阈值（threshold）是以PCR反应的前15个循环的荧光信号作为荧光本底信号。如果检测到荧光信号超过阈值就认为是真正的信号,它可用于定义样本的阈值循环数（Ct）。Ct值的含义是:每个反应管内的荧光信号达到设定的阈值时所经历的循环数。每个模板的Ct值与该模板的起始拷贝数的对数存在线性关系,起始拷贝数越多,Ct值越小。利用已知起始拷贝数的标准品可作出标准曲线,因此只要获得未知样品的Ct值,即可从标准曲线上计算出该样品的起始拷贝数。

实时定量PCR的荧光检测原理是利用Taq DNA聚合酶的5′→3′外切酶活性。在PCR反应系统中加入一个荧光标记的探针,该探针可与引物之间的DNA模板发生特异性杂交,探针的5′端标记荧光染料（如FAM或VIC）,3′端连上非荧光淬灭基团（nonfluorescent quencher, NFQ）和槽沟结合物（minor groove binder, MGB）。MGB是人工合成的抗肿瘤抗生素CC-1065的一个亚单位的非反应性衍生物,为1,2-二氢-（3H）-吡咯并[3,2-e]吲哚-7-羧酸盐（CDPI）的三聚体（CDPI3）,对富含A-T的DNA双螺旋表面的槽沟具有极高的亲和力,因此可在不增加探针长度的基础上显著提高探针的融链温度（Tm）。当探针保持完整时,5′端荧光基团发出的荧光信号被3′端NFQ吸收或抑制（FRET效应）,因而检测不到荧光。随着PCR反应有效进行,Taq DNA聚合酶从引物3′端开始,随新链延伸沿DNA模板移动,当移动到探针结合的位置时,与模板完全配对的探针逐步被Taq DNA聚合酶的5′→3′外切活性切割（切口平移效应）,使探针5′端的荧光基团与3′端的淬灭基团分离,FRET效应解除,荧光基团被激活而发荧光（图4-1）。PCR反应每复制一个特异核酸片段,就有一个探针被切断,

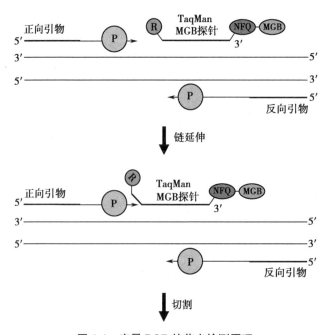

图4-1　定量PCR的荧光检测原理

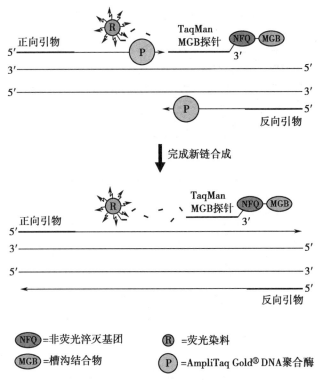

图4-1 定量PCR的荧光检测原理(续)

伴随一个荧光信号的释放,故荧光信号的强弱与初始模板数和扩增循环次数紧密相关。由于被释放的荧光基团数目和PCR产物是一对一的关系,因此可直接在PCR过程中根据荧光信号有无或强弱,确定扩增产物的有无并实时定量。荧光实时定量PCR技术具有极高的灵敏度,可以测定微量的DNA,同时也具有人类特异性。

第三节 聚合酶链式反应

聚合酶链式反应(Polymerase chain reaction,PCR)是由美国学者 Kary Mullis 在1983年建立的。这项技术可在试管内经数小时反应就将特定的DNA片段扩增数百万倍,这种迅速获取大量单一核酸片段的技术在分子生物学研究中具有举足轻重的意义,极大地推动了生命科学的研究进展,并于1993年获得了诺贝尔化学奖。改变了传统的重组克隆复制靶DNA片段的技术概念。PCR技术操作简单,具有高灵敏度和高特异性,使法医DNA分析技术发生了深刻地变化。PCR及其衍生出的各项技术已在法医学鉴定中得到了广泛的应用。

一、PCR的基本原理

PCR技术的基本原理是在体外模拟体内DNA复制的过程,即以拟扩增的DNA分子为模板,4种dNTP为底物,用一对正反向寡核苷酸片段为引物,分别与拟扩增靶DNA两侧互补结合,在DNA聚合酶作用下,按照半保留复制的机制沿模板链延伸,直至完成新的DNA合成。重复这一过程,可使靶DNA片段得到几何级数扩增。反应时先将模板DNA在高温下变性,双链解开为单链状态;然后降低温度,使合成引物在低温与其靶序列配对,形成部分双链,称为退火;再将温度升至合适温度,在DNA聚合酶的催化下,以dNTP为原料,引物沿5′→3′方向延伸,形成新的DNA片段,该片段又可作为下一轮反应的模板。因此,PCR循环过程主要由三步完成,即模板变性(高温)、引物退火(低温)和DNA链延伸(中温)。

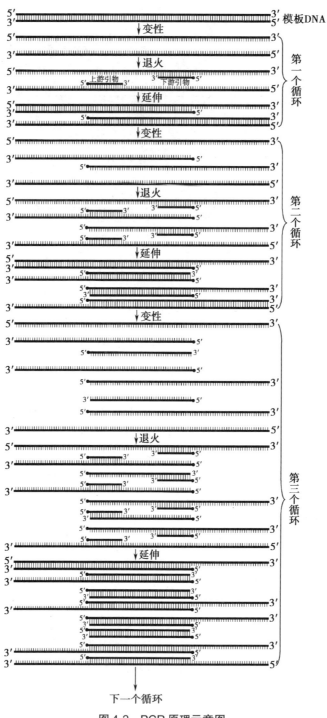

图 4-2　PCR 原理示意图

二、PCR 的反应体系

PCR 反应体系中主要包含特异性寡核苷酸引物、DNA 模板、DNA 聚合酶、三磷酸脱氧核苷酸（dNTP）和反应缓冲液等。

（一）引物

PCR 引物为与模板 DNA 序列完全互补的核苷酸，其长度一般为 20～24 个核苷酸，但也有 15～30 个核苷酸序列。引物设计应当遵循以下原则：①引物的碱基尽可能随机分布，G＋C 的含量宜在 40%～60%；②引物内部不应形成二级结构，尤其在其 3′ 端；③两条引物之间，特别是 3′ 端，不应有互补序列存在，避免形成引物二聚体；④引物的3′端与模板DNA一定要配对，否则影响延伸效率，以AT含量多为好，避免GC过多。PCR反应体系中引物浓度一般介于0.1～1.0μmol/L。引物浓度过低时，扩增产物量较少；引物浓度过高，则易引起非特异性扩增或引物二聚体形成。

（二）模板DNA

模板DNA既可以是单链DNA，也可以是双链DNA。在一定范围内，PCR的产量随模板DNA浓度的升高而增加，但模板DNA量过高，易出现非特异性扩增产物。一个典型的PCR反应，一般仅需1～10ng模板DNA。

（三）DNA聚合酶

DNA聚合酶（DNA polymerase）是DNA复制的重要催化酶，具有热稳定性的Taq DNA聚合酶是从一种嗜热水生菌Thermus aquaticus YT-1菌株中分离提纯的，分子量94kD，在70～75℃时具有最高的生物学活性，具有良好的热稳定性。该酶具有5′→3′聚合酶活性及5′→3′外切酶活性，缺乏3′→5′外切酶活性。因此，在PCR反应中，Taq DNA聚合酶没有引物3′端错配碱基的校正功能。它的主要作用是在单核苷酸的3′-OH末端与5′-磷酸基团之间形成磷酸二酯键，从而使新合成的DNA链得以延伸。DNA聚合酶的浓度是影响PCR反应的重要因素，酶量过大会导致反应特异性下降，过小则影响PCR产量。不同的PCR反应都有最适聚合酶用量，一般50μl PCR反应体系中Taq DNA聚合酶的用量为0.5～2.5U。

（四）dNTP

PCR反应体系中dNTP的用量取决于扩增片段长度、Mg^{2+}浓度及引物浓度等反应条件。每一种dNTP的终浓度应控制在20～200μmol/L，4种dNTP浓度应均衡。dNTP浓度过高虽可加快反应速度，但亦可增加碱基的错误掺入率；dNTP浓度过低虽可提高实验的精确性，但会导致反应速度的明显下降。此外，由于dNTP可能与Mg^{2+}结合，因此还应注意Mg^{2+}浓度和dNTP浓度之间的关系。

（五）PCR反应缓冲液

PCR反应中缓冲液是一个重要的影响因素，尤其是其中的Mg^{2+}能影响反应的特异性和扩增片段的产率。标准的缓冲体系为10mmol/L Tris-HCl，pH 8.3，50mmol/L KCl，1.5mmol/L Mg^{2+}。Mg^{2+}是Taq DNA聚合酶必需的激活离子，同时Mg^{2+}浓度影响引物退火及延伸时特异性碱基的掺入。一般的PCR反应中，Mg^{2+}浓度介于1.5～2.0mmol/L比较合适（对应dNTP浓度为200μmol/L左右）。Mg^{2+}过量能增加非特异性扩增并影响产率。此外，反应体系中加入小牛血清白蛋白（bovine serum albumin，BSA，100μg/ml）或明胶（0.001%），有利于聚合酶的稳定。

三、PCR反应的基本步骤

PCR反应的基本步骤是在反应管中按最佳配比依次加入PCR反应缓冲液、dNTP、引物、DNA模板和DNA聚合酶，混匀后将反应管置于PCR仪中，并设置好PCR反应程序，然后开始以下循环反应。

（一）模板DNA的变性（denaturation）

模板DNA加热到90～95℃时，双螺旋结构的氢键断裂，双链解开成为单链，称为DNA的变性，以便它与引物结合，为下轮反应作准备。变性温度与DNA中G-C含量有关，G-C间由三个氢键连接，而A-T间只有两个氢键相连，所以G-C含量较高的模板，其解链温度相对要高些。故PCR中DNA变性需要的温度时间与模板DNA的二级结构的复杂性、G-C含量高低等均有关。对于高G-C含量的模板DNA在实验中需添一定量二甲基亚砜（DMSO），并且在PCR循环中起始阶段热变性温度可以采用97℃，时间适当延长，即所谓的热启动。

（二）模板DNA与引物的退火（annealing）

将反应混合物温度降低至37～65℃时，寡核苷酸引物与单链模板杂交，形成DNA模板-引物复合物。退火所需要的温度和时间取决于引物与靶序列的同源性程度及寡核苷酸的碱基组成。退火温度决定 PCR 的扩增特异性。退火温度的选择,可以根据引物的长度和其 G＋C 含量确定。引物长度介于 15～25bp 时,可根据公式 Tm＝4(G＋C)＋2(A＋T)估算退火温度。在 Tm 允许的范围内,选择较高的退火温度可大大减少引物与模板之间的非特异性结合,提高 PCR 反应的特异性。一般要求引物的浓度大大高于模板 DNA 的浓度,并由于引物的长度显著短于模板的长度,因此在退火时,引物与模板中的互补序列的配对速度比模板之间重新配对成双链的速度要快得多。通常,退火时间设置为 30s,足以保证引物与模板 DNA 完全结合。

(三)引物的延伸(extension)

模板 - 引物复合物在 Taq DNA 聚合酶的作用下,以 dNTP 为反应原料,靶序列为模板,按碱基配对与半保留复制原理,合成一条与模板 DNA 链互补的新链。重复循环变性 - 退火 - 延伸三过程,可获得更多的"半保留复制链",而且这种新链又可成为下次循环的模板。延伸所需要的时间取决于模板 DNA 的长度。在 72℃条件下,Taq DNA 聚合酶催化的合成速度大约为 40～60 个碱基 / 秒。

经过一轮"变性 - 退火 - 延伸"循环,模板拷贝数增加了一倍。在以后的循环中,新成的 DNA 都可以起模板作用,因此每一轮循环以后,DNA 拷贝数就增加一倍。每完成一个循环需 2～4 分钟,一次 PCR 经过 30～40 次循环,约 2～3 小时。

四、PCR 反应产物的积累规律

在 PCR 反应中,DNA 扩增过程遵循酶促动力学原理。在反应初期,目的 DNA 片段呈指数增加,随着目的 DNA 产物的逐渐积累,在引物 - 模板与 DNA 聚合酶达到一定比例时,酶的催化反应趋于饱和,此时目的 DNA 片段的增加减慢进入相对稳定状态,即出现所谓的"停滞效应"或"平台期"。平台期的出现可能与下列因素有关:①引物与 dNTP 消耗过多;②长时间高温使 Taq DNA 聚合酶的活性下降;③扩增终产物(焦磷酸盐和双链 DNA)的抑制作用;④非特异性产物与引物二聚体对反应物的竞争;⑤高浓度产物使扩增产物解链不完全;⑥当产物浓度高于 8～10mol/L 时,可能降低 Taq DNA 聚合酶的延伸和加工能力,或出现引物的分支迁移物移位;⑦酶与 PCR 产物结合后,游离浓度降低。到达平台期所需 PCR 循环次数取决于模板 DNA 的拷贝数、PCR 扩增效率、DNA 聚合酶的种类和活性、非特异性产物的竞争等因素。大多数情况下,PCR 反应中平台期的出现是不可避免的。但通常在出现平台期前,获得的靶 DNA 片段的数量已足以满足检测的需要。

五、PCR 反应的影响因素

由于 PCR 技术具有敏度高、特异性强等特点,所以进行 PCR 试验时,一定要注意下列事项:

1. 引物的质量是保证 PCR 特异性的关键　引物过长或过短均会使特异性降低,以 18～30 个碱基为宜;引物中 C＋G 含量宜在 50% 左右;引物内部和引物之间不应含有互补序列;引物的碱基顺序与非扩增区域的同源性应小于 70%;引物的 3′ 端与模板 DNA 一定要配对,但末端没有严格的限制,故引物设计时可在 5′ 端加上限制性内切酶位点和 / 或启动密码 ATG 等;引物合成后必须纯化以去除合成产物中的不完整序列、脱嘌呤产物、碱基修饰链等"杂质";引物的终浓度一般为 0.2～0.5μmol/L,过低会影响反应产量,过高会增加引物二聚或错配的概率。

2. Taq DNA 聚合酶具有 5′→3′ 聚合酶活性和 5′→3′ 外切酶活性,但无 3′-5′ 外切酶活性,因此对单核苷酸的错配无校正功能,发生碱基错配的概率为 $2.1×10^{-4}$ 左右。然而 Taq DNA 聚合酶的优势在于反应产量高于其他 DNA 聚合酶。Stratagene 推出的 Pfu DNA 聚合酶一直是研究人员心目中最好的高保真酶,而 Pfu DNA 聚合酶经基因工程改造后的 Pfu Ultra 具有更佳的校验活力。数据显示 Pfu Ultra[TM] 高保真 DNA 聚合酶的平均错配率为 Pfu DNA 聚合酶的 1/3,为 Taq DNA 聚合酶的 1/18,是目前保真度最高的 PCR 酶(保真度＝1/ 错误率)。

3. Mg^{2+} 浓度也是影响反应效率和特异性的重要因素之一　Taq DNA 聚合酶对 Mg^{2+} 浓度非常敏感,Mg^{2+} 可与模板 DNA、引物及 dNTP 等的磷酸根结合,不同反应体系中应适当调整 Mg^{2+} 的浓度,一般以比 dNTP 总浓度高出 0.5～1.0mmol/L 为宜，Mg^{2+} 过量能增加非特异扩增。

4. dNTP 的浓度过高会增加碱基的错误掺入率，使反应特异性下降；过低则会导致反应速度下降。使用时 4 种 dNTP 必须以等当量浓度配制，均衡的 dNTP 有利于减少错配误差和提高使用效率。

5. 温度循环参数中应特别注意退火温度，它决定引物与模板的特异性结合。退火复性温度可根据引物的长度，通过 $Tm = 4(G+C) + 2(A+T)$ 计算得到。在 Tm 允许的范围内，选择较高的退火温度可大大减少引物与模板之间的非特异结合。

六、法医学应用 PCR 技术特点

法医学应用 PCR 分析 DNA 多态性已经成为物证鉴定的主要手段，具有以下几个特点：

（一）灵敏度高

微量的模板 DNA 在 PCR 反应中以指数级迅速复制，理论上可以检测单个体细胞的基因组 DNA。在微量或超微量生物学检材的分析问题上，PCR 具有独特的优势。

（二）特异性高

PCR 引物序列是针对靶 DNA 片段的侧翼序列设计的，引物的特异性决定了扩增片段的特异性。

（三）适用于降解 DNA 检材

PCR 对模板 DNA 的完整性要求不高，检测的靶基因片段长度通常在 2kb 以下。陈旧、腐败检材中一般都保存小片段的靶 DNA，多数能得到扩增产物，进行 DNA 分析。

（四）种属特异性好

引物是依据人类基因组 DNA 序列设计合成的，只能与人基因组 DNA 发生退火，检材中污染的动物、植物、微生物 DNA 均不能扩增。

（五）复合 PCR

用多对引物同时扩增数条 DNA 片段的方法称为复合 PCR（multiplex PCR）。这一方法最初是由 Chanberlain 等检测人的基因发展而来。在复合 PCR 中，将多对引物加入同一反应体系中，固定 dNTP、Mg^{2+} 以及 PCR 循环反应参数，调节各组引物浓度进行同步扩增，一次扩增即可获得多个靶 DNA 片段。这种方法既减少了成本消耗，又缩短了检测时间。但需要注意，所有引物的 Tm 值应相近。如果两对引物 Tm 值差异超过 ±10℃，会使扩增产物的量明显不同，其中一种扩增产物或目的 DNA 很难观察到。另外，扩增的靶 DNA 长度也应相近，差别大时短片段的靶 DNA 会优先扩增。复合 PCR 技术常用于短串联重复序列（short tandem repeat, STR）基因座的检测。

PCR 技术在物证鉴定中尚存在一些值得注意的问题。法医生物学检材是多样性的，保存条件亦各不相同，现场检材不可避免地污染有 PCR 的抑制物，影响扩增反应效率甚至使扩增失败。尽管已有不少的模板 DNA 纯化、浓缩技术，但面对各种各样复杂的现场生物检材，如何选择适当的模板 DNA 提取和纯化方法，有效减少抑制物的影响是法医 PCR 分析中关键的问题。

外源性 DNA 污染比较常见，动物 DNA 污染对 PCR 分析不会有大的影响，但人类 DNA 污染则后果严重。因为 PCR 灵敏度极高，即使数十或数百拷贝外源微量的人 DNA，也可出现假阳性扩增产物。实验室中的交叉污染，尤其是扩增产物的污染，是分析失败的主要人为因素之一，必须予以高度关注，应建立严格的实验程序及试验质量监测和质量保证体系。

第四节　DNA 电泳

1909 年 Michaelis 最早提出电泳（Electrophoresis）的概念。瑞典学者 Svedberg 教授的团队对电泳的发展做出了大量贡献。1937 年，Arne Tiselius 利用电泳现象，建立了最早的自由界面电泳，用于蛋白质分离的研究，开创了电泳技术的新纪元。Arne Tiselius 因此获得了诺贝尔奖。此后，各种电泳技术及仪器相继问世，在生命科学领域的研究和应用中发挥了重要作用，也成为法医 DNA 分析的基本技术。

一、电泳的基本概念和原理

电泳是指带电颗粒在电场的作用下发生迁移的过程。许多重要的生物分子,如氨基酸、多肽、蛋白质、核苷酸、核酸等都具有可电离基团,它们在某个特定的pH值下可以带正电或负电,其电荷的多少和数量取决于分子结构及所在介质的pH值和组成。由于混合物中各种组分所带电荷性质、电荷数量以及相对分子量的不同,在同一电场的作用下,各组分泳动的方向和速率也各异。因此,在一定时间内各组分移动的距离也不同,从而达到分离各组分的目的。

在电场中,推动带电粒子运动的力(F)等于粒子所带净电荷量(Q)与电场强度(E)的乘积(F=QE)。质点的前移同样要受到阻力(f)的影响,对于一个球形粒子,服从Stoke定律,即$f=6\pi r\eta v$,式中r为质点半径、η为介质黏度、v为质点移动速度。当粒子在电场中作稳定运动时F=f,即$QE=6\pi r\eta v$。由此可见,球形粒子的迁移率,首先取决于自身状态,即与所带电量成正比,与其半径及介质黏度成反比。除了自身状态的因素外,电泳体系中其他因素也影响粒子的电泳迁移率。

二、电泳技术的种类

根据电泳原理,一般可将电泳技术分为自由界面电泳和区带电泳。自由界面电泳又称移动界面电泳,是指在没有支持介质的溶液中进行的电泳。区带电泳是指有支持介质的电泳,待分离物质在支持介质上分离成若干区带。支持介质的作用主要是防止电泳过程中的对流和扩散,以使被分离的成分得到最大程度的分离。区带电泳由于采用的介质不同以及技术上的差异,又可分为不同的类型。区带电泳技术主要包括:纸上电泳、醋酸纤维薄膜电泳、薄层电泳、非凝胶性区带电泳(支持介质有:淀粉、纤维素粉、玻璃粉、硅胶等)、凝胶区带电泳(支持介质有:淀粉液、聚丙烯酰胺凝胶、琼脂糖凝胶)。

三、DNA电泳技术

DNA电泳是分子生物学中最基本的技术,DNA制备及浓度测定、目的DNA片段的分离、重组子的酶切鉴定等都需要电泳完成。DNA分子是两性电解质,在pH值为3.5时碱基上的氨基解离,而三个磷酸基团中只有一个磷酸解离,所以DNA分子带正电,在电场中向负极泳动;而当pH为8.0~8.3时,DNA分子碱基上的氨基几乎不解离,而磷酸基团完全解离,所以核酸分子相当于带负电的阴离子,因此在电场中它就会向正极移动,所以DNA电泳中常用中性或偏碱性的缓冲液进行电泳,其电泳的时间较快,成本较低。在一般情况下,相同分子量的DNA分子,超螺旋结构的DNA移动快,而线性DNA移动慢。

根据分离DNA大小及类型的不同,DNA电泳可分为琼脂糖凝胶电泳和聚丙烯酰胺凝胶电泳。前者有普通琼脂糖电泳和碱性琼脂糖电泳,后者有非变性聚丙烯酰胺电泳和变性聚丙烯酰胺电泳。

(一)琼脂糖凝胶电泳

琼脂糖凝胶电泳是用于分离、鉴定和提纯DNA片段的标准方法。琼脂经处理去除其中的果胶成分即为琼脂糖。由于琼脂糖中硫酸根含量较琼脂为少,电渗影响减弱,因而使分离效果显著提高。DNA在碱性条件下(pH 8.0的缓冲液)带负电荷,在电场中通过凝胶介质向正极移动,不同DNA分子片段由于分子和构型不同,在电场中的泳动速率也不同。不同浓度琼脂糖凝胶可以分离从50bp至200kb的DNA片段。在琼脂糖溶液中加入低浓度的溴乙锭(ethidium bromide,EB),在紫外光下可以检出纳克(ng)级的DNA。DNA分子在琼脂糖凝胶中泳动时,具有电荷效应和分子筛效应,但通常前者大于后者。因此,DNA分子的迁移率由下列几种因素决定:

1. DNA的分子大小　线状双链DNA分子在一定浓度琼脂糖凝胶中的迁移速率与DNA分子量对数成反比,分子越大则越难于在凝胶孔隙中移动,因而所受阻力越大,迁移得越慢。

2. DNA分子的构象　当DNA分子处于不同构象时,它在电场中迁移率不仅和分子量有关,还和它本身构象有关。如相同分子量的线状、开环和超螺旋质粒DNA在琼脂糖凝胶中移动的速度是不一样的,超螺旋DNA移动得最快,而开环状DNA移动最慢。

3．琼脂糖浓度 一个特定大小的线形DNA分子,其迁移速度在不同浓度的琼脂糖凝胶中各不相同。DNA电泳迁移率(u)的对数与凝胶浓度(t)成线性关系。

4．电源电压 低电压时,线状DNA片段迁移速率与所加电压成正比。但是随着电场强度的增加,不同分子量DNA片段的迁移率将以不同的幅度增长,随着电压的增加,琼脂糖凝胶的有效分离范围将缩小。要使大于2kb的DNA片段的分辨率达到最大,所加电压不得超过5v/cm。

5．电泳温度 DNA在琼脂糖凝胶电泳中的电泳行为受电泳时的温度影响不明显,不同大小的DNA片段其相对迁移速率在4℃与30℃之间不发生明显改变,但浓度低于0.5%的凝胶或低熔点凝胶较为脆弱,最好在4℃条件下电泳。

6．嵌入染料 荧光染料溴乙锭用于检测琼脂糖凝胶中的DNA,染料嵌入到堆积的碱基对间并拉长线状和带缺口的环状DNA,使其刚性更强,还会使线状迁移率降低15%。

7．离子强度 电泳缓冲液的组成及其离子强度影响DNA电泳迁移率。在没有离子存在时(如误用蒸馏水配制凝胶),电导率最小,DNA几乎不移动,在高离子强度的缓冲液中(如误加10×电泳缓冲液),则电导很高并明显产热,严重时会引起凝胶熔化。

(二)聚丙烯酰胺凝胶电泳

聚丙烯酰胺凝胶电泳(Polyacrylamide gel electrophoresis,PAGE)是以聚丙烯酰胺凝胶作为支持介质,由单体的丙烯酰胺(Acrylamide)和甲叉双丙烯酰胺(N, N'-methylenebisacrylamide)聚合而成,具有机械强度好、弹性大、透明、化学稳定性高、无电渗作用、分辨率高等优点,并可通过控制单体浓度或单体与交联剂的比例,聚合成不同孔径大小的凝胶,可用于DNA的分离、定性和定量分析。适合分离1kb以下的DNA片段,最高分辨率可达1bp。

聚丙烯酰胺凝胶由单体的丙烯酰胺和甲叉双丙烯酰胺聚合而成,这一聚合过程需要有自由基催化完成。催化聚合方法有化学聚合和光聚合两种,其中前者较为常用。即在制备聚丙烯酰胺凝胶时,加入催化剂过硫酸铵(AP)以及加速剂四甲基乙二胺(TEMED)。四甲基乙二胺催化过硫酸铵产生自由基引发丙烯酰胺单体聚合形成丙烯酰胺长链,同时甲叉双丙烯酰胺在不断延长的丙烯酰胺链间形成甲叉键交联,从而形成交联的三维网状结构。氧气对自由基有清除作用,所以通常凝胶溶液聚合前要进行抽气。

聚丙烯酰胺凝胶的孔径可以通过改变丙烯酰胺和甲叉双丙烯酰胺的浓度来控制,丙烯酰胺的浓度可以在3%～30%之间。低浓度的凝胶具有较大的孔径,分子筛效应不明显,而高浓度凝胶则非常显著。聚合后的聚丙烯酰胺凝胶的强度、弹性、透明度、黏度和孔径大小均取决于胶浓度(T)和交联度(C)两个重要参数。T是丙烯酰胺和甲叉双丙烯酰胺两个单体的总百分浓度,即 $T = [(a+b)/m] \cdot 100(\%)$,式中a为丙烯酰胺克数(g),b为甲叉双丙烯酰胺克数(g),m为100代表100ml终体积。C是与T有关的交联百分浓度,即 $C = [b/(a+b)] \cdot 100(\%)$。

聚丙烯酰胺凝胶分离检测DNA主要有两种方式:一是用于分离双链DNA片段的非变性聚丙烯酰胺凝胶,二是用于分离单链DNA片段的变性聚丙烯酰胺凝胶。在未变性凝胶中分离DNA的缺点是DNA的迁移率受碱基组成和序列的影响。由于无法得知DNA的迁移是否反常,故不能用未变性的聚丙烯酰胺凝胶电泳确定双链DNA的大小。在变性凝胶中,由于聚丙烯酰胺凝胶是在核苷酸碱基配对抑制剂(尿素或甲酰胺)的存在下聚合而成,变性DNA的移动速度同其碱基组成及序列几乎完全无关,而与片段长度有关,故可用于单链DNA片段大小分析和DNA测序等。

(三)毛细管电泳

毛细管电泳(capillary electrophoresis,CE)是发展很快的技术。在法医学应用领域主要采用毛细管凝胶电泳(capillary gel electrophoresis,CGE)对STR进行DNA分型,与传统聚丙烯酰胺凝胶电泳相比,CGE具有更高的精确性,分辨率可高达1bp。应用不同荧光标记可以解决不同STR扩增产物长度的重叠,更有利于进行复合扩增产物的检测,极大地提高了效率。

CGE 的分离机制是在毛细管中灌注一定浓度的聚合物溶液,聚合物溶液在一定的浓度范围内,分子相互缠结形成一种具有一定孔径的筛网状结构。DNA 片段在此聚合物溶液中泳动时,不同大小的片段受到的阻力不同,小片段的 DNA 较大片段容易通过,变性 DNA 片段在毛细管电泳中的电泳迁移率与片段大小表现了良好的线性关系。使用该方法的前提是用荧光染料标记一条 PCR 引物的5′ 端,这样通过 PCR 的扩增过程使 PCR 产物带上了荧光标记,能够被激光荧光检测系统检测到。在毛细管末端检测窗的激光激发装置连续发射激光,经过检测窗的 DNA 片段上的荧光染料被激光激发,同时荧光检测装置检测到该 DNA 片段的荧光,经光电转换为电信号,并进一步转换为便于计算机识别与存储的数字信号。片段小的分子较片段大的更早到达检测窗,荧光检测器连续在线工作,每个经过的荧光标记扩增产物均被固定在检测窗处的荧光检测器识别并记录。毛细管电泳装置通过计算样品产物片段从电泳分离开始至到达检测窗被荧光检测装置检测到所用的时间来对 DNA 片段大小进行测量。荧光检测装置对荧光的检测是通过特定的滤光片收集特定波长或特定波长范围的荧光,用电荷耦合设备或光电倍增管放大荧光信号,将其转换成设备能辨别的电信号,在计算机上生成峰图,表示各个等位基因片段。

四、电泳的影响因素

诸多因素对电泳过程和结果会产生影响,这些因素主要有:

(一)待分离生物大分子的性质

待分离生物大分子所带的电荷、分子大小和性质都会对电泳有明显影响。一般来说,生物大分子带的电荷量越大、直径越小、形状越接近球形,则其电泳迁移速度越快。

(二)缓冲液的性质

缓冲液的 pH 值会影响待分离生物大分子的解离程度,从而对其带电性质产生影响,溶液 pH 值距离其等电点愈远,其所带净电荷量就越大,电泳的速度也就越大,尤其对于蛋白质等两性分子,缓冲液 pH 还会影响到其电泳方向,当缓冲液 pH 大于蛋白质分子的等电点,蛋白质分子带负电荷,其电泳的方向是指向正极。为了保持电泳过程中待分离生物大分子的电荷以及缓冲液 pH 值的稳定性,缓冲液通常要保持一定的离子强度,一般在 0.02~0.2,离子强度过低,则缓冲能力差,但如果离子强度过高,会在待分离分子周围形成较强的带相反电荷的离子扩散层(即离子氛),由于离子氛与待分离分子的移动方向相反,它们之间产生了静电引力,因而引起电泳速度降低。另外缓冲液的黏度也会对电泳速度产生影响。

(三)电场强度

电场强度(V/cm)是每厘米的电位降,也称电位梯度。电场强度越大,电泳速度越快。但增大电场强度会引起通过介质的电流强度增大,而造成电泳过程产生的热量增大。电流所做的功绝大部分都转换为热,因而引起介质温度升高,这样可能导致:①样品和缓冲离子扩散速度增加,引起样品分离带的加宽;②产生对流,引起待分离物的混合;③如果样品对热敏感,会引起蛋白、DNA 等生物大分子变性;④引起边缘效应。电泳中产生的热通常是由中心向外周散发的,所以介质中心温度一般要高于外周,尤其是管状电泳,由此引起中央部分介质相对于外周部分黏度下降,摩擦系数减小,电泳迁移速度增大,由于中央部分的电泳速度比边缘快,所以电泳分离带通常呈弓型,即所谓边缘效应。降低电流强度,可以减小生热,但会延长电泳时间,引起待分离生物大分子扩散的增加而影响分离效果。所以电泳实验中要选择适当的电场强度,同时可以适当冷却降低温度以获得较好的分离效果。

(四)支持介质

支持介质的浓度(筛孔大小)对待分离生物大分子的电泳迁移速度有明显的影响。在筛孔大的介质中泳动速度快,反之,则泳动速度慢。

知识链接 4-1 ▶

其他影响电泳的因素—电渗

液体在电场中,对于固体支持介质的相对移动,称为电渗现象。由于支持介质表面可能会存在一些带电基团,如滤纸表面通常有一些羧基,琼脂可能会含有一些硫酸基,而玻璃表面通常有 Si-OH 基团等等。这些基团电离后会使支持介质表面带电,吸附一些带相反电荷的离子,在电场的作用下向电极方向移动,形成介质表面溶液的流动,这种现象就是电渗。在 pH 值高于 3 时,玻璃表面带负电,吸附溶液中的正电离子,引起玻璃表面附近溶液层带正电,在电场的作用下,向负极迁移,带动电极液产生向负极的电渗流。如果电渗方向与待分离分子电泳方向相同,则加快电泳速度;如果相反,则降低电泳速度。

本章小结

法医 DNA 分析技术基础主要包括 DNA 提取、DNA 定量、PCR 技术和电泳技术四个方面。提取 DNA 是法医物证学最重要的基本技术,核酸样品的质量直接关系到实验的成败。应尽量简化操作步骤,缩短操作时间,以减少各种不利因素对核酸的破坏。Chelex-100 提取法是一种简单、快速的方法,适合微量检材的 DNA 提取;但提取的 DNA 纯度不高,仅适用于 PCR 反应模板制备。固相提取方法特别适合自动化提取平台操作。荧光实时定量 PCR 技术具有极高的灵敏度,可以测定极微量的 DNA,同时也具有人类特异性。PCR 是法医 DNA 分析技术的关键,常用复合 PCR 扩增。法医 DNA 实验室常用毛细管凝胶电泳分析 PCR 产物。

关键术语

DNA 提取(DNA extraction)

DNA 定量(DNA quantitation)

实时定量 PCR(real-time Q-PCR)

聚合酶链式反应(Polymerase chain reaction,PCR)

复合 PCR(Multiplex PCR)

电泳(Electrophoresis)

毛细管电泳(capillary electrophoresis,CE)

(赖江华)

思考题

1. Chelex-100 提取法有何优缺点?

2. 为什么要进行 DNA 定量?

3. PCR 的基本原理?

4. 影响 PCR 反应的因素有哪些?

5. DNA 电泳的原理?

第五章 STR 长度多态性

学习目标

　　通过本章学习,应该**掌握**STR 长度多态性、复合扩增和 miniSTR 分型的基本概念,STR 基因座和等位基因的命名原则,STR 基本分型技术及其法医学应用特点。**熟悉**STR 序列结构特征,筛选法医学 STR 标记的条件,STR 复合扩增体系的构建原则,CODIS 计划以及 miniSTR 分型的优缺点。**了解**STR 基因座的法医学应用评估。

　　法医 DNA 分型的研究和应用最初是从长度多态性开始的。早期,法医 DNA 分析应用限制性片段长度多态性(restriction fragment length polymorphism,RFLP)分析技术检测小卫星 VNTR 位点,构建 DNA 指纹图谱。进入 20 世纪 90 年代后,PCR 技术逐步取代了限制性片段长度多态性分析,成为第二代 DNA 分型技术。

第一节　概　　述

　　采用 PCR 技术扩增 VNTR 或 STR 基因座等位基因进行 DNA 长度多态性分析的方法称为扩增片段长度多态性(amplified fragment length polymorphisms,Amp-FLP)分析。90 年代初,主要应用 Amp-FLP 分析技术进行小卫星 VNTR 基因座的多态性分型。90 年代中期后,逐渐过渡到应用 PCR 技术分析微卫星 STR 座位的多态性,即 STR 分型技术。该技术充分发挥了 PCR 技术的高灵敏度和 STR 基因座高多态性的优势,使法医 DNA 分析实现了高效、灵敏和快速的目标。如今,STR 分型已成为法医物证鉴定的常规技术。

> **知识链接 5-1** ▶
>
> ### 限制性片段长度多态性分析
>
> 　　限制性片段长度多态性(restriction fragment length polymorphism,RFLP)分析是一种传统的分子生物学检测技术,广泛应用于突变分析、基因诊断、基因定位等各个方面。法医物证鉴定应用 RFLP 技术主要是对人类基因组中的 VNTR 基因座进行分型,其技术核心是 DNA 分子杂交,决定 RFLP 分析图谱个体特异性的因素是限制性核酸内切酶的特异性和探针的特异性。检测所用的探针多是由人类基因组 DNA 中筛选出的小卫星序列,选择特异性不同的探针,在不同的杂交条件下,可以只检出单个 VNTR 基因座,也可同时检出多个 VNTR 基因座,前者称之为 DNA 纹印(DNA profile),后者称之为 DNA 指纹(DNA fingerprint),相应探针分别被称为单基因座探针和多基因座探针。DNA 指纹技术检测多个 VNTR 基因座,图谱由多条条带组成,类似商品的条形码,具有高度个体特异性(仅同卵双生子相同),个体之间的差异表现为图谱中 DNA 片段的数

目和位置不同。DNA 纹印技术检测单个 VNTR 基因座,得到的 RFLP 图谱简单明了,杂合子呈二条不等长度的片段,纯合子仅显现一条片段。无论是 DNA 指纹还是 DNA 纹印技术,其主要缺点是对 DNA 的质和量要求较高,因而灵敏度低且实验周期长。

一、STR 序列结构类型

STR 基因座重复单位 2~6bp,按重复单位碱基数称为二核苷酸序列以及三、四、五和六核苷酸序列,其中四核苷酸 STR 基因座最常用。重复单位碱基的组成形式称为基序(motif)。理论上,STR 重复单位的基序有 4^n 种,二、三、四、五和六核苷酸重复单位碱基组成形式应分别有 16、64、256、1024 和 4096 种。因为基序是以串联重复形式出现,有些基序表面上不同,但实际上是一种核心序列,例如(AGGG)与(GAGG)、(GGAG)和(GGGA)重复单位实质上是相同的。考虑到碱基互补的因素,与(AGGG)基序相同的还有 4 种:(CCCT)、(CCTC)、(CTCC)和(TCCC),故二、三、四、五和六核苷酸组成的基序数实际上仅有 4、10、33、102 和 350 种,远少于随机组合数。表 5-1 列出了二、三、四和五核苷酸重复单位的常见基序。在上述基序类型中,法医物证鉴定大多应用四核苷酸 STR 基因座,最常见的基序是(AGAT)或(GATA)。

表 5-1 常见 STR 基序结构

基序名称(数量)	碱基结构
二核苷酸基序(4)	AC、AG、AT、CG
三核苷酸基序(10)	AAC、AAG、AAT、ACC、ACG、ACT、AGC、AGG、ATC、CCG
四核苷酸基序(33)	AAAC、AAAG、AAAT、AACC、AACG、AACT、AAGC、AAGG、AAGT、AATC、AATG、AATT、ACAG、ACAT、ACCC、ACCG、ACCT、ACGC、ACGG、ACGT、ACTC、ACTG、AGAT、AGCC、AGCG、AGCT、AGGC、AGGG、ATCC、ATCG、ATGC、CCCG、CCGG
五核苷酸基序(102)	AAAAC、AAAAG、AAAAT、AAACC、AAACG、AAACT、AAAGC、AAAGG、AAAGT、AAATC、AAATG、AAATT、AACAC、AACAG、AACAT、AACCC、AACCG、AACCT、AACGC、AACGG、AACGT、AACTC、AACTG、AACTT、AAGAC、AAGAG、AAGAT、AAGCC、AAGCG、AAGCT、AAGGC、AAGGG、AAGGT、AAGTC、AAGTG、AATAC、AATAG、AATAT、AATCC、AATCG、AATCT、AATGC、AATGG、AATGT、AATTC、ACACC、ACACG、ACACT、ACAGC、ACAGG、ACAGT、ACATC、ACATG、ACCAG、ACCAT、ACCCC、ACCCG、ACCCT、ACCGC、ACCGG、ACCGT、ACCTC、ACCTG、ACGAG、ACGAT、ACGCC、ACGCG、ACGCT、ACGGC、ACGGG、ACGTC、ACTAG、ACTAT、ACTCC、ACTCG、ACTCT、ACTGC、ACTGG、AGAGC、AGAGG、AGATC、AGATG、AGCAT、AGCCC、AGCCG、AGCCT、AGCGC、AGCGG、AGCTC、AGGAT、AGGCC、AGGCG、AGGGC、AGGGG、ATATC、ATCCC、ATCCG、ATCGC、ATGCC、CCCCG、CCCGG、CCGCG

根据重复单位的碱基结构特点,STR 基因座可分为三种类型:

1. 简单序列(simple repeats) 重复单位长度和碱基组成基本一致。例如 FES/FPS 基因座,重复单位为(ATTT),重复次数 7~15 次;D10S1248 基因座为 $(GGAA)_{8-19}$。这一类 STR 座位,重复单位的基序是均一的。有些基因座仅有个别或极少数基因在碱基组成或碱基数上出现微小差异,亦属此类。例如,TH01 基因座的重复单位为(AATG),重复次数 3~12 次,其中极少数等位基因的结构为 $(AATG)_mATG(AATG)_n$,属于不规则基因;CD4 基因座为 $(TTTTC)_{4-15}$,其中少数基因的结构为 $(TTTTC)_3CTTTC(TTTTC)_n$,基因中部的一个五核苷酸重复单位碱基组成不同。

2. 复合序列(compound repeats) 同一基因座内有两种或两种以上的基序,且重复单位的长度基本一致。例如:D2S1338 基因座的重复区结构为 $(TGCC)_m(TTCC)_n$;D12S391 基因座的重复区结构为 $(AGAT)_{8-17}(AGAC)_{6-10}(AGAT)_{0-1}$。

3. 复杂序列（complex repeats）　同一基因座内等位基因之间的基序既有序列差异，也有长度差异。例如 D21S11 基因座，重复序列为 TCTA/TCTG，迄今该基因座已报道的等位基因有 90 余个。序列分析证实重复单位序列由 3 个可变区和一个恒定区组成（表 5-2）。从表 5-2 可以看出，即使相同片段长度的等位基因中也存在重复单位结构的不一致，如 30a、30b、30c 和 30d 等。

表 5-2　D21S11 基因座部分等位基因序列结构

等位基因	片段长度（bp）	序列结构		
		I	II	III
24	202	(TCTA)$_4$	(TCTG)$_6$ –（恒定区）	(TCTA)$_6$
25	206	(TCTA)$_4$	(TCTG)$_3$ –（恒定区）	(TCTA)$_{10}$
26	210	(TCTA)$_4$	(TCTG)$_6$ –（恒定区）	(TCTA)$_8$
27a	214	(TCTA)$_4$	(TCTG)$_6$ –（恒定区）	(TCTA)$_9$
27b	214	(TCTA)$_6$	(TCTG)$_5$ –（恒定区）	(TCTA)$_8$
27c	214	(TCTA)$_5$	(TCTG)$_5$ –（恒定区）	(TCTA)$_9$
28a	218	(TCTA)$_4$	(TCTG)$_6$ –（恒定区）	(TCTA)$_{10}$
28b	218	(TCTA)$_5$	(TCTG)$_6$ –（恒定区）	(TCTA)$_9$
29a	222	(TCTA)$_4$	(TCTG)$_6$ –（恒定区）	(TCTA)$_{11}$
29b	222	(TCTA)$_6$	(TCTG)$_5$ –（恒定区）	(TCTA)$_{10}$
30a	226	(TCTA)$_6$	(TCTG)$_5$ –（恒定区）	(TCTA)$_{11}$
30b	226	(TCTA)$_5$	(TCTG)$_6$ –（恒定区）	(TCTA)$_{11}$
30c	226	(TCTA)$_4$	(TCTG)$_6$ –（恒定区）	(TCTA)$_{12}$
30d	226	(TCTA)$_6$	(TCTG)$_6$ –（恒定区）	(TCTA)$_{10}$
31a	230	(TCTA)$_6$	(TCTG)$_5$ –（恒定区）	(TCTA)$_{12}$
31b	230	(TCTA)$_5$	(TCTG)$_6$ –（恒定区）	(TCTA)$_{12}$
31c	230	(TCTA)$_6$	(TCTG)$_6$ –（恒定区）	(TCTA)$_{11}$
31d	230	(TCTA)$_7$	(TCTG)$_5$ –（恒定区）	(TCTA)$_{11}$
32a	234	(TCTA)$_6$	(TCTG)$_5$ –（恒定区）	(TCTA)$_{13}$
32b	234	(TCTA)$_5$	(TCTG)$_6$ –（恒定区）	(TCTA)$_{13}$
33	238	(TCTA)$_5$	(TCTG)$_6$ –（恒定区）	(TCTA)$_{14}$
34a	242	(TCTA)$_{10}$	(TCTG)$_5$ –（恒定区）	(TCTA)$_{11}$
34b	242	(TCTA)$_5$	(TCTG)$_6$ –（恒定区）	(TCTA)$_{15}$
35a	246	(TCTA)$_{11}$	(TCTG)$_5$ –（恒定区）	(TCTA)$_{11}$
35b	246	(TCTA)$_{10}$	(TCTG)$_5$ –（恒定区）	(TCTA)$_{12}$
36a	250	(TCTA)$_{10}$	(TCTG)$_5$ –（恒定区）	(TCTA)$_{13}$
36b	250	(TCTA)$_{11}$	(TCTG)$_5$ –（恒定区）	(TCTA)$_{12}$
36c	250	(TCTA)$_{10}$	(TCTG)$_6$ –（恒定区）	(TCTA)$_{12}$
37	254	(TCTA)$_{11}$	(TCTG)$_5$ –（恒定区）	(TCTA)$_{13}$
38	258	(TCTA)$_{13}$	(TCTG)$_5$ –（恒定区）	(TCTA)$_{12}$
28.2	220	(TCTA)$_5$	(TCTG)$_6$ –（恒定区）	(TCTA)$_8$ TA TCTA
29.2	224	(TCTA)$_5$	(TCTG)$_5$ –（恒定区）	(TCTA)$_{10}$ TA TCTA
30.2a	228	(TCTA)$_5$	(TCTG)$_6$ –（恒定区）	(TCTA)$_{10}$ TA TCTA
30.2b	228	(TCTA)$_5$	(TCTG)$_5$ –（恒定区）	(TCTA)$_{11}$ TA TCTA
31.2	232	(TCTA)$_5$	(TCTG)$_6$ –（恒定区）	(TCTA)$_{11}$ TA TCTA
32.2a	236	(TCTA)$_5$	(TCTG)$_6$ –（恒定区）	(TCTA)$_{12}$ TA TCTA
32.2b	236	(TCTA)$_4$	(TCTG)$_6$ –（恒定区）	(TCTA)$_{13}$ TA TCTA

续表

等位基因	片段长度(bp)	序列结构		
		I	II	III
33.2a	240	(TCTA)$_5$	(TCTG)$_6$-(恒定区)	(TCTA)$_{13}$ TA TCTA
33.2b	240	(TCTA)$_6$	(TCTG)$_5$-(恒定区)	(TCTA)$_{13}$ TA TCTA
33.2c	240	(TCTA)$_6$	(TCTG)$_6$-(恒定区)	(TCTA)$_{12}$ TA TCTA
34.2	244	(TCTA)$_5$	(TCTG)$_6$-(恒定区)	(TCTA)$_{14}$ TA TCTA
35.2	248	(TCTA)$_5$	(TCTG)$_6$-(恒定区)	(TCTA)$_{15}$ TA TCTA
36.2	252	(TCTA)$_5$	(TCTG)$_6$-(恒定区)	(TCTA)$_{16}$ TA TCTA

恒定区长度43bp,序列为-(TCTA)$_3$TA(TCTA)$_3$TCA(TCTA)$_2$TCCATA-

二、筛选 STR 基因座的条件

从法医学个体识别和亲权鉴定的实用性考虑,选择基因座的基本条件主要包括三个方面的要求,即多态性程度、突变率和扩增稳定性。理想的基因座应具备以下几个条件:①等位基因长度在 300bp 以下;②重复单位为四或五核苷酸,不含有插入的非重复单位碱基;③等位基因数 8～12 个;④基因座杂合度 0.8 以上,个体识别能力(DP)大于 0.9,非父排除概率(PE)大于 0.5;⑤等位基因频率分布比较平均,没有特别高或者特别低频率的等位基因;⑥ PCR 扩增稳定,抗抑制剂干扰能力强;⑦突变率低于 0.2%;⑧联合应用的各基因座应尽量位于不同的染色体上,以避免可能存在的连锁关系。实践应用和观察认为四核苷酸重复的简单序列比较稳定,多为应用首选。

三、STR 分型的法医学特点

作为法医物证鉴定的常规技术,多年来经过大量法医物证实际案件的检验鉴定,已充分显示出 STR 分型具有许多突出优势。

(一)高灵敏度

基于 PCR 技术的高灵敏度优势,STR 标准分型的模板量为 1～10ng,现场微量或接触性生物检材,只要能够提取到模板 DNA,就可能分型。另外,对于腐败、陈旧性生物检材,尽管基因组 DNA 高度降解,但只要残存的 DNA 分子含有长度 300bp 左右的 STR 等位基因,分型测定就有可能。因此,除了骨骼、牙齿和烟头等生物检材可以分型外,对于石蜡包埋的组织块、指纹、头皮屑及吻痕等非常规生物检材,都可能作出 STR 分型鉴定。

(二)高鉴别能力

单个 STR 基因座的多态性程度不高,但复合扩增多个 STR 基因座,不仅可以节约检材、降低成本、提高单次检测的遗传信息量,而且其累积匹配概率可以达到认定同一性的目的。

(三)高种属特异性

目前常用的商品化 STR 复合扩增系统中,扩增各基因座的 PCR 引物均是针对人类基因组 DNA 设计并经过包括种属特异性在内的各种有效性验证,非人类 DNA 大多无扩增产物或仅有极少数非正常扩增产物,因此具有极高的种属特异性。

(四)结果的高度准确性

与小卫星 VNTR 基因座相比,STR 基因座的等位基因片段长度范围较窄,不易发生因小片段等位基因的优势扩增而造成大片段等位基因丢失(allelic drop-out),因此其分型结果更加准确可靠。

(五)易于标准化

高分辨率的毛细管电泳技术结合分子量内标及等位基因分型标准物(allelic ladder)的应用,不仅能准确确定样品检材中各等位基因的片段大小,而且能使生物检材的 STR 基因型能够准确地按照重复单位的重复次数命名。这是 STR 基因座标准化分型的基础,也是 DNA 数据库建立的必要条件。

第二节 STR 命名

STR 命名（nomenclature）主要涉及基因座命名、等位基因命名、链的选择及核心重复单位的确定几个方面。

一、基因座命名

依据 STR 序列在基因组中的位置，STR 基因座命名有以下两种方式：

一是按照 STR 序列的 GenBank 注册名称，位于蛋白编码基因及其内含子和假基因中的 STR 基因座参照基因名称命名。例如，人类酪氨酸羟化酶（tyrosine hydroxylase）基因第 1 内含子中的 STR 序列命名为 TH01、α- 纤维蛋白原（alpha fibrinogen）基因第 3 内含子中的 STR 序列命名为 FGA、人类 β- 肌动蛋白相关的假基因 H-beta-Ac-psi-2（beta-actin related pseudogene H-beta-Ac-psi-2）的 5′ 侧翼区的 STR 序列命名为 ACTBP2。

另一种命名方式是按照 Genome Database（GDB）命名原则，以基因座所在染色体以及首次进入公共数据库的原始序号为依据命名，记录为 D#S##，其中字母 D 表示 DNA、S 代表单拷贝序列、D 与 S 中间的数字代表所在的染色体、S 后的数字表示该染色体上发现并进入公共数据库的序号。该命名方式主要适用于非编码区中的 STR 或染色体定位不明的 STR 序列。例如，D3S1359 是指位于人类第 3 号染色体上入库数据中第 1359 号序列。

二、等位基因命名

STR 长度多态性的本质为可变数目的串联重复序列，即同一基因座不同等位基因长度差异源于核心重复单位重复次数的差异。根据国际法医遗传学会（International Society for Forensic Genetics，ISFG）的规定，按照重复单位的重复次数命名 STR 基因座的等位基因。例如，某等位基因重复单位的重复次数为 12，则该基因命名为 12。某些基因座的部分等位基因可能含有不完全重复单位，称之为微变异等位基因（microvariant allele）或中间等位基因（intermediate allele）。此类等位基因的命名是在完整重复单位的重复次数后用一小数点分隔，后面再接不完整重复单位的碱基数。例如，TH01 基因座中重复区结构为 $(AATG)_6 ATG (AATG)_3$ 的等位基因，含 9 个完整的 $(AATG)$ 重复单位及 1 个 ATG 三碱基不完全重复单位，则命名为 9.3；FGA 基因座中重复区结构为 $(TTTC)_3 (TTTT) TT (CTTT)_{15} (CTCC) (TTCC)_2$ 的等位基因，含 22 个完整的四核苷酸重复单位及 1 个 TT 两碱基不完全重复单位，则命名为 22.2。表 5-3 显示的是 D13S317 及 TH01 基因座的重复区结构及等位基因命名。

表 5-3 STR 基因座 D13S317 及 TH01 的等位基因命名

D13S317		TH01	
等位基因	重复区结构	等位基因	重复区结构
8	$(TATC)_8$	5	$(AATG)_5$
9	$(TATC)_9$	6	$(AATG)_6$
10	$(TATC)_{10}$	7	$(AATG)_7$
11	$(TATC)_{11}$	8	$(AATG)_8$
12	$(TATC)_{12}$	9	$(AATG)_9$
13	$(TATC)_{13}$	9.3	$(AATG)_6 ATG (AATG)_3$
14	$(TATC)_{14}$	10	$(AATG)_{10}$
15	$(TATC)_{15}$	11	$(AATG)_{11}$

ISFG专家委员会STR分型指南

国际法医血液遗传学会（现名国际法医遗传学会，International Society of Forensic Genetics，ISFG）1993年10月在意大利威尼斯召开了第15届国际会议。会议期间专家委员会研究推荐了基于PCR的STR遗传标记。按会议讨论结果，1994年推荐了按核心序列串联重复拷贝数命名STR等位基因的原则（Int J Leg Med 1994；107：159-160），1997年再次强调了该命名原则以序列分析为基础的意义（Forensic Sci Int 1997；87：179-184）。在序列分析为基础构建的人类等位基因分型标准物对照下，可以避免按分子量测定值计算DNA片段长短所产生的误差。更重要的是，引物结合到基因组DNA上的位置是可以变化的，同一个体同一STR基因座用不同引物扩增将产生不同长短的DNA片段，而这些不同长短DNA片段的核心序列串联重复拷贝数是相同的。显然，核心序列串联重复拷贝数是个体具有的特征，是群体数据可比性的基础，是不同实验室取得相同分型结果的关键。这一命名原则已为国内外法医遗传学者所熟悉并采用，也被各国法医DNA数据库和商品化STR试剂生产厂商采用。ISFG专家委员会制定的法医STR分型指南可通过ISFG网站公开访问。ISFG网址为：http://www.isfg.org

三、链的选择及核心重复单位的确定

DNA为互补的双链结构，在确定重复基序时若选择的DNA单链不同会导致核心重复单位序列不同。例如，正向链为5'-…(TCAT)$_n$…-3'的序列，其反向互补链则为5'-…(ATGA)$_n$…-3'。有时受重复基序周围序列的影响，另一条链的核心重复序列有可能会前后发生一些移动。如图5-1所示，以正向链确定的重复序列为(TCTA)，若以反向链确定则为(TGAA)，向5'端移动了3个碱基。可见DNA链的选择对确定核心重复单位十分重要。为了避免混乱，核心重复单位的确定应遵循以下原则：①蛋白编码区域的STR基因座选用编码链确定重复单位；②以D#S##命名的基因座，采用第一个进入公共数据库的文献报道的原始序列作为标准确定重复单位；③重复序列应从离5'端最近的一个核苷酸开始定义。例如5'-GG TCA TCA TCA TGG-3'，应确定为(TCA)$_3$，而不应为(CAT)$_3$；④已建立的与上述原则不一致的重复单位序列仍予以保留。

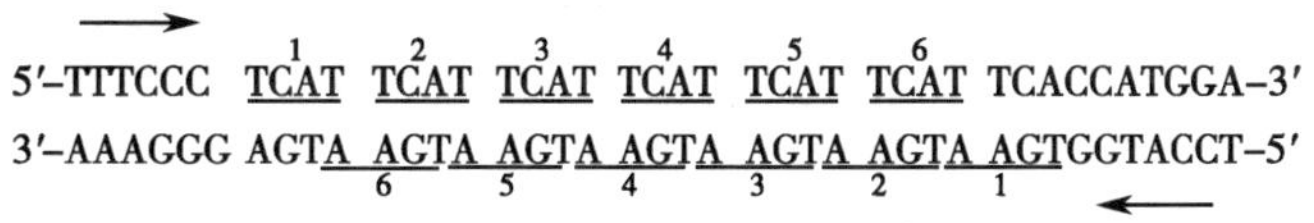

图5-1　链的选择及基序周围序列对重复单位确定的影响

第三节　常染色体STR分型

STR是目前法医物证鉴定中常规使用的长度多态性遗传标记，其等位基因片段长度多在400bp以下，采用PCR技术扩增成功率高，阳性率和检测灵敏度大约比小卫星VNTR高10倍，尤其适用于降解、陈旧和腐败检材的分型鉴定。STR基因座的等位基因一般只有十余个，采用高分辨率的聚丙烯酰胺凝胶（PAG）电泳分离，很容易获得准确的分型结果和等位基因频率。同一基因座各等位基因间的长度差异有限，不易出现杂合子个体中小片段等位基因的优势扩增。即使有些基因座可能出现不同等位基因间扩增信号强度差异，但差异一般都在40%以下，不影响基因型的判定。

经过筛选的STR基因座，扩增条件基本相同，可以在同一个PCR反应体系中同时扩增多个靶基因座，叫做复合扩增（multiplex amplification）或复合PCR（multiplex PCR）。复合扩增不仅可以提高

单次检测的信息量,从而提高个人识别能力,也可降低成本和检材的消耗,对微量生物检材的鉴定特别有价值。目前的复合扩增体系已可同时扩增15~26个STR基因座,个体识别能力已达到或超过DNA指纹的水平。同时,复合扩增技术已经具备比较严格的自动化操作程序、完善的质量控制和质量保证措施。标准化的分型数据有利于计算机的数据处理、贮存和联网检索,为建立大规模的法医DNA数据库打下良好的基础。

一、基本分型技术

根据检测方式,STR基本分型技术有银染检测及荧光标记检测两种。

(一)银染检测技术

银染STR分型检测技术主要包括模板DNA提取与定量、PCR扩增、电泳分离、显带及基因型判定。

1. 模板DNA提取与定量　常规采用Chelex-100法或磁珠法提取DNA(见第四章)。获得的模板DNA需按第四章描述的方法进行定量,过高或过低的模板DNA用量均不利于STR分型。

2. PCR扩增　采用标准的25μl体积PCR扩增体系,模板DNA用量5~20ng,常能够得到满意的扩增产物。

3. 电泳分离　常用凝胶浓度为6%、交联度为5%的PAG电泳,凝胶厚1mm。电泳缓冲液为1×TBE。在PAG中加入8mol/L尿素,DNA双链在电泳过程中呈单链状态,称为变性PAG电泳。变性PAG电泳分辨率提高,可以分辨1bp的片段长度差异。扩增产物加入载样缓冲液混匀后点样,同时加样等位基因分型标准物(allelic ladder)。STR分型标准物是由靶基因座的大多数或全部等位基因的混合物组成,电泳后形成彼此相差一个重复单位的等距离阶梯图谱,其中每一个等位基因的长度已知并经测序后按照重复单位的重复次数命名,作为确定待测样本基因型的参照。

4. 显带与型别判定　常用银染法显示基因条带,参照等位基因分型标准物确定样本的基因型别(图5-2)。

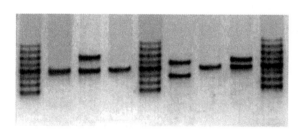

图5-2　STR银染分型图

(二)荧光标记检测技术

荧光染料是一类含有共轭双键的荧光物质,能够吸收激光并被激发至高能量激发态。处于不稳定激发态的荧光物质跃迁回到基态时,多余的能量以光子的形式释放。不同的荧光染料具有不同的激发波长和发射波长,在DNA标记中最主要应用的是位于可见光谱区域、发射波长范围在400~600nm之间的荧光染料。因被激光诱导产生的光谱波长不同,不同荧光染料具有不同的颜色。用滤光片收集特定波长或波长范围的发射光,这些来自荧光基团的信号经光电倍增管或电荷耦合装置收集和放大,并将之转换成电信号。再用相对荧光单位计量这些信号,并生成毛细管电泳中的峰图或凝胶图像上的谱带。荧光染料通常标记在一对PCR引物的其中一条的5'端,扩增后的等位基因产物均携带有荧光基团,经电泳分离后,用荧光扫描系统对凝胶进行检测,根据片段的迁移率确定等位基因片段的长度,根据等位基因分型标准物判定基因型。基于荧光标记的检测技术因具有多色分析、简便、快速和易于自动化的特点,被广泛应用于法医DNA分型中。

荧光标记STR分型检测技术主要包括模板DNA提取与定量、PCR扩增、电泳分离、数据的采集及分析。

1．模板DNA提取与定量　与银染检测技术相同。

2．PCR扩增　与银染检测技术相同。因荧光标记检测技术的灵敏度更高，故模板DNA用量更少，1～10ng模板DNA通常能够得到满意的扩增产物。

3．电泳分离　通常采用毛细管凝胶电泳分离扩增产物，其电泳分辨率较PAG电泳更高。扩增产物加入适量甲酰胺和分子量内标，混匀后经高温变性、迅速冰冷后，由仪器自动上样电泳。电泳分离时需同时上样电泳等位基因分型标准物。

4．数据采集及分析　由专用的数据收集和分析软件自动采集并分析数据，可以直接读出样本的等位基因片段长度和基因型（图5-3）。

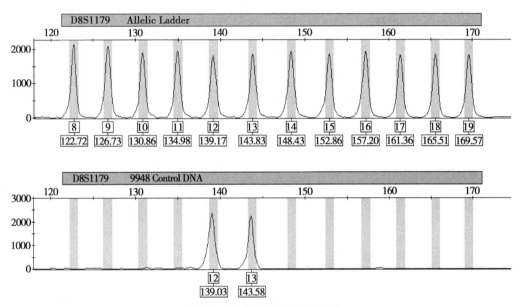

图5-3　荧光标记STR分型图

二、多基因座复合扩增

复合扩增的PCR反应体系仍由反应缓冲液、dNTP、引物、模板、DNA聚合酶、Mg^{2+}等组成，唯有引物是多对。在确定复合扩增的反应体系组成和循环参数时，要考虑到实际选用的复合扩增条件并不是绝对地适宜每一个基因座，因此需要对反应体系以及循环参数进行不断的调整和优化，以求尽可能地保持多基因座扩增效率的平衡。

（一）复合扩增方法

目前常用的复合扩增方法包括银染复合扩增检测和荧光标记复合扩增检测两种。

1．银染复合扩增检测　多基因座复合扩增产物经PAG电泳分离后，凝胶直接用银染法显带。因银染显带后各靶基因座的等位基因均显示为同一颜色，所以复合扩增体系中多个基因座的等位基因片段长度范围必须互不重叠，例如GammaSTR四基因座复合扩增系统是由D16S539（等位基因片段长度范围264～304bp）、D7S820（215～247bp）、D13S317（165～197bp）和D5S818（119～151bp）构成，扩增产物经电泳分离及银染后，四个基因座的等位基因分别分布于4个不同的片段长度范围内，互不干扰（图5-4）。银染复合扩增技术的优点是操作比较简单，经济实用。因为片段长度范围选择的限制，银染复合扩增系统能够同时检测的靶基因座数量有限。常用的银染复合扩增系统见表5-4。

2．荧光标记复合扩增检测　构建多基因座荧光标记复合扩增检测系统时通常采用多色荧光染料标记，其原则是相同荧光染料标记的基因座等位基因片段长度范围必须互不重叠，不同荧光染料标记的基因座之间等位基因片段长度范围可以重叠。由此可根据荧光的颜色及等位基因片段大小区域区别不同的基因座。因不同荧光染料标记的基因座间因不受等位基因片段长度重叠的影响，故可以设计更多的基因座复合扩增，明显提高了检测信息量。例如，AmpFlSTR Identifiler 复合扩增系统同时扩增 15 个常染色体 STR 基因座和 1 个性别位点：D8S1179、D21S11、D7S820 和 CSF1PO 用荧光染料 6-FAM 标记；D3S1358、TH01、D13S317、D16S539 和 D2S1338 用 VIC 标记；D19S433、vWA、TPOX 和 D18S51 用 NED 标记；Amelogenin、D5S818 和 FGA 用 PET 标记。近年来，激光诱导荧光标记 STR 自动分析技术的研究进展很快，应用的荧光染料种类逐渐增多，最新的技术采用了六色荧光，现已开发出多个 24～27 个基因座荧光复合扩增的试剂盒。目前国内外常用的常染色体荧光复合扩增系统见表 5-5。

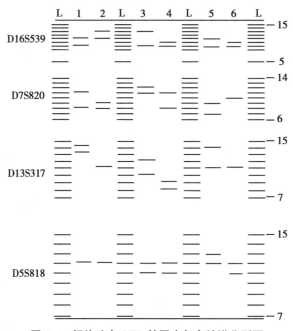

图 5-4 银染法多 STR 基因座复合扩增分型图

表 5-4 常用的银染复合扩增系统

名称	基因座数	包含的 STR 基因座	平均匹配概率
CTT	3	CSF1PO, TPOX, TH01	2.36×10^{-3}
FFv	3	F13A01, FES/FPS, vWA	1.10×10^{-3}
SilverSTR Ⅲ	3	D16S539, D7S820, D13S317	9.09×10^{-4}
CTTv	4	CSF1PO, TPOX, TH01, vWA	1.51×10^{-4}
FFFL	4	F13A01, FES/FPS, F13B, LPL	3.80×10^{-4}
GammaSTR	4	D16S539, D7S820, D13S317, D5S818	5.56×10^{-4}

表 5-5 常用的常染色体荧光复合扩增系统

名称	基因座数	包含的 STR 基因座	平均匹配概率
AmpFlSTR Cofiler	7	Amel, D3S1358, D16S539, TH01, TPOX, CSF1PO, D7S820	1.19×10^{-6}
PowerPlex CS7	7	LPL, F13B, FES/FPS, F13A01, Penta D, Penta C, Penta E	1.73×10^{-6}
PowerPlex 1.1	8	D16S539, D7S820, D13S317, D5S818, CSF1PO, TPOX, TH01, vWA	8.77×10^{-9}
PowerPlex 2.1	9	Penta E, D18S51, D21S11, TH01, D3S1358, FGA, TPOX, D8S1179, vWA	1.18×10^{-11}
Mentype Nonaplex Ⅰ、PowerPlex ES 及 genRESMPX-2	9	Amel, D3S1358, TH01, D21S11, D18S51, SE33, vWA, D8S1179, FGA	4.54×10^{-11}

续表

名称	基因座数	包含的STR基因座	平均匹配概率
AmpFlSTR Profiler	10	Amel，vWA，FGA，D3S1358，TH01，TPOX，CSF1PO，D5S818，D13S317，D7S820	2.79×10^{-10}
AmpFlSTR Profiler Plus	10	Amel，vWA，FGA，D3S1358，D8S1179，D21S11，D18S51，D5S818，D13S317，D7S820	1.04×10^{-11}
AmpFlSTR VeriFiler	10	Amel，D10S1248，D1S1656，D2S1338，D22S1045，D19S433，TH01，D2S441，D6S1043，D12S391	7.75×10^{-12}
STRtyper-10F/G	10	Amel，D18S1364，D12S391，D13S325，D6S1043，D2S1772，D11S2368，D22-GATA198B05，D8S1132，D7S3048	4.69×10^{-13}
AmpFlSTR SGM Plus	11	Amel，vWA，D3S1358，D16S539，D2S1338，D8S1179，D21S11，D18S51，D19S433，TH01，FGA	2.99×10^{-13}
Beckman Coulter GenomeLab Human STR Primer Set	11	Amel，TH01，D18S51，D13S317，D16S539，Penta E，Penta D，D3S1358，D8S1179，TPOX，CSF1PO	3.11×10^{-12}
AGCU 10+1	11	Amel，D3S1358，D13S317，D7S820，D16S539，D8S1179，D21S11，D18S51，vWA，D5S818，FGA	1.51×10^{-12}
AmpFlSTR SEfiler Plus 及 Investigator Decaplex SE	12	Amel，D3S1358，vWA，D16S539，D2S1338，D8S1179，SE33，D19S433，TH01，FGA，D21S11，D18S51	7.46×10^{-14}
Investigator HDplex 及 Mentype Chimera	13	Amel，D2S1360，D3S1744，D4S2366，D5S2500，D6S474，D7S1517，D8S1132，D10S2325，D12S391，D18S51，D21S2055，SE33	4.01×10^{-17}
Investigator Nonaplex ESS	14	Amel，D1S1656，D2S441，D3S1358，D8S1179，D10S1248，D12S391，D18S51，D21S11，D22S1045，FGA，TH01，vWA，SE33	3.03×10^{-17}
DNATyper 15	15	Amel，D6S1043，D21S11，D7S820，CSF1PO，D2S1338，D3S1358，D13S317，D8S1179，D16S539，vWA，D5S818，Penta E，D18S51，FGA	2.63×10^{-18}
PowerPlex 16 及 Goldeneye 16A	16	Amel，CSF1PO，FGA，TPOX，TH01，vWA，D3S1358，D5S818，D7S820，D8S1179，D13S317，D16S539，D18S51，D21S11，Penta D，Penta E	5.46×10^{-18}
PowerPlex 18D	16	Amel，D3S1358，TH01，D21S11，D18S51，Penta E，D5S818，D13S317，D7S820，D16S539，vWA，D8S1179，TPOX，FGA，D19S433，D2S1338	1.56×10^{-18}
PowerPlex ESX/ESI 16、AmpFlSTR NGM 及 Investigator ESSplex Plus	16	Amel，D3S1358，TH01，D21S11，D18S51，D10S1248，D1S1656，D2S1338，D16S539，D22S1045，vWA，D8S1179，FGA，D2S441，D12S391，D19S433	2.76×10^{-19}
AmpFlSTR Identifiler 及 Investigator IDplex Plus	16	Amel，D8S1179，D21S11，D7S820，CSF1PO，D3S1358，TH01，D13S317，D16S539，D2S1338，D19S433，vWA，TPOX，D18S51，D5S818，FGA	5.01×10^{-18}
AmpFlSTR Sinofiler	16	Amel，D8S1179，D21S11，D7S820，CSF1PO，D3S1358，D5S818，D13S317，D16S539，D2S1338，D19S433，vWA，D12S391，D18S51，D6S1043，FGA	8.37×10^{-19}
AGCU Expressmarker 16	16	Amel，D3S1358，TH01，D21S11，D18S51，vWA，D8S1179，TPOX，FGA，D5S818，D13S317，D7S820，D16S539，CSF1PO，D2S1338，D6S1043	6.79×10^{-18}
STRtyper-16GC	16	Amel，D8S1179，D21S11，D7S820，CSF1PO，D3S1358，D12S391，D13S317，D16S539，D2S1338，D19S433，vWA，D6S1043，D18S51，D5S818，FGA	5.49×10^{-19}

名称	基因座数	包含的 STR 基因座	平均匹配概率
PowerPlex ESX/ESI 17、AmpFlSTR NGM SElect 及 Investigator ESSplex SE Plus	17	Amel, D10S1248, vWA, D16S539, D2S1338, D8S1179, D21S11, D18S51, D22S1045, D19S433, TH01, FGA, D2S441, D3S1358, D1S1656, D12S391, SE33	2.35×10^{-21}
AGCU 17+1	18	Amel, D3S1358, D13S317, D7S820, D16S539, Penta E, TPOX, TH01, D2S1338, CSF1PO, D19S433, vWA, D5S818, FGA, D6S1043, D8S1179, D21S11, D18S51	5.38×10^{-21}
DNATyper 19	19	Amel, D6S1043, D21S11, D7S820, CSF1PO, D2S1338, D3S1358, D13S317, D8S1179, D16S539, vWA, D5S818, Penta E, D18S51, FGA, TPOX, TH01, D19S433, D12S391	1.22×10^{-22}
AGCU Expressmarker 20 及 Goldeneye 20A	20	Amel, D3S1358, TH01, D21S11, D18S51, vWA, D8S1179, TPOX, FGA, D5S818, D13S317, D7S820, D16S539, CSF1PO, D2S1338, D6S1043, D12S391, D19S433, Penta D, Penta E	6.75×10^{-23}
PowerPlex 21 及 STRtyper-21G	21	Amel, D3S1358, D1S1656, D6S1043, D13S317, Penta E, D16S539, D18S51, D2S1338, CSF1PO, Penta D, TH01, vWA, D21S11, D7S820, D5S818, TPOX, D8S1179, D12S391, D19S433, FGA	5.35×10^{-25}
AGCU 21+1	22	Amel, D6S474, D22S1045, D12ATA63, 10S1248, D1S1677, D11S4463, D2S441, D1S1627, D3S4529, D6S1017, D4S2408, D19S433, D17S1301, D1GATA113, D18S853, D20S482, D14S1434, D9S1122, D2S1776, D10S1435, D5S2500	2.26×10^{-20}
AGCU Expressmarker 22	22	Amel, D3S1358, TH01, D21S11, D18S51, vWA, D8S1179, TPOX, FGA, D5S818, D13S317, D7S820, D16S539, CSF1PO, D2S1338, D6S1043, D12S391, D19S433, D2S441, D10S1248, Penta D, Penta E	1.55×10^{-25}
AmpFlSTR GlobalFiler	24	Amel, D3S1358, vWA, D16S539, CSF1PO, TPOX, Y-InDel, D8S1179, D21S11, D18S51, DYS391, D2S441, D19S433, TH01, FGA, D22S1045, D5S818, D13S317, D7S820, SE33, D10S1248, D1S1656, D12S391, D2S1338	3.71×10^{-26}（不包括 Y-InDel 和 DYS391）
PowerPlex Fusion	24	Amel, D3S1358, D1S1656, D2S441, D10S1248, D13S317, Penta E, D16S539, D18S51, D2S1338, CSF1PO, Penta D, TH01, vWA, D21S11, D7S820, D5S818, TPOX, DYS391, D8S1179, D12S391, D19S433, FGA, D22S1045	9.66×10^{-27}（不包括 DYS391）
Goldeneye 25A	25	Amel, D3S1358, TH01, D21S11, D18S51, vWA, D8S1179, TPOX, FGA, D5S818, D13S317, D7S820, D16S539, CSF1PO, Penta E, Penta D, D19S433, D2S1338, D6S1043, D12S391, D1S1656, D2S441, D10S1248, D19S253, DYS391	6.16×10^{-28}（不包括 DYS391）
STRtyper-26G	26	Amel, D3S1358, D1S1656, D6S1043, D13S317, Penta E, D16S539, D18S51, D2S1338, CSF1PO, Penta D, TH01, vWA, D21S11, D7S820, D5S818, TPOX, D8S1179, D12S391, D19S433, FGA, D2S441, D10S1248, D22S1045, DYS391, Y-InDel	8.25×10^{-28}（不包括 DYS391 和 Y-InDel）
PowerPlex Fusion 6C	27	Amel, CSF1PO, FGA, TH01, vWA, D1S1656, D2S1338, D2S441, D3S1358, D5S818, D7S820, D8S1179, D10S1248, D12S391, D13S317, D16S539, D18S51, D19S433, D21S11, DYS391, Penta D, Penta E, D22S1045, TPOX, SE33, DYS570, DYS576	1.50×10^{-28}（不包括 DYS391、DYS570 和 DYS576）

（二）基因型结果分析

无论是银染复合检测还是荧光标记复合检测系统得到的基因分型结果均非常直观，常染色体基因座杂合子图谱显示两条不同的谱带或两个不同片段长度的产物峰，纯合子仅显示一条谱带或一个产物峰。图5-5显示的是荧光标记自动分型检测结果，图谱中每一个等位基因均按重复单位的重复次数命名。

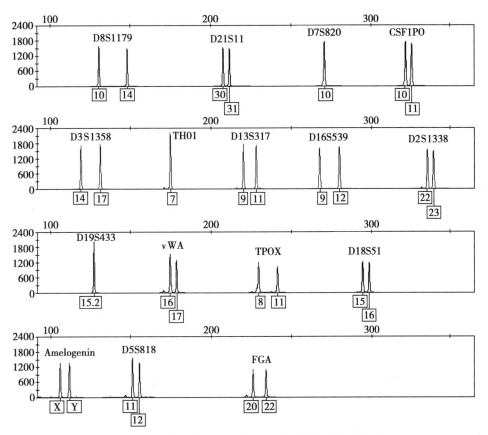

图5-5　荧光标记多STR基因座复合扩增自动分型结果

三、常用常染色体STR基因座

一个STR基因座能否用作法医DNA分析的遗传标记需要进行一系列法医学应用评估。根据DNA分析方法科学工作组（Scientific working group on DNA analysis methods，SWGDAM）关于DNA分析方法有效性验证的指导意见，评估内容主要涉及遗传标记的基本特征（包括遗传方式、染色体定位、检测技术和多态性类型）、种属特异性、检测灵敏度、分型稳定性、可重复性、群体遗传学调查、抗PCR抑制剂干扰能力等方面。目前常用的常染色体STR基因座大约有数十个。表5-6显示的是已报道的部分常染色体STR基因座。

表5-6　部分常染色体STR基因座

染色体	基因座
1	F13B，RENA4，D1GATA113，D1S518，D1S1171，D1S1627，D1S1656，D1S1677，D1S2142，D1S3733，Penta W
2	TPOX（hTPO），D2S410，D2S436，D2S441，D2S1242，D2S1338，D2S1353，D2S1360，D2S1772，D2S1774，D2S1776，Penta Z
3	D3S1349，D3S1352，D3S1358，D3S1359，D3S1545，D3S1744，D3S1766，D3S2388，D3S2402，D3S2452，D3S2459，D3S3051，D3S3053，D3S4529，D3S4554

续表

染色体	基因座
4	FGA（FIBRA），FABP，GABRB15，D4S2364，D4S2366，D4S2404，D4S2408，D4S2639，Penta X
5	CSF1PO，D5S373，D5S818，D5S2500
6	F13A01，ACTBP2（SE33），FOLP23（DHFRP2），D6S366，D6S474，D6S477，D6S502，D6S957，D6S965，D6S1017，D6S1027，D6S1043
7	D7S460，D7S809，D7S820，D7S1517，D7S1520，D7S2201，D7S2846，D7S3048，Penta B
8	LPL（LIPOL），D8S306，D8S320，D8S344，D8S347，D8S639，D8S1110，D8S1115，D8S1132，D8S1179
9	D9S52，D9S302，D9S320，D9S324，D9S825，D9S1118，D9S1122，D9S2157，Penta C
10	D10S89，D10S1248，D10S1415，D10S1430，D10S1435，D10S2325，D10S2327
11	TH01（TC11），APOAI1，D11S488，D11S554，D11S2000，D11S2368，D11S4463
12	vWA（vWF），CD4，PLA2A1，D12ATA63，D12S67，D12S391，D12S1090，Penta Y
13	D13S308，D13S317，D13S325，D13S765，D13S1492
14	D14S297，D14S306，D14S579，D14S608，D14S1434
15	FES/FPS，CYAR04，D15S659，D15S817，Penta E
16	D16S537，D16S539，D16S3253，D16S3391
17	D17S974，D17S975，D17S976，D17S1288，D17S1294，D17S1301，AC001348A，AC001348B
18	MBP，D18S51，D18S535，D18S536，D18S849，D18S853，D18S1270，D18S1364
19	D19S246，D19S253，D19S400，D19S433
20	D20S85，D20S161，D20S470，D20S480，D20S482，D20S1082
21	D21S11，D21S226，D21S1409，D21S1437，D21S2055，Penta D
22	D22S444，D22S445，D22S533，D22S683，D22S685，D22S686，D22S689，D22S1045，GATA198B05

（一）CODIS 核心基因座

为了建立全国范围内 STR 分型的查询系统数据库，使罪犯 DNA 资料能够异地查询，便于搜寻犯罪嫌疑人及串、并案的目的，1990 年美国联邦调查局（FBI）开始实施联合 DNA 检索系统（combined DNA index system, CODIS）计划，并挑选了 13 个常染色体 STR 基因座（CSF1PO、D3S1358、D5S818、D7S820、D8S1179、D13S317、D16S539、D18S51、D21S11、FGA、TH01、TPOX 和 vWA）作为核心基因座（core loci）。这些基因座在它们的等位基因数目、重复序列类型、微变异的种类方面都具有各自独特的特征。早期开发的许多商品化 STR 分型试剂盒，例如 AmpFlSTR Identifiler、PowerPlex 16、Investigator IDplex Plus、AGCU Expressmarker 16 及 Goldeneye 16A 等，大多以这些核心基因座为基础构建。此后，随着许多新的高多态性 STR 基因座的发现及应用，为了进一步提高鉴别能力，2011 年 CODIS 核心基因座工作组（CODIS Core Loci Working Group）在剔除原有的 TPOX 基因座的基础上，新增了 6 个常染色体 STR 基因座（D2S1338、D19S433、D1S1656、D12S391、D2S441 和 D10S1248）及 1 个 Y-STR 基因座（DYS391），形成了 19 个新的 CODIS 核心基因座。同时，将 TPOX、D22S1045 和 SE33 确定为新 CODIS 系统之外优先选择的基因座。近几年新开发的高鉴别能力商品化 STR 分型试剂盒，例如 AmpFlSTR GlobalFiler、PowerPlex Fusion 和 Fusion 6C、Goldeneye 25A 及 STRtyper-26G 等，均以新 CODIS 核心基因座为基础构建。

知识拓展5-2 ▶

CODIS 计划简介

CODIS 计划（http://www.fbi.gov/about-us/lab/biometric-analysis/codis）由美国联邦调查局（FBI）于 1990 年开始发起，最初仅有 14 个州和地方实验室参加。1994 年，美国国会通过了"DNA 鉴定法案"（DNA identification act），对 DNA 实验的论证、能力测试、实验室改造、DNA 鉴定的技术标

准都作出了原则性规定，从立法上保证了 DNA 鉴定的质量，也确立了 FBI 在建设国家 DNA 检索系统 (national DNA index system, NDIS) 中的权威性。CODIS 计划设计有严格的国家、州和地方三级管理模式，便于各实验室在国家层面进行 DNA 数据的交换和比对。目前，全美已有 190 余个实验室参与到 NDIS 中。国际上有 40 余个国家的 70 多个实验室使用 CODIS 系统建立各自的 DNA 数据库。NDIS 是迄今世界上最大的 DNA 数据库。截至 2012 年 7 月，已录入了 981 万余名罪犯、118 万余名被拘捕者以及 44 万余份法医现场生物检材的 DNA 分型结果，并为 17 万余次案件调查进行了 18 万余次数据库比对。

随着 CODIS 计划的迅速发展，NDIS 的库容量必将以惊人的速度增加。为了适应发展的需要，FBI 正在考虑对 CODIS 系统进行升级改造，并进一步加强亲缘关系分析软件的功能以满足失踪人员鉴定的需要。下一代 CODIS 系统除了 STR 和 mtDNA 分型信息外，还将纳入失踪人员性别、年龄、失踪日期等相关信息，以及 Y-STR 和 miniSTR 分型信息，以使该系统在案件调查中发挥更大的作用。

（二）欧洲标准基因座

随着 STR 遗传标记的使用在欧洲逐渐普及，1998 年国际刑警组织 (ICPO) 倡议凡涉及儿童性虐待案件在录入犯罪嫌疑人信息时需包含 DNA 信息，并同意采用 TH01、vWA、FGA 和 D21S11 4 个 STR 标记作为通用基因座在全欧洲范围内使用。据此，这 4 个 STR 标记亦被称为欧洲标准基因座 (European standard set of loci, ESS)。一年后，国际刑警组织在此基础上又增加了 3 个基因座 D3S1358、D8S1179 和 D18S51，由此构成了 7 个国际刑警组织标准基因座 (Interpol standard set of loci, ISSOL)。2001 年，欧盟理事会 (Council of the European Union) 正式批准上述 7 个 STR 基因座作为 ESS。

2005 年起，欧洲 DNA 分型工作组 (European DNA profiling group, EDNAP) 及欧洲法庭科学研究所联盟 (European Network of Forensic Science Institutes, ENFSI) 开始对 7 个 ESS 在欧洲的使用情况进行评估，并根据欧洲各 DNA 分型实验室常染色体 STR 基因座使用现状及欧洲人群特点，建议新增 D10S1248、D22S1045、D2S441、D1S1656 和 D12S391 5 个基因座，将 ESS 由 7 个扩展到 12 个。该提议于 2009 年得到欧盟理事会的批准。上述 12 个新的欧洲标准 STR 基因座中，除了 D22S1045 为新 CODIS 系统之外优先选择的基因座外，其余 11 个 STR 标记均属于新 CODIS 系统中的基因座。近些年所开发的很多商品化 STR 分型试剂盒，例如 AmpFlSTR NGM、NGM Select 和 GlobalFiler，PowerPlex ESX/ESI 16、ESX/ESI 17、Fusion 和 Fusion 6C、Investigator ESSplex Plus 和 ESSplex SE Plus、STRtyper-26G 等，均包含 12 个新的 ESS 标记。

（三）其他常用基因座

其他在中国人群中常用的常染色体 STR 基因座主要包括 Penta D、Penta E、D6S1043、D19S253 等。

（四）常用 STR 基因座的基本信息

1. CSF1PO 位于原癌基因 c-fms (CSF-1 受体的配体分子) 的第 6 内含子，染色体定位 5q33.1，属于简单的四核苷酸重复序列，重复单位为 (AGAT)，重复次数 5~16 次。该基因座在汉族人群中的杂合度为 0.75，DP、PE 及 PIC 值分别为 0.88、0.50 及 0.69，突变率为 0.16%。标准参考物质 007、2800M、9947A、9948 和 K562 DNA 的基因型分别为 11,12、12,12、10,12、10,11 和 9,10。

2. D3S1358 定位于 3p21.31 的复合序列 STR 基因座，核心序列为 (TCTA) 和 (TCTG)，等位基因范围为 9~20。该基因座在汉族人群中的杂合度为 0.73，DP、PE 及 PIC 值分别为 0.88、0.47 及 0.68，突变率为 0.13%。标准参考物质 007、2800M、9947A、9948 和 K562 DNA 的基因型分别为 15,16、17,18、14,15、15,17 和 16,16。

3. D5S818 定位于 5q23.2 的简单序列 STR 基因座，重复序列为 (AGAT)，重复次数 6~18。该基因座核心重复区上游 13bp 处碱基易出现 C→T 突变 (rs25768，中国人群的发生频率约为 8.9%)，若上游引物设计在该区域可影响引物退火过程，导致突变基因的丢失，形成无效等位基因（null allele），因此引物设计时应避开此区域或设计成简并引物（degenerate primer），即包含突变碱基的引物混合物。该基因座在汉族人群中的杂合度为 0.76，DP、PE 及 PIC 值分别为 0.91、0.52 及 0.73，突变率为 0.12%。标准参考物质 007、2800M、9947A、9948 和 K562 DNA 的基因型分别为 11,11、12,12、11,11、11,13 和 11,12。

4. D7S820　定位于 7q21.11 的简单序列 STR 基因座，重复序列为（GATA），重复次数 5～16。该基因座位于核心重复区下游 13bp 处多聚 T 区，"on ladder" 等位基因均含 9 个 T，偶有极少数个体含 8 或 10 个 T，导致微变异等位基因存在。该基因座在汉族人群中的杂合度为 0.78，DP、PE 及 PIC 值分别为 0.91、0.57 及 0.74，突变率为 0.10%。标准参考物质 007、2800M、9947A、9948 和 K562 DNA 的基因型分别为 7,12、8,11、10,11、11,11 和 9,11。

5. D8S1179　定位于 8q24.13 的复合序列 STR 基因座，核心序列为（TCTA）和（TCTG），等位基因范围为 5～19。在英国法庭科学服务部（FSS）的早期出版物中，也被称为 D6S502，是由于 Cooperative Human Linkage Center 数据库的标记错误，而该 STR 基因座正是从该数据库中选择的。该基因座中较小的等位基因仅见（TCTA）重复单位，13 以上的等位基因中可见（TCTG）重复的插入，常位于重复区域 5′ 端的第 2 或第 3 个位置。此外，亚洲人群中，核心重复区下游 56bp 处碱基易出现 G→A 突变（中国人群的发生频率约为 0.50%），若反向引物设计在该区域（如 AmpFlSTR Profiler Plus 试剂盒）易导致 null allele 形成，故引物设计时应避开或设计成简并引物。该基因座在汉族人群中的杂合度为 0.83，DP、PE 及 PIC 值分别为 0.95、0.66 及 0.82，突变率为 0.13%。标准参考物质 007、2800M、9947A、9948 和 K562 DNA 的基因型分别为 12,13、14,15、13,13、12,13 和 12,12。

6. D13S317　定位于 13q31.1 的简单序列 STR 基因座，重复序列为（TATC），重复次数 5～17。已报道在（TATC）重复核心的下游 24bp 处有一 4bp 的缺失，不同的引物会引起等位基因分型的不同。尽管扩增产物长度和原 PowerPlex 1.1 相同，但 PowerPlex 16 引物有所改变，以避免某些非裔美国人中出现的 4bp 缺失。亦有采用 AmpFlSTR Sinofiler 检测时因反向引物结合处碱基突变导致无效等位基因的报道。该基因座在汉族人群中的杂合度为 0.80，DP、PE 及 PIC 值分别为 0.94、0.60 及 0.78，突变率为 0.15%。标准参考物质 007、2800M、9947A、9948 和 K562 DNA 的基因型分别为 11,11、9,11、11,11、11,11 和 8,8。

7. D16S539　定位于 16q24.1 的简单序列 STR 基因座，重复序列为（GATA），重复次数 4～16。位于 STR 重复区下游 38bp 处的 T→A 点突变，设计反向引物时应避开或设计成简并引物，以免引物错配导致等位基因缺失。该基因座在汉族人群中的杂合度为 0.78，DP、PE 及 PIC 值分别为 0.92、0.57 及 0.76，突变率为 0.11%。标准参考物质 007、2800M、9947A、9948 和 K562 DNA 的基因型分别为 9,10、9,13、11,12、11,11 和 11,12。

8. D18S51　定位于 18q21.33 的简单序列 STR 基因座，重复序列为（AGAA），重复次数 7～27。3′ 侧翼区域 AG 两个碱基的丢失造成一些 x.2 等位基因突变。该基因座已报道的等位基因有 50 余个，是 CODIS 核心基因座中多态性较高的基因座之一。位于重复区上游 71bp 处和下游 172bp 处的 G→A 点突变，设计反向引物时应避开或设计成简并引物，以免引物错配导致等位基因缺失。该基因座在汉族人群中的杂合度为 0.84，DP、PE 及 PIC 值分别为 0.96、0.68 及 0.83，突变率为 0.25%。标准参考物质 007、2800M、9947A、9948 和 K562 DNA 的基因型分别为 12,15、16,18、15,19、15,18 和 15,16。

9. D21S11　定位于 21q21.1 的复杂序列 STR 基因座，数目可变的（TCTA）和（TCTG）重复区围绕着长 43bp、构成为 -（TCTA）₃TA（TCTA）₃TCA（TCTA）₂TCCATA- 的恒定序列。x.2 微变异等位基因主要是源于重复区域 3′ 末端 2bp（TA）的插入。D21S11 是一个多态性很高的基因座，已报道该基因座有 90 多个等位基因，其中很多等位基因具有相同长度，但一些重复核心的位置变换导致插入序列结构不同，这些微小变异结构只能通过测序分析。该基因座在汉族人群中的杂合度为 0.82，DP、PE 及 PIC 值分别为 0.94、0.63 及 0.78，突变率为 0.21%。标准参考物质 007、2800M、9947A、9948 和 K562

DNA 的基因型分别为 28,31、29,31.2、30,30、29,30 和 29,30,31。

10. FGA　亦称为 FIBRA，位于人类 α 纤维蛋白原（alpha fibrinogen）基因的第 3 内含子，染色体定位 4q28，小片段等位基因的重复区结构以 -(TTTC)$_3$TTTTTTCT(CTTT)$_n$CTCC(TTCC)$_2$- 为主，大片段等位基因的重复区结构以 -(TTTC)$_4$TTTTTTCT(CTTT)$_m$(CTGT)$_n$(CTTT)$_o$(CTTC)$_{3-4}$(CTTT)$_3$CTCC(TTCC)$_4$- 为主。该基因座等位基因范围比其他任何 CODIS 核心基因座都宽。已报道的等位基因范围从 12.2 到 51.2，跨度为 39 个重复。在核心重复单位（CTTT）前 TTTTTTCT 序列中 CT 丢失导致 x.2 微变异等位基因的产生，且这种现象在该基因座非常普遍。迄今为止，已报道了 98 个不同的 FGA 等位基因，使其成为最具多态性的 STR 基因座之一。该基因座在汉族人群中的杂合度为 0.85，DP、PE 及 PIC 值分别为 0.96、0.69 及 0.83，突变率为 0.30%。标准参考物质 007、2800M、9947A、9948 和 K562 DNA 的基因型分别为 24,26、20,23、23,24、24,26 和 21,24。

11. TH01　位于人类酪氨酸羟化酶（tyrosine hydroxylase）基因第 1 内含子中的 STR 基因座，染色体定位 11p15.5。其命名源于酪氨酸羟化酶两个单词的第一个字母和内含子 1（即 01）。该基因座常被错误地写成 THO1，以字母"O"代替了数字"0"。文献中也被称为 TC11。属于简单的四核苷酸重复序列，重复单位为（AATG），重复次数 3～12 次。该基因座中常见的微变异等位基因是等位基因 10 缺失一个碱基，命名为 9.3。其他报道的微变异等位基因有 5.3、6.1、6.3、7.1、7.3、8.3、9.1、10.3 和 13.3。位于重复区上游 80bp 处的 G→A 点突变，设计反向引物时应避开或设计成简并引物，以免引物错配导致等位基因缺失。该基因座在汉族人群中的杂合度为 0.63，DP、PE 及 PIC 值分别为 0.82、0.33 及 0.58，突变率为 0.01%。标准参考物质 007、2800M、9947A、9948 和 K562 DNA 的基因型分别为 7,9.3、6,9.3、8,9.3、6,9.3 和 9.3,9.3。

12. vWA　亦称为 vWF，是位于人类冯·威布朗因子（von Willebrand factor）基因第 40 个内含子中的 STR 基因座，该内含子有 3 个不同的（TCTA）串联重复区，分别位于 1640～1794nt、1900～2000nt 和 2200～2350nt，其中仅第一个串联重复区具有多态性，另两个未发现多态性。vWA 定位于 12p13.31，重复单位为（TCTA）和（TCTG），重复区结构主要为 -TCTA(TCTG)$_{3-4}$(TCTA)$_n$-，属于复合四核苷酸重复序列。位于重复区上游 52bp 处的 A→T 点突变，设计反向引物时应避开或设计成简并引物，以免引物错配导致等位基因缺失。该基因座在汉族人群中的杂合度为 0.79，DP、PE 及 PIC 值分别为 0.93、0.58 及 0.77，突变率为 0.16%。标准参考物质 007、2800M、9947A、9948 和 K562 DNA 的基因型分别为 14,16、16,19、17,18、17,17 和 16,16。

13. D2S1338　定位于 2q35 的复合序列 STR 基因座，重复序列为（TGCC）和（TTCC），重复次数 10～28。该基因座在汉族人群中的杂合度为 0.87，DP、PE 及 PIC 值分别为 0.97、0.74 及 0.85，突变率为 0.09%。标准参考物质 007、2800M、9947A、9948 和 K562 DNA 的基因型分别为 20,23、22,25、19,23、23,23 和 17,17。

14. D19S433　定位于 19q12 的简单序列 STR 基因座，重复单位（AAGG），重复区结构为 -(AAGG)AAAG(AAGG)TAGG(AAGG)$_n$-，等位基因范围 5.2～20，含有较多的 x.2 微变异等位基因。该基因座在汉族人群中的杂合度为 0.83，DP、PE 及 PIC 值分别为 0.94、0.66 及 0.79，突变率为 0.11%。标准参考物质 007、2800M、9947A、9948 和 K562 DNA 的基因型分别为 14,15、13,14、14,15、13,14 和 14,14.2。

15. D1S1656　定位于 1q42 的复合序列 STR 基因座，重复序列为（TAGA）和（TAGG），重复区结构为 -(TAGA)$_m$(TGA)$_{0-1}$(TAGA)$_n$(TAGG)$_{0-1}$(TG)$_5$-，等位基因范围 9～20.3，因不完全重复序列 TGA 的存在，故有较多的 x.3 微变异等位基因。该基因座在汉族人群中的杂合度为 0.82，DP、PE 及 PIC 值分别为 0.94、0.63 及 0.79，突变率为 0.13%。标准参考物质 007、2800M、9947A、9948 和 K562 DNA 的基因型分别为 13,16、12,13、18.3,18.3、14,17 和 15,16。

16. D12S391　定位于 12p12 的复合序列 STR 基因座，重复序列为（AGAT）和（AGAC），重复区结构为 -(AGAT)$_m$(AGAC)$_n$(AGAT)$_{0-1}$-，等位基因范围 14～27。总重复次数相同但各重复单位构成不同的现象在该基因座较为普遍。该基因座在汉族人群中的杂合度为 0.86，DP、PE 及 PIC 值分别为 0.95、0.71 及 0.81，突变率为 0.08%。标准参考物质 007、2800M、9947A、9948 和 K562 DNA 的基因型分别为 18,19、18,23、18,20、18,24 和 23,23。

17. D2S441　定位于 2p14 的简单序列 STR 基因座，重复单位（TCTA），重复次数 8～17。该基因座在汉族人群中的杂合度为 0.75，DP、PE 及 PIC 值分别为 0.90、0.51 及 0.72，突变率为 0.12%。标准参考物质 007、2800M、9947A、9948 及 K562 DNA 的基因型分别为 14,15、10,14、10,14、11,12 和 10,14。

18. D10S1248　定位于 10q26.3 的简单序列 STR 基因座，重复单位（GGAA），重复次数 8～19。该基因座在汉族人群中的杂合度为 0.73，DP、PE 及 PIC 值分别为 0.90、0.47 及 0.71，突变率为 0.10%。标准参考物质 007、2800M、9947A、9948 及 K562 DNA 的基因型分别为 12,15、13,15、13,15、12,15 和 12,12。

19. TPOX　又称 hTPO，是人类甲状腺过氧化物酶（human thyroid peroxidase）基因第 10 内含子中的 STR 序列，染色体定位 2p25.3。属于简单的四核苷酸重复序列，重复单位为（AATG），重复次数 4～16 次，在 CODIS 核心基因座中多态性最低。TPOX 基因座常出现三等位基因现象，这一特征较其他 STR 标记更普遍。该基因座在汉族人群中的杂合度为 0.62，DP、PE 及 PIC 值分别为 0.80、0.31 及 0.56，突变率为 0.01%。标准参考物质 007、2800M、9947A、9948 和 K562 DNA 的基因型分别为 8,8、11,11、8,8、8,9 和 8,9。

20. D22S1045　定位于 22q12.3 的三核苷酸重复 STR 基因座，重复单位（ATT），重复区结构为 -（ATT）$_n$ACT（ATT）$_2$-，等位基因范围 7～20。该基因座在汉族人群中的杂合度为 0.78，DP、PE 及 PIC 值分别为 0.91、0.55 及 0.73。迄今尚无该基因座突变率的报道。标准参考物质 007、2800M、9947A、9948 及 K562 DNA 的基因型分别为 11,16、16,16、11,14、16,18 和 16,16。

21. SE33　位于人类 β- 肌动蛋白相关的假基因 H-beta-Ac-psi-2（β-actin related pseudogene H-beta-Ac-psi-2）5′ 侧翼区的 STR 基因座，故又称为 ACTBP2。染色体定位 6q14，重复单位（AAAG），等位基因范围 3～39.2。因不完全重复序列 AA 或 AG 的存在，致使该基因座存在很多 x.2 微变异等位基因。SE33 多态性程度极高，目前已报道的等位基因有 140 个，其中很多等位基因具有相同长度，但重复区结构不同，例如仅等位基因 29.2 就有 12 种不同的结构，这些结构差异只能通过测序分析。据报道，重复区上游的 C142T 以及下游的 T403C 和 G407A（根据 NG_000840 序列定位）突变分别位于 AmpFlSTR SEfiler、PowerPlex ES-System 和 genRES MPX-2 试剂盒的上游和下游引物结合区，易导致无效等位基因。该基因座在汉族人群中的杂合度为 0.94，DP、PE 及 PIC 值分别为 0.99、0.88 及 0.94，突变率为 0.60%，是突变率最高的常用 STR 基因座。标准参考物质 007、2800M、9947A、9948 和 K562 DNA 的基因型分别为 17,25.2、15,16、19,29.2、23.2,26.2 和 26.2,28.2。

22. Penta D　定位于 21q22.3 的五核苷酸重复 STR 基因座，重复单位（AAAGA），等位基因范围 2.2、3.2、5～17。PCR 分型时，该基因座不易出现影子带（stutter band）和额外峰的干扰。该基因座在汉族人群中的杂合度为 0.81，DP、PE 及 PIC 值分别为 0.94、0.62 及 0.79，突变率为 0.13%。标准参考物质 2800M、9947A、9948 和 K562 DNA 的基因型分别为 12,13、12,12、8,12 和 9,13。

23. Penta E　定位于 15q26.2 的五核苷酸重复 STR 基因座，重复单位（AAAGA），重复次数 5～24。和 Penta D 一样，该基因座亦不易出现影子带和额外峰的干扰。该基因座在汉族人群中的杂合度为 0.91，DP、PE 及 PIC 值分别为 0.99、0.82 及 0.91，突变率为 0.16%。标准参考物质 2800M、9947A、9948 和 K562 DNA 的基因型分别为 7,14、12,13、11,11 和 5,14。

24. D6S1043　定位于 6q15 的复合序列 STR 基因座，重复序列为（AGAT）和（ACAT），等位基因范围 7～25。该基因座在汉族人群中的杂合度为 0.88，DP、PE 及 PIC 值分别为 0.97、0.76 及 0.86，突变率为 0.20%。标准参考物质 007、2800M、9947A 和 9948 DNA 的基因型分别为 12,14、12,20、12,18 和 12,12。

25. D19S253　定位于 19p13.1 的简单序列 STR 基因座，重复单位为（GATA），重复次数 7～15。

重复区上游靠近重复区位置存在（AGAC）4bp 缺失，其发生率约为 1%，设计引物时应避开，以免导致无效等位基因。该基因座在汉族人群中的杂合度为 0.81，DP、PE 及 PIC 值分别为 0.93、0.61 及 0.78，突变率为 0.11%。标准参考物质 9948 DNA 的基因型为 11,12。

知识拓展5-3 ▶

动物 STR 遗传标记

除了人类生物检材外，法医学实践中还时常会遇到包括植物、微生物和动物在内的非人类生物样本。近些年来，涉及动物 DNA 分型的案件逐渐增多，其中主要包括马、牛、狗、猫等常见动物。和人类一样，这些动物基因组中也含有 STR 标记，可用于动物的个人识别和亲缘关系鉴定。早在 1998 年，国际动物遗传学会（ISAG）就针对当时马的 STR 标记使用情况出台了相应的建议，并认可将 AHT4、AHT5、ASB2、HMS3、HMS6、HTG4、HTG7、HTG10 和 VHL20 九个 STR 作为马亲缘关系鉴定的常规应用基因座。2011 年又增加了三个基因座 ASB17、ASB23 和 HMS2，将这套标记扩充至 12 个。国际法医遗传学会（ISFG）2011 年也出台了"关于法医遗传调查中非人类（动物）DNA 应用的建议"用以规范法医动物 DNA 分析，其基本要求和人类 STR 分型相似，但尤其强调种属特异性验证。基于这些要求，近年来也相继开发出了一些商品化的动物 STR 荧光标记复合扩增系统，例如 Applied Biosystems 公司分别用于马、牛和狗遗传鉴定的 StockMarks 系列产品，包括 Horses 17-Plex Genotyping Kit、Cattle 11-Plex Genotyping Kit 和 Dogs 10-Plex Genotyping Kit；Thermo Scientific 公司的 Genotypes Panel 系列产品，包括 Equine Genotypes Panel 1.1、Bovine Genotypes Panel 1.2、2.2 和 3.1、Canine Genotypes Panel 1.1 和 2.1。

四、miniSTR 分型

STR 面对极微量或严重降解生物检材，有时仍会出现分型失败或因优势扩增而致等位基因丢失的现象。为了解决上述问题，可通过重新设计引物，使其结合在更靠近核心重复区的侧翼序列，从而减小扩增产物的片段大小，进一步提高扩增灵敏度和分型成功率，这种技术称为短片段 STR 分型或"miniSTR"分型（miniSTR typing）（图 5-6）。

miniSTR 分型中，等位基因扩增片段大小的缩减程度与传统 STR 分型引物距离 STR 重复区的远近有关。传统 STR 荧光复合扩增体系中，为了得到理想的扩增片段长度，满足特定的复合检测体系的需要，大片段 STR 基因座的 PCR 引物均远离 STR 重复区域，这给重新设计引物、减小扩增产物大小提供了较大的空间。例如，PowerPlex 16 荧光复合扩增体系中，Penta D 基因座的两条引物分别结合于（AAAGA）核心序列的上游 71bp 及下游 247bp 处，由此得到的扩增产物长度范围为 376～449bp，等位基因的核心序列重复次数为 2.2～17 次。当引物被移至重复序列上游 11bp 和下游 19bp 处时，扩增产物缩短 282bp，在等位基因核心序列重复次数不变的情况下，扩增产物长度范围缩减为 94～167bp。表 5-7 列出了部分 miniSTR 基因座与传统 STR 分型相比等位基因长度的缩减情况。

大量研究及法医学应用实践证明，与传统 STR 分型相比，miniSTR 在检测极微量及严重降解生物检材时具有极大的优势。为了保持良好的数据库兼容性，目前大多数 miniSTR 分型仍选用传统 STR 商品化试剂盒包含的基因座。现有的商品化 miniSTR 复合扩增系统见表 5-8。除了 CODIS 遗传标记系统及目前常用于法医 DNA 分析的其他基因座外，一些等位基因较少、片段长度范围较窄的新基因座也逐渐被选用于构建 miniSTR 分型系统，以增加复合检测的基因座数目，进一步提高识别能力。例如，2005 年美国国家标准与技术研究院（National Institute of Standards and Technology，NIST）的法庭科学家筛选了 D10S1248、D14S1434、D22S1045、D4S2364、D2S441、D1S1677、D3S3053、D6S474、D20S482、D1GATA113、D2S1776、D4S2408、D1S1627、D5S2500、D8S1115、D3S4529、

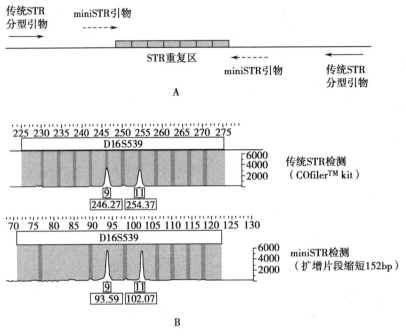

图 5-6 miniSTR 分型与传统 STR 分型的比较

A. 引物结合位置；B. 分型检测结果

表 5-7 部分 miniSTR 基因座与传统 STR 分型等位基因长度比较

基因座	miniSTR 片段长度（等位基因范围）	与传统 STR 分型比较产物长度的缩减
TH01	61～85bp（等位基因 5～10）	−103bp
TPOX	58～86bp（等位基因 6～13）	−157bp
FES/FPS	81～105bp（等位基因 8～14）	−132bp
TH01	74～98bp（等位基因 5～11）	−90bp
TPOX	107～135bp（等位基因 6～13）	−110bp
CSF1PO	90～122bp（等位基因 7～15）	−194bp
vWA	99～143bp（等位基因 10～21）	−53bp
TH01	51～98bp（等位基因 3～14）	−105bp
TPOX	65～101bp（等位基因 5～14）	−148bp
CSF1PO	89～129bp（等位基因 6～16）	−191bp
vWA	88～148bp（等位基因 10～15）	−64bp
FGA	125～281bp（等位基因 12.2～51.2）	−71bp
D3S1358	72～120bp（等位基因 8～20）	−25bp
D5S818	81～117bp（等位基因 7～16）	−53bp
D7S820	136～176bp（等位基因 5～15）	−117bp
D8S1179	86～134bp（等位基因 7～19）	−37bp
D13S317	88～132bp（等位基因 5～16）	−105bp
D16S539	81～121bp（等位基因 5～15）	−152bp
D18S51	113～193bp（等位基因 7～27）	−151bp
D21S11	153～211bp（等位基因 24～38.2）	−33bp
Penta D	94～167bp（等位基因 2.2～17）	−282bp
Penta E	80～175bp（等位基因 5～24）	−299bp
D2S1338	90～142bp（等位基因 15～28）	−198bp

D6S1017、D9S2157、D9S1122、D10S1435、D12ATA63、D17S1301、D18S853、D20S1082、D17S974 和 D11S4463 共 26 个新的非 CODIS 基因座（non-CODIS locus，NC），构建了 NC01～NC09 九个 miniSTR 分型系统用于降解 DNA 样本的分析，其中 D2S441、D10S1248 和 D22S1045 三个基因座后来被 ENFSI/EDNAP 采纳为新的欧洲标准基因座，D2S441 和 D10S1248 亦被 CODIS 核心基因座工作组确定为新 CODIS 核心基因座，D22S1045 被确定为新 CODIS 系统之外优先选择的基因座。

表 5-8　商品化 miniSTR 复合扩增试剂盒

名称	荧光标记	基因座组合	灵敏度
PowerPlex S5	FL	Amel（103bp，109bp），D18S51（123～199bp），D8S1179（208～252bp）	50pg
	JOE	TH01（93～132bp），FGA（148～270bp）	
Investigator Hexaplex ESS	6-FAM	Amel（77bp，80bp），D22S1045（122～149bp），D1S1656（170～210bp）	<100pg
	BTG	TH01（95～135bp），D12S391（154～199bp）	
	BTY	D2S441（90～122bp），D10S1248（154～190bp）	
AmpFlSTR MiniFiler	6-FAM	D13S317（103～131bp），D7S820（149～185bp）	62pg
	VIC	Amel（101bp，107bp），D2S1338（120～172bp），D21S11（187～243bp）	
	NED	D16S539（75～115bp），D18S51（124～204bp）	
	PET	CSF1PO（91～127bp），FGA（150～288bp）	
Mentype Pentaplex ESS	6-FAM	Amel（88bp，91bp），D22S1045（122～149bp），D12S391（179～223bp）	～100pg
	HEX	D10S1248（91～127bp），D1S1656（153～192bp）	
	NED	D2S441（82～114bp）	

miniSTR 分型在实际应用中也存在一些局限性：

1．因扩增片段长度的限制，构建复合扩增体系时只能同时扩增较少的基因座（通常每种颜色的荧光标记的基因座一般不超过 2 个）。要想达到与传统商品化试剂盒相近的个人识别能力，必须增加复合扩增体系的个数。

2．miniSTR 引物与传统 STR 引物结合区之间若存在碱基的缺失或插入，易导致 miniSTR 与传统 STR 分型结果不一致。例如，D13S317 基因座核心重复序列（TATC）下游 24bp 处有时会出现（TGTC）4bp 的缺失，miniSTR 反向引物位于核心重复区与潜在碱基缺失位置之间，而传统 D13S317 分型反向引物位于潜在碱基缺失位置的下游，若待测样本存在 4bp 缺失，则两者的分型结果会相差 1 个重复单位（图 5-7）。因此，新设计的 miniSTR 分型引物必须与传统 STR 分型进行一致性比较研究。

3．若某些 STR 基因座核心重复区上游或下游侧翼序列存在嘌呤或嘧啶碱基堆积现象，则不利于 miniSTR 引物设计。

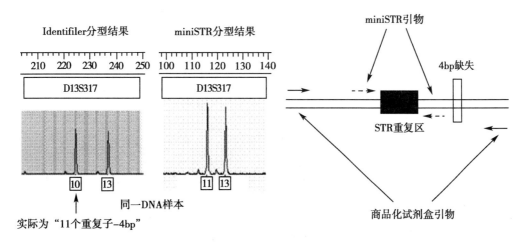

图 5-7　碱基缺失对传统 STR 与 miniSTR 分型结果的影响

4. 当PCR扩增产物过小时,未消耗引物上的染料分子或称"染料污斑"(dye blobs)可使产物峰变宽、信号变弱。这种影响在检测降解生物样本时更为明显。

本章小结

本章介绍了STR长度多态性的概述,包括STR序列结构类型、筛选STR基因座的基本条件、STR分型的法医学应用特点;STR命名,包括基因座命名、等位基因命名、链的选择及核心重复单位的确定;常染色体STR分型,包括基本分型技术、多基因座复合扩增、常用常染色体STR基因座、miniSTR分型及其优缺点。

关键术语

短串联重复序列(short tandem repeats)

复合扩增(multiplex amplification)

复合PCR(multiplex PCR)

联合DNA索引系统(combined DNA index system,CODIS)

欧洲标准基因座(European standard set of loci,ESS)

短片段STR分型(miniSTR typing)

(黄代新)

思考题

1. 试述STR基因座和等位基因的命名原则。

2. 试述STR分型的法医学应用特点。

3. 何谓多基因座复合扩增?

4. 试述miniSTR分型的法医学应用价值及局限性。

5. 美国和欧洲分别确立了CODIS核心基因座和欧洲标准基因座(ESS),你认为我国有必要确立我们自己的核心基因座吗?为什么?

第六章　STR 自动分型

　　通过本章学习，应该**掌握** STR 自动化分型的原理。**熟悉** STR 自动化分型的结果判读。**了解**自动化分型设备、软件的具体操作。

　　应用于自动分型的 STR 复合扩增，可以用商品化试剂盒，也可以自行设计 STR 基因座组合。后者通过检索数据库或软件设计引物，荧光标记引物，优化复合扩增条件，建立复合扩增系统。所有 DNA 分型实验室检测相同的 STR 基因座组合，更符合数据库建设及实验室间比对的需要。

第一节　荧光标记 STR 复合扩增

　　目前法医 DNA 实验室应用的 STR 复合扩增系统，主要采用 4 色、5 色或 6 色荧光标记，其中 1 种荧光颜色用于标记与复合扩增产物混合后同步电泳的分子量内标 DNA 片段。余下的 3～5 种荧光颜色用于标记 STR 基因座，每种荧光颜色可标记 1～6 个 STR 基因座，可构建包含 20 个以上 DNA 遗传标记的复合扩增系统。通过把荧光染料标记在寡核苷酸引物的 5′ 端，扩增后，使相应 PCR 产物的一条链均携带标记引物的荧光染料。这些带有特定荧光物质的扩增产物在后续的电泳分离检测设备上，可被清晰识别。表 6-1 列举了一些常用于标记引物的荧光染料。

表 6-1　法医 STR 分型应用中经常使用的荧光染料

荧光染料	最大激发光谱(nm)	最大发射光谱(nm)
荧光素(FL)	490	520
5-FAM	493	522
6-FAM	495	520
TET	522	538
JOE	528	554
HEX	535	553
VIC	538	554
NED	546	575
CY3	550	570
PET	558	595
TMR(TAMRA)	560	583
ROX(CXR)	587	607
Texas Red	595	613
LIZ	638	655
CY5	650	670

荧光标记复合扩增系统中，同一种荧光染料标记的不同STR基因座，等位基因片段大小不能重叠，考虑到稀有等位基因的因素，前一个基因座的最大等位基因与后一个基因座的最小等位基因之间最好相差10bp以上，且二者的差值不宜为4的整倍数。在选择荧光染料组合时，组合荧光染料的发射波长相差越大越好。这是由于不同荧光染料在进行光信号检测时存在相互干扰，发射波长越接近，干扰越大。如HEX和VIC的发射波长非常接近，用HEX和VIC分别标记等位基因长度重叠的STR基因座引物进行复合扩增，后续检测将不能分辨扩增产物是何种荧光标记及哪个STR基因座的产物。商品DNA分子量内标常用ROX或LIZ标记。通常选择标记STR基因座组合的荧光染料之间发射波长相差20～30nm，如扩增16个基因座的复合扩增系统中，用荧光素（FL）标记D3S1358、TH01、D21S11、D18S51、Penta E基因座的引物；用JOE标记D5S818、D13S317、D7S820、D16S539、CSF1PO、Penta D的引物；Amelogenin、vWA、D8S1179、TPOX、FGA引物则用TMR标记；CXR标记DNA分子量内标。

荧光染料分子的大小和形状会改变DNA-染料结合物的总体大小，存在于荧光染料上的离子电荷，会改变结合物的电荷质量比，DNA片段上的荧光染料将影响STR等位基因的电泳迁移率。因此用于分型的等位基因分型标准（Allelic Ladder）需标记同样的荧光染料，使荧光染料对迁移率的影响不会影响等位基因的准确分型。

知识拓展6-1 ▶

荧光检测基础

荧光检测包括激发一个染料分子，然后检测从激发态染料发射的光。能够发射荧光的分子叫做荧光基团，其具有不同的发光能力、大小和形状。荧光基团发出的光的强度直接与染料吸收的光的量成正比，因此，激发光源对于荧光基团的发光能力非常重要。在DNA标记中应用的主要是位于可见光的光谱范围发射荧光，发射光的波长在400～600nm的荧光基团。荧光基团具有与其化学结构和环境条件相关的特定的光吸收和发射模式。通过仔细选择和光谱过滤，可以通过发射光谱上的区别来选择不同荧光基团。这种能力允许利用多种荧光基团同时检测几种不同的DNA分子。荧光基团发光的效率主要受以下因素影响：摩尔消光系数：即染料吸收光的能力；量子产率：即激发的荧光基团将吸收光转化为发射光的效率；光稳定性：即染料经历激发、发射重复循环后，而在激发态不被破坏的能力；染料环境：即影响荧光产率的因素包括PH、温度、溶剂和淬灭基团的存在。染料分子发射荧光的整体效率取决于这四种因素的综合作用。

第二节　扩增产物的毛细管电泳分离

法医DNA分析以检测四核苷酸重复的STR基因座为主，邻近两个等位基因的片段相差4个核苷酸，许多STR基因座等位基因存在碱基缺失或插入等微变异，使两个等位基因之间的差异缩小到只相差2个或1个核苷酸。对于碱基替换类型的等位基因微变异，基于长度分离的DNA检测技术通常不能区分。STR复合扩增产生多个扩增产物片段，片段长度一般分布在100～500bp范围内。因此用于分离STR复合扩增产物的分离技术，应当能够明确分辨100～500bp范围内，长度相差1个核苷酸的两个DNA片段。毛细管电泳能够满足这样的分离技术要求，是当前法医DNA分型实验室用于分离STR复合扩增产物的主要手段。

毛细管电泳设备由一根或多根阵列的细长毛细管，两个缓冲液瓶以及两个连接高电压的电极组成。完整的毛细管电泳系统包括高电压直流输出、激光激发光源、荧光检测器、自动样品盘和控制进样、电泳、检测与记录的计算机（图6-1）。毛细管电泳所用的毛细管内径50～100μm，长度25～75cm，由熔融的二氧化硅玻璃构成，除在检测窗有一小段为裸露透明外，其他部分涂有涂层以提高毛细管韧性。电泳所用分离介质为一种黏性多聚溶液,起到分子筛作用。毛细管电泳在每次进样前都要重新灌注新的多聚溶液,相当于凝胶电泳中进样前的胶制备。毛细管电泳电场强度是300V/cm左右,电泳速度很快,40分钟左右就可完成对500bp以下的DNA片段的电泳分离。

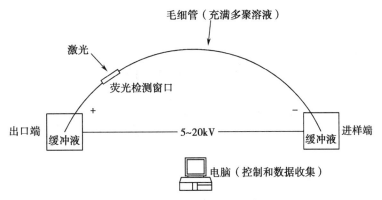

图 6-1　毛细管电泳装置示意图

　　毛细管电泳的分离机制是在毛细管中灌注一定浓度的聚合物溶液,聚合物溶液在一定的浓度范围内,分子相互缠结形成一种具有一定孔径的筛网状结构。DNA片段在此聚合物溶液中泳动时,不同大小的片段受到的阻力不同,小片段的DNA较大片段容易通过,变性DNA片段在毛细管电泳中的电泳迁移率与片段大小表现了良好的线性关系。在毛细管末端检测窗的激光激发装置连续发射激光,经过检测窗的DNA片段上的荧光染料被激光激发,同时荧光检测装置检测到该DNA片段的荧光,经光电转换为电信号,并进一步转换为便于计算机识别与存储的数字信号。片段小的分子较片段大的更早到达检测窗,荧光检测器连续在线工作,每个经过的荧光标记扩增产物均被固定在检测窗处的荧光检测器识别并记录。毛细管电泳装置通过计算样品产物片段从电泳分离开始,至到达检测窗被荧光检测装置检测到所用的时间来对DNA片段大小进行测量。荧光检测装置对荧光的检测是通过特定的滤光片收集特定波长或特定波长范围的荧光,用电偶合设备或光电倍增管放大荧光信号,将其转换成设备能辨别的电信号,在计算机上生成峰图,表示各个等位基因片段。

　　在进行毛细管电泳前,需对携有荧光的PCR产物进行前处理。样本中加入10倍左右体积的去离子甲酰胺,使PCR双链产物内部氢键断裂;同时加入分子量内标。分子量内标中含有一系列已知片段大小且连续排列的荧光标记DNA片段,用于建立片段大小与片段到达检测窗时间的直线回归方程。样本的荧光标记片段经电泳获得到达检测窗的时间后,即可通过此回归方程获得其片段大小。样本经混合去离子甲酰胺及内标,热变性解开DNA双链处理后,即可放入样品架,由设备自动完成灌胶、进样、电泳和电泳结果的数据收集。电泳前,设备由毛细管阳极端向毛细管灌注液态电泳分离胶(黏性聚合物),预电泳后,毛细管阴极端和阴极电极同时插入样品管溶液,设备开启高压直流输出,在阴极电极和阴极毛细管端口之间产生电压差,使样品溶液中的DNA片段快速进入毛细管阴极端,完成进样。清洗毛细管加样端后开始电泳分离。样品盘的移动通过步进电机控制,可进行精确的3维移动。电泳中,等位基因片段在聚合物溶液中从负极向正极泳动,不同大小的片段逐渐被分离,最终以片段从小到大的顺序依次经过检测窗口,激光激发装置连续发射激光,激发等位基因片段上荧光染料的荧光,释放出不同波长的荧光,被一直在线的荧光检测装置检测其种类和强度,转换成电信号,在计算机上形成峰图并自动记录。以3500遗传分析仪为例,1μl PCR产物混入0.5μl分子量内标和8.5μl去离子甲酰胺,机器加热炉的控制温度为60℃,使加热炉内毛细管维持同样的温度,保持电泳过程中样品DNA分子处于热变性解链状态。整个过程无需人工干预。

　　毛细管电泳的灌胶、进样、分离、检测、记录等全过程完全由设备自动完成,在无人值守的情况下,可对多个样本进行连续自动电泳。荧光检测器灵敏度高,有利于法医学微量检材的成功检出。每次电泳所需的样本量很少,便于PCR产物重复电泳。采用小电流高电压电泳,大大提高了电泳分离速度,25～40分钟即可完成一次电泳分离。电泳得到的数据采用数字格式存储,便于后期分析处理和保存。荧光信号强度与标记DNA片段数量正相关,峰图上的峰高和峰面积与标记DNA片段的相对数量关联。样品单独进样电泳分离,能够避免样本之间的交叉污染。单根毛细管电泳设备,每个样本需依次电泳分析,对大量样本的分析效率较低;多道毛细管电泳系统的应用,可大大提高样本检测通量。

第三节　等位基因确定

对于毛细管电泳中检测记录到计算机的荧光等位基因片段峰图,有一个识别所标记的荧光染料种类、片段大小和等位基因分型的过程(图6-2/文末彩色插图6-2),通过这几个步骤可以对等位基因进行程序化分型。

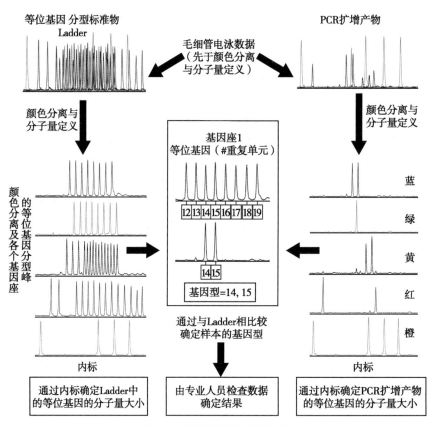

图6-2　等位基因分型示意图

一、光谱分离

荧光检测器对多色荧光信号检测记录时,实际上并不能做到单波长检测,不同荧光染料间存在明显的光谱交叉重叠,当检测一个荧光素标记的蓝色片段峰时,会同时记录较强的绿色荧光信号峰,比绿色弱一些的黄色荧光信号峰,以及更弱的红色和橙色荧光信号峰(图6-3/文末彩色插图6-3);当检测记录一个JOE标记的绿色荧光片段时,绿色信号峰最强,同时也能检测到较强的蓝色和黄色荧光信号峰,稍弱的红色荧光信号峰,以及更弱的橙色信号峰。荧光染料之间的发射波长差值越小,光谱交叉重叠所形成的干扰信号越强,当干扰信号达到和超过数据分析设定的阈值时,将被错误判定为一个片段峰。这样,一个荧光素标记的扩增产物片段,除在蓝色荧光检出一个峰,还将在绿色、黄色甚至红色和橙色荧光中的相同位置也显示同样片段大小的伪峰。大量由于荧光干扰形成的伪峰存在,将导致不能正确识别真的扩增产物片段,不能识别等位基因片段。

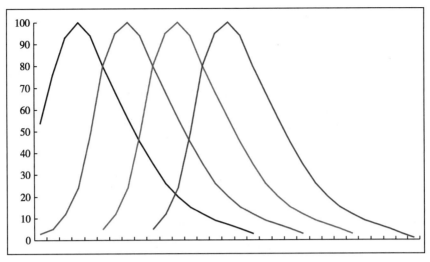

图6-3　荧光染料之间的光谱重叠情况

　　由于荧光染料之间的检测光谱重叠，造成了荧光检测信号在不同颜色之间的相互交叉干扰，在分析电泳结果数据时，需要将同一种荧光染料标记的真实片段峰识别出来，并消除干扰信号对真实片段信号峰的影响，即将每种荧光染料标记的特定颜色的一系列片段峰单独区分出来，同时消除不同颜色间的干扰伪峰。这个处理过程称为颜色分离或光谱分离（Separate Spectral）。

　　光谱分离的第一项任务是从电泳结果数据收集的众多片段峰中把每种颜色的峰找出来。首先需要设定一个判断是否片段峰的信号强度阈值，如100或150，在结果数据中，凡是信号强度大于或等于设定阈值的峰信号都被判断为片段峰。每个片段峰都会在某种颜色的信号最强，根据一个峰信号的最强颜色，将该峰归属到对应的颜色。对于四色荧光分析体系，根据每个峰最强信号是红色、蓝色、绿色还是黄色，分别把所有红色峰、蓝色峰、绿色峰及黄色峰从众多数据峰中找出来。光谱分离的第二项任务是要消除一种颜色峰中存在的其他颜色信号。在一台特定的检测设备，检测条件基本没有变化的条件下，不同颜色荧光染料之间的光谱重叠在强度比例上是基本稳定的，各种荧光染料交叉干扰的程度可以用一个矩阵数值表来定量描述（表6-2）。这样一个用来定量表现荧光片段峰中各种颜色信号强度相对比例关系的数值表，在STR荧光标记检测分析技术中称为Matrix数值表，由此数值表构成的相应计算机文件称为Matrix文件。Matrix文件是在电泳Matrix标准品后，计算各种颜色峰之间的平均干扰强度值而获得。Matrix标准品中含有相应荧光组合体系中每种荧光染料标记的一系列标记片段，如一个FL-JOE-TMR-CXR-CC5五种荧光染料组合的五色荧光分析体系，Matrix标准品中含有一系列分别标记FL，JOE，TMR，CXR和CC5荧光染料的DNA片段。设备收集Matrix标准品电泳结果数据后，计算各种荧光染料之间的信号强度比例，就得到了表6-2的Matrix数值表。如表中的数据所列，一个蓝色信号峰，把蓝色信号强度设置为1.0000，则由于光谱重叠导致的绿色、黄色、红色和橙色信号强度分别依次为0.6198，0.3228，0.1739和0.0181。一个黄色信号峰，蓝色、绿色、红色和橙色的信号强度依次为黄色峰的0.0123，0.2606，0.7028和0.0746。毛细管电泳设备的光学器件、光电转换器件、电流输出特性、电泳条件等都会影响Matrix数值表，不同设备的Matrix数值表是不相同的，设备更换激光管，荧光检测器，分光滤镜等部件，需要重新构建Matrix文件。为了获得理想的颜色分离结果，在更换毛细管或更换电泳缓冲液后，也可重新构建Matrix文件。

　　Matrix数值表精确测算了不同颜色之间干扰信号的强度比值，根据数值表列出的数值，对一个绿色峰，扣减20.39%的蓝色信号、62.79%的黄色信号、36.53%的红色信号和4.02%的橙色信号就可完全消除该绿色片段峰由于光谱重叠在蓝色、黄色、红色和橙色产生的干扰性伪峰。对每个颜色的每个峰进行同样的干扰信号扣除处理后，就使每个峰只保留单一的颜色信号，此颜色信号是该峰的最强信号。在扣除干扰颜色信号过程中，未对此颜色信号强度进行扣减，其强度在处理前后没有变化。

调用 Matrix 文件对每个荧光标记片段峰进行干扰颜色信号扣减消除,可完成多色荧光分析体系的颜色分离(图 6-4/ 文末彩色插图 6-4)。使用不适合设备的 Matrix 数值表,将导致不能有效消除干扰信号或基线偏离。

表 6-2　荧光染料之间的光谱重叠数值表

	蓝色(FL)	绿色(JOE)	黄色(TMR)	红色(CXR)	橙色(CC5)
蓝色(FL)	1.0000	0.2039	0.0123	0.0441	0.0010
绿色(JOE)	0.6198	1.0000	0.2606	0.3175	0.0027
黄色(TMR)	0.3228	0.6279	1.0000	0.6978	0.0032
红色(CXR)	0.1739	0.3653	0.7028	1.0000	0.0086
橙色(CC5)	0.0181	0.0402	0.0746	0.2655	1.0000

二、DNA 片段分子量计算

光谱分离后,每一个峰被清晰地显示是哪一种荧光染料标记的峰,下一步需要测量每个峰的 DNA 片段大小。在每个电泳数据中,均含有分子量内标(Size Standard),内标中含有一系列已知碱基数的标记 DNA 片段。电泳后,分子量内标中每个 DNA 片段都获得一个电泳相对时间值,这组内标片段的电泳相对时间数据,描述了各个已知碱基数的内标 DNA 片段电泳迁移速度与片段大小的关系,片段越小,迁移速度越快。利用已知碱基数的 DNA 分子量内标和电泳获得的相对时间值,可构建一个直线回归方程,一个未知大小的 STR 扩增片段经电泳获得电泳相对时间值后,通过此回归方程可计算出它的片段大小(图 6-5)。复合扩增的每个 STR 等位基因片段,在电泳分析中都会获得一个相对时间值。在内标分量范围内的所有 STR 等位基因片段均可用电泳相对时间值,通过直线回归方程计算出片段大小。在 STR 分析中,不允许测量超过内标分子量范围的未知峰大小。例如,内标范围是 75～500bp,则小于 75bp 和大于 500bp 的未知片段不能测量其片段大小。至此,电泳数据中的每个 STR 片段峰的标记荧光种类和碱基数被清楚识别。

三、等位基因分型

在每批样本电泳分析时,通常要电泳一个人类等位基因分型标准物(allelic ladder),ladder 包含 STR 复合扩增检测的每个 STR 基因座的全部已知等位基因。ladder 中,每个等位基因的荧光标记种类与未知样品扩增产物的标记种类相同。ladder 电泳后获得的结果数据经过颜色分离和计算每个片段大小后,执行分型程序时,程序首先对 ladder 中的各基因座等位基因按照 STR 命名规则进行命名。软件设定了每个基因座的颜色种类和等位基因片段大小范围。在获得 ladder 命名的基础上,再将样本数据中各种颜色及每种颜色中各片段峰对应到 ladder 相应颜色和片段范围,比对样本片段峰大小是否与 ladder 中等位基因相同。相同,则用该等位基因数字命名样本片段峰;不相同,则标为 off-ladder。逐一将样本中的每个片段峰与 ladder 相应基因座比对分析,完成对样本各基因座等位基因的数字化命名(图 6-6)。

以上对毛细管电泳结果数据的颜色分离、片段大小测量及与分型标准品比对,确定 STR 基因座等位基因数字化分型,均是由计算机软件程序化完成。在此基础上,专业人员可对软件自动生成的命名进行检查,根据经验来决定是否修改完善软件标记的命名。检查修改后的等位基因分型可以通过软件功能生成特定的表格进行进一步的数据处理、分析或录入 DNA 数据库。基因座的 STR 分型是比对样本与 ladder 相应基因座等位基因的大小而确定的,因而每次电泳原则上需要同批电泳 ladder 和阴性对照及分型参考样本,才能较好保证人类等位基因分型标准品与未知样本间正确比对。

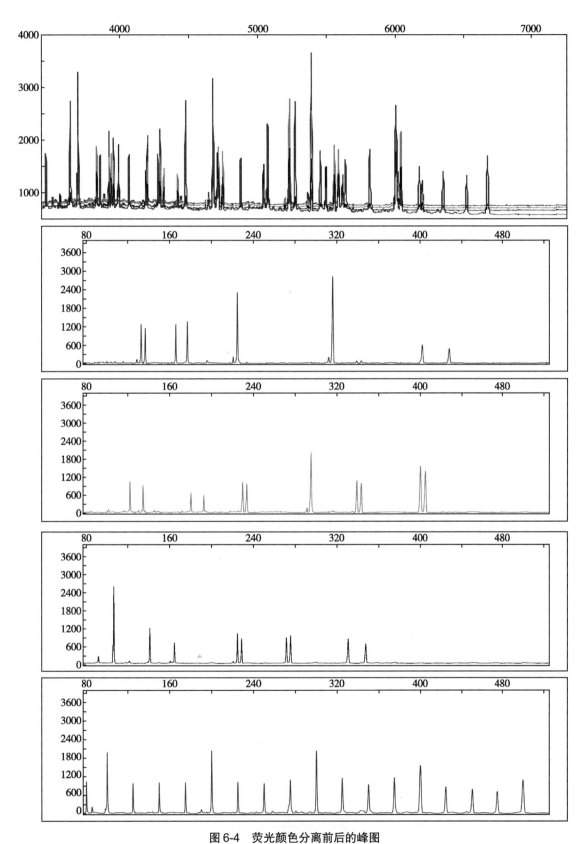

图 6-4 荧光颜色分离前后的峰图

上第 1 张图为分离前，其下 4 张图为分离后，由上至下分别为蓝、绿、黑、红色

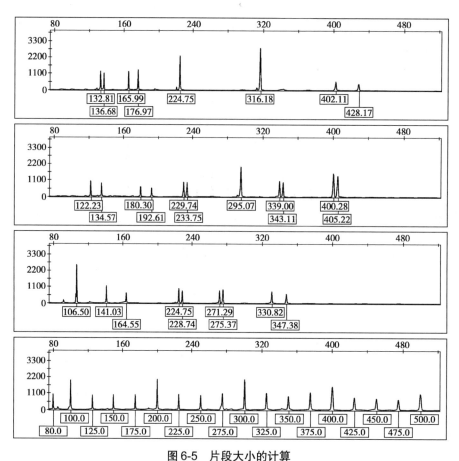

图6-5 片段大小的计算

图中4组峰由上至下分别为蓝、绿、黄、红色

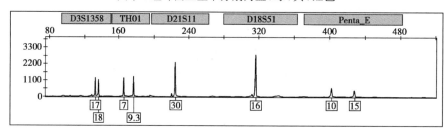

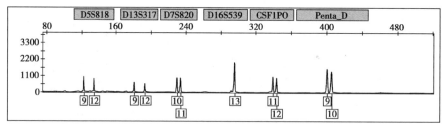

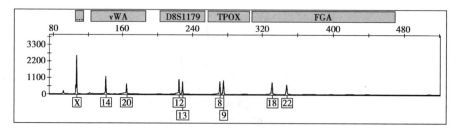

图6-6 样本等位基因命名

图中3组峰由上至下分别为蓝、绿、黄色

第四节　图谱分析

　　样本 STR 分型结果可以存储和打印分型图谱，也可将分型结果转化为数字化命名表格或其他表格形式供数据库录入等使用。在正式报告 STR 分型结果之前，需要检查核对和评价 STR 分型结果，由有经验的专业人员分析 STR 分型图谱。STR 分析实践中，并不是每批次的每个样本分析都能由计算机程序准确自动完成。有时样本的自动分型结果是错误的，需要专业人员调整分析参数，重新分析才能获得正确分型。在图谱分析中，经常会遇到下面一些影响分型甚至导致错误分型的情况，在图谱分析中应引起足够重视。

一、分型标准品等位基因命名错误

　　样品等位基因的命名是与等位基因分型标准品（Allelic Ladder）比对完成的，ladder 等位基因命名错误必然导致样本分型错误。ladder 中，每个基因座的各个等位基因的量不是完全相等的，电泳检测后，其相应的信号强度也不同。若某个基因座的某个等位基因片段相对较少，电泳时上样量又偏少，数据分析时，峰的阈值设置过高，ladder 中该等位基因未能被正确识别，在对 ladder 进行等位基因命名时，相应基因座的等位基因全部或部分不能被命名或被错误命名。如果这个未识别的等位基因是 ladder 中某基因座的第 1 个等位基因，计算机系统可能错误地把原本是第 2 个的等位基因错误的识别为第 1 个等位基因，该基因座被识别的等位基因都减少 1 个重复单位命名。该基因座的样本分型也必然被减少 1 个重复单位命名。另一种情况是，ladder 中某个基因座第 1 个等位基因前小 1 个重复单位的位置出现了一个伪峰，这个伪峰主要是制备 ladder 时，PCR 过程中复制滑脱形成的扩增产物，如果 ladder 电泳上样量过大和峰阈值设置过低，这个伪峰将被错误识别为该基因座的第 1 个等位基因，ladder 中该基因座的所有等位基因将被错误的增加一个重复单位命名，样本也被错误分型。为防止这种错误的发生，要求 STR 分析中，每次检测电泳时需要同步分析一个已知对照 DNA 样本。如9947A 对照 DNA 样本。分析图谱时，首先核对对照样本的分型结果是否正确，并要求进行图谱分析前，认真核对标准品各基因座 ladder 的等位基因命名是否准确无误。

二、内标识别错误

　　内标信号太低，标准品峰信号太低，电泳系统不能有效分辨邻近的两个等位基因等情况下，自动分型系统将不能完成对分型标准品的数字化命名。内标识别错误的常见原因是信号太低，分析范围设置错误，电泳数据不全和内标出现拔起峰。信号过低有时通过调整峰阈值可正确识别内标，若仍不能识别需要增加内标量重新电泳；分析范围设置错误可通过调整分析范围纠正；电泳数据不全表现为内标片段没有被全部收集，数据未包含大片段的内标。如内标中包含 80～500bp 片段，电泳收集到400bp片段后被终止。这种情况下,通过修改分子量内标参数可以正确识别内标,但只能对小于400bp的片段进行分析。实践中,电泳时的环境温度对电泳速度有显著影响。25℃室温与10℃室温条件下的电泳速度有明显差异。电极缓冲液和毛细管使用次数过多,将使电泳分辨率下降。当电泳系统不能有效分辨标准品中TH01基因座的9.3和10等位基因时,数据分析软件会把这两个等位基因峰识别为1个峰,软件对ladder进行等位基因命名时,找不到等位基因9.3或10而不能完成对ladder的数字化命名。另一种不能对ladder进行数字化命名的情况是电泳中发生了超过设定范围的电泳漂移,使某个基因座ladder的第1个等位基因超出了软件设定的范围。程序找不到该基因座的第1个等位基因,不能完成对ladder的数字化命名。毛细管质量问题,缓冲液错误及两者超期使用,是形成分辨率下降和严重漂移的重要原因。内标出现拔起峰时拔起峰有可能被错误地识别为内标峰造成内标识别错误,一般通过减少样本上样量或将产物稀释后重新电泳可消除拔起峰。

三、基线跳跃或摆动

图谱分析中另一种常见情况是基线跳跃或摆动。基线跳跃和摆动可使基线跳高,超过峰阈值,程序将把这些超过阈值的基线识别为无数个峰片段,在图谱上标为off-ladder。形成这种情况的主要原因是分析调用的matrix文件错误或不适合。这种情况在电泳数据中,峰信号过强时表现尤为明显。峰信号过强的电泳数据还常常出现干扰信号消除不彻底的情况,未完全消除的干扰信号伪峰被错误识别为一个峰,如果峰的大小刚好与ladder的某个等位基因相同,被错误识别为一个等位基因,与ladder片段大小均不相同,被标为off-ladder。为了获得良好的分型图谱,应避免盲目增加电泳上样量。理想的峰型图是数据中的每个峰信号强度在1000~3000之间。峰信号过强的样本可减少上样量或将产物稀释后重新电泳分析。

四、stutter峰

STR扩增过程中,常出现复制滑脱,与基因组DNA复制中的STR复制滑脱突变类似。基因组复制中的滑脱更倾向于增加1个重复单位,但在PCR过程中的滑脱则更倾向于减少1个重复单位。在STR分型图谱中,常常在一个目标STR等位基因峰前小一个重复单位的位置出现一个信号较弱的峰。这种额外的峰就是由于PCR过程中的复制滑脱形成的扩增片段,称阴影带(stutter band)或影子峰(stutter peak)。通常情况下,stutter峰的峰高或峰面积不应超过目的等位基因峰的15%,位置总是在目的等位基因峰前小1个重复单位的位置(图6-7)。

在峰信号过强和纯合子基因座,stutter峰更容易观察到。扩增时减少样本DNA模板或使用活性更好的聚合酶,降低电泳上样量以降低峰信号强度,提高峰阈值或采用峰信号过滤,可以消除stutter峰对分型的影响。但带来的问题是在混合样本分析时,较少成分样本的信号可能被漏检。stutter峰的存在,对单一样本的正确分型不会产生严重的影响,主要影响是给混合样本的分型结果解释带来困难。

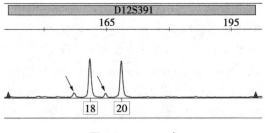

图6-7　stutter峰

五、非模板依赖加A

PCR过程中还有一种现象,即对扩增产物的非模板依赖加A。DNA聚合酶能够在扩增产物的3′末端非特异性地连接一个腺苷酸。通常情况下,通过引物设计和扩增循环结束后的保温,可以使每个扩增产物片段3′末端都被添加一个A,这样,每个等位基因片段的所有扩增产物DNA分子的碱基数是完全相同的。电泳分析是呈单一峰图。如果这个加A过程只完成了一部分,则会使扩增的同一个等位基因片段含有加A和未加A的两中DNA片段,二者相差1个碱基。这种一个等位基因的两个扩增产物在电泳分析时被识别为2个峰,2个峰紧邻,2个峰在基部融为一个峰,尖部分叉形成两个峰尖,称为双尖峰(图6-8)。双尖峰被计算机程序识别为2个峰,加A产物峰片段大小与ladder中的相应等位基因大小相同,被数字化命名,未加A的产物在ladder中没有对应的等位基因,被标为off-ladder。形成部分加A的常见原因是扩增时DNA模板过量,扩增体系中含有PCR抑制物,聚合酶量过少或活性严重衰减。同一个复合扩增体系中,双尖峰现象在小片段等位基因比大片段等位基因更常见。如果在一个样本数据中,小片段等位基因没有双尖峰,而在大片段某个特定等位基因出现单一的双尖峰,则要考虑样本在该基因座可能出现等位基因微变异。

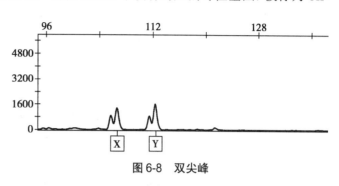

图6-8　双尖峰

六、其他伪峰

在电泳过程中,当设备电流输出出现短暂跳动时,在数据峰图上会出现信号基线的突然跳动,在峰图显示为突然跳高的断层式峰图,这种伪峰在数据分析时可能被识别为片段峰。这种电流跳动形成的伪峰的特点是峰左侧近似直线式的迅速抬高,达到峰尖后,信号缓慢下降,在颜色分离后的图谱上显示"楔子"样峰。每种荧光颜色在相同位置产生信号强度接近,峰型类似的峰。电极缓冲液中含有固体微粒时,微粒表明如果带有负电荷,电泳过程中进入毛细管,微粒到达检测窗时,将激光反射至分光滤镜和荧光检测器,信号峰图上将出现一个棒状的峰图。峰图信号在每种荧光颜色都直线拉高和直线下降,峰尖部和基部的宽度差异较小。用0.25μm滤器对配制电极缓冲液的纯水进行过滤,可减少电极缓冲液微粒形成的伪峰。

七、性别识别图谱异常

STR复合扩增检测体系通常包含用于识别样本性别的Amelogenin基因座,对于绝大部分个体,检测Amelogenin基因座可以准确识别个体的性别。偶尔会发生Amelogenin基因区域的基因变异或缺失,Amelogenin基因座峰图出现异常结果。男性样本只检出X峰,或只检出Y峰。此时通过检测Y染色体STR可辨别Amelogenin基因座峰图错误。Amelogenin基因座X峰或Y峰男性样本,可检出Y染色体STR峰。

八、峰的均衡性

在常染色体STR图谱分析中,良好的复合扩增检测体系,各基因座的片段峰信号强度应比较接近。纯合子产物峰的峰高和面积比杂合子高,杂合子两个等位基因峰高和面积接近。全部基因座的所有等位基因均能被分型软件自动识别并数字化命名。但实践中,一个基因座的两个杂合子片段峰的信号强度存在差异比较常见,原因主要是扩增不平衡。电进样时小片段更快进入毛细管,也使同一基因座的小片段峰稍高于大片段峰。通常小片段等位基因面积比大片段等位基因大。但大片段峰面积应在小片段峰的70%以上,即同一基因座不同等位基因的峰面积差异在30%以内。扩增时模板量过少,DNA模板降解,PCR反应体系中存在抑制剂如血红蛋白衍生物等,将会增加扩增不平衡。实际案件检材分析中,若出现两个基因的峰高差别超过70%,需考虑可能是混合样本。

九、杂合性丢失或3等位基因

基因突变可能导致个别样本的杂合性丢失(Loss of heterozygosity, LOH)或偶尔出现3等位基因(triallelic)。杂合性丢失的样本在相应基因座只检出1个等位基因,与纯合子的检测结果相似,但峰面积值与信号强度接近和其他杂合样本的杂合子峰面积相当。分析单一样本数据较难判定杂合性丢失，采用不同引物设计的两种检测体系可发现杂合性丢失，亲缘样本间分析比对时的矛盾结果能够提示杂合性丢失。怀疑杂合性丢失时可更换其他试剂盒或重新设计引物进行验证。由基因突变形成的基因座两个等位基因同时丢失的情况比较罕见。基因座出现3等位基因时通常会考虑污染或混合样本，但在多基因座分析检测体系中，仅极个别样本在一个基因座出现3等位基因，不符合混合样本特征，混合样本应当在多个基因座检出3个和4个等位基因。污染常会波及同批次检测的多个样本。

十、off-ladder 峰

在STR分型图谱中，常会遇到部分样本的少量片段峰未被程序化数字命名，在分型图谱中被标为off-ladder（OL）。off-ladder大部分是由于电泳过程中的漂移作用使它们被软件测量的片段大小稍稍偏离相应的等位基因，不能被软件自动命名。对这种off-ladder峰，通过分析前后已自动化正确命名的片段相对于ladder等位基因的漂移偏离情况，再对off-ladder峰进行漂移校正，可以人工修改为数字化命名。

当分型标准品的基因座等位基因未包含检测样本的等位基因时，相当于样本中出现了一个新的等位基因，这个新的等位基因能够被软件识别片段大小和荧光标记种类，但在与ladder对比时，找不到对应的ladder等位基因，也被分型软件标为off-ladder峰。这类off-ladder峰的一种情况是出现在某个基因座ladder最大和最小等位基因范围内，另一种情况是超过这个范围而位于两个邻近基因

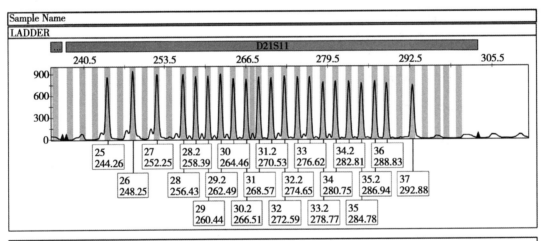

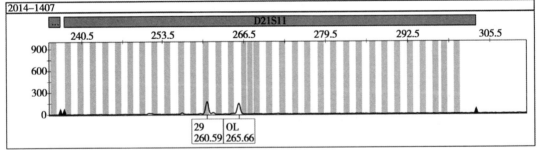

图6-9　off-ladder峰的计算

图中，OL峰位于D21S11分型区。已经命名的样本等位基因29为260.59bp，OL峰为265.66bp；该基因座Ladder中的等位基因29为260.44bp，与OL峰紧邻的Ladder等位基因30为264.46bp。那么该OL峰命名的计算方法为：

$$\delta_1 = S_{29} - L_{29} = 260.59 - 260.44 = +0.15$$
$$\delta_2 = S_{OL} - L_{30} = 265.66 - 264.46 = +1.20$$
$$c = |\delta_1 - \delta_2| = |+0.15 - (+1.20)| = 1.05$$

表明OL峰比Ladder等位基因30大了1.05bp，可以将OL峰命名为30.1。

座 ladder 之间。前一种情况是由于等位基因片段出现个别碱基的缺失或插入引起的基因微变异所致，后一种情况一般是 STR 基因座滑动突变形成的稀有等位基因。前一种情况经过漂移校正计算后，根据 off-ladder 峰比 ladder 对应峰大 1bp、2bp、3bp 还是 4bp 的接近值来人工修订峰的数字命名为 N.1，N.2，N.3 或 N.4（图 6-9）。off-ladder 峰出现在两个邻近基因座 ladder 之间，首先要确定这个峰是属于哪个基因座的等位基因。两个邻近基因座分型区内，一个基因座已经检出两个片段，可判断 off-ladder 峰属于只检出一个片段的基因座。而两个基因座分型区都只检出 1 个片段时，要判断 off-ladder 峰属于哪个基因座有一定困难。此时，off-ladder 峰与两个基因座中最近 ladder 片段的碱基数差值，哪一个是重复单位的整倍数，峰面积的定量分析，可辅助判断。

第五节 影响因素

现场获得的人体生物样本，常常遇到样本量过少，DNA 降解，样本污染，含有 PCR 抑制物等情况，这会给 DNA 分析带来极大的困难。

检材 DNA 降解在法医 DNA 分析实践中比较常见。相对于其他的法医 DNA 分析手段，STR 分型技术对 DNA 降解样本的检测能力已经显著提高。成功进行 STR 分型要求样本 DNA 分子至少包含引物结合区及其下游的完整 DNA 分子片段。对降解 DNA 样本，STR 扩增片段越短，检测成功率越高。用复合扩增检测体系检测降解样本时，随着等位基因片段由小到大，复合扩增产物在电泳数据峰图上的信号逐渐衰减。降解程度更严重的样本则只能检出部分小片段基因座，大片段基因座没有产物峰，甚至全部基因座均检测失败。新设计 STR 扩增引物，使扩增片段变小，可提高对降解样本的检测能力。但新设计引物，改变了引物结合区，需要对分型结果进行一致性评价，特别是将数据用于数据库比对时尤其重要。对于降解样本，增加模板量扩增并不能改善检测结果；改进 DNA 提取方法，提高大片段 DNA 分子的提取产率，可改善 STR 分型结果。

来自样本内部及环境的一些物质，如血红蛋白、泥土成分、多聚糖、纺织染料等，可通过降低样本 DNA 提取产率，降解 DNA 和抑制 PCR 反应而严重影响 STR 检测分型。样本含有抑制物时，结果图谱特征与降解样本的检测结果类似。但造成检测失败或结果不佳的主要原因是样本中含抑制物，而 DNA 模板的数量和片段大小能够满足 STR 分型需要。对这类样本，去除抑制物后进行检测，可获得理想的分型结果。因此，对于检测失败或结果欠佳的样本，要判断主要原因是降解还是含抑制物。较好的方法是在扩增体系中引入扩增对照，在扩增体系中加入一对扩增已知模板的引物和相应模板，如果是样本降解，扩增对照能正常扩增，若含抑制物，则扩增对照也被抑制。含抑制物的样本，增加模板体积会使扩增结果变得更糟，有时减少扩增模板体积，使抑制物相对变少，反而可获得理想的分型结果。对明确主要影响是含抑制物的样本，采用超滤、DNA 吸附分离等纯化方法纯化样本 DNA，使用直扩试剂盒进行扩增，可获得理想的分型结果。

影响 DNA 分型准确性的另一个重要因素是污染。基于 PCR 技术的 STR 分型具有很高的灵敏度，少量 DNA 污染都会被检测出来，导致样本分型错误。样本提取、送检和实验室检测分析等每个涉及样本处理的环节都可能对样本造成污染。常见的污染情况为，样本交叉污染、环境中基因组 DNA 污染，样本提取送检人员对样本的污染，检测分析人员对样本的污染，实验室环境 DNA 污染，产物回复污染等。样本提取、送检、检测技术的规范，DNA 分析实验室的合理分区隔离，实验器材严格隔离等措施，可有效降低污染发生率。DNA 提取、扩增空间保持通风洁净，可减少气溶胶污染。每批次检测分析中，用纯水替代模板 DNA 设置的阴性对照，可监测实验环境 DNA 造成的污染。建立所有可能涉及样本处理的人员，甚至实验消耗品产、供人员的 STR 分型数据库，有助于及时发现污染及污染来源。污染的常见分型结果是在数量不等基因座检出多个等位基因，甚至出现 ladder 样图谱。检测微量 DNA 样本时，可能只检出污染样本的分型图，图谱与单个样本分型图类似。

STR 检测技术对质量符合要求的 1ng 以上的基因组 DNA，可获得理想的分型结果。但在一些案件中,仅能获得极微量的样本,DNA含量远低于1ng。这类样本又往往是案件中的关键唯一样本,若能成功分型这些DNA含量极低的样本,分型结果将为案件调查和审理提供非常有价值的信息。一般把基因组含量小于100pg的样本称为低拷贝DNA(low copy number,LCN)。检测低拷贝DNA样本时,应采取更严格的防污染措施,尽量选择产率高的DNA提取方法,提取体积尽量减小以提高DNA相对浓度;小体积扩增和增加扩增周期可提高扩增产物量;在电泳分析环节,可采用纯化扩增产物去除电进样竞争物,增加上样量,选用纯度更高的甲酰胺,增加进样时间等措施提高扩增产物片段的峰信号强度。数据分析时调低峰阈值可识别信号更弱的峰。这些措施都是尽量提高系统检测灵敏度,以期检出低拷贝DNA样本更多的等位基因。通常,低拷贝DNA峰图信号仍然很弱,峰图中,部分基因座无峰、等位基因丢失、峰不平衡等现象普遍存在。由于检测系统灵敏度被提高,极微弱的污染都将被检出,造成峰图中常出现额外等位基因峰。对同一个低拷贝DNA样本进行多次扩增检测发现,额外峰的出现是随机的,一般不会在多次检测中都出现;而样本具有的等位基因峰则在多次检测中都能检出。低拷贝DNA检测峰图通常质量不高,分型结果可靠性明显下降,对结果的解释应非常慎重。

本章小结

　　STR自动分型技术广泛应用于法医DNA分型实验室,具有自动化程度高、快速、灵敏、准确、稳定、重复性好等特点。常用的STR自动分型技术主要步骤包括,多色荧光标记STR复合扩增,扩增产物的毛细管电泳分离,自动数据采集并确定等位基因的分型。首先是设计引物并标记荧光染料,进行PCR扩增;然后,对PCR产物电泳前处理,进行计算机控制的自动化毛细管电泳分离,分离后的荧光标记DNA片段由设备自动检测并数据化存储;再用软件对采集的数据进行荧光颜色分离,计算片段大小,与分型标准物ladder比对,确定各基因座的基因分型。

关键术语

　　光谱分离(Separate Spectral)
　　等位基因分型标准品(Allelic Ladder)
　　分子量内标(Size Standard)
　　低拷贝DNA(low copy number)

(李英碧)

思考题

　　1. 简述STR自动分型技术主要步骤
　　2. 简述光谱分离的作用
　　3. 为什么自动分型也可能有错误?
　　4. 何谓off-ladder?
　　5. 何谓LCN?

第七章 性染色体 STR 分型

学习目标

通过本章学习,应该**掌握**性染色体 STR 的遗传特征及性染色体 STR 分型的法医学意义。**熟悉**性染色体 STR 特点、Y-STR 和 X-STR 分型及它们的法医学应用参数评估原则。**了解**性染色体结构特点、Y-STR 基因座命名方法、常用 Y-STR 和 X-STR 基因座及其法医学参数评估方法。

人类 23 对染色体中,22 对为常染色体,1 对为性染色体。男性性染色体组成为 XY,女性为 XX。性染色体上也存在众多的多态性 DNA 遗传标记,包括 STR、SNP 和插入 / 缺失(insert or deletion, InDel)等,这些遗传标记有其自身的结构和遗传特点。因性染色体遗传方式的特殊性,在一些特殊案件(如性犯罪及部分特定亲缘关系鉴定等)中,性染色体遗传标记分析具有重要价值。目前,STR 是法医物证鉴定中最常采用的性染色体遗传标记。

第一节 Y 染色体 STR

Y 染色体仅存在于男性体细胞中,属近端着丝粒染色体,由长臂 Yq 和微小的短臂 Yp 组成,DNA 长度约 60Mb。Y 染色体两端各有一小部分区域称拟常染色区(pseudoautosomal region, PAR),位于 Y 染色体短臂末端的 PAR 称为 PAR1,长约 2.5Mb,PAR2 位于长臂末端,长度小于 1Mb。PAR 约占 Y 染色体的 5%,在减数分裂过程中,PAR 可与 X 染色体的相应区段进行交换、重组。其余约 95% 的 Y 染色体区域为非重组区(non-recombining Y, NRY)或称 Y 特异性区(male-specific region, MSY)。NRY 按照结构可以分为异染色质区(heterochromatin)和常染色质区(euchromatin),异染色质区由高度重复的序列构成,现有技术还不能进行正确测序。NRY 内的常染色质区序列大致可以分为 X 染色体置换序列、X 染色体兼并序列和扩增序列三类,其中 X 染色体置换序列和兼并序列与 X 染色体上对应区域高度同源。因缺乏同源重组,Y 染色体上基因较少,主要位于 NRY 内的常染色质区,共有 156 个已知的转录单位,其中包括 78 个编码蛋白的基因。Y 染色体只能从父亲向下遗传给儿子,故在一个父系家族中,其男性个体拥有完全相同的 Y 染色体非重组区(除突变外)。Y 染色体这种特殊的遗传方式在与男性相关的法医学实践中具有重要意义。

一、Y-STR 概述

Y 染色体上有五类多态性遗传标记,包括卫星 DNA、小卫星 DNA、微卫星 DNA(即 STR)、InDel 及 SNP。Y 染色体 STR(Y-chromosome STR, Y-STR)是其中一类重要的遗传标记。与常染色体 STR 基因座相比,大多数 Y-STR 基因座具有复杂的串联重复结构:一个基因座内常含有两种以上不同的重复单位,恒定重复序列和可变重复序列同时存在。Y-STR 基因座和等位基因的命名与常染色体 STR 的命名原则上相同,但以下两点需予以注意:

（一）多拷贝基因座采用单一基因座命名

因 Y 染色体存在较多的重复回文区域，使部分 Y-STR 基因座在染色体上存在多个拷贝，故应用基因座特异性引物扩增会产生多个 PCR 产物，即多拷贝 Y-STR，如 DYS385 a/b、DYS459 a/b、DYS464 a/b/c/d 等。采用传统 PCR 分型方法，因无法区分某一等位基因来自哪一具体的基因座，故多拷贝基因座采用单一基因座命名，如 DYS385、DYS459 和 DYS464 基因座，观察的片段作为基因型处理，中间以连字符连接，如 DYS385 11-14、DYS459 8-10、DYS464 13-14-15-16 等。

（二）特殊命名原则

部分 Y-STR 基因座含有两个独立的且距离较近的基因座，若 PCR 扩增区域覆盖这两个独立的基因座时，则应以两个基因座重复单位的重复次数之和命名等位基因。若为了区分这两个基因座或为了减小扩增子大小（去掉可变重复区中的 1 个）而重新设计引物分型，则以最先报道或公布的（尤其是 GenBank 中的）DNA 链为准，5′ 端的 STR 命名为 DYS#.1，另一个命名为 DYS#.2，如 Y-GATA-H4.1 和 Y-GATA-H4.2、DYS448.1 和 DYS448.2、DYS449.1 和 DYS449.2 等（图 7-1）。

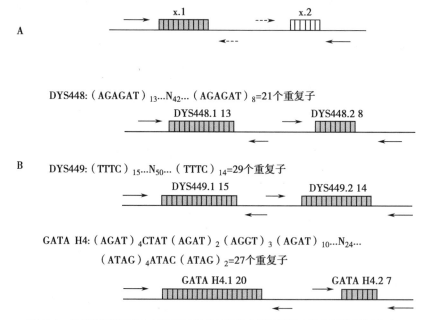

DYS448：（AGAGAT）$_{13}$...N_{42}...（AGAGAT）$_8$=21个重复子

DYS449：（TTTC）$_{15}$...N_{50}...（TTTC）$_{14}$=29个重复子

GATA H4：（AGAT）$_4$CTAT（AGAT）$_2$（AGGT）$_3$（AGAT）$_{10}$...N_{24}...
（ATAG）$_4$ATAC（ATAG）$_2$=27个重复子

图 7-1　相距较近的两个 Y-STR 基因座单独分型时基因座及等位基因命名
A. 总体命名原则；B. DYS448、DYS449 和 GATA H4 基因座命名原则

目前已发现 400 多个 Y 染色体特异的 STR 基因座，主要位于 NRY 内的常染色质区，其中四核苷酸和五核苷酸重复占 50% 以上。Y-STR 总体平均突变率约为 2.80×10^{-3}，与常染色体 STR 的突变率相近。目前，开放性 Y-STR 单倍型数据库也已建立，常用的有 YHRD 数据库（Y-STR Haplotype Reference Database，http://www.yhrd.org）和美国 Y-STR 数据库（US Y-STR，https://www.usystrdatabase.org）。表 7-1 中列出了部分 Y-STR 基因座的基本信息，其中部分 Y-STR 基因座在 Y 染色体上的位置见图 7-2。

表 7-1　部分 Y-STR 基因座基本信息

基因座	GenBank 序列号	重复单位结构	等位基因
YCA-II a/b	AC015978	（CA）$_n$	11-25
YCA-III a/b（DYS413）	AC006370	（CA）$_n$	12-26
DYS19（DYS394）	X77751	（TAGA）$_3$tagg（TAGA）$_n$	10-19
DYS385 a/b	Z93950	（aagg）$_{6-7}$（GAAA）$_n$	7-25，28
DYS388	AC004810	（ATT）$_n$	10-18
DYS389I	G09600	（TCTG）$_3$（TCTA）$_n$	9-17

续表

基因座	GenBank 序列号	重复单位结构	等位基因
DYS389II	G09600	$(TCTG)_n(TCTA)_nN_{48}(TCTG)_3(TCTA)_n$	25-35
DYS390	G09611	$(tcta)_2(TCTG)_n(TCTA)_n(TCTG)_n(TCTA)_ntca(tcta)_2$	17-28
DYS391	G09613	$(tctg)_3(TCTA)_n$	6-14
DYS392	G09867	$(TAT)_n$	6-18
DYS393（DYS395）	G09601	$(AGAT)_n$	8-17
DYS425	AC095380	$(TGT)_n$	10-14
DYS426	AC007034	$(GTT)_n$	10-12
DYS434	AC002992	$(TAAT)_{1-2}(CTAT)_n$	9-12
DYS435	AC002992	$(TGGA)_n$	9-13
DYS436	AC005820	$(GTT)_n$	9-15
DYS437	AC002992	$(TCTA)_n(TCTG)_{1-3}(TCTA)_4$	13-17
DYS438	AC002531	$(TTTTC)_1(TTTTA)_{0-1}(TTTTC)_n$	6-14
DYS439（GATA A4）	AC002992	$(GATA)_n$	8-15
DYS441	AC004474	$(TTCC)_n$	12-18
DYS442	AC004810	$(TATC)_2(TGTC)_3(TATC)_n$	10-14
DYS443	AC007274	$(TTCC)_n$	12-17
DYS444	AC007043	$(ATAG)_n$	11-15
DYS445	AC009233	$(TTTA)_n$	10-13
DYS446	AC006152	$(TCTCT)_n$	10-18
DYS447	AC005820	$(TAATA)_n(TAAAA)_1(TAATA)_n(TAAAA)_1(TAATA)_n$	22-29
DYS448	AC025227	$(AGAGAT)_nN_{42}(AGAGAT)_n$	20-26
DYS449	AC051663	$(TTTC)_nN_{50}(TTTC)_n$	26-36
DYS450	AC051663	$(TTTTA)_n$	8-11
DYS452	AC010137	$(TATAC)_2(TGTAC)_2(TATAC)_n(CATAC)_1(TATAC)_1$ $(CATAC)_1(TATAC)_{3-4}(CATAC)_{0-2}(TATAC)_{0-3}(CATAC)_1$ $(TATAC)_3$	27-33
DYS453	AC006157	$(AAAT)_n$	9-13
DYS454	AC025731	$(AAAT)_n$	10-12
DYS455	AC012068	$(AAAT)_n$	8-12
DYS456	AC010106	$(AGAT)_n$	13-18
DYS458	AC010902	$(GAAA)_n$	13-20
DYS459 a/b	AC010682	$(TAAA)_n$	7-10
DYS460（GATA A7.1）	AC009235	$(ATAG)_n$	6-13
DYS461（GATA A7.2）	AC009235	$(TAGA)_n(CAGA)$	8-15
DYS462	AC007244	$(TATG)_n$	8-14
DYS463	AC007275	$(AAAGG)_n(AAGGG)_n(AAGGA)_2$	18-27
DYS464 a/b/c/d	AC006338	$(CCTT)_n$	9-20
DYS481（DYS690）	AC_000156.1	$(CTT)_n$	20-30
DYS485	AC009233	$(TTA)_n$	10-18
DYS490	AC019058	$(TTA)_n$	8-18
DYS495	AC004474	$(AAT)_n$	12-18
DYS504	AC006157	$(TCCT)_n$	11-19
DYS505	AC012078	$TCCT)_n$	9-15
DYS508	AC006462	$(TATC)_n$	8-15
DYS510	11503838（GDB）	$(TAGA)_3(TACA)(TAGA)(TACA)(TAGA)_n$	14-20

续表

基因座	GenBank 序列号	重复单位结构	等位基因
DYS513	11503844（GDB）	(TATC)$_n$	10-15
DYS520	AC007275	(ATAG)$_n$(ATAC)$_n$	21-28
DYS522	AC007247	(GATA)$_n$	8-17
DYS525	AC010104	(TAGA)$_n$	7-13
DYS532	AC016991	(CTTT)$_n$	9-17
DYS533	AC053516	(ATCT)$_n$	10-13
DYS534	AC053516	(CTTT)$_n$	10-20
DYS540	AC010135	(TTAT)$_n$	10-14
DYS542	11503902（GDB）	(ATAG)$_2$ATAA(ATAG)$_n$	14-18
DYS544	11503906（GDB）	(GATA)$_3$GATG(GATA)$_n$	11-14
DYS549	AC010133	(GATA)$_n$	10-14
DYS552	11503922（GDB）	(TCTA)$_3$TCTG(TCTA)$_n$N$_{40}$(TCTA)$_n$	23-29
DYS556	AC011745	(AATA)$_n$	9-13
DYS557	AC007876	(TTTC)$_n$	21-28
DYS561	11503940（GDB）	(GATA)$_n$(GACA)$_4$	13-17
DYS570	AC012068	(TTTC)$_n$	12-23
DYS575	AC007247	(AAAT)$_n$	9-10
DYS576	AC010104	(AAAG)$_n$	13-21
DYS587	11503992（GDB）	(ATACA)$_n$[(GTACA)(ATACA)]$_3$	17-22
DYS593	11503746（GDB）	(AAAAC)$_2$AAAAT(AAAAC)$_4$(AAAAT)$_n$	15-18
DYS594	AC010137	(TAAAA)$_n$	9-14
DYS632	AC006371	(CATT)$_n$	9-10
DYS635（GATA C4）	AC004772	(TCTA)$_4$(TGTA)$_2$(TCTA)$_2$(TGTA)$_2$(TCTA)$_2$(TGTA)$_{0,2}$(TCTA)$_n$	17, 19-26
DYS641	AC018677	(TAAA)$_n$	9-11
DYS643	AC007007	(CTTTT)$_n$	7-15
GATA A10	AC011751	(TCCA)$_2$(TATC)$_n$	11-18
GATA H4	AC011751	(AGAT)$_4$CTAT(AGAT)$_2$(AGGT)$_3$(AGAT)$_n$N$_{24}$(ATAG)$_4$(ATAC)$_1$(ATAG)$_2$	24-30

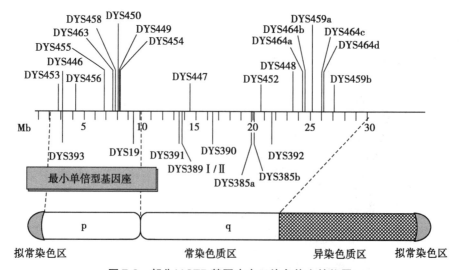

图 7-2　部分 Y-STR 基因座在 Y 染色体上的位置

二、Y-STR 单倍型

Y 特异性区不与 X 染色体同源重组,所有 Y-STR 基因座均连锁遗传,即所有 Y-STR 基因座的基因组合在一起作为一个整体遗传给子代。因此,所有 Y-STR 基因座应视为一个遗传标记,个体 Y-STR 基因座等位基因的组合称为单倍型(haplotype)。

由于构成单倍型的 Y-STR 不能采用概率乘积方法提高分析效能,个体识别能力有限。要发挥 Y-STR 在个体识别中的作用,唯一的办法是联合检测多个 Y-STR 基因座获得更多单倍型。早先,因发现的 Y-STR 基因座数量有限,经过精心挑选,DYS19、DYS385 a/b、DYS389I、DYS389II、DYS390、DYS391、DYS392、DYS393 等 9 个核心基因座被用于构建"最小单倍型"(minimal haplotype)。最小单倍型 Y-STR 基因座的确定和应用为 Y-STR 单倍型数据库的建立奠定了基础。此后,随着发现的 Y-STR 基因座不断增多,美国 DNA 分析方法科学工作组(SWGDAM)建议在最小单倍型基因座基础上再增加两个 Y-STR 基因座 DYS438 和 DYS439,构成"扩展单倍型"(extended haplotype),以增加鉴别能力。近年来,更多的 Y-STR 逐步加入数据库及商品化的 Y-STR 分型试剂盒(表7-2),但最小单倍型和扩展单倍型基因座仍是 Y-STR 分型的核心基因座。

表 7-2 Y-STR 分型系统中的基因座

最小单倍型	扩展单倍型	AmpFlSTR Yfiler 系统	PowerPlex Y23 系统
DYS19	DYS19	DYS19	DYS19
DYS385 a/b	DYS385 a/b	DYS385 a/b	DYS385 a/b
DYS389 I	DYS389 I	DYS389 I	DYS389 I
DYS389 II	DYS389 II	DYS389 II	DYS389 II
DYS390	DYS390	DYS390	DYS390
DYS391	DYS391	DYS391	DYS391
DYS392	DYS392	DYS392	DYS392
DYS393	DYS393	DYS393	DYS393
	DYS438	DYS437	DYS437
	DYS439	DYS438	DYS438
		DYS439	DYS439
		DYS448	DYS448
		DYS456	DYS456
		DYS458	DYS458
		DYS635	DYS635
		Y-GATA H4	Y-GATA-H4
			DYS481
			DYS533
			DYS549
			DYS570
			DYS576
			DYS643

(一)构成法医 Y-STR 单倍型的常用基因座

1. DYS19 基因座   DYS19 是最早发现的 Y-STR 基因座,位于 Y 染色体短臂 3.19Mb 处,可变重复序列为 [TAGA]$_{10\text{-}19}$,已观察到 10 个等位基因,片段长度范围 174～210bp。群体调查 DYS19 基因座 GD 值为 0.56～0.70。引物序列为:5′-CTA CTG AGT TTC TGT TAT AGT-3′ 和 5′-ATG GCA TGT AGT GAG GAC A-3′。应注意的是,有报道该基因座有一个男性个体出现两个或三个等位基因的情况。

2. DYS385 a/b 基因座 DYS385 a/b 基因座位于 Y 染色体 19.26Mb 处,为四核苷酸 STR 序列,重复单位结构为 [AAGG]$_{6-7}$[GAAA]$_n$,引物有 2 个结合部位,故该基因座存在 a 和 b 两个拷贝,产生相应两个片段长度不同的扩增产物,总片段长度范围 352~336bp。采用传统 PCR 分型方法,因无法区分某一等位基因是来自 a 座位还是 b 座位,故统一采用 DYS385 基因座来命名,观察的片段作为基因型处理,中间以连字符连接,如 DYS385 11-14。若采用特殊的分型方法(如巢式 PCR 技术),可以明确区分等位基因的座位来源,则应分别命名,如 DYS385a 11 和 DYS385b 14(图 7-3)。目前已经检测出 20 个等位基因,基因型数的理论值应是 210 种。引物序列为:5′-AGC ATG GGT GAC AGA GCT A-3′ 和 5′-GGG ATG CTA GGT AAA GCT G-3′。群体调查资料显示,汉族群体 DYS385 基因座的单倍型 GD 值高达 0.95 左右。

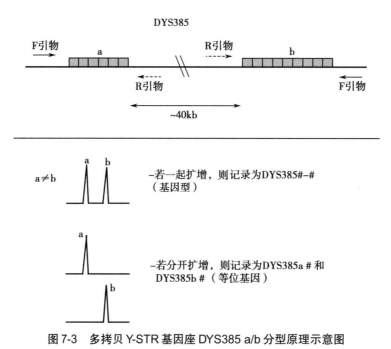

图 7-3 多拷贝 Y-STR 基因座 DYS385 a/b 分型原理示意图

3. DYS389 基因座 DYS389 基因座位于 Y 染色体 13.12Mb 处,具有以 [TCTG] 和 [TCTA] 为重复单位的两个重复序列区段,等位基因序列结构为:5′-[TCTG]$_n$[TCTA]$_m$ N$_{48}$[TCTG]$_p$[TCTA]$_q$-3′,其中 n=2~7,m=9~15,p=3,q=8~13。在 [TCTG]$_n$ 的 5′ 端和 [TCTG]$_p$ 的 5′ 端有一段相同的序列,因此用一对引物可以扩增出两个长度不同的片段,将 DYS389 分成 DYS389 I 和 DYS389 II 两个基因座。DYS389 I 是 DYS389 II 的一部分,它仅包含 [TCTG]$_p$[TCTA]$_q$,片段长度 235~267bp,而 DYS389 II 为全序列,即 [TCTG]$_n$[TCTA]$_m$ N$_{48}$[TCTG]$_p$[TCTA]$_q$,基因片段长度 351~391bp,大致比 DYS389 I 长约 100bp 以上(图 7-4)。引物序列为:5′-CCA ACT CTC ACT TGT ATT ATC TAT-3′ 和 5′-TCT TAT CTCCAC CCA CCA GA-3′。DYS389 I 基因座观察到 9 个等位基因,GD 值 0.61。DYS389 II 已经观察到 11 个等位基因,GD 值 0.75。由于 DYS389 基因座结构的特殊性,在向下遗传过程中,DYS389 I 突变也会引起 DYS389 II 重复单位次数不一致。

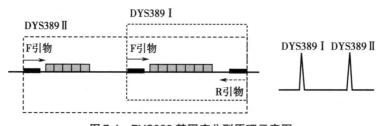

图 7-4 DYS389 基因座分型原理示意图

4. DYS390 基因座　DYS390 基因座位于 Y 染色体 15.78Mb 处,可变重复单位为 TCTG/TCTA,已经观察到 12 个等位基因,重复数 17～28,基因长度范围 187～231bp。引物序列为:5′-TAT ATT TTA CAC ATT TTT GGG CC-3′ 和 5′-TGA CAG TAA AAT GAA CAC ATT GC-3′。汉族群体 GD 值 0.61～0.71。

5. DYS391 基因座　DYS391 基因座位于 Y 染色体 12.61Mb 处,为四核苷酸重复 STR 序列,可变重复单位为 TCTA,X、Y 染色体上均有此基因座的多态性。已检出 9 个等位基因,片段长度范围 267～299bp。引物序列为:5′-CTA TTC ATT CAA TCATAC ACC CA-3′ 和 5′-GAT TCT TTG TGG TGG GTC TG-3′。汉族群体 GD 值 0.36～0.44。

6. DYS392 基因座　DYS392 基因座位于 Y 染色体 21.04Mb 处,为三核苷酸 STR 基因座,重复序列为 TAT,已经发现 13 个等位基因,片段长度范围 233～269bp。引物序列为:5′-TCA TTA ATC TAG CTT TTA AAA ACA A-3′ 和 5′-AGA CCC AGT TGA TGC AAT GT-3′。汉族群体 GD 值 0.50～0.65。

7. DYS393 基因座　DYS393 基因座位于 Y 染色体 3.19Mb 处,为四核苷酸重复 STR 序列,重复单位为 AGAT,已经检测出 10 个等位基因,基因长度 104～140bp。DYS393 序列在 X 染色体上也存在,而且扩增片段长度范围也相同。引物序列为:5′-GTG GTC TTC TAC TTG TGT CAA TAC-3′ 和 5′-AAC TCA AGT CCA AAA AAT GAG G-3′。汉族群体 GD 值 0.36～0.43。

8. DYS438 基因座　DYS438 基因座位于 Y 染色体 13.38Mb 处,为五核苷酸重复 STR 序列,可变重复单位为 TTTTC,已检测出 9 个等位基因,片段长度范围 201～241bp。引物序列为:5′-TGG GGA ATA GTT GAA CGG TAA-3′ 和 5′-GTG GCA GAC GCC TAT AAT CC-3′。汉族群体 GD 值 0.39～0.49。

9. DYS439 基因座　DYS439 基因座位于 Y 染色体 13.03Mb 处,为四核苷酸重复 STR 序列,重复单位为 GATA,已检测出 8 个等位基因,片段长度范围 232～260bp。引物序列为:5′-TCC TGA ATG GTA CTT CCT AGG TTT-3′ 和 5′-GCC TGG CTT GGA ATT CTT TT-3′。汉族群体 GD 值 0.67～0.71。

(二)Y-STR 分型需注意的事项

目前,Y-STR 分型在法医学实践中的应用日益广泛,图 7-5 显示了一个样本的 Y-STR 分型图谱,也即一种单倍型。由于男性个体只拥有一条 Y 染色体,单拷贝 Y-STR 基因座分型时只有一个产物峰,

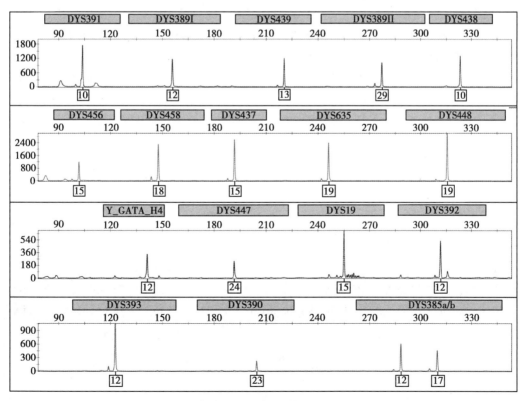

图 7-5　Y-STR 分型图谱

但多拷贝基因座可显示一个或多个产物峰。需要强调的是，在对 Y-STR 基因座分型时也存在以下问题应予以重视：

1. 因 X 和 Y 染色体部分序列具有高度相似性，有些 Y-STR 基因座（如 DYS391 和 DYS393）分型时，在 X 染色体上也能检出扩增产物，因此男性个体可见额外的产物峰，女性样本也能获得分型结果。

2. 由于 Y 染色体基因组的不稳定性，部分 Y-STR 基因座在向下遗传过程中可能出现 2 个或 3 个拷贝，如 DYS19、DYS390、DYS391 等。这种单一基因座多拷贝的出现导致扩增产物在图谱中表现出多个等位基因峰，易被误认为是不同男性的混合样本。对于这一类等位基因应使用多拷贝 Y-STR 基因座命名原则进行命名。

3. Y 染色体的微缺失也在个体中被观察到，如含有 AMEL-Y 的 DNA 片段缺失，可同时伴有相邻的 DYS458 或（和）DYS456 基因座的缺失。又如 DYS448 基因座侧翼区缺失能导致其扩增产物大小移位至另一个基因座检测区，使其出现两个等位基因峰。

4. 发生在扩增引物结合区的点突变，可能引起 Y-STR 基因座扩增失败而导致等位基因缺失，如 DYS391 重复区域下游第 87 个 C→G（D87C→G），DYS392 重复区域上游第 180 个 C→G（U180C→G）。因此，需调整扩增引物才能对等位基因进行分型。

三、Y-STR 分型的法医学意义

由于 Y 染色体独特的遗传方式，Y-STR 分型在法医学中具有特殊的意义。

Y 染色体为男性所特有，故 Y-STR 分型在法医物证鉴定中的特殊意义在于混合斑迹鉴定；在男性与女性体液形成的混合斑检验中，检测 Y-STR 分型可不受女性样品的影响。对单拷贝 Y-STR 基因座，每个男性个体仅有 1 个等位基因，故 Y-STR 分型可用于多个体男性混合斑迹的最少男性个体推断。对于多拷贝 Y-STR 基因座，每个男性可有 1 到多个等位基因，分型结果中单峰和多峰间可呈明显的剂量效应关系。

Y-STR 呈父系遗传特征，只能由父亲传递给儿子，同一父系的所有男性个体均应具有相同的 Y-STR 单倍型（除突变外），故 Y-STR 分型在父系亲缘关系鉴定和家系溯源中有一定实用价值。父系亲属也往往倾向于生活在其祖先所在的地理和文化区域，由此形成 Y-STR 单倍型分布的群体差异，故可根据特定的 Y-STR 单倍型推断种族或群体来源。

和 mtDNA 一样，Y-STR 分型结果不具有唯一性，同一父系家族中的男性均具有相同的 Y-STR 单倍型，故其法医学应用价值在于排除，而不能认定。需要注意的是，在父系亲缘关系认定中存在 1～2 个 Y-STR 基因座分型结果不一致时，需要考虑 Y-STR 基因座向下遗传过程中发生突变的可能性。一些快速突变的 Y-STR 基因座，如 DYS570 和 DYS576 等，在区分同一父系的男性个体中具有一定的应用价值。

四、Y-STR 法医学应用参数

由于 Y 染色体的单倍型遗传方式，Y-STR 法医学应用参数的评估方式与常染色体 STR 有所不同。

（一）Y-STR 分型系统效能

不同 Y-STR 分型系统使用的 Y-STR 基因座有所差异，它们的鉴别能力大小不一。Y-STR 分型系统效能可以通过检验单倍型差异度、单倍型匹配概率和分辨能力等进行评估。评估一个 Y-STR 分型系统鉴别能力的指标是单倍型差异度（haplotype diversity，HD）或遗传差异度（genetic diversity，GD），其计算公式为：

$$HD = \frac{N \times \left(1 - \sum_{i=1}^{k} p_i^2\right)}{N-1}$$

其中 p_i 为第 i 个单倍型的频率，k 为单倍型数量，N 为总样本量。

群体中随机抽取两个个体，两者拥有相同的 Y-STR 单倍型的概率，称为单倍型匹配概率（haplotype match probability，HMP），单倍型匹配概率为每个单倍型频率的平方之和，其计算公式为：

$$HMP = \sum_{i=1}^{k} p_i^2$$

其中 p_i 为第 i 个单倍型的频率，k 为单倍型数量。从公式中可以看出，群体中的单倍型种类越多，单倍型匹配概率就越小，单倍型差异度就越大。

Y-STR 分型系统的分辨能力（discrimination capacity，DC）使用单倍型数量与总样本量的比值进行评估，其计算公式为：

$$DC = \frac{k}{\sum_{i=1}^{k}(p_i \times N)}$$

其中 p_i 为第 i 个单倍型的频率，k 为单倍型数量，N 为总样本量。

由于 Y-STR 以单倍型形式向下遗传，Y-STR 分型系统加入一个新的 Y-STR 基因座时应重新评估系统效能。表 7-3 是一个含有 23 个 Y-STR 基因座的分型系统在不同群体中的分型结果和鉴定能力评估结果。可以看出，Y-STR 单倍型频率分布和鉴定能力会因群体不同而有所差异。理论上，分型系统中联合使用的 Y-STR 基因座越多，群体中出现的单倍型种类就越多，分型系统的鉴定能力就大。

表 7-3　23 个 Y-STR 基因座鉴定能力评估

	亚洲 3458 个样品	欧洲 11 968 个样品	北美洲 2576 个样品
n=1	3293	11 185	2378
n=2	65	314	67
n=3	9	32	12
n=4	2	7	3
n=5		3	2
n=6		1	1
—		—	
—		—	
n=10		1	
HD	0.999 983	0.999 992	0.999 953
HMP	3.07×10^{-4}	9.11×10^{-5}	4.35×10^{-4}
DC	0.9743	0.9645	0.9561

n 表示同一单倍型的数量

（二）Y-STR 单倍型频率

在一个群体中，不同 Y-STR 单倍型观察到的次数可能不同。对一个特定的 Y-STR 单倍型，可以采用计数法（counting method）评估其频率，即通过使用特定 Y-STR 单倍型进行 Y-STR 数据库检索，计算该单倍型的频率（p），计算公式为：

$$p = \frac{x}{N}$$

其中 x 为该单倍型在数据库中观察到的次数，N 为数据库样本含量。在实际群体数据调查中，群体样本并不能完全涵盖所有男性个体，导致获得的单倍型频率难免存在偏差。因此，对 Y-STR 单倍型频率评估常结合 95% 置信区间值。95% 置信区间值一般采用 Clopper-Pearson 法计算。

置信区间值下限值计算为：

$$\sum_{k=x}^{N}\binom{N}{k}p_L^k(1-p_L)^{n-k}=\frac{\alpha}{2}$$

置信区间值上限值计算为：

$$\sum_{k=0}^{x}\binom{N}{k}p_U^k(1-p_U)^{n-k}=\frac{\alpha}{2}$$

其中，α 为给出的置信度水平，$\alpha=0.05$ 表明 95% 的置信度；N 代表数据库大小，x 代表观察到的单倍型个数，p_L 和 p_U 分别代表置信区间的下限值和上限值。当一个特定的 Y-STR 单倍型在群体数据库中没有观察到时，置信区间值上限值可以简化为：

$$p_U=1-\alpha^{\frac{1}{N}}$$

采用 95% 置信区间值评估 Y-STR 单倍型频率更具有保守性。表 7-4 列举了一个体使用三种 Y-STR 分型系统检测的单倍型在 YHRD 数据库中的检索结果及对单倍型频率评估的结果。

表 7-4　Y-STR 单倍型检索结果及频率评估

数据库	分型系统	检索结果	频率计算	95% 置信区间值
YHRD	PowerPlex Y23	2/25 499	7.84×10^{-5}	$9.5\times10^{-6}\sim2.83\times10^{-4}$
	Y filer	2/91 231	2.19×10^{-5}	$2.65\times10^{-6}\sim7.92\times10^{-5}$
	最小单倍型	56/143 044	3.91×10^{-4}	$2.96\times10^{-4}\sim5.08\times10^{-6}$

对于一些稀有的 Y-STR 单倍型或复杂的群体结构，也可采用测算法（surveying method）、κ 修正法（κ correction）或离散拉普拉斯法（discrete Laplace）等对 Y-STR 单倍型频率进行评估。

知识链接 7-1 ▶

Y-STR 单倍型数据库

由于 Y 染色体特有的父系遗传特点，Y-STR 分型越来越多地应用于法医学实践中。目前，以 Y-STR 单倍型为基础的多区域的参考数据库已建立并提供在线查询功能，如 YHRD 数据库（Y Chromosome Haplotype Reference Database）、美国 Y-STR 数据库（US Y-STR）、YFiler 单倍型数据库等。

德国柏林 Humboldt 大学的 Lutz Roewer 教授及同事建立的 YHRD 数据库是目前最大的、使用最为广泛的法医 Y-STR 单倍型参考数据库。YHRD 数据库自 2000 年开始提供在线检索以来，迄今已经更新了 49 次，含有 100 多个国家的 30 多万个 Y-STR 单倍型数据。YHRD 数据库能够提供最小单倍型、PowerPlex Y、Yfiler、PowerPlex Y23 和 Yfiler Plus 系统为基础的 Y-STR 单倍型检索，同时也提供以国家和亚群为基础的分类检索结果。YHRD 数据库检索结果包括检索数据库大小、该单倍型观察到的次数、计数法评估的单倍型频率和 95% 置信区间参考值。同时，YHRD 数据库也提供以测算法（surveying method）、κ 修正法（κ correction）和（或）离散拉普拉斯法（discrete Laplace）等为评估基础的期望单倍型频率和 95% 置信区间参考值。

美国 Y-STR 数据库建立于 2007 年，目前已含有 3.5 万多个 Y-STR 单倍型数据，主要分成 5 个群体。美国 Y-STR 数据库可以提供以 11~29 个 Y-STR 基因座为基础的单倍型检索，检索结果包括检索数据库大小、该单倍型观察到的次数、计数法评估的单倍型频率和 95% 置信区间上限值，同时也提供以亚群体结构为修正基础的匹配概率。

随着 Y-STR 分型广泛地应用于法医学实践，Y-STR 单倍型数据库将发挥越来越重要的意义。

第二节　X 染色体 STR

人类 X 染色体是一个中等大小的亚中着丝粒染色体，长约 153Mb，其中编码基因大约为 1100 个。男性性染色体组成为 XY，其中 X 染色体来自母亲；除 PAR 区外，X 染色体与 Y 染色体缺乏同源重组，以单倍型形式传递给子代中的女儿。女性性染色体为 XX，其中一条来自母亲，另一条来自父亲；与常染色体一样，两条 X 染色体在减数分裂时可以发生同源重组，随机地遗传给子代。这种特殊的遗传方式使得 X 染色体 STR 基因座（X-chromosome STR，X-STR）具有伴性遗传的特征，既不同于常染色体 STR，也不同于 Y 染色体 STR，表现为特有的性连锁特征，在一些特殊案件和复杂亲缘关系鉴定中具有重要意义。

一、X-STR 概述

X 染色体上 X-STR 基因座的密度与常染色体相当，X-STR 基因座的突变率也与常染色体 STR 相近。自 HPRTB 和 ARA 两个 X-STR 基因座用于法医学检验以来，目前已有 50 余个 X-STR 基因座应用于法医学实践，有关 X-STR 基因座的相关信息可以参考 Chx-STR 网站（http://www.chrx-str.org）。部分 X-STR 基因座信息见表 7-5，部分 X-STR 基因座的定位见图 7-6。

X-STR 基因座均位于同一染色体上，当两个 X-STR 基因座的物理或遗传距离很近时，必须考虑两个基因座连锁遗传（genetic linkage）的可能性。紧密连锁在一起的遗传标记簇，称为连锁群（linkage group）。目前，通常将常用 X-STR 基因座分成 4 个连锁群（表 7-5）。但是在女性细胞减数分裂时，连锁群内的 X-STR 基因座等位基因也可能发生交换和重组，连锁群内 X-STR 基因座间的重组率（recombination fraction）高低可以判断遗传标记间的连锁紧密程度。

表 7-5　部分 X-STR 基因座基本信息

基因座	染色体定位	重复单位	等位基因	连锁群
DXS6807	p22.33	GATA	11-17	
DXS9895	p22.32	AGAT	11-18	
DXS10148	p22.31	AAGA	13.3-38.1	连锁群 1
DXS10135	p22.31	GAAA	13-39.2	连锁群 1
DXS8378	p22.31	CTAT	7-17	连锁群 1
DXS9902	p22.2	GATA	7-16	
DXS6795	p22.11	ATT/ATC	9-16	
DXS9907	p21.1	CTAT	8-15	
GATA144D04	P11.23	CTAT	9-16	
DXS7132	中心体	TCTA	6-20	连锁群 2
DXS10079	q12	AGAR	14-25	连锁群 2
HumARA	q12	CAG	14-31	连锁群 2
DXS10074	q12	AAGA	4-21	连锁群 2
DXS981（STRX1）	q13.1	TATC	9.3-17	
DXS6800	q13.3	TAGA	15-23	
DXS6803	q21.2	TCTA	8-15	
DXS9898	q21.31	TATC	7-16	
DXS6809	q21.33	ATCT	27-40	
DXS6789	q21.33	TATS	10-26	
DXS7424	q22.1	TAA	7-20	

续表

基因座	染色体定位	重复单位	等位基因	连锁群
DXS101	q22.1	CTT/ATT	14-32	
DXS7133	q22.3	ATAG	6-14	
GATA172D05	q23	TAGA	5-17	
DXS7130	q24	TATC	10-18.3	
GATA165B12	q25	AGAT	8-13	
DXS10103	q26.2	YAGA	15-21	连锁群3
HPRTB	q26.2	AGAT	6-19	连锁群3
DXS10101	q26.2	AAAG	24-38	连锁群3
GATA31E08	q27.1	AGGG/AGAT	7-16	
DXS8377	q28	AGA	33-60	连锁群4
DXS10146	q28	TTCC/CTTT	24-46.2	连锁群4
DXS10134	q28	GAAA	28-46.1	连锁群4
DXS10147	q28	AAAC	6-11	连锁群4
DXS7423	q28	TCCA	8-19	连锁群4
DXS10011	q28	GRAA	18-50	

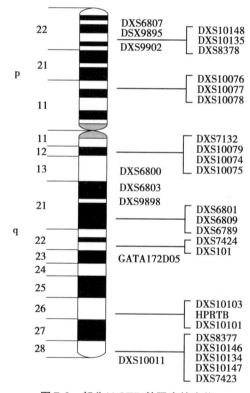

图7-6 部分X-STR基因座的定位

二、X-STR分型

单个X-STR基因座不能满足法医物证鉴定的要求,进行X-STR分型时通常联合使用多个X-STR基因座,目前已建立了数个复合分型系统,如Argus X-12、X-Decaplex等复合扩增系统。由于X-STR基因座数量众多,不同的复合分型体系使用的X-STR基因座不尽相同。与常染色体STR和Y-STR分型不同,X-STR分型目前尚没有明确的核心基因座。

（一）常用 X-STR 基因座

1. HumHPRTB 基因座　HumHPRTB 基因座位于人类次黄嘌呤磷酸核糖转移酶（human hypoxanthine phosphoribosyltransferase）基因的第三内含子，染色体定位 Xq26.2，重复单位为 [AGAT]。引物序列为：5′-TCT CTA TTT CCA TCT CTG TCT CC-3′ 和 5′-TCA CCC CTG TCT ATG GTC TCG-3′，汉族人群中已检出 6 个等位基因，片段长度范围 152～172bp。

2. DXS10101 基因座　DXS10101 基因座是定位于 Xq26.3，核心重复区序列为 [AAAG]$_3$ N$_8$[GAAA]$_3$ A[GAAA]$_4$ AAGA[AAAG]$_5$ N$_8$[AAAG]$_X$，在等位基因中存在一个 [AA] 的 Indel。引物序列为 5′-TAC ATG TGG GAG TTC ATG ATA CTA TAT TT-3′ 和 5′-CAC AGC AAA TGT CAC CTT CTT ATT TA-3′，汉族人群中已检出 18 个等位基因，片段长度范围 254～286bp。

3. DXS10103 基因座　DXS10103 基因座是定位于 Xq26.3，核心重复区序列为 [TAGA]$_2$ CTGA[CAGA] [TAGA]$_X$ [CAGA]$_4$ [TAGA]。引物序列为 5′-CCT TCA TAA TCA CAT ATC ACA TGA GC-3′ 和 5′-AAA CAG AAC CAG GGG AAT GAA-3′，汉族人群中已检出 7 个等位基因，片段长度范围 164～188bp。

4. DXS10148 基因座　DXS10148 基因座定位于 Xp22.3，核心重复区序列为 [GGAA]$_4$ [AAGA]$_X$ A*[AAAG]$_Y$ N$_8$[AAGG]$_2$（* 表示 Indel）。引物序列为 5′-AAA AAA GGG GGA AGG AAG G-3′ 和 5′-GGC TAT TTC TCC TGC ATA AG-3′，汉族人群中已检出 19 个等位基因，片段长度范围 209～266bp。

5. DXS10135 基因座　DXS10135 基因座是定位于 Xq22.3，核心重复区序列为 [AAGA]$_3$ GAAAG [GAAA]$_X$，一些等位基因的核心重复区存在变异。引物序列为 5′-ACT AAA GTC AAA TGG GGC TAC-3′ 和 5′-CAT TTG CAG TTA TGT GAA CC-3′，在汉族人群中已检出 24 个等位基因，片段长度范围 159～251bp。

6. DXS8378 基因座　DXS8378 基因座是定位于 Xq22.3，重复单位为 [CTAT]。引物序列为 5′-TTA GGC AAC CCG GTG GTC C-3′ 和 5′-ACA AGA GCG AAA CTC CAA CTC-3′，汉族人群中已检出 6 个等位基因，片段长度范围 114～146bp。

7. DXS7132 基因座　DXS7132 基因座是四核苷酸重复 STR 序列，定位于 Xcen，重复单位为 [TCTA]。引物序列为 5′-GAG CCC ATT TTA ATA AAT CC-3′ 和 5′-GCC AAA CTC TAT TAG TCA AC-3′，汉族人群中已检出 7 个等位基因，片段长度范围 131～155bp。

8. DXS10079 基因座　DXS10079 基因座是四核苷酸重复 STR 序列，定位于 Xq12，核心重复区序列为（AGAA）$_X$ AGAG（AGAA）$_3$。引物序列为 5′-AGG AGA ATG GCT TGA ACC TG-3′ 和 5′-TGG GTA TCC TTG TGT TCC AA-3′，汉族人群中已检出 11 个等位基因，片段长度范围 275～315bp。

9. DXS10074 基因座　DXS10074 基因座是四核苷酸重复 STR 序列，定位于 Xq12，主要核心重复区序列为 [AAGA]$_X$ AAGG[AAGA]$_2$。引物序列为 5′-TAG GCG CTT CCT AGA CCT CA-3′ 和 5′-CCT TCC TTC CCA TGT TCT CA-3′，汉族人群中已检出 13 个等位基因，片段长度范围 195～227bp。

10. DXS7423 基因座　DXS7423 基因座是四核苷酸重复 STR 序列，定位于 Xq28，核心重复区序列为 [TCCA]$_3$ N$_8$[TCCA]$_X$。引物序列为：5′-GTC TTC CTG TCA TCT CCC AAC-3′ 和 5′-AGC TTA GCG CCT GGC ACA TA-3′，汉族人群中已检出 6 个等位基因，片段长度范围 175～195bp。

11. DXS10134 基因座　DXS10134 基因座是定位于 Xq28，核心重复区序列为 [(GAAA)$_4$ AAA]$_{1-2}$ [GAAA]$_X$。引物序列为：5′-CCT GGG TGA CAT AGA GAG AC-3′ 和 5′-TGG TTG AGC CCC TGC TTT C-3′，汉族人群中已检出 20 个等位基因，片段长度范围 232～283bp。

12. DXS10146 基因座　DXS10146 基因座是定位于 Xq28，重复单位为 TTCC/CTTT。引物序列为 5′-CTG CCT TGC CCT TCC TAC C-3′ 和 5′-GAA AAA GAA AGA AAG ACA GAG-3′，汉族人群中已检出 19 个等位基因，片段长度范围 170～260bp。

（二）X-STR 分型需注意的事项

在对 X-STR 基因座分型检测时，男性样本显现一个等位基因峰，女性杂合子样本则显示两个等位基因峰（图 7-7）。在 X-STR 分型过程中，除核苷酸突变或 InDel 等导致分型异常外，以下问题也应予以注意：

1. X 染色体与 Y 染色体上的部分区域具有很高的同源性，所以检测这些区域上的 X-STR 基因座时，在男性样本中可能出现 2 个等位基因，如定位于 X 染色体 Xq21 和 Y 染色体 Yp11.3 的 DXYS156 基因座。

2. 有些 X 染色体数目异常的个体，如 47，XXX 的女性、47，XXY 的男性和 45，X/46，XX Turner 综合征女性嵌合体等，进行 X-STR 分型时可能发现有等位基因个数异常的现象。

3. 与常染色体 TPOX、TH01 等基因座定位于基因非编码区不同，HumARA 定位于雄激素受体基因编码区，为三核苷酸重复序列。HumARA 重复次数与脊髓和延髓肌营养不良症及其他健康风险密切相关，目前已不再用于法医学检验。

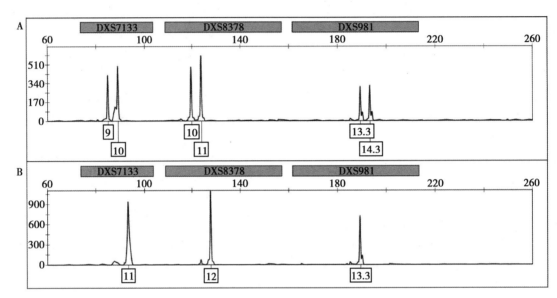

图 7-7　X-STR 分型图谱
女性（A）和男性（B）样品

三、X-STR 分型的法医学意义

母亲可将两条 X 染色体的等位基因随机遗传给子女，与常染色类似。父亲 X 染色体则以单倍型形式遗传给女儿，故同父姐妹之间拥有相同的父源 X 染色体。女儿的 X 染色体一条来自母亲，另一条来自父亲，而儿子的 X 染色体只能来自他的母亲，故祖母和孙女在每个 X-STR 基因座上均拥有一个相同的等位基因。由于 X 染色体的特殊遗传规律，X-STR 分型在一些特殊案件和复杂亲缘关系鉴定中更有优势。

在个体识别中，无论男性还是女性生物检材，都可以进行 X-STR 分型，提高 DNA 分型的信息量。在一些混合斑鉴定中，由于男性随机地遗传一半母亲 X-STR 等位基因，X-STR 分型在排除同一父系男性个体可以取得较好的效果。对于一些男女混合检材，如男性指甲中的女性皮肤碎片等，由于男性 X-STR 只有一个等位基因，不能完全覆盖女性的 X-STR 等位基因峰，进行 X-STR 分型比常染色体 STR 分型能取得更好的效果。

X-STR 分型能够应用于有女性参与的亲权鉴定。在父 - 女关系的亲权鉴定中，尤其是在母亲缺如的单亲案件中，如果争议父亲和女儿的 X-STR 分型结果不一致，在排除突变的情况下，则可否定他们的父女关系。在同父姐妹关系的亲权鉴定中，姐妹在每个 X-STR 基因座上均应有一个相同的等位基因，若姐妹的 X-STR 分型结果不符合该规律，在排除突变的情况下，可以否定两人为同父所生。在一些涉及乱伦的亲子鉴定中，如两个争议父亲为父子关系时，由于父子的 X-STR 之间没有关联，两个争议父亲可以视为两个无关个体，可直接进行分析；而在争议父亲疑为生母父亲的乱伦案件中，可以根据孩子（女）与生母父亲间是否有相同的 X-STR 等位基因进行排除与否的分析。

在隔代的祖孙关系鉴定中，如果争议祖母和孙女在多个独立的 X-STR 基因座上均不含有相同的等位基因，在排除突变的情况下，则可以否定她们的祖孙关系。在其他一些缺如的亲权鉴定（deficiency paternity testing）中，如姑-侄女、姨-外甥等关系鉴定，也可以采用 X-STR 分型进行分析。

X-STR 由于其独特的遗传方式，使其具有一些常染色体 STR 无与比拟的优点。但 X-STR 分型在法医物证鉴定中只能起到排除作用，要作出肯定的结论，须与常染色体遗传标记等相结合。

四、X-STR 法医学应用参数

X 染色体特殊的遗传方式，决定了 X-STR 基因座与常染色体和 Y 染色体 STR 基因座的法医学应用参数统计方式不尽相同。在统计 X-STR 的法医学应用参数时，需要结合男性和（或）女性样品进行计算，或者利用平均值进行评估。

当 X-STR 基因座等位基因频率在男性和女性中一致且女性 X-STR 基因座符合 Hardy-Weinberg 平衡（Hardy-Weinberg equilibrium）时，就认为 X-STR 基因座在群体中达到平衡。因此，在评估 X-STR 基因座等位基因频率时，应首先检验等位基因频率在男性和女性中是否一致，如果不存在明显差异则可以合并男性和女性样本评估 X-STR 基因座等位基因频率。男性 X-STR 基因座仅有一个等位基因，故评估 X-STR 基因座的杂合度时只涉及女性群体。

知识拓展 7-1 ▶

X-STR 的 Hardy-Weinberg 平衡评估

父亲以单倍型形式将 X 染色体遗传给女儿，母亲的 X 染色体以常染色体类似的方式遗传给子女，因此 X 染色体上的遗传标记在评估 Hardy-Weinberg 平衡时与常染色体遗传标记有所不同。对于一个携带等位基因 A 和 B 的 X-STR 基因座，假如：

（a）男性 A 和 B 等位基因频率分别为 p_m 和 q_m；

（b）女性 AA、AB 和 BB 基因型频率分别为 p_x、$2p_y$ 和 p_z，即 A 和 B 等位基因频率分别为 p_x+p_y 和 p_y+p_z。

那么经过随机婚配后，在下一代中：

（a）男性 A 和 B 等位基因频率分别为 p_x+p_y 和 p_y+p_z；

（b）女性 AA、AB 和 BB 基因型频率分别为：$p_m(p_x+p_y)$、$p_m(p_y+p_z)+q_m(p_x+p_y)$ 和 $q_m(p_y+p_z)$。

假如：（1）男性和女性的 A 和 B 等位基因频率相同，即 $p_m=p_x+p_y$ 和 $q_m=p_y+p_z$；（2）两代女性的 X-STR 基因座均遵循 Hardy-Weinberg 平衡定律。那么：

（a）上一代中女性 AA、AB 和 BB 基因型频率分别 $p_x=(p_x+p_y)^2=p_m^2$，$2p_y=2(p_x+p_y)(p_y+p_z)=2p_mq_m$，$p_z=(p_y+p_z)^2=q_m^2$

（b）下一代男性 A 和 B 等位基因频率分别为 p_m 和 q_m；

（c）下一代女性 AA、AB 和 BB 基因型频率分别为 p_m^2、$2p_mq_m$ 和 q_m^2，A 等位基因频率为 $p_m^2+p_mq_m=p_m(p_m+q_m)=p_m$，B 等位基因频率为 $q_m^2+p_mq_m=q_m(p_m+q_m)=q_m$。

那么通过随机婚配后，各代中 2 个等位基因频率以及女性基因型频率保持不变。因此，在（1）和（2）同时符合的情况下，就认为 X-STR 遵循 Hardy-Weinberg 平衡定律。假如（1）符合但第一代女性基因型频率不遵循 Hardy-Weinberg 平衡定律时，X-STR 经过一代后可以达到 Hardy-Weinberg 平衡。当（1）不符合而（2）符合时，X-STR 要经过数代才能达到 Hardy-Weinberg 平衡。

由于女性和男性的 X 染色体遗传方式不同，X-STR 基因座的个体识别概率需要根据女性或男性样本分别进行计算。女性 X-STR 基因座的个体识别概率计算方式与常染色体 STR 基因座计算方式相同。计算公式为：

$$PD_f = 1 - 2 \times \left(\sum_i p_i^2\right)^2 + \sum_i p_i^4$$

公式中 p_i 代表第 i 个等位基因的频率。

男性 X-STR 基因座的个体识别概率计算方式与常染色体 STR 计算方式不同。计算公式为：

$$PD_m = 1 - \sum_i p_i^2$$

公式中 p_i 代表第 i 个等位基因的频率。由于男性只拥有一个 X-STR 等位基因，同一 X-STR 基因座在男性中的个体识别概率要比女性的低。

X-STR 基因座的非父排除概率采用平均排除概率（mean exclusion chance，MEC）计算。在三联体和二联体亲权鉴定中，平均排除概率的计算方式有所不同。在三联体亲权鉴定中，被鉴定人为已知母亲、女儿与争议父亲三者，X-STR 基因座平均排除概率的计算公式为：

$$MEC_{trio} = 1 - \sum_i p_i^2 + \sum_i p_i^4 - \left(\sum_{i<j} p_i^2\right)^2$$

公式中 p_i 代表第 i 个等位基因的频率。

在女儿-争议父亲或儿子-争议母亲的二联体亲权鉴定中，X-STR 基因座平均排除概率的计算公式为：

$$MEC_{duo} = 1 - 2 \times \sum_i p_i^2 + \sum_i p_i^3$$

公式中 p_i 代表第 i 个等位基因的频率。

在女儿-争议母亲的二联体亲权鉴定中，非父排除概率的计算方式与常染色体 STR 计算方式相同。在被鉴定人为已知母亲、儿子与争议父亲的三联体及儿子-争议父亲的二联体鉴定中，由于父亲 X 染色体不遗传给儿子，X-STR 分型不具有鉴定效应。

在统计多个 X-STR 基因座的累计概率时需要考虑遗传标记是否为连锁遗传或连锁不平衡。对于连锁遗传的 X-STR 基因座群，应视为一个遗传标记，以单倍型形式进行分析。需要注意的是，以单倍型分析连锁群时需要考虑连锁群内 X-STR 基因座的重组现象。对于两个独立遗传的连锁群，可以采用乘法原则进行分析。

本章小结

Y-STR 基因座拥有比较复杂的串联重复结构，经过挑选，目前已建立个多个 Y-STR 分型体系。Y-STR 基因座等位基因组合构成了 Y-STR 单倍型，"最小单倍型"和"扩展单倍型"是最重要的基础。由于缺乏同源重组，Y-STR 完整地从父亲向下传给儿子，在一个父系家族中的男性个体均拥有完全相同的 Y-STR 单倍型（除突变外）。Y-STR 独特的遗传方式，使得 Y-STR 分型在法医学中具有特殊的意义并被广泛用于与男性相关的鉴定。也因为如此，Y-STR 法医学应用参数的评估方式有别于常染色体 STR。X-STR 与常染色体 STR 类似，但 X-STR 基因座均位于同一染色体上，距离很近的 X-STR 基因座能够形成连锁群。虽然目前已经建立了多个 X-STR 分型体系，但 X-STR 核心基因座仍缺少一致性认同。X 染色体在男性和女性数量不同，且它的遗传方式分别与 Y 染色体和常染色体类似，这种独特的遗传方式使得 X-STR 分型在一些特殊案件中比常染色体 STR 更有优势，也使得 X-STR 基因座法医学应用参数评估方式与常染色体和 Y 染色体 STR 不尽相同。由于性染色体特有的遗传方式，性染色 STR 分型更重要的意义在于否定；要做出肯定的结论，性染色 STR 分型需要与其他遗传标记相结合。

关键术语

Y-STR（Y-chromosome STR）

单倍型（haplotype）

最小单倍型（minimal haplotype）
扩展单倍型（extended haplotype）
X-STR（X-chromosome STR）
连锁遗传（genetic linkage）
Hardy-Weinberg 平衡（Hardy-Weinberg equilibrium）

（谢建辉）

思考题

1. 试述 Y-STR 分型的法医学应用意义。
2. 如何评估 Y-STR 分型系统的鉴定能力？
3. 试述 X-STR 分型在法医物证鉴定中的应用。
4. Y-STR 和 X-STR 分型时应注意哪些问题？
5. 比较常染色体 STR 和 X-STR 群体遗传学分析异同。

第八章　法医DNA测序

学习目标

通过本章学习,应该**掌握**DNA测序原理及其在法医学的应用。**熟悉**新一代测序与第一代测序的不同点。**了解**新一代测序较基于PCR和毛细管电泳检测法医遗传标记的优点。

基因组DNA碱基序列差异是不同个体间最本质的遗传差异,在特定的基因座上不同个体的等位基因之间由碱基序列差异构成的DNA多态性称为序列多态性(sequence polymorphism)。同一个体的不同组织细胞中的基因组DNA序列是一致的,这是根据DNA序列认定同一性的前提条件。序列多态性分析技术在法医生物学检材的个体识别鉴定具有重要的应用价值,通过比较不同法医物证检材的DNA序列,可以获得是否来自同一个体的信息。

DNA序列多态性分析技术,各具特色。常用的有DNA序列测定技术、反向斑点杂交技术、PCR-RFLP技术、序列特异性PCR技术等。此外,还有SSCP分析技术,MVR-PCR技术等。近10年来,高新技术如DNA芯片,DHPLC和MALDI-TOF-MS分析技术,焦磷酸测序技术,微测序技术等的应用研究发展很快,在DNA序列多态性检测上正在发挥越来越重要的作用。本章重点介绍DNA序列测定技术。

第一节　第一代DNA测序技术

DNA测序(DNA sequencing)是对DNA分子一级结构的分析,经典的序列测定技术有Sanger双脱氧核苷酸链终止法(Double nucleotide chain termination method)和Maxam化学降解法,前者是利用DNA聚合酶作用,以靶DNA单链为模板合成一系列长短不同的DNA片段;后者则是采用特殊的化学试剂将靶DNA链降解产生一系列长短不同的片段,然后对片段的末端碱基分析获取DNA序列的信息。近年来,DNA序列测定技术发展迅速,尤其是双脱氧核苷酸链终止法得到了逐步完善。应用PCR扩增原理的DNA循环测序技术建立后,DNA序列测定已经实现高效率与自动化。

一、双脱氧核苷酸链终止法

(一)基本原理

DNA的复制有4个基本条件:DNA聚合酶、单链DNA模板、寡核苷酸引物、dNTP(dATP, dCTP, dGTP, dTTP)。在复制反应体系中,引物与模板退火形成双链区后,DNA聚合酶立刻结合到DNA双链区并启动DNA的合成。在引物的引导下,聚合酶在模板链上沿$3'\rightarrow5'$的方向移动,dNTP按照碱基配对原则,逐个连接在引物的3'-OH末端,引物以$5'\rightarrow3'$方向延伸并聚合成一条与模板链互补的DNA新生链。

如果在DNA合成反应体系中加入双脱氧核苷三磷酸(2',3'-ddNTP),DNA的合成过程则有变化。

2′,3′-ddNTP 与 dNTP 的区别在于脱氧核糖的 C_3 位置缺少 -OH，ddNTP 可以在聚合酶作用下，与正在延伸的引物链 3′-OH 末端反应，形成 3′,5′-磷酸二酯键而掺入到 DNA 链中，但由于没有 3′-OH，不能同后续的 dNTP 形成磷酸二酯键，使正在延伸的引物链在此终止。在 DNA 测序系统中，除了加入正常反应所必需的 4 种 dNTP 外，还加入一定比例的 ddNTP，DNA 链合成反应过程中 ddNTP 与 dNTP 处于一种竞争状态，即新合成 DNA 链既可能掺入正常 dNTP，也可能掺入 ddNTP 并使新合成链终止延伸。结果 DNA 合成反应的产物是一系列长度不等的多核苷酸片段，这些片段具有相同的起点，即引物的 5′ 端，但有不同 ddNTP 终端。一般在一个模板 DNA 的测序反应中，设置一套四组反应体系：A、T、G 和 C。每组反应对应一种碱基，各组体系中除加入 dNTP 外，还分别加入相应的 ddATP、ddTTP、ddGTP 或 ddCTP，4 个体系的新生链都可随机地被相应 ddNTP 终止，则可形成各种长度的 DNA 新生链。然后通过变性聚丙烯酰胺凝胶电泳 4 个泳道，分别分离各组反应体系中不同长度的 DNA 片段，检测 DNA 片段终止末端位置的碱基种类，可以直接读出靶 DNA 片段的序列（图 8-1）。

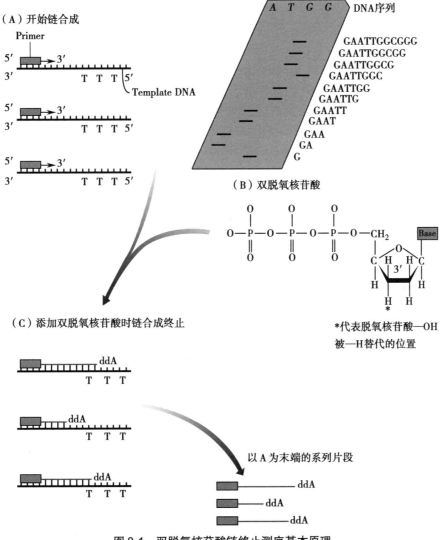

图 8-1　双脱氧核苷酸链终止测序基本原理

（二）双脱氧核苷酸链终止法测序基本技术

　　双脱氧链终止测序方法有三个步骤：准备 DNA 测序模板；进行链合成反应，即测序反应；通过聚丙烯酰胺凝胶电泳分离片段，显带并读出序列。

1. 模板与引物　单链DNA和碱变性的双链DNA都可以作为测序模板。常用技术是将靶DNA片段插入噬菌体M13或者质粒载体构建重组DNA，再经过克隆增殖与纯化，获得含靶DNA片段的重组体。然后以靶DNA片段两侧翼的载体已知序列作为测序反应的引物引导测序反应。由于克隆载体的序列是已知的，所以可引导任何靶DNA片段的测序反应，故被称为"通用引物"。

2. 双脱氧核苷酸链终止法测序反应基本过程

（1）较早的dNTP标记物是^{32}P，如α-^{32}P-dNTP，具有较高的灵敏度。因为放射性污染的缺陷，后来有的实验室改用非同位素标记如生物素，碱性磷酸酶等。

（2）DNA聚合酶常用有大肠杆菌DNA聚合酶Klenow片段，具有完整的$5' \rightarrow 3'$聚合酶活性和$3' \rightarrow 5'$外切酶活性，可以校正引物3'端错配碱基，提高序列测定的准确性。其他聚合酶还有T7聚合酶、测序酶和Taq DNA聚合酶等。

（3）标准的测序反应设置4个反应管，每管包括0.5mmol/L dNTP，10mmol/L ddNTP，反应缓冲液为100mmol/L Tris-HCl，pH 8.0，100mmol/L MgCl₂；测序引物2ng/μl；DNA聚合酶Klenow片段50U/μl；反应过程中的dATP以α-^{32}P-dATP（10mCi/ml）形式加入。反应体系先在55℃水浴中保温30分钟，然后缓慢降至室温使模板与引物退火并延伸。

（4）凝胶电泳，采用含8mol/L尿素的8%变性聚丙烯酰胺凝胶电泳，编有A、G、T和C的4个反应管产物分别在比邻的4个点样槽加样，稳压1800V，60℃电泳。待载样指示剂溴酚蓝泳至凝胶底部停止电泳。

（5）放射自显影，取出凝胶，80℃抽真空烤干凝胶，与X胶片直接接触曝光24小时。胶片显影及定影。然后从电泳谱带读出DNA序列。

二、循环测序

（一）基本原理

PCR技术能够快速、特异性地扩增靶DNA，应用PCR技术测定DNA序列分两个步骤：先利用PCR扩增靶序列片段，制备测序模板，然后再利用热循环测定序列。测序采用了热循环高效合成DNA的特性并结合双脱氧核苷酸终止法，使引物链终止的延伸产物数量在热循环过程中得到增加，因此称为循环测序。一个测序反应循环结束后，与延伸产物互补结合的靶DNA模板经过高温变性，可再成为单链模板引发引物链的退火、延伸与终止，产生高显影度的序列梯带。

每个测序循环包括：①PCR扩增制备的模板DNA变性成单链形式；②标记引物与其中的一条链上的互补序列退火；③退火后的引物在耐热DNA聚合酶催化下发生链延伸终止反应。本次循环产生的模板链与延伸终止链形成的双链的产物，在下一轮测序循环中，再次被变性，释放出模板链，作为又一轮引发反应的模板，同时积累下一轮循环产生的链终止产物。上述循环步骤重复20～40次，使链终止产物以线性方式获得扩增。循环测序采用耐热DNA聚合酶，测序反应可以进行多次循环，因此循环测序是以双脱氧链终止法为基础的标准DNA测序方案，在方法学上是一个巨大的进步（图8-2）。

（二）基本技术

循环测序反应利用了PCR，但是与普通PCR有两点不同。循环测序中，只需要一条引物，反应底物同时包括脱氧核苷三磷酸（dNTP）和双脱氧核苷三磷酸（ddNTP）。其次，通过单引物进行循环扩增，模板DNA是以线性方式获得扩增（图8-2）。而不是标准PCR反应中以指数形式获得扩增。这种线性方式的扩增中，每一个引物延伸的分子在模板链对应碱基位置处终止，通过一定的检测技术得到终止碱基的信号。

1. 测序模板是通过PCR制备的，PCR对靶DNA片段的要求不高，常规PCR扩增产物，经过纯化除去反应体系中残余的引物核苷酸和dNTP后即可作为模板。将制备模板的一个PCR引物经过标记后作为测序引物。对于已经克隆于M13噬菌体或质粒的靶片段，可以选用通用引物。

2. 循环测序基本过程　①测序引物用γ-^{32}P-dATP标记，实用引物浓度10～15pmol/L，dNTP浓度

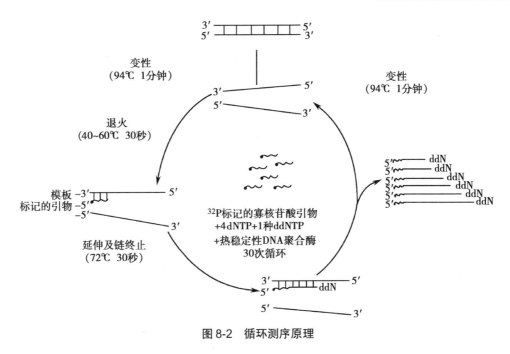

图 8-2 循环测序原理

30μmol/L，4 种 ddNTP 浓度不同，在 0.6～1.2mmol/L 范围调整。测序模板 0.1～0.2pmol/L，测序反应缓冲液为 500mmol/L Tris-HCl, pH 8.8，加 20mmol/L MgCl₂，5u 的 Taq DNA 聚合酶。②热循环参数：94℃ 1 分钟；40～60℃ 30 秒；72℃ 延伸 30 秒，共 20～40 个循环。③循环反应结束后，加载样缓冲液，变性聚丙烯酰胺凝胶电泳分离。④放射自显影，然后从电泳谱带读出 DNA 序列。

三、DNA 自动测序技术

DNA 自动测序技术是以 4 种荧光染料基团分别作为 4 种 ddNTP 终止链的标记物，于 20 世纪 80 年代末期建立的一种高效、快速、自动化的序列测定技术。自动化测序已成为当今 DNA 序列的主流技术。

4 种荧光染料分别作为测序反应中 4 种 ddNTP 终止链的标记物，即 4 种被双脱氧核苷酸终止的 DNA 片段分别带上 4 种不同的颜色。这些 DNA 片段的混合物同时加在一个样品槽中电泳，相互间仅差 1 个碱基的 DNA 片段形成一条具有 4 种颜色的阶梯分布图像。阶梯中的每一 DNA 片段由标记在该片段上的特征性荧光基团发出的荧光所指示。

荧光染料基团作为标记物的基本要求是经过激光诱发的吸收光谱波长在可见光波长范围内，不影响延伸反应，不影响标记后 DNA 片段的电泳性质。其次要求 4 种荧光的吸收和激发光波长要有足够的差异，便于检测。荧光染料的掺入的方式有两种：一种是将荧光染料预先标记在测序反应通用引物的 5′ 端。4 种荧光标记形成 4 种标记引物，测序反应分 4 个反应管进行，特定的荧光染料与相应的 ddNTP 是对应关系，例如荧光示踪染料 JOE 标记的通用引物总是与 ddATP 加在同一个反应管内，因此由 ddATP 终止的所有延伸链都带有 JOE。这种方式被称为 Dye-Primers。另一种是将荧光染料基团连在 ddNTP 上，4 种荧光染料分别与 4 种 ddNTP 底物连接，反应产生的 4 组 DNA 片段分别由特定 ddNTP 所终止，并且标记有 4 种不同的荧光发色基团，A、C、G 和 T 分别携带有绿、红、蓝、黄 4 种荧光。这种方式被称为 Dye-Terminators。两种方式各有特点，不过前者要求 A，G，C，T 分 4 个反应进行，而后者的 4 组反应可以在同一管中完成。上述两种方法都能确定 4 种荧光与 4 种 ddNTP 所终止的 DNA 片段之间的对应关系，这是后来从电泳中检测标记物信号以及最终读序的基础。

自动测序仪器无论是变性 PAG 平板凝胶电泳还是毛细管电泳，都配置有激光束激发系统和荧光信号收集检测系统。当 DNA 片段电泳通过检测窗口时，在激光束的激发下，片段的电泳时间和被激发荧光的波长、强度等信号都被记录，由计算机自动作数据处理，最后在屏幕上显示每一样品的各终止片段电泳分离的模拟图像。不同颜色的峰标示各自标记的碱基及其排列顺序（图8-3/文末彩色插图8-3）。

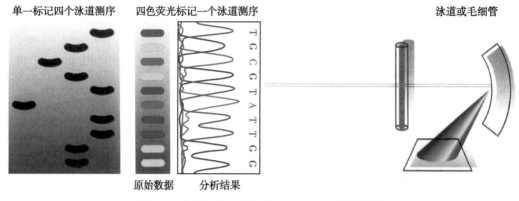

图8-3 荧光标记末端终止法DNA序列测定结果

第二节 新一代DNA测序技术

DNA测序技术在过去几十年里发生了翻天覆地的变化，在第一代测序技术的基础上逐渐发展成为新一代测序技术。它克服了第一代测序技术操作步骤繁琐、效率低和速度慢等缺点，不断得到创新与改良。

新一代测序（Next Generation Sequencing）技术也叫高通量测序技术（High-throughput Sequencing Technology），是对传统测序一次革命性的改良，可一次对几十万到几百万条DNA分子进行序列测定，因此有些文献称其为深度测序（Deep Sequencing）。新一代测序技术的核心思想是边合成边测序（Sequencing by Synthesis），即通过捕捉新合成的末端的标记来确定DNA序列。

新一代测序自从诞生至今也经历了一系列的技术改良，现有的以合成法DNA测序为原理的高通量测序平台的代表主要有：Life Technologies公司的Ion Torrent测序仪（Ion Torrent™ Next-Generation Sequencing）和SOLiD测序仪以及Illumina公司的HiSeq系列测序仪（如HiSeq X Five系统等）。这些平台的共同特点是测序通量极高，相对于传统的96道毛细管测序，高通量测序一次实验可以读取高达几百万条以上的序列，读取长度根据平台不同从几十个碱基到几百个碱基不等，不同的测序平台一次实验可以读取1G（gigabase）到几十G不等的碱基数。新一代测序技术除了应用于基因组大规模测序外，已经开发出了应用于法医遗传学鉴定的试剂盒。

一、Illumina测序技术

（一）Illumina测序的基本原理

Illumina的测序原理是可逆终止化学反应，DNA片段加上接头之后，可以随机地附着于玻璃表面，并且在固相的表面经过桥式扩增，这样就形成了数以亿计的单分子簇，被用做测序模板。测序采取边合成边测序的方法，和模板配对的dNTP原料被添加上去，不配对的dNTP原料被洗去，成像系统能够捕捉荧光标记的核苷酸。随着DNA 3′端的阻断剂的去除，下一轮的延伸就可以进行。Illumina测序的读长在100～150bp之间，适合于小RNA鉴定、甲基化和表观遗传学等的研究。

（二）Illumina测序的方法

1. 测序文库的构建　将DNA随机片段化成几百个碱基或更短的小片段，并在目标分子两端加上特定的接头。

2. 锚定桥接　Illumina测序的反应在检测芯片（flow cell）中进行，flow cell可分成8个Lane，每个Lane的内表面有无数的被固定的单链接头。将上述步骤中得到的带接头的DNA片段变性成单链后与测序通道上的接头引物结合,形成桥状结构,以供后续的预扩增使用。

3. 预扩增 添加未标记的dNTP和普通Taq酶进行固相桥式PCR扩增,单链桥型待测片段被扩增成为双链桥型片段。通过变性,释放出互补的单链,锚定到附近的固相表面。通过不断循环,在Flow cell的固相表面上获得上亿条成簇分布的双链待测片段。

4. 单碱基延伸测序 在测序的flow cell中加入四种荧光标记的dNTP、DNA聚合酶以及接头引物进行扩增,在每一个测序簇延伸互补链时,每加入一个被荧光标记的dNTP就能释放出相对应的荧光,测序仪通过捕获荧光信号,并通过计算机软件将光信号转化为测序峰,从而获得待测片段的序列信息。

5. 数据分析 测序得到的原始数据是长度只有几十个碱基的序列,要通过生物信息学工具将这些短的序列组装成长的读长重叠群(contig)甚至是整个基因组的框架,或者把这些序列比对到已有的基因组或者相近物种基因组序列上,并进一步分析得到有生物学意义的结果。

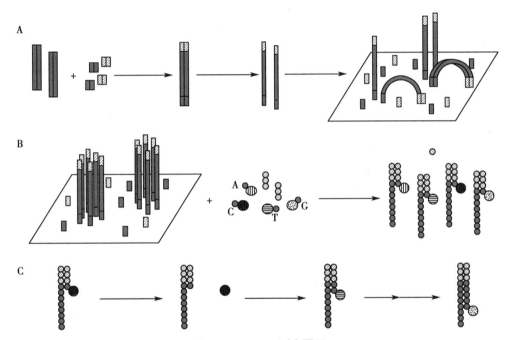

图 8-4 Illumina 测序原理

A. 连接了接头的目标 DNA 分子与固定在芯片上的单链互补接头通过桥式 PCR 进行扩增;
B. 使单个目标分子形成单分子簇,这些单分子簇均定位在芯片的固定位置上,测序引物和四种不同荧光标记的 dNTP 加入测序反应体系后,每轮测序聚合一个 dNTP 到相应的子代 DNA 分子中,同时在对应的位置释放一个相应颜色的荧光信号,该荧光信号被高速相机捕获,以此完成一个核苷酸的聚合。C. 经过多次的聚合后,可以通过读取同一位置上的多张照片来确定依次聚合的核苷酸顺序

二、Ion Torrent 测序技术

(一) Ion Torrent 测序的基本原理

Ion Torrent 测序的原理和方法不同于 Illumina 测序,技术核心是半导体芯片上的离子流测序,类似焦磷酸测序,核苷酸依次流过半导体芯片,通过对 DNA 复制过程中产生的离子流进行实时测定而反映 DNA 的延伸及性质,在化学和数字信息之间建立直接的联系。DNA 聚合酶以单链 DNA 为模板,按碱基互补原理,合成互补的 DNA 链。DNA 链每延伸一个碱基时,就会释放一个质子,导致局部 pH 的变化。Ion Torrent 半导体测序芯片的每个微孔里的微球表面含有大约 100 万个 DNA 分子拷贝。测序时一个个核苷酸分子连续流过芯片微孔。如果核苷酸与特定微孔中的模板 DNA 分子互补,

则该核苷酸被合成到 DNA 分子中,并且释放氢离子,该孔溶液的 pH 发生变化。离子传感器检测到 pH 变化后,即刻便从化学信息转变为数字电子信息。如果碱基不匹配,则无氢离子释放,也就没有电压信号的变化。这种方法属于直接检测 DNA 的合成,因少了 CCD 扫描,荧光激发等环节,几秒钟就可检测合成插入的碱基,大大缩短了运行时间。半导体芯片采用大规模并行的半导体传感器阵列,直接将 DNA 信息转换成数字信息,实现了快速可扩展的测序。

(二)Ion Torrent 测序的方法

1. DNA 文库准备 将基因组 DNA 打碎成 300~800bp 的片段,在单链 DNA 的 3′ 端和 5′ 端分别连接上不同的接头。

2. 连接 带有接头的单链 DNA 文库被固定在特别设计的 DNA 捕获微球上。每一个微球携带了一个独特的单链 DNA 片段引物。随后扩增试剂将微球乳化,形成油包水的混合物,这样就形成了只包含一个微球和一个独特片段的微反应腔。

3. 扩增 每个独特的片段在自己的微反应腔里进行各自独立的扩增,排除了其他可能竞争或污染序列的影响,整个 DNA 片段文库进行平行扩增。对于每一个片段而言,扩增完成后产生了成千上万个相同的拷贝。随后打破微球乳化混合物(扩增的片段仍然结合在微球上)。

4. 测序 将表面带模板的微球转移到 Ion Torrnet 半导体芯片,通过短暂的离心将微球沉淀到芯片的微孔中,接着放到 Ion PGM 测序仪建立程序运行测序。

5. 数据分析 仪器会自动将数据传送到 Torrnet 预装分析套件的计算机服务器上,通过信号处理和碱基算法分析,产生单次读长的相关 DNA 序列。

三、新一代测序技术优势

以 Ion Torrent 为例,由于硬件设备无需光学检测和扫描系统,并且使用天然核苷酸和聚合酶、无需焦磷酸酶化学级联,无需标记荧光染料和化学发光的配套试剂,因此测序成本低;同时其使用无标记的核苷酸及酶进行测序,本底干扰低,通过对 H+ 的检测,明显改善碱基判读准确性。新一代应用范围涵盖 Sanger 测序方法和已有高通量测序技术的应用,如基因组 DNA 序列测定(微生物基因组测序、线粒体测序、靶向测序)、DNA 扩增子测序等,而且它的标准测序时间仅为 2~3 小时,24 小时之内可完成 6~8 轮实验,达 Sanger 测序方法每天测序通量的数千倍以上。另外,通量也更为灵活,10M、100M 和 1G 芯片可以任意选择。

四、新一代测序技术的不足之处

新一代测序技术的不足之处主要表现在合成测序方法的阅读长度相对较短,每个 DNA 片段的测序长度通常在 200 个碱基左右,而毛细管电泳测序系统的阅读长度可达到 1000 个碱基;较短的阅读长度使得从测得的 DNA 片段拼接成一个连续的基因组序列的难度大幅度增加;在测序过程中,同一分子的若干拷贝之间由于延伸的同步性逐渐降低,测序的准确性减低;在合成测序法中,DNA 测序模板阵列的制备依赖于 PCR 扩增,导致在测序模板的扩增过程中容易引入复制错误,而且 PCR 扩增存在明显的偏向性,对于有效获得全基因组测序模板阵列形成了重要的技术瓶颈。

第三节 测序技术在法医学中的应用

DNA 测序最大的优点在于能够检测遗传标记的结构,使基于 PCR 技术的 DNA 片段长度多态性与 DNA 序列多态性相结合,大大提高了法医遗传标记的应用效能。NGS 技术由于具有高通量、成本低、速度快等优点,使一个测序反应能够同时检测大量遗传标记。新一代的单分子测序技术,还可以直接检测 DNA 甲基化,使表观遗传标记在法医学的应用变得更加便捷,NGS 具有广泛应用于法医学实践的前景。

一、第一代测序技术在法医学中的应用

（一）STR 基因座 off-ladder 或 STR 内序列变异多态性分析

在法医 DNA 检验中，如果被检样本的 STR 基因座出现 off-ladder 峰，尤其是等位基因位于该基因座检测长度范围之外时，就有必要通过 DNA 测序清晰呈现该等位基因的序列，以判断该等位基因是否属于该基因座，若属于该基因座，则可依据测序结果对该等位基因进行命名。此外，有些 STR 基因座基因结构比较复杂，如 D21S11 基因座，重复序列内部多有变异，应用常规的 STR 分型技术只能分析长度多态性，检测不到基因内部的序列变异，就可能会出现应用常规 STR 分型技术得到两个个体 STR 分型一致的结果，但实际上二者基因序列存在差异。此时，唯有通过 DNA 测序技术方能识别。

（二）线粒体 DNA 多态性分析

最常用于法医 DNA 序列分析的遗传标记是人类线粒体 DNA（mitochondrial DNA，mtDNA）。mtDNA 由 16 569 个碱基对组成，为一条闭环双链环状的 DNA 分子。mtDNA 由编码区和非编码区构成，非编码区也叫控制区（Control Region），由 1125bp 组成，包括一个复制起始点，两个转录起始点及转移环。其中 D 环区及复制起始点多态性较高，分别称为高变区Ⅰ（HVⅠ）和高变区Ⅱ（HVⅡ），有学者以它们为基础研究 mtDNA 单倍型在不同人群中的分布并建立了 mtDNA 数据库，也有学者研究并发现了其他多态性区域。与核 DNA 相比 mtDNA 具有分子结构简单、严格按母系遗传、无重组、进化速率快、多拷贝、与核基因组无共同序列等特点。在法医学领域，对于解决降解、腐败和无核 DNA 的生物检材的个体识别及只有母系亲属的亲缘鉴定具有独到之处，是核 DNA 检验的重要补充。

（三）SNP 多态性分析

对于序列多态性遗传标记单核苷酸多态性（single nucleotide polymorphism，SNP），DNA 测序方法无疑是其分型的金标准，但目前已涌现出诸多 SNP 分型技术，如微测序技术、焦磷酸测序技术、TaqMan 技术、DNA 芯片技术、MALDI-TOF 技术等，有些技术较 DNA 测序技术更适合于法医学应用。

二、新一代测序技术在法医学中的应用前景

（一）新一代测序在法医遗传标记分型中的应用

目前，法医遗传标记主要基于聚合酶链反应和毛细管电泳技术（PCR-capillary electrophoresis，PCR-CE）分型，已经开发了用于常染色体、Y 染色体和 X 染色体的短串联重复序列（short tandem repeat，STR）或单核苷酸多态性（single nucleotide polymorphism，SNP），以及用于插入/缺失（insert or deletion，InDel）、祖先信息标记（ancestry informative markers，AIMs）、表型标记或 mRNA 等的检测试剂盒或方法。利用 NGS 能将这些法医遗传标记组合在一起进行测序。一旦需要对实验室分析的样本进行补充调查时，一个 NGS 检测许多不同的遗传标记就能节省很多时间。测序的另一个重要优点是片段不需要像毛细管电泳那样根据长度大小进行分离，因此，所有被分析的片段可以设计得尽可能短些，这将提高有效分型降解 DNA 的机会。

1. STR 测序　我国和许多其他国家都建立了法医学相关 DNA 数据库，主要收集 STR 基因座等位基因型数据，这在犯罪案件的侦破中发挥了重要的作用。因此，为法医学设计的 NGS 分析系统需要能够检测 STR。

DNA 测序可以检测 STR 基因座等位基因碱基序列的多样性，而经典的 PCR-CE 只是进行 STR 片段长度的比较。通过测序可以发现一些经 PCR-CE 分析是纯合基因型的 STR 基因座其实是杂合基因型。复杂的 STR 可能包含不同结构的重复序列亚型，如果重复序列亚型具有序列多态性，它的等位基因数量将比简单重复序列多得多。另外，序列的变化也可发生在 STR 基因座的两侧序列中。例如，D2S1338 侧翼存在 SNP 位点 rs6736691，由此 STR 基因座侧翼的 SNP 可产生两个 SNP-STR 单倍型，使 SNP-STR 等位基因的数量增加 1 倍。

知识拓展 8-1 ▶

新一代测序发现更多的STR基因

在一项对197个丹麦人的研究中，通过NGS分析得到D12S391具有53个不同的等位基因，而PCR-CE只检测到15个。D12S391的许多等位基因有相同的长度，但在重复序列中有不同的碱基构成。例如，已经发现了该基因座由21个重复单位组成的8个不同的等位基因。D12S391基因座长度多态性均为21个重复单位的8个等位基因结构如下：

D12S391[21]	AGAT[11]AGAC[9]AGAT[1]
D12S391[21]	AGAT[11]AGAC[10]
D12S391[21]	AGAT[12]AGAC[8]AGAT[1]
D12S391[21]	AGAT[12]AGAC[9]
D12S391[21]	AGAT[13]AGAC[7]AGAT[1]
D12S391[21]	AGAT[13]AGAC[8]
D12S391[21]	AGAT[13]GGAC[1]AGAC[7]
D12S391[21]	AGAT[14]AGAC[6]AGAT[1]

这一现象提示，采用NGS可揭示长度多态性中隐含的序列多态性信息，从而提高个人识别与亲子鉴定效能。

多态性高的基因座具有更大的统计功效，能减少鉴定所需的基因座数量。如STR基因座D3S1358、D12S391和D21S11均为高度多态性STR基因座，每个基因座至少有一个或以上的重复单位变异，通过测序获得的等位基因数是通过PCR-CE检测到的三倍以上。另外，对于混合物分析，不同来源检材含量的比例相差悬殊时，PCR-CE往往检测不到混合物中量少的检材，因为从少量检材产生的PCR产物电泳时很难与量大检材的影子峰或噪音序列（noise sequence）区别开来，而测序就不存在这样的问题，它可以很容易检测到少量检材的DNA序列。

案例 8-1 ▶

序列突变引起的STR分型失败

从2012年起，英国国家DNA数据库委员会已经着手将第二代STR分型试剂盒引入到法医日常STR分型工作中，并更新国家DNA数据库。英国伦敦国王学院法医和分析科学系（King's College London, Department of Forensic and Analytical Science）实验室用第二代试剂盒（Promega PowerPlex® ESI 16）对以往用第一代试剂盒（Life Technologies SGM Plus）检测过的所有罪犯DNA样本进行重检测，以测试新试剂盒的准确性。结果发现，其中的一例样品的STR分型结果不一致，D16S539基因座原来的检测结果是纯合基因型（9/9）；而第二代试剂盒检测结果是杂合基因型（9/13）。初步分析认为造成这种结果的原因，可能是罪犯基因组DNA中的对应于SGM Plus试剂盒的其中一条引物的结合位点发生了突变，引物结合位置突变的等位基因不被扩增，只扩增了引物结合位置没有突变的等位基因。接着，他们对D16S539基因座相关的序列进行了测序，验证了最初的猜想，发现SGM Plus试剂盒D16S539基因座的引物结合位点发生了一个碱基的变异，使分型结果发生错误，杂合基因型（9/13）变成了纯合基因型（9/9）。D16S539座位是一个简单的四碱基串联重复（[GATA]n），序列分析发现重复单位下游的第36个碱基发生了C/G突变，而这个突变在数据库里未见记录。由此可见，传统的基于PCR-毛细管电泳的STR分型技术存在着明显的缺陷，以DNA测序为基础的遗传标记分型技术将越来越多地应用于法医检验。

2. 法医新一代测序试剂盒 2014 年面世了两个用于 Ion PGM™ System 的 SNP 分型检测试剂盒。其中的 HID-Ion AmpliSeq™ Identity Panel 用于人类识别，扩增 124 个 SNP，包括大多数的 SNPforID（包含 52 个用于人类识别的 SNP）、Individual Identification SNPs（IISNPs，包含 90 个个人识别的 SNP）和 34 个 Y 染色体的 SNP；另一个为 HID-Ion AmpliSeq™ Ancestry Panel，用于祖先推测，该试剂盒包含了 165 个祖先信息标记（Ancestry Informative Markers，AIMs）。此外，正在致力于研发一套法医学核心 STR 的检测试剂盒，一个试用包装（the Ion Torrent™ HID STR 10-plex，测定 10 个 STR 基因座）已在有关法医实验室测试。这个试剂盒使用 Ion AmpliSeq™ 技术，PCR 产物片段经乳液 PCR（emulsion PCR，emPCR）的克隆扩增后，使用半导体测序技术对其进行双向测序。NGS 试剂盒（如 Torrent™ HID STR 10-plex）对降解样品的 STR 检测可获得完整的 STR 谱，而 PCR-CE 从相同样品中只能得到部分 STR 结果，这很可能是由于前者的 PCR 产物较短，只有不到 170bp 的长度。Illumina 公司开发了 ForenSeq™ DNA Signature Prep Kit，一个多重 PCR 反应可同时扩增 27 个常染色体 STR、8 个 X 染色体 STR、25 个 Y 染色体 STR、95 个常染色体人类识别 SNP、56 个常染色体祖先信息标记（AIMs）和 24 个与色素性状相关的常染色体 SNP。这个多重 PCR 的 DNA 标记包括所有 CODIS 中的 STR 基因座和欧洲标准的 STR 组合、大部分 SNPforID 和 IISNPs 位点以及所有的 HIrisPlex 位点（包含 24 个与眼睛和毛发颜色有关的位点）。

NGS 产生的数据量大，涉及的遗传标记多。因此，开发准确、高效、友好的分析软件工具是面临的一个主要挑战。众所周知，不同的基因座必须使用不同的标准进行分析，不同实验室根据自身的研究经验，依照不同的鉴定标准建立了不同的分析参数体系。因此，NGS 试剂盒的相关分析软件也必须能够满足法医工作者的这种需求。未来的分析软件应该具备一些专门用途的模块，如专门用于混合样本的结果解释、推算生物 - 地理祖先（bio-geographic ancestry）、线粒体 DNA 单倍型、Y 染色体单倍型、组织识别和表型等。法医学界和商业试剂盒制造商应该密切合作，在用户手册或有关科学论文中详细地解析软件的算法，使 NGS 更容易被法医实验室接受，得到更好地推广和应用。

知识链接 8-1 ▶

表观遗传分析在法医学的应用前景

表观遗传学是研究基因功能或者细胞表型可遗传的改变，而非基因序列本身的变化。它涉及基因功能相关的修饰，例如 DNA 甲基化和组蛋白修饰。DNA 甲基化是表观遗传学的重要研究内容之一，它在调节细胞的分化增殖、人体生命活动中发挥着重要作用。DNA 的甲基化模式可以揭示某个组织在一个特定时间点的基因活动状况。从法医学的角度，DNA 甲基化模式的分析可以提示病理状态、致死原因、组织类型。表观遗传学可作为一种新的工具进行同卵双胞胎的个体识别，这在法医实践中是一项富有挑战性的工作。因为同卵双胞胎包含相同的 DNA，所以，传统的 DNA 分型技术无法进行鉴别。然而，双胞胎通常显示出不同程度的表型差异，已经有证据表明表观遗传修饰是导致这些表型差异的主要原因。人体基因组的甲基化水平是一个动态过程，生命的不同时期及所处不同的环境都有着不同的 DNA 甲基化模式。对同卵双胞胎的研究显示，在较小年纪时，DNA 甲基化的水平相似，但当年龄逐渐增大时，DNA 甲基化不仅在数量上有着惊人的变化，更在模式上表现出差异。

（二）新一代测序技术与混合斑检验

混合 DNA（mixed DNA）指两名或两名以上个体的血液、精液、分泌物、排泄物及脱落上皮细胞等的同种或不同种类型附着在不同的犯罪现场载体上形成的 DNA 检材。混合 DNA 包含多名来源个体的 DNA 信息，如何对混合斑 DNA 进行正确分型检验并对其结果进行科学解释是法医 DNA 分析领域中亟待解决的理论技术难题。

运用新一代测序技术对混合 DNA 进行 STR 基因座和 SNP 位点综合测序,揭示目的片段的长度多态性和序列多态性,并结合生物信息学对混合 DNA 不同来源个体的分型进行推断和分离并构建数学算法,以实现混合 DNA 分析从"被动排除"到"主动圈定"的技术提升。

目前大部分 STR 基因座属于复合序列或复杂序列,即同一基因座的核心重复基序有两种或两种以上,或同一基因座中等位基因间既有长度差异也有序列差异。仅通过毛细管电泳技术无法对 STR 基因座内部的序列信息进行分析。STR 等位基因间的核苷酸差异信息(包括 SNP 等)极有可能在混合 DNA 分型中发挥重要作用。

选择法医 DNA 鉴定中通用的 STR 基因座为研究对象,对各 STR 基因座内部进行高通量测序,揭示各 STR 等位基因间的核苷酸差异。重新设计引物进行长片段 PCR,将 PCR 扩增产物随机片段化并构建 DNA 文库;对文库定量并质控合格后进行双端测序,并对原始测序片段的数据进行序列过滤,筛选出包含完整核心重复区的序列数据;根据各 STR 等位基因的核心区长度不同对序列数据进行聚类;结合同一基因座内出现序列数据的读取数种类及 SNP 分布情况能够判断混合 DNA 的来源个体数;根据各种等位基因组合推算的混合比例在所有 STR 基因座间的一致性程度推导出最可能的基因型组合,推断出混合 DNA 中各组分的 DNA 分型及核苷酸序列。

(三)新一代测序技术在法医遗传学其他相关领域的应用前景

NGS 检测微生物组具有很大的法医学应用前景。唾液微生物组的检测具有一定的法医学应用潜力,因为攻击者和受害者在致命和非致命的攻击期间通常会遭到咬伤,可以作为联系两者的一个重要法医学证据。唾液中微生物的密度约为 $1.4 \times 10^{11}/L$,包含 700 种属的细菌。可以在咬后的 24 小时内从被咬者的皮肤和衣服上采集到活菌,虽然许多唾液微生物难以人工培养,但是可以通过扩增后进行 NGS,获得微生物的种属信息。在性侵扰案例中,亦可通过细菌的基因组分析将双方联系起来。

土壤是一个有用的鉴定指标,能够使一个人、动物或植物与其地域相联系起来,所有的土壤都包含一个非常多元化的微生物群,虽然多数种属的微生物不能在实验室中培养,但是可以通过 NGS 调查土壤微生物种群的构成。不同地区的土壤微生物种群存在巨大差异,可以通过对作案工具、运输工具或尸体表面的土壤微生物基因组分析来寻找可能的案发地点,为案件的侦破提供线索。

本章小结

DNA 测序是对 DNA 分子一级结构的分析,经典的序列测定技术有 Sanger 双脱氧核苷酸链终止法。其基本原理是在复制反应体系中,引物与模板退火形成双链区后,DNA 聚合酶立刻结合到 DNA 双链区并启动 DNA 的合成。在引物的引导下,聚合酶在模板链上沿 $3' \rightarrow 5'$ 的方向移动,dNTP 按照碱基配对原则,逐个连接在引物的 3'-OH 末端,引物以 $5' \rightarrow 3'$ 方向延伸并聚合成一条与模板链互补的 DNA 新生链。ddNTP 可以在聚合酶作用下,与正在延伸的引物链 3'-OH 末端反应,形成 3',5'- 磷酸二酯键而掺入到 DNA 链中,但由于 ddNTP 没有 3'-OH,不能同后续的 dNTP 形成磷酸二酯键,使正在延伸的引物链在此终止。DNA 自动测序技术是以 4 种荧光染料基团分别作为 4 种 ddNTP 终止链的标记物,以自动激光荧光毛细管电泳检测手段的序列测定技术,是目前法医 DNA 测序的主流技术。新一代测序技术以其高输出量与高解析度的特性,不仅提供了丰富的遗传学信息,而且使得测序的费用和时间大大缩减,是 DNA 测序发展历程的一个里程碑,为法医 DNA 分析提供了新的机遇。

关键术语

DNA 测序(DNA sequencing)

双脱氧核苷酸链终止法(Double nucleotide chain termination method)

高通量测序(high-throughput sequencing)

新一代测序(next generation sequencing, NGS)

法医新一代测序试剂盒（forensic next generation sequencing kit）

（丛　斌　包其郁）

思考题

1. 何谓双脱氧核苷酸链终止法测序？
2. 何谓循环测序？
3. 简述第一代测序与新一代测序的主要区别？
4. 简述在法医学新一代测序与 PCR-EC 的不同之处。
5. 试述第一代测序与新一代测序在法医检验的应用意义。

第九章 线粒体 DNA 多态性

学习目标

通过本章学习，应该**掌握**人类线粒体全基因组 DNA 的特征、线粒体 DNA 单核苷酸多态性、串联重复序列多态性和线粒体单倍群，以及线粒体 DNA 分型的特殊问题。**熟悉**线粒体 DNA 分型命名和法医线粒体 DNA 分析技术。**了解**线粒体 DNA 的结构和功能。

线粒体（mitochondrion）是细胞质中的细胞器。线粒体由两层膜包被，外膜平滑，内膜向内折叠形成嵴，两层膜之间有腔，线粒体中央充满胶体溶液称为基质。基质内含有与三羧酸循环所需的全部酶类，内膜上具有呼吸链酶系及 ATP 酶复合体。线粒体是细胞内氧化磷酸化和形成 ATP 的主要场所。

第一节 概 述

线粒体 DNA（mitochondrial DNA，mtDNA）是细胞核外 DNA，携带有编码蛋白质和 RNA 的基因，是人类基因组的一部分。人体不同组织细胞的代谢不同，所含的线粒体数目及 mtDNA 拷贝数也不同，数目在数百至数万之间变化。

一、mtDNA 的结构与功能

mtDNA 呈闭环双链结构，没有核基因组那样复杂的结构。两条反向平行的双链，因浮力密度的不同分开成外环的重链（H 链）和内环的轻链（L 链）。mtDNA 的碱基结构极为紧凑、简洁，各编码之间没有间隔序列，基因没有内含子、前导序列，无带帽序列，无终止信号，相邻基因甚至有碱基的重叠。mtDNA 以最少的碱基数编码了尽量多的蛋白质和 RNA，而且它的复制、转录过程与核 DNA 明显不同。mtDNA 有 37 个编码基因，其中 H 链编码 2 个 rRNA，14 个 tRNA 和 12 个蛋白质；L 链编码 8 个 tRNA 和 1 个蛋白质（图 9-1）。mtDNA 的多肽链都是线粒体能量产生途径氧化磷酸化（oxPHOS）的亚单位。7 个基因 *MTND1*、*MTND2*、*MTND4L*、*MTND4*、*MTND5* 和 *MTND6* 编码呼吸复合物 I 的亚单位 NADH 脱氢酶或 NADH，辅酶 Q 氧化还原酶；一个基因（MTCYB）编码复合物 III 的一个成分泛醌醇：细胞色素（氧化还原酶）；3 个基因 *MTCO1*、*MTCO2* 和 *MTCO3* 编码复合物Ⅳ的组成部分细胞色素 C 氧化酶或 COX；2 个基因 MTAP6 和 MTATP8 编码呼吸复合物 V 的亚单位 ATP 合酶。

mtDNA 表现为母系遗传，与核基因组有较大差异。与线性的染色体 DNA 的双向对称复制方式不同，环形 mtDNA 是一种特殊的单向复制方式，称为置换环复制或 D- 环（D-loop）复制。mtDNA 的 H 链和 L 链的合成是不对称的，H 链和 L 链各自有复制起点，控制区内含有起始转录的启动子和一个紧密相连的重链 DNA 复制起点（OH）。在重链复制起点（OH）先以 L 链为模板合成一段重链，大约 520～700 核苷酸长度，碱基序列与 L 链互补，处于单链状态，它的 5′ 端与 H 链上的 tRNAphe 相邻，

3′端与tRNApro相邻。在控制区H链、L链和新合成链形成一个三链结构区域,这段新合成链形如大写字母D,故称D环或置换环(displacement loop)。PL 主要转录 L 链,PH 主要转录 H 链(图 9-1)。

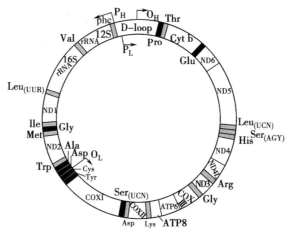

图 9-1 线粒体基因组结构

二、线粒体基因组

安德森首次于 1981 年在英国剑桥桑格实验室完成人类 mtDNA 第一个序列,此序列被称为安德森序列(Anderson sequence),GenBank 登录号为 M63933,有时被称为剑桥参考序列(Cambridge Reference Sequence,CRS)。1999 年安德鲁斯等人重新分析线粒体基因组 DNA 序列,进行比较发现 11 个核苷酸不同于第一次的安德森序列。修订的剑桥参考序列(revised Cambridge Reference Sequence,rCRS)是目前公认的标准,其 GenBank 登录号为 NC_012920.1。

人类 mtDNA 和核 DNA 有很大差别(表 9-1)。mtDNA 只有大约 16.6kb 长,其中编码区 15 447bp,非编码的控制区 1122bp,比许多编码单一蛋白质的核基因都小。有超过 180 个 mtDNA 点突变以及相同数目的缺失被报道与多种人类疾病相关。由于 mtDNA 只来自于卵子,所以许多原发的 mtDNA 突变都是母系遗传的。

知识链接 9-1 ▶

mtDNA 相关的重要网络资源

1. Mitomap 是由美国科学家 Douglas C.Wallace 及其科研团队建立的人类线粒体基因组数据库,数据库包括 mtDNA 数据库的基本信息、包括 mini 插入缺失在内的 mtDNA 多态性和变异、重大重组,疾病相关的 mtDNA 突变,mtDNA 树、世界范围人类迁徙、SNaPshot 组合等在内的说明图,其他 mtDNA 实验室资源和工具,是一个非常系统和全面介绍 mtDNA 信息的数据库。网站为:http://www.mitomap.org/。

2. EMPOP 是由 Innsbruck 大学法医学研究所和 Innsbruck 大学数学研究所建立的法医 mtDNA 数据库,旨在对在来自世界范围的 mtDNA 控制区单倍型收集、质量控制和搜索演示。包括两种不同类型的单倍型数据,一类是以原始序列为基础的高质量的法医数据,允许对质疑位置随时查询;另一类是来自公开发表文献或者合作实验室的数据。该网站还提供使用系统进化的方法进行数据比对与质控,被国际法医遗传学会(ISFG)承认,网站为:http://empop.org/。

3. PhyloTreemt 是基于编码区和控制区的突变,提供人类 mtDNA 变异的系统进化树及单倍型类群的命名等,该树定期更新,由荷兰科学家建立,可以为人类进化、医学遗传和法医遗传的研究提供参考。网站为:http://www.phylotree.org。

表 9-1　人类核 DNA 和 mtDNA 的比较

特点	核 DNA（nuclear DNA）	线粒体 DNA（mtDNA）
基因组大小	3.2×10^9bp	～16 569bp
每个细胞内拷贝数	2（父母各提供一个等位基因）	>1000
占细胞内全部 DNA 含量的百分比	99.75%	0.25%
结构	线性；包裹在染色体内	环状
遗传来源	父亲和母亲	母亲
染色体配对	双倍型	单倍型
生殖重组	是	否
复制修复	是	否
特异性	个体特异性（同卵双胞胎除外）	没有个体特异性（同一母系亲属相同）
突变率	低	至少是核 DNA 的 5～10 倍
参考序列	2001 年人类基因组计划发表	1981 年 Anderson 及其同事发表

（一）母系遗传以及其他的遗传方式

mtDNA 直接从母亲传递给她的孩子，这种模型被称为母系遗传（图 9-2）。尽管父系遗传和重组在人类中也有可能发生，但它们显然非常罕见。这些基因上的原发突变将会导致 mtDNA 上的继发效应，一般将会引起 mtDNA 多重缺失或者 mtDNA 拷贝数降低或缺乏。

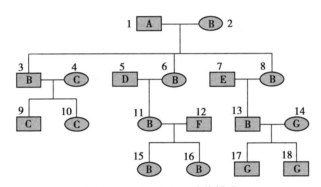

图 9-2　mtDNA 母系遗传模式

字母表示不同的个体，例如 A 表示第一代父系，B 表示第一代母系，依次类推。
数字表示在每个个体可能的单倍型和在家系中可能的单倍群

（二）高拷贝数和异质性

与核基因在一个细胞中通常有两个拷贝不同的是，mtDNA 在一个细胞中具有多达数百到数万个拷贝。因此，mtDNA 的突变比例可以在 0 和 100% 之间任意变化（例如 0.42% 或者 78.3% 突变）。当两种不同的 mtDNA 序列存在于同一个细胞、组织或者个体时称之为异质性（heteroplasmy）。一个细胞内的 mtDNA 分子必须占到一定比例才可以检测到其遗传突变。

（三）瓶颈效应和复制分离

卵细胞大约有 100 000 份 mtDNA 的拷贝，在卵子的形成与成熟的过程中，能够进入下一代的只有很少一部分，估计范围在 1 到数个 mtDNA 基因组之间，这种现象称为瓶颈效应。因此，异质性母亲的孩子通常会有平均水平大大不同的异质性突变。这种机制可能用来解释一些线粒体疾病具有很高的家族间临床变异性。在一个个体内，突变 mtDNA 的比例可以随着细胞分裂以及在有丝分裂后期的组织中进行的 mtDNA 复制而发生改变，随着时间的推移这将导致表现型的变化。

（四）阈值效应

对于异质性的 mtDNA 突变，细胞可以承受正常 mtDNA 的减少直到达到一个阈值，然后将会发生细胞凋亡，或细胞的功能受到损坏。当一个组织中有足够多的细胞受到影响后，就会表现出临床症状。阈值取决于不同的突变,也取决于细胞的类型。神经元和肌细胞具有较高的能量需求,它们对高突变负荷的耐受能力较低。因此,这些细胞疾病发生的阈值比那些需能量较少的组织低很多。

第二节　mtDNA 多态性

由于 mtDNA 特殊的遗传特征,mtDNA 多态性对法医学、群体遗传学、人类生态学、分子进化和考古学有重要的意义。对 mtDNA 多态性的研究主要集中于 mtDNA 的非编码区(即 D 环)和部分编码区。由于 D 环含有两个变异率远大于核 DNA 的高变区(high variable regions,HVR)Ⅰ和Ⅱ,且无修复系统、不受选择压力的影响,因此该区域中积累了较多的变异,多态性很好,非常适于进行相关研究。

一、mtDNA 单核苷酸多态性

mtDNA 的单核苷酸多态性是指在一个种族不同个体的基因组或共同序列之间,存在一个单核苷酸 A、T、G 或 C 的差异,这种 DNA 序列的差异称为单核苷酸多态性(single nucleotide polymorphism,SNP)。例如不同个体的同一段 mtDNA 序列,出现一条是 TTACCAT,另外一条是 TTACTAT,这两条 DNA 片段在第五个位点处就存在一个单核苷酸的差异。在这种情况下有两个等位基因 C 和 T。

在一个种群中,SNP 总有一个最小等位基因频率,也就是在某个特定种群中所观察到的在一个位点上的最低等位基因频率。这对于单核苷酸多态性来说仅仅是指两个等位基因频率中较小的一个。要注意的是,由于人群之间存在着差异,因此在一个地理群组或一个种族群组内比较常见的一个 SNP 等位基因很可能在另一个群组中十分罕见。

线粒体控制区单核苷酸多态性的位点分布区域为 nt16024~nt576,包括了 D 环区。在高变区Ⅰ和高变区Ⅱ大多数变异已经明确,它们分别分布在 nt57~nt372 和 nt16024~nt16383。采用线粒体全基因组测序技术,获得了 mtDNA 编码区序列多态性。最初的剑桥序列的错误发生在 3423,4985,9559,11335,13702,14199,14272,14365,14368 和 14766(表 9-2)。剑桥序列报道的罕见序列在 750,1438,4769,8860 和 15326 以及一些和疾病有关的多态性序列 5460,11084,12308 和 15924。

表 9-2　原始剑桥参考序列和修正剑桥序列参考序列碱基差异的比较

碱基位置	线粒体基因组区域	原始剑桥参考序列	修正剑桥参考序列	备注
3106~3107	16S r RNA	CC	C	错误
3423	ND1	G	T	错误
4985	ND2	G	A	错误
9559	COⅢ	G	C	错误
11335	ND4	T	C	错误
13702	ND5	G	C	错误
14199	ND6	G	T	错误
14272	ND6	G	C	错误(插入序列)
14365	ND6	G	C	错误(插入序列)
14368	ND6	G	C	错误
14766	Cyt b	T	C	错误(插入 Hela 序列)

正确的序列在 nt3106~nt3107 只有一个 C(图 9-3),因此整个线粒体基因组应是 16 568bp 而不是最初报道的 16 569bp。然而,为了保持历史数据,在 nt3107 由一个缺失来占据一个位置。需要注意的是,法医学中最常应用的两个高变区的序列没有差异,它涵盖了 nt16024~nt16365 和 nt73~nt340。

```
        3100           3106 3108
         ↓               ↓   ↓
      T A T C T A C C T T  剑桥序列
      T A T C T A C - T T  修订序列
```

图 9-3　剑桥序列与修订序列差异比较

二、mtDNA 串联重复序列多态性

mtDNA 中的短串联重复序列（short tandem repeats，STR）主要集中在 D 环控制区中（图 9-4）。与核 DNA 不同，mtDNA 中的重复序列一般在 10bp 以下，常见的主要为单个碱基（如 D 环中 nt303～nt309 和 nt568～nt573 核苷酸位点处的多聚 C）和两碱基重复（与核 DNA 一样，多为 CA 重复，如 514 位点开始的 CA 重复，rCRS 中重复五次），其重复次数一般在 10 以下。

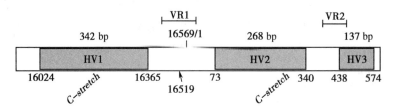

图 9-4　mtDNA 的 D 环控制区的结构图

编码区和控制区中都存在重复序列，但编码区中的重复序列一般不发生重复次数的改变，如 16S rRNA 中的 2142 位点处开始的 4 次 AG 重复在所调查的所有人种中均未发现有任何改变，多态性较好的重复序列基本上都存在于 D 环控制区及编码区之间的非编码序列中，如 303 和 311 位点处的多聚 C、514 位点处的 CA 重复、nt568～nt573 和 nt16180～nt16195 位点处的 C 重复（图 9-5，图 9-6）均位于 D 环中。

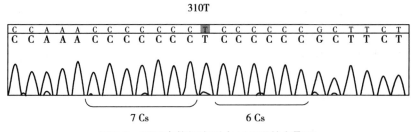

图 9-5　图示在修订序列中 HVRⅡ的多聚 C

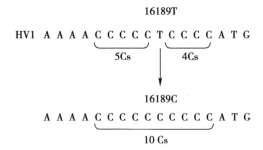

图 9-6　图示在修订序列中 HVRⅠ的多聚 C 的两种形式

nt956～nt965 位点处的 C 重复位于 12S rRNA 编码基因内，nt5895～nt5899 位点处的 C 重复位于 tRNA 和细胞色素 c 氧化酶亚基Ⅰ之间的非编码区内，nt8272 位点处的 9bp CCCCCTCTA 重复位于细胞色素 c 氧化酶亚基Ⅱ与 tRNA 之间的非编码区内，而且近期的研究表明线粒体中某些重复序列重复次数的改变可能与多种疾病的发生有关。

由于有这些多态性重复序列的存在，mtDNA 的长度不总是 16 569bp，可能会有 10bp 左右的增减。比如说接近控制区末端 nt514～nt524 位点处的二核苷酸重复，在大部分个体中都是 CACACACACA 或（CA）5，但是在人群中可能会从（CA）3 到（CA）7 不等；还有其他的一些插入和缺失也可能会造成

mtDNA 的长度多态性，如 8272 位点处的 9bp CCCCCTCTA 重复在大部分个体中都出现了 2 次，但是在亚洲和太平洋群岛（单倍型 B）及非洲（单倍型 L）的部分个体中只出现了一次。

三、mtDNA 单倍型与单倍群

mtDNA 呈单倍型（haplotype）遗传，个体多个 SNP 的分型结果构成其单倍型，单倍群（haplogroup，Hg）或单倍型类群是一组类似的单倍型，它们有一个或者几个共同的单核苷酸多态性祖先。单倍群由相似的单倍型组成，所以可以从单倍型来预测单倍群，而单核苷酸多态性分析被用来确认单倍型。现在，人们将 mtDNA 单倍群与 HVⅠ/HVⅡ多态性和线粒体全基因组变异相互关联。单倍群以字母来标记，并且以数字和一些字母来做补充。Y 染色体和线粒体有不同的单倍群标记方法。单倍群用来揭示数千年前的祖先来源。在人类遗传学中，最普遍被研究的单倍群是人类 Y 染色体 DNA 单倍群（Y-DNA 单倍群）和人类 mtDNA 单倍群（mtDNA 单倍群），这两个都可以用来定义遗传群体。Y 染色体 DNA 单倍群从父系遗传，而 mtDNA 从母系遗传。

（一）单倍群遗传学

通常假设延续到今天的单倍群突变并没有经过自然选择。在突变率之外，单倍型在群体内的比例源自遗传漂变（genetic drift），即源自世代遗传过程中随机抽样引发的随机波动。

（二）人类 mtDNA 单倍型类群

人类线粒体 DNA 单倍型类群（Human mitochondrial DNA haplogroup）是遗传学上依据线粒体 DNA 差异而定义出来的单倍群。它可使研究者追溯母系遗传的人类起源，线粒体研究显示人类是起源于非洲地区。mtDNA 单倍群用字母 A，B，C，CZ，D，E，F，G，H，pre-HV，HV，I，J，pre-JT，JT，K，L0，L1，L2，L3，L4，L5，L6，L7，M，N，O，P，Q，R，S，T，U，UK，V，W，X，Y 和 Z. 来标记。单倍型个体夏娃则是理论上一切女性的始祖。关于单倍群及命名可参考定时更新的网站（http://www.phylotree.org/），以下是最常见的 mtDNA 单倍群划分（表 9-3）。同时，通过单倍群信息分析法医线粒体数据，有助于对群体样本数据进行质量控制。

表 9-3　主要线粒体单倍型类群和确定的编码区及控制区的特殊多态性

单倍型类群（群体）	编码区多态性	控制区多态性（不包括 263G，315.1C）
A（亚洲）	663G	16233T，16290T，16319A，235G
B（亚洲）	9bp 缺失，16159C	16217C，16189C
C（亚洲）	13263G	16233T，16298C，16327T
D（亚洲）	2092T，5178A，8414T	16362C
H（白人）	7028C，14766C	73A 其序列与控制区相同
H1（白人）	3010A	73A 其序列与控制区相同
H2（白人）	1438A，4769A	73A 其序列与控制区相同
H3（白人）	6776C	73A 其序列与控制区相同
H4（白人）	3992T	73A 其序列与控制区相同
H5（白人）	4336C	73A 其序列与控制区相同
H6（白人）	3915A	73A 其序列与控制区相同
H7（白人）	4793G	73A 其序列与控制区相同
I（白人）	1719A，8251A，10238C	16223T，199C，204C，250C
J（白人）	4216C，12612G，13708A	16069T，16126C，295T
J1（白人）	3010A	462T
J2（白人）	7476T，15257A	195C
K（白人）	12372A，14798C	16224C，16311C
L1（非洲）	2758A，3594T，10810C	16187T，16189C，16223T，16278T，16311C

续表

单倍型类群（群体）	编码区多态性	控制区多态性（不包括263G，315.1C）
L2（非洲）	3594T	16223T，16278T
L3（非洲）	3594C	16223T
M（亚洲）	10400T，10873C	16223T，16298C
T（白人）	709A，1888A，4917G，10463C，13368A，14905A，15607G，15928A，8697A	16126C，16294T
U5（白人）	3197C	16270T
V（白人）	4580A，15904T	16298C，72C
W（白人）	709A，1243C，8251A，8697G，8994A	16223T，189G，195C，204C，207A
X（白人）	1719A，6221C，8251G，14470C	16189C，16223T，16278T，195C

第三节 mtDNA 分型命名

标准化命名 mtDNA 序列有助于实验室之间数据共享。命名原则中所有术语用国际联盟理论与应用化学代码（IUPAC code），按照国际 DNA 委员会有关人类 mtDNA 命名建议，以安德森的修订 mtDNA 序列作为参考标准，以保证 mtDNA 分型结果的正确命名和共享。mtDNA 序列分析完成后，编辑和审查序列，未知样本序列数据用 Q 表示（question 的第一个字母大写）或者标注为样本，已知的对照序列数据用 K 表示（known 的第一个字母大写）或者标注为修订序列，开始序列比对。例如，分析未知样本序列数据是在 HV，按照所有 HV 有 610 个核苷酸的位置 nt16024～nt16365 和 nt73～nt340，评价未知样本序列数据，记录 SNP 位点位置、等位基因种类，然后做出分型。法医经典检验 D-环区的 HVRⅠ和 HVRⅡ（表9-4），还有 AC 重复序列。最基本的 mtDNA 测试是可变区Ⅰ（HVRⅠ）。核苷酸编号为 nt16024～nt16365 的测试报告可能省略 16 前缀，高变区Ⅰ的结果可以描写为 219C，而不是 16219C。在对结果的分析解释时，可能会有新位点等位基因和单倍型序列数据在数据库里没有，造成比对困难。所以每个实验室必须依据所在地区、群体建立专门 mtDNA 分型数据库，并制定解释准则。

表9-4　一个样本与 mtDNA-D 环区修订序列的比较

D 环区	样本与修订 mtDNA 序列的不同
HVRⅠ（编号 16024～16365）	111T，223T，259T，290T，319A，362C
HVRⅡ（编号 073～577）	073G，146C，153G

mtDNA 序列插入时的命名，依据修订序列和样本比对进行分型命名，先确定插入位置，在记录插入碱基。如图9-7样本序列在 315 位点后插入 C，它的结果应书写为 315.1C。

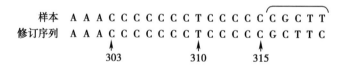

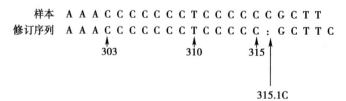

图9-7　mtDNA 序列插入时的命名

当 mtDNA 序列插入多个碱基时的命名。依据修订序列和样本比对进行分型命名，先确定插入位置，再记录插入碱基个数。例如图 9-8 样本序列在 315 位点后插入多个 C，它们的结果应书写为 315.1C、315.2C，依次类推。

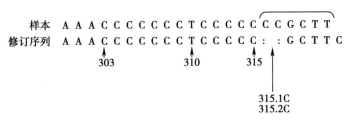

图 9-8　mtDNA 序列插入多个碱基时的命名

mtDNA 序列缺失碱基，依据修订序列和样本比对进行分型命名，先确定缺失的位置，再记录缺失碱基个数。例如图 9-9 样本 1 和样本 2，序列在在 523 位点缺失 A，在 524 位点缺失 C，它们的结果应书写为 523 A-del、524 C-del，依次类推。

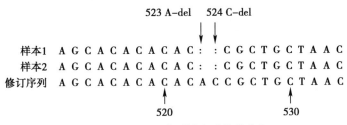

图 9-9　mtDNA 序列缺失碱基的命名

mtDNA 序列缺失和碱基替换同时出现时命名，依据修订序列和样本比对进行分型命名，先确定缺失的位置，再记录缺失碱基个数，然后确认碱基替换。例如图 9-10 样本，序列在 4 位点缺失 T，在 5 位点发生了碱基替换。它们的结果应书写为 4 T-del、5A-G，依次类推。

图 9-10　mtDNA 序列缺失和碱基替换同时出现时命名

如果怀疑等位基因存在异质性，但没有得到证实，都可以使用国际化编码中 N 表示。例如一个位点的等位基因 A/G 存在异质性，它们的结果应书写为 N 或 R。

知识拓展 9-1 ▶

mtDNA 长度多态性命名问题

　　mtDNA 命名的不确定会引起不同分析者对同一样本的命名不同。这样，同一 mtDNA 单倍型在群体数据库中就有多种输入形式，从而妨碍对某一特定单倍型频率的精确估计。因此，mtDNA 序列命名的标准化对实验室间便捷地比较和分享数据是非常重要的。

　　当待测样本与 rCRS 进行比对时，长度多态性的命名是需要面对的挑战。各实验室之间对插入和缺失处理不同，造成同一序列的命名不同。FBI 实验室的 Mark Wilson 及同事提出 3 个基本建议如下：①运用与参考序列最少数目的差异进行特征分型；②如果不同方法得到的差异数相同，应当优先考虑以下方式的差异(a)插入 / 缺失，(b)转换和(c)颠换；③插入和缺失应当放在的 3′ 末端(即长度多态性的最末端)。这是分等级的建议，与②和③相比，应当优先考虑①。

还有一些研究小组使用系统进化的方法来对 mtDNA 序列进行命名。未来的全线粒体字符串搜索将会消除分等级原则或者系统进化方法与参考序列进行比对造成的可能的不确定性和潜在的不匹配。

第四节 mtDNA 分析技术

随着测序技术发展，mtDNA 自动测序分技术已经成为常规检案方法，法医 mtDNA 序列分析的重点是 HVRⅠ和 HVRⅡ。目前，mtDNA 全基因组序列分析正在开始普及，新的方法不断出现。

一、法医 mtDNA 分型

线粒体基因组 DNA 的多态性多集中在控制区，又称 D- 环区(图 9-11)，这个区域有 1122 核苷酸，作为遗传标记可以用于法医学鉴定。目前法医检验的经典区域，包含 610 个核苷酸分布 HVRⅠ和 HVRⅡ，此外还有 AC 重复序列。当细胞核 DNA 量不足而无法进行分型时，mtDNA 技术分析是唯一可以利用的技术，生物检材中的毛干、骨头、牙齿和其他严重降解的检材也依赖 mtDNA 分析。与核 DNA 分型相比，mtDNA 分析需要更高的 PCR 循环数和每个细胞内更多拷贝数的 mtDNA，这就对实验室洁净要求更高，更需要严防污染，同时设置空白试剂对照和阴性对照。

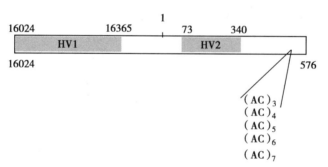

图 9-11 控制区(nt16024～nt576)的结构

(一)人线粒体基因组 DNA 模板的制备

适用于 mtDNA 检测的生物检材包括缺少毛根、毛球或附着组织的脱落的毛发；部分毛干；暴露在空气中很长时间的陈旧骨或牙齿；核 DNA 检测失败的来自犯罪现场的血痕或拭子；核 DNA 检测失败的组织(肌肉、器官或皮肤)。

1. 血液和血痕 血痕和 EDTA 抗凝的静脉血都使用 Chelex-100 法来提取 mtDNA。检材为血痕时，应先剪取约 3mm² 的血痕于 Eppendof 管中，加入 1ml ddH₂O，在低于 56℃或室温下放置，等血斑充分溶解至滤纸发白为止，后面步骤与静脉全血的提取方法相同。

2. 毛发 毛干是不含细胞核的角质体，检测不到核 DNA，但细胞质中的仍然存在一些线粒体。一般用碱裂解法提取毛干中的 mtDNA(图 9-12)。

3. 遗骸 在白骨化的尸体或古尸中，可以用改良的硅珠法从骨骼中提取 mtDNA 来进行法医学鉴定(图 9-13,图 9-14)。

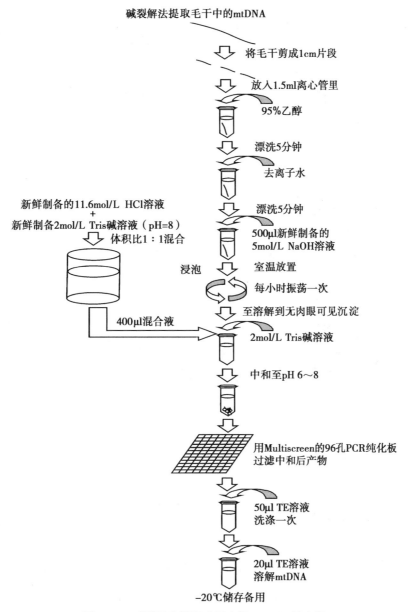

碱裂解法提取毛干中的mtDNA

将毛干剪成1cm片段

放入1.5ml离心管里

95%乙醇

漂洗5分钟

去离子水

漂洗5分钟

500μl新鲜制备的
5mol/L NaOH溶液

新鲜制备的11.6mol/L HCl溶液
+
新鲜制备2mol/L Tris碱溶液（pH=8）

体积比1∶1混合

浸泡 室温放置

每小时振荡一次

至溶解到无肉眼可见沉淀

400μl混合液

2mol/L Tris碱溶液

中和至pH 6～8

用Multiscreen的96孔PCR纯化板
过滤中和后产物

50μl TE溶液
洗涤一次

20μl TE溶液
溶解mtDNA

-20℃储存备用

图 9-12　碱裂解法提取毛干中的 mtDNA 的步骤

（二）人类线粒体基因组 DNA 高变区 I 和 II 的分析

针对 HVR I 和 HVR II 扩增的代表性引物设计见图 9-15。序列测定之前的 mtDNA 扩增分两步进行。先用 L15926-H00580 引物扩增约 1.3kb 长的全控制区片段，然后以扩增产物作为第二次扩增的模板，再分别扩增 HVR I 和 HVR II 区段。两次扩增的引物序列见表 9-5。

1. HVR I 和 HVR II 测序模板的扩增　① M13(-21)L-15997 和 H-16401 引物扩增产物 404bp，是 HVR I 区段 L 链测序模板。在 L-15997 引物的 5′ 端加有 21 个碱基(-TGT AAA ACG ACG ACG GCC AGT-)，是测序反应的通用引物；② M13(-21)H-16401 和 L-15997 引物扩增产物 404bp，是 HVR I 区段 H 链测序模板。M13(-21)H-16401 引物带有测序反应需要的通用引物。双链 DNA 序列测定经过 L 和 H 链分别从两个方向的测序，比对两链相应碱基的互补性，可以获得更准确的序列资料；③ M13 (-21)L-00029 和 H-00408 引物扩增产物 379bp，是 HVR II 区段 L 链测序模板；④ M13(-21)H-00408 和 L-00029 引物扩增产物 379bp，是 HVR II 区段 H 链测序模板。

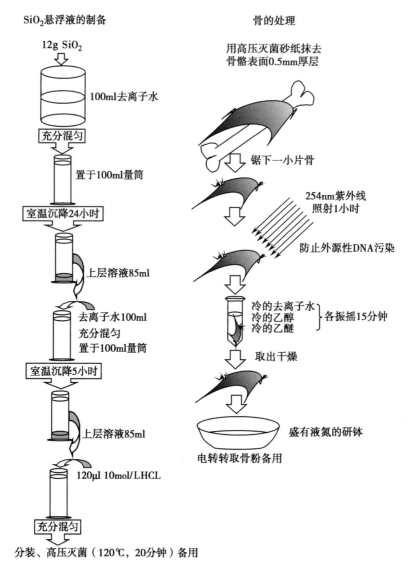

SiO₂悬浮液的制备   骨的处理

图 9-13 从骨骼中提取 mtDNA 所需的二氧化硅悬浮液和骨粉的制备

表 9-5 mtDNA 控制区、HVR I 和 HVR II 扩增引物序列

引物	序列
L-15926	5'-TCA AAG CTT ACA CCA GTC TTG TCT TGT AAA CC-3'
H-00580	5'-TTG AGG AGG TAA GCT ACA TA-3'
L-15997	5'-CAC CAT TAG CAC CCA AAG CT-3'
H-16401	5'-TGA TTT CAC GGA GGA TGG TG-3'
L-00029	5'-GGT CTA TCA CCC TAT TAA CCA C-3'
H-00408	5'-CTG TTA AAA GTG CAT ACC GCC A-3'
M13（-21）L-15997	5'-TGT AAA ACG ACG ACG GCC AGT CAC CAT TAG CAC CCA AAG CT-3'
M13（-21）H-16401	5'-TGT AAA ACG ACG ACG GCC AGT TGA TTT CAC GGA GGA TGG TG-3'
M13（-21）L-00029	5'-TGT AAA ACG ACG ACG GCC AGT GGT CTA TCA CCC TAT TAA CCA C-3'
M13（-21）H-00408	5'-TGT AAA ACG ACG ACG GCC AGT CTG TTA AAA GTG CAT ACC GCC A-3'

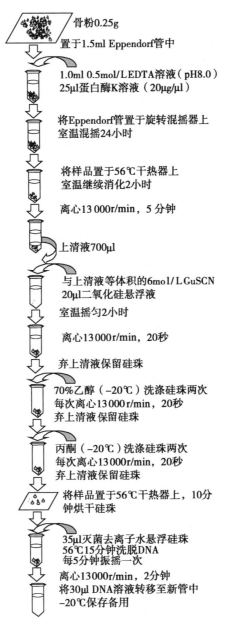

图 9-14　从骨骼中提取 mtDNA 的方法示意图

2. PCR 扩增反应体系　常规的 PCR 扩增体系一般都可以获得扩增产物，例如全控制区片段扩增体系 25μl，其中含模板 10ng，L15926-H00580 引物各 1μmol/L，4 种 dNTP 各 200μmol/L，Taq DNA 聚合酶 1.25U，1×PCR 缓冲液。热循环参数：94℃ 45 秒、50℃ 30 秒、72℃ 1.5 分钟，共 25 个循环。然后取 0.5μl 扩增产物作为二次扩增的模板，二次扩增得到的产物即测序模板。测序模板需要预先作纯化处理，去除残存的引物和 dNTP 等。

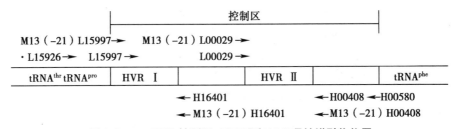

图 9-15　mtDNA 控制区、HVR I 和 HVR II 扩增引物位置

3. mtDNA 的 PCR 循环测序　用制备好的测序模板，按上述 PCR 循环测序技术进行序列测定，通常序列分析用自动激光荧光测序仪完成。

有关 HVR I 和 HVR II 区段扩增的策略有不同的报道，设计的引物序列也不尽相同，扩增产物的长度也有略有差异，但是都包含了 HVR I 和 HVR II 区段中所有的高度变异碱基位置。另外针对 438～574 号碱基之间的 HV-Ⅲ，也设计有特异性引物，制备测序模板。用 PCR 循环测序技术进行序列测定。

（三）人类线粒体基因组 STR 位点分析

mtDNA 多态性较好的 STR 位点只有一个，即位于 D 环中 nt514～nt523 位点处的 CA 重复。可采用表 9-6 引物来扩增 nt514～nt523 位点处的 CA 重复 STR。

表 9-6　扩增 mtDNA STR 位点的引物

扩增片段	引物名称	引物序列 5'-3'	3' 结合位置（碱基）	片段大小（bp）
nt514～nt523 的 CA 重复	24-2F	CTTTGATTCCTGCCTCATCC	132	540
	24-2R	TAGAAAGGCTAGGACCAAACCT	652	

二、人类线粒体控制区及全基因组 DNA 分析

按国际法医遗传学会推荐，法医线粒体分析已经开始要求对整个控制区测序，而不仅仅是对其 HVR I 和 HVR II。同时，新的技术发展已经容许大规模进行全基因组序列分析，即用新一代测序进行 mtDNA 全基因组测序，并与线粒体标准序列（rCRS）进行比对。

案例 9-1 ▶

俄国沙皇遗骨鉴定

1918 年，俄国十月革命期间，沙皇 Nicholas 二世和他的家人被处以极刑。行刑队击毙了他们以后，在尸体上泼洒硫酸，以致尸体无法辨认，并把他们掩埋在一条公路下的浅坑内。此后，他们的残骸一直去向不明。直到 1991 年 7 月，在俄国 Ekaterinburg 附近的一座浅墓穴内发现了 9 具骸骨，他们极有可能就是末代沙皇和他的家人以及仆从。但由于面颅破坏严重，计算机辅助颅像重合技术和齿科学分析等众多法医检验技术根本无法识别。俄国联邦首席法医师求助于英国法庭科学服务部（FSS）对骸骨进行 DNA 分析以识别骸骨身份，用 5 个 STR 遗传标记对 9 具骸骨进行分析提示，9 具骸骨中包括 Romanov 家庭成员（沙皇、皇后及 3 个孩子）、3 个佣人和家庭医生。STR 等位基因分析建立了残骸间的家庭关系，但仍需要确证这些残骸是来自俄国的皇室家族成员。mtDNA 分析解决了这个问题。从每具遗骸股骨中提取 mtDNA 进行测序，然后对 Romanov 家族的母系后代的血液样本进行了测序。爱丁堡公爵，即英国女王伊丽莎白的丈夫 Philip 亲王，是皇后 Alexandra 母系直系后裔的曾外甥，因此与他的血液样本测序结果的比较可以证实孩子间的同胞关系及与皇后家族的母系关系。在这次检测的 mtDNA 控制区 740 个碱基中，Philip 亲王与疑为皇后的被鉴定样本和 3 个孩子的序列完全匹配。疑为沙皇的被鉴定样本的 mtDNA 序列与沙皇 Nicholas 二世外祖母的母系直系后裔的两个亲属比较后发现，只有 nt16169 碱基不同。在这个位置，疑为沙皇的被鉴定样本是两个碱基的混合（T 和 C），即异质性；而亲属的血液样本只有 T 碱基。为了进一步核实残骸的沙皇身份，他们又挖掘了 Nicholas 二世兄弟 Georgij Romanov 公爵的骸骨，并由军方 DNA 鉴定实验室检验，结果在 mtDNA 序列的同一碱基位置也发现有异质性。由于在两个无关个体间发生这种异质性的机会非常少，从而证实这些骸骨确是沙皇 Nicholas 二世和他的家庭成员，并以皇室家族葬礼安葬。

第五节 mtDNA 分型的特殊问题

mtDNA 序列多态性在个体识别鉴定的实用价值在于检测灵敏度高。因为检材的特殊性或微量材料无法完成 STR 分型时,mtDNA 序列分析可能获得成功。常规作法是将现场检材与嫌疑人检材同时作 mtDNA 序列测定比对,如果两份检材的序列不同,则说明不是来自同一个体,可以排除嫌疑人是作案人。如果两份检材的 mtDNA 序列经过对比,发现二者序列相同,这只是一个实际检测结果,不能轻易认为是来自同一个体(表 9-7)。有两个因素必须考虑:① mtDNA 属母系遗传,凡属同一母系的后代,mtDNA 序列都是相同的,序列一致只说明不排除同一个体的可能;② mtDNA 能够提供的信息量有限。因为 mtDNA 遗传的特点,mtDNA 检验结论的数据统计不能以多个 SNP 联合概率来计算,而是每一种与其他有差异的序列都应作为一种单倍型,从相应的人群数据中得到每一种单倍型频率。按照单倍型频率资料远不足以作为同一性的证据。所以,mtDNA 序列多态性在个体识别鉴定中真正的价值在于排除同一性。

mtDNA 的异质性是在实际案件材料分析中发现的。对样品 mtDNA 双链序列测定时,在某特定的碱基位置上,标准的信号背景基线以上出现 2 个峰成分,次要峰信号强度占主要峰的 40% 以上,形成明确的 2 个碱基信号的混合图形。而且这种异常现象可以重复,可考虑是碱基异质性。异质性热点在 HVR I 有 nt16093,16129,16153,16189,16192,16293,16309 和 16337;HVR II 有 nt72,152,189,207。异质性违背同一个体 mtDNA 序列必然是一致的前提条件,给个体识别鉴定增加了变数,排除同一性结论应十分谨慎。迄今对于人类 mtDNA 异质性形成机制与规律,是否具有器官特异性等问题还不够清楚。在案件材料鉴定中,遇到 1 个或者 2 个碱基差异,需要考虑异质性存在,需要再取其他的材料如多根头发,唾液或血样进行复查。如果多份检材的异质性出现在同一位置,反而对认定同一个体检材有利。如果在多个位置出现序列的差异,要考虑混合样本或是样本污染。目前应用常规的自动序列测定技术,实际观察到的异质性出现率大约为 2%~8%,而且多出现在有限的 1~2 个碱基位置上,对个体识别鉴定还不构成太大的影响。为避免可能存在的异质性影响,mtDNA 高变区序列测定要求从正、反链双向测序,并至少重复一次。多聚 C 位置因插入形成多聚 C 长度差异也需注意。对于多聚 C,可以采取在 2 个独立反应对相同单链测序 2 次,或者采用不同的引物扩增双链,以保证数据质量。

表 9-7 待测定样本(A)和参考样本(B)直接比较结果的解释方法

测序结果	观察报告	解释方法
A: CCACCCCTCAC B: CCACCCCTCAC	两条序列的所有碱基都一致	不排除两样本来自具有母系亲缘关系的两个体
A: CCACTCCTCGC B: CCACCCCTCAC	两条序列在两个位点处存在碱基差异	排除两样本来自具有母系亲缘关系的两个体
A: CCACCCNTCAC B: CCACCCCTCAC	一条序列中有一个碱基无法确定,其他位点相同	一般不排除两样本来自具有母系亲缘关系的两个体或者不能得出结论
A: CCACCCNTCAC B: CNACCCCTCAC	两条序列在两个不同位点都有不确定的碱基,其他位点相同	不能得出结论
A: CCACCCCTCA/GC B: CCACCCCTCAC	一条序列中的一个位点处存在异质性,另一序列没有,其他位点相同	不排除两样本来自具有母系亲缘关系的两个体
A: CCACCCCTCA/GC B: CCACCCCTCA/GC	两条序列在同一位点处存在相同的异质性,其他位点相同	不排除两样本来自具有母系亲缘关系的两个体
A: CCACTCCTCAC B: CCACCCCTCAC	两条序列只有一个位点处存在碱基差异且无异质性	一般不排除两样本来自具有母系亲缘关系的两个体,或者不能得出结论

mtDNA 结果的解释一般可以分为三类:排除、不能定论、或不能排除(表 9-7)。如果未知样本序列和已知的对照序列有两个或两个以上的核苷酸之间的差异(不包括长度异质性),就可以排除来自同一人或家系。如果未知样本序列和已知的对照序列有一个核苷酸之间的差异,无论二者在 HVRⅡ 是否具有共同的长度变异,未知样本序列分析结果将是不能定论。如果未知样本序列仅在 HVRⅡ 长度变异不同,其他位置碱基完全一致,未知样本序列分析结果将是不能定论。如果未知样本序列数据和已知的对照序列数据在每个位点上都有一致的碱基序列(包括具有共同的长度变异),未知样本就不能排除是来自同一人或同一家系。在遇到含糊不清的情况下例如组织异质性序列分析时,不同的样本会有共同碱基。在同一位点的组织异质的两种样本比对时,不能依据这一种序列数据做出排除的结论。尤其是在 HVRⅡ 长度变异的多聚 C,不能用排除来解释结果。由于潜在突变,在母子之间发现了单位点碱基的突变时,也不能彼此排除。不同组织 mtDNA 异质性数据库也应建立,以确保正确的分型。

本章小结

本章介绍了 mtDNA 基因组的特点、多态性、分型命名、分型技术及分型特殊问题解释。其中,mtDNA 基因组以母系遗传、高拷贝数、多态性和耐降解等特点确定了在法医学领域的地位。mtDNA 的多态性包括单核苷酸多态性、串联重复序列多态性单倍型和单倍群。mtDNA 命名的所有术语用国际联盟理论与应用化学代码(IUPAC code),以安德森的修订 mtDNA 序列作为参考标准。法医 mtDNA 分析多集中在控制区。mtDNA 分型解释需要考虑到 mtDNA 能够提供的信息量有限,序列一致只说明不排除同一个体,同时要注意异质性的存在和多聚 C 的问题。mtDNA 序列多态性在个体识别鉴定中真正的价值在于排除。

关键术语

线粒体(mitochondrion)

线粒体 DNA(mitochondrial DNA,mtDNA)

安德森序列(Anderson sequence)

剑桥参考序列(Cambridge Reference Sequence,CRS)

异质性(heteroplasmy)

高变区(high variable regions,HVR or HV)

单核甘酸多态性(single nucleotide polymorphism,SNP)

单倍群(haplogroup,Hg)

人类粒线体 DNA 单倍型类群(Human mitochondrial DNA haplogroup)

单倍型(haplotype)

(李生斌 翟仙敦)

思考题

1. mtDNA 的特点是什么?

2. mtDNA 分型的优点是什么?

3. mtDNA 分型主要方法是什么?

4. mtDNA 分型的特殊问题是什么?

5. mtDNA 在个体识别鉴定中真正的价值是什么?

第十章 二等位基因 DNA 遗传标记

学习目标

通过本章学习，应该**掌握**二等位基因 DNA 遗传标记的类型及法医学应用；SNP 的概念、特点，SNP 与 STR 比较的优缺点，SNP 的法医学应用；InDel 多态性的概念、特点及法医学应用优势。**熟悉**各种 SNP 分型技术的原理。**了解**各种 SNP 分型技术的优缺点及法医学应用现状。

二等位基因遗传标记是指只有两个等位基因的遗传标记，虽然其遗传多态性较 STR 低很多，但检测片段更短更适用于高度降解检材分析。特别是它们具有一些 STR 无法实现的特殊功能如表型特征刻画、种族推断等，近年来受到许多法医遗传学家的关注，并逐步由基础研究向法医学应用过渡。二等位基因遗传标记主要包括单核苷酸多态性（single nucleotide polymorphism，SNP）及插入 / 缺失多态性（insertion/deletion polymorphism）。

第一节 单核苷酸多态性

DNA 序列多态性（DNA sequence polymorphism）是指一个基因座上因不同个体 DNA 序列有一个或多个碱基的差异而构成的多态性，可通过 DNA 序列测定的方法进行检验分析。其中单核苷酸多态性（single nucleotide polymorphism，SNP）是人类基因组中含量最丰富的 DNA 序列多态性，被认为是继 STR 后的第三代遗传标记。

一、SNP 的分子遗传学基础

SNP 是指基因组中特定部位单个碱基序列的变异而引起的 DNA 序列多态性。由于碱基发生变化，表现为二等位基因、三等位基因或四等位基因标记，其中以二等位基因标记最为常见，形成 1 个 SNP。例如，某个基因座上某个位置的碱基存在 A 或 G 两种形式，那么该基因座在人群中就可能有三种基因型，即 AA、AG、GG（图 10-1/ 文末彩色插图 10-1）。二等位基因的 SNP 有六种类型：GA、CT、GT、AC、AT、GC；其中常见类型为转换，GA 和 CT 发生的比值各占 30%，其余四种颠换各占 10%。

SNP 具有以下特点：

1. SNP 广泛存在于人类基因组中，大约平均每 1000bp 存在一个 SNP，在人类基因组中约有 300 万个 SNP，其数量要比 STR 基因座超出几个数量级。虽然单个 SNP 所能提供的遗传信息量有限，但就整体而言，其多态性更高。

2. SNP 大都表现为二等位基因标记，即人群中只有两个等位基因和三种基因型，易于分型和确定基因频率。

3. SNP 基因座的片段更短，更适合 PCR 扩增，分析降解 DNA 能力更强。

4. SNP 遗传标记突变率较 STR 低，具有较高的稳定性。

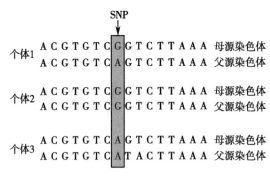

图 10-1 SNP 的二等位基因

SNP 位点如图中蓝色框所示,个体 1 为杂合子,个体 2 与个体 3 为纯合子

5. SNP 分析方法较多,易于进行自动化分析。

6. 编码区 SNP(coding SNP, cSNP)与表型有关,研究价值大。

知识链接 10-1 ▶

SNP 数据库

　　SNP 数据库(SNP database, dbSNP)是由美国国家生物技术信息中心和国家人类基因组研究所联合开发的一个免费公共数据库,收录各种生物的遗传变异。虽然数据库的名字是 SNP 数据库,但实际上数据库中包含有多种变异类型:SNPs,短片段 InDel,微卫星标记或 STRs,多核苷酸多态性(multinucleotide polymorphisms, MNPs),杂合序列。该数据库是 1998 年作为 GenBank 的补充而创建的。截止到 2014 年 10 月 14 日,dbSNP build 142 已收录 104 672 635 条经过验证的 RefSNP 数据,其中包括人类、牛、斑马鱼、小鼠等物种。http://www.ncbi.nlm.nih.gov/SNP/snp_summary.cgi

---

二、SNP 与 STR 的比较

　　SNP 作为潜在的法医遗传标记最主要的原因是 SNP 的扩增片段可小于 100bp,这就意味着相较于 STR,SNP 可从降解 DNA 样本中获得更多的信息;其次,SNP 的突变率低,也是其相对于 STR 的优势;第三,由于检测方法不只局限于电泳,SNP 的检测可做到更大的通量,例如采用基因芯片技术,其检测通量较 STR 的电泳分型可提高几个数量级;第四,因其不需要按照片段大小电泳分离,样本处理及数据分析较 STR 更加自动化;第五,分型数据中没有 stutter 峰等人工伪峰,有助于简化等位基因分析;第六,有些 SNP 标记可预测种族来源或表型特征,这是 STR 不能实现的。SNP 的这个功能可能为法医 DNA 分析的实际应用带来巨大改变,将在种族推断及人体生物特征的刻画方面大显身手。

　　但是,由于 SNP 的二等位基因性质,比有多个等位基因 STR 的多态性程度大大降低,因此需要更多的 SNP 遗传标记,方能获得与多等位基因 STR 标记相当的识别率。研究认为 50 个 SNP 可以达到 12 个 STR 基因座的识别率。当每个 SNP 的等位基因频率为 0.1 和 0.9 时,62 个 SNP 的平均匹配概率为一百亿分之一。对于有母亲参加的三联体亲子鉴定,需要 31～81 个 SNP 才能达到 99.9% 的排除概率,而对于二联体亲子鉴定,这些 SNP 只能达到 80% 的排除率。由于 SNP 位点在不同人群中具有不同的等位基因频率,所以实际工作中 SNP 的需求量是不同的。大约需要 50～100 个 SNP 才能获得相当于 10～16 个 STR 基因座的识别能力。如何实现同时复合扩增足够的 SNP 标记,是 SNP 应用于法医 DNA 分型的一个巨大挑战。目前的研究已经能够做到在一个反应体系中同时复合扩增 50 个以上的 SNP。

此外，二等位基因 SNP 在分析混合样本中也存在很大困难，因为对于只有两个等位基因的图谱，很难判断是一个杂合子的单一样本，还是两个纯合子的混合样本或一个杂合子和一个纯合子的混合样本，这就需要 SNP 等位基因的准确定量信息。再次，目前尚未建立核心 SNP 位点及统一的检测技术平台，且各国法庭科学 DNA 数据库中收录了大量的 STR 数据。所以未来很多年内 SNP 不太可能取代 STR 作为案件调查获取信息的主要手段。表 10-1 列出了 SNP 与 STR 遗传标记的对比。

表 10-1 SNP 与 STR 的比较

特征	STR	SNP
人类基因组中分布	约每 15kb 一个	约 1kb 一个
等位基因数目	通常为 5～20 个	一般为 2 个（也有三等位基因 SNP）
多态性程度	较高	较低，大约相当于 STR 的 20%～30%
检测方法	凝胶 / 毛细管电泳	测序、DNA 芯片等多种方法
检测片段长度	一般为 100bp～400bp	小于 100bp，更适合降解 DNA 的分析
突变率	约 10^{-3}	约 10^{-8}
复合分型能力	多色荧光标记可复合扩增 10 个以上 STR	复合扩增 50 个以上 SNP 难度较大（基因芯片和新一代测序除外）
法医学应用	亲缘鉴定、个体识别	除亲缘鉴定和个体识别外，还可进行种族推断、个体表型特征识别等

三、SNP 的法医学应用

2007 年在丹麦哥本哈根召开的第 22 届国际法医遗传学大会上，正式提出 SNP 的法医学应用分为 4 种类型：①个体识别 SNP 系统（Individual Identification SNPs, IISNPs）：IISNPs 需要拥有较高的个体识别能力及非常低的偶合概率，即在群体中任意两个无关个体拥有相同的多个 SNPs 基因型组合的概率接近于 0；②祖先信息 SNPs（Ancestry Informative SNPs, AISNPs）：AISNPs 可对判断某一个体的祖先来自于世界哪一个地区提供较多的信息，可用于推断样本的种族来源；③系谱信息 SNPs（Lineage Informative SNPs, LISNPs）：一套紧密连锁的多个 SNPs 位点组合，用于亲缘关系的鉴定，较二等位基因的 SNPs 位点更适合隔代分析；④表型信息 SNPs（Phenotype Informative SNPs, PISNPs）：决定人体特异性表型特征（如皮肤颜色、头发颜色、眼睛颜色、面貌特征等）的 SNPs，可用于人体生物特征的刻画。

针对上述 4 种类型的 SNP 系统，在筛选基因组中 SNP 时有不同的标准。如候选的 SNP 位点应该容易分型、对于相应的 4 种法医学应用能够提供较多的信息等。尤其对于 IISNPs，候选 SNPs 还必须满足下列标准：①不能携带有关个人医疗信息或其他敏感的信息；②系统内 SNPs 之间要处于连锁平衡状态；③系统内的 SNP 数目要足够多以满足个体识别的要求；④所有 SNP 位点的群体遗传学数据已经在公开刊物上发表。

（一）个体识别 SNP 系统

对于 IISNPs，目前研究比较成熟的是欧洲 SNPforID 协会研制的 52 SNP-plex，包含 52 个处于连锁平衡状态的常染色体 SNP 基因座，用复合 PCR 及微测序法进行分型，在亚洲人群和欧洲人群的非父排除概率分别为 0.9991 和 0.9998，具体数据可登录 http://www.snpforid.org 网站查询。对 52 SNP-plex 系统在亲子鉴定中的应用价值进行系统评估，分析了 124 个真三联体家系，父权指数在 10^5～10^6 之间；父亲与孩子二联体的父权指数在 10^3～10^4 之间。与 15 个 STR 基因座的父权指数相比，该 SNP 体系的父权指数低 5～50 倍。但在这 124 个案例中，发现 STR 基因座有 6 个突变，SNP 基因座无突变，表明 52 SNP-plex 体系在亲权关系鉴定中是一个非常有效的系统。尤其对于涉及移民的亲权鉴定案件，往往缺乏父母一方的信息，或需要分别计算父亲和母亲的亲权指数，并且需要考虑排除叔侄关系或姨亲关系。对于这样的案件,常规 STR 检验往往不能提供足够的证据以得到满意的结论。因此,对于复杂的亲权鉴定案件,补充 SNP 基因座较 STR 基因座可能更有效。

(二)祖先信息 SNPs

人群特异的等位基因在 STR 及 SNP 都存在,但 SNP 的突变率大约为 1×10^{-8},而 STR 的突变率约 1×10^{-3},相对于 STR,SNP 的等位基因更容易在人群中"固定"下来,很多 SNP 被发现具有人群特异性。因此,SNP 是推断种族来源更好的遗传标记。已有商品化试剂盒(DNAWitness Bio-Geographical kit)可推断四个主要生物地理群体的祖先:撒哈拉以南的非洲群体、欧洲群体、东亚群体及美洲土著群体。新的试剂盒还包括含 320 个 AISNPs 的 EurasianDNA 1.0 和含 1476 个 AISNPs 的 EuropeanDNA 2.0 产品,可以对欧洲亚裔祖先进行更细致的推断。

一些研究表明,通过分析大量的 SNP 标记,能够将基因分型结果与欧洲不同地理位置的人群建立关联。2012 年,西班牙法医学家应用单碱基延伸方法构建了一组包括 34 个 AISNPs 位点的系统用于祖先识别。我国也研发了一组能够有效预测黄色、黑色、白色人种的 SNP 系统,并已应用在一些案件的侦破中,为侦查提供了重要的线索。在多民族混居地区发生的各种刑事、民事案件的侦破中,当现场生物样本的 STR 分型不能在 DNA 数据库中找到匹配者,或对于目击证人的证言有怀疑时,若能确定该生物性检材的民族来源,将会为案件的侦破提供有价值的线索,对缩小侦查范围,争取破案时机,帮助确认证人的证词具有重要意义。需要注意的是,研究发现祖先信息遗传标记的可移植性是有限的,也就是说,针对一组样本有效的祖先信息 SNP 在另一组样本可能完全无效。因此,对于不同的群体应选用不同的 AISNPs 标记。

案例 10-1 ▶

二等位基因 SNPs 用于族源分析

美国路易斯安那州的 Baton Rouge 市在 18 个月间发生了 5 起强奸杀人案。根据一位目击证人的描述,曾看见一白人男性搭乘一辆卡车离开某个犯罪现场,警方立即发起采集该地区 1000 多个白人男性 DNA 样本的拉网排查行动。结果毫无进展。后来警方通过检测 SNP 帮助预测犯罪现场提取的生物样本的种族血统。检测结果发现样本来源个体具有 85% 非裔美国人的血统以及 15% 美国印第安人的血统。于是,警方将注意力转向黑人男性。两个月后逮捕了 Derrick Todd Lee,一个拥有多次犯罪记录、常驻该地的非裔美国人。后经 13 个 STR 分析证实了 Derrick Todd Lee 的 DNA 分型与现场样本匹配。本案例说明二等位基因 DNA 标记 SNPs 在族源推定方面具有其他遗传标记难以替代的作用,可为侦查提供有用线索。

(三)系谱信息 SNPs

LISNPs 是指处于遗传连锁的一组 SNPs,即这些 SNPs 在传给下一代时不会发生重组。这些连锁的 SNPs 在世代传递间形成单倍型组,这一单倍型组较单一 SNP 位点的等位基因能够提供更多的信息,用于判断亲缘关系。这种单倍型组主要是存在于性染色体及线粒体 DNA。

Y 染色体 SNP(Y-SNP)的父系遗传特征使其能够有效评估不同人群之间的主要差异,是用于研究人类迁徙的重要遗传标记,通常用于确定不同人群的单倍群及生物地理祖先的预测研究。Y-SNP 的等位基因通常命名为"祖先的"或"派生的",分别用"0"或"1"表示。Y-SNP 的"祖先"等位基因通常通过与大猩猩同一遗传标记的 DNA 序列比对来确定。在法医学应用方面,Y-SNP 有助于识别一些混合人群以及一些少数民族,目前已开始用下一代测序技术分析 Y-SNP 进行家系鉴定。

X 染色体 SNP(X-SNP)因其独特的遗传方式,即交叉遗传和伴性遗传,在一些特殊亲缘关系鉴定中具有独特优势,如缺乏双亲的同胞姐妹认亲、同父异母的半同胞姐妹认定,以及无其他参照样本的祖母与孙女的亲缘关系鉴定等。在推断至少包括一个女性的二联体亲缘关系鉴定中(如母女、母子、父女)，X 染色体也可以提供很有价值的补充信息，且在一定程度上更具优势。目前已有一些 X-SNP 的群体遗传学数据及初步的法医学应用报道。

线粒体 DNA（mitochondrial DNA，mtDNA）的遗传方式为母系遗传，在母系亲缘关系鉴定中具有特殊应用价值。mtDNA 的控制区存在大量序列多态性位点，编码区也存在一些序列多态性位点，可应用 DNA 测序技术及各种 SNP 分析技术进行检测。

（四）表型信息 SNPs

当案发现场遗留的样本 DNA 分型图谱不能与嫌疑人匹配，也未在 DNA 数据库中找到匹配者时，该 DNA 分型图谱就不能为案件的侦破提供更多的信息。但是，如果能够利用证据 DNA 预测其生物表型特征，将对侦查提供非常有价值的线索。

最早进行法医表型特征研究的是英国法庭科学服务部（Forensic Science Service，FSS），他们在 2001 年报道了黑皮质素 1 受体基因与红色毛发具有很好的相关性。此外，研究发现位于 15 号染色体的黑素指数相关基因 SLC24A5 第三外显子区的一个 SNP（rs1426654）影响肤色的形成，这个 SNP 位点对于不同肤色祖先来源的预测也十分有效。世界首例商品化的表型预测试剂盒是荷兰科学家研制的 IrisPlex，该系统通过检测 6 个 SNP 位点帮助预测蓝色或棕色眼睛，并已进行了灵敏度及特异性等法医学有效性评估研究。

随着人类基因组信息的不断挖掘，人类遗传变异如何决定表型特征将被揭示，比如面貌特征、耳廓形状、身高等等。但是，由于这些表型属于多基因遗传性状，而且受环境因素的影响，具有极大的复杂性。因此，仅凭少数几个精心挑选的 SNP 是难以准确勾勒出生物样本的面貌特征的。目前已经知道与面部特征相关的 20 多种基因，根据关联分析，可大致勾勒出基因拥有者的模样。有文献报道能够根据 DNA 信息推测出一个人大体长相的 3D 轮廓。该技术的精确度还有待进一步提高，离广泛应用还有一定差距，但已经展现了重要的法医学意义。

第二节　插入/缺失多态性

插入/缺失（insertion or deletion，InDel）是由于 DNA 片段的插入或缺失形成的 DNA 多态性，插入/缺失的 DNA 片段可以是 1 个到数百个核苷酸，其两个等位基因可以简单地分为短和长。

一、InDel 的分子遗传学基础

与 SNP 一样，InDel 也是基因变异的一种替代形式，但对于 InDel 的研究远没有 SNP 那样广泛。2006 年，美国 Emory 大学医学院 Ryan 等应用 DNA 重测序及计算机技术绘制了第一张人类基因组 InDel 变异图，包含 415 436 个 InDel。这些 InDel 中，大约 36% 分布在已知基因的启动子区、内含子及外显子区。文中确定了 5 种类型 InDel：①单个碱基对的插入/缺失；②单碱基对重复插入；③多碱基对（2～15 个）重复插入；④转座子的插入；⑤随机 DNA 序列的插入/缺失。不难看出，其中第 2 种和第 3 种 InDel 实际上是重复序列的插入，即 STR 或 VNTR。因此，从某种角度说，STR 遗传标记可看作是多等位基因的 InDel。据估计，人群中至少存在 156 万个 InDel。2010 年，千人基因组计划联合工作组在 Nature 发表文章，描绘了人类遗传变异图，其中包括 1500 万个 SNP 和 100 万个 InDel 的染色体定位、等位基因频率及单倍型结构。

与 SNP 的序列多态性不同，InDel 的二态结构是单个或多个碱基的插入或缺失，两个等位基因表现为 DNA 长度的差异（图 10-2）。在人类基因组超过 2000 个二等位基因 InDel 中，约 71% 是 2 个、3 个或 4 个核苷酸长度的差异，只有 4% 的超过 16 个核苷酸长度的差异。

InDel 具有与 SNP 相近的突变率，即突变率明显低于 STR；扩增片段可小于 100bp，有助于降解样本的 DNA 分型；二态的分型结果易于分析和检测，InDel 的两个等位基因表现为片段长度多态性，可以采用目前 STR 分型常用的复合荧光多重 PCR 联合毛细管电泳技术进行检测，而且不会出现

stutter 峰等人工伪峰，等位基因分型更为简便。因此，InDel 兼具 SNP 与 STR 的某些特征，是法医学理想的遗传标记。

野生型序列
AT CTTCAGC CATAAAA GATGAAGTT

3bp缺失
ATCTTCAGC CATA GATGAAGTT

4bp插入
ATCTTCAGC CATA GTGT AAA GATGAAGTT

图 10-2　InDel 遗传标记插入缺失结构

二、InDel 的法医学应用

有关二等位基因 InDel 位点的群体遗传学数据已有很多报道，如中国汉族人群、非洲人群、欧洲人群、美洲人群等，同时也建立了一些适用于法医学检验的 InDel 分型系统。葡萄牙和西班牙的学者建立了包含 38 个常染色体 InDel 位点的复合扩增体系，应用标准的毛细管电泳技术平台进行基因分型，且扩增产物小于 160bp，适用于降解 DNA 样本，在本民族的匹配概率为 10^{-14}，相当于 13 个 STR 位点的系统效能。我国司法部司法技术鉴定研究所学者构建了 InDel_typer30 系统，该系统包含 30 个 InDel 位点和 1 个性别基因，30 个 InDel 位点分布于 22 个染色体上，互不连锁，在中国汉族、回族、维吾尔族、蒙古族、藏族 5 个人群的匹配概率均达到 10^{-11}，扩增片段小于 260bp。InDel 标记是检测降解检材的有用遗传标记。有报道联合应用 SNP 和 InDel 遗传标记用于 35 年前的遗骨分析，结果显示联合使用 50 个 SNPs 和 38 个 InDel 遗传标记随机匹配概率达 10^{-19}，SNP 和 InDel 遗传标记的联合应用较 STR 和 mini-STR 遗传标记更适于降解检材的分析。

InDel 遗传标记还被应用于复杂亲缘鉴定的案件，有研究对假设父实际为孩子父系近亲属的亲缘鉴定案件适用 InDel 进行了分析，通过对 100 对叔侄和祖孙二联体使用 15 个 STR 和 38 个 InDel 遗传标记分析，结果显示在二联体的两个个体检测结果均相符的情况下，使用 InDel 遗传标记计算的 LR 值更容易获得正确结果，从而降低了错判率。

> **知识拓展10-1 ▶**
>
> ### Alu 插入多态性遗传标记
>
> 　　Alu 序列被认为是研究人类起源、进化、融合与多样性的重要遗传标记。Alu 家族是灵长类基因组特有的含量丰富的重复序列，是短散在重复元件（short interspersed elements，SINEs）中最大的一个家族，也是基因组中最活跃的遗传元件之一。Alu 序列因其可被限制性核酸内切酶 Alu I 切割而得名。Alu 序列长约 300bp，经过 6500 万年的进化，它在基因组中的拷贝数超过了 100 万，占基因组的 10%。Alu 序列的插入可改变 DNA 结构，主要表现为插入多态性。这种多态性不仅表现为插入位置不同，也表现为插入 / 缺失的多态性，Alu 插入多态性的二等位基因表现为 DNA 长度的差异，可用于法医学个体识别与亲子鉴定。已有研究报道 32 个 Alu 插入多态性遗传标记组成的系统在俄罗斯群体的平均匹配概率达到 5.53×10^{-14}，非父排除概率达到了 99.784%。Alu 插入多态性可记录种族特征，因此在法医学种族推断方面，Alu 序列也具有较高应用价值。此外，Alu 序列还可用于种属鉴定、性别鉴定及 DNA 定量分析，是法医学应用价值较高的遗传标记。

第三节　分 析 技 术

　　SNP 的检测方法有很多种，主要分为两大类：传统的凝胶检测法和现代的高通量技术。传统技术如 PCR-RFLP、等位基因特异性探针（ASO）、单链构象多态性分析技术（SSCP）、序列特异性引物（SSP）技术等，自动化程度低，检测的灵敏度低。而近十多年来涌现出的许多现代化的高通量分析技术，包括 SNaPShot 技术、焦磷酸测序技术、TaqUan 技术、DHPLC 技术、MALDI-TOF-MS 技术、DNA 芯片技术、SNPlex、连接酶检测反应法（ligase detection reaction，LDR）、微球法（Illumina）等，可以满足大样本及多 SNPs 位点的基因分型要求。上述每种方法都有各自的优势和局限性，适合于不同的研究目的。对于个体识别及亲子鉴定，需要检测 50～100 个 SNP 位点。因此，能够进行多位点 SNP 复合分型的技术平台更适合法医学应用。在这些技术中，DNA 芯片技术的位点通量最高，其次为 SNPlex 及 SNaPShot 技术。但 DNA 芯片技术的假阳性问题限制了其在法医学中的应用，而 SNaPShot 技术由于建立在毛细管电泳基础上，在法医 DNA 实验室便于推广应用，是目前法医学进行多位点 SNP 分析较好的选择，SNPlex 技术通量较 SNaPShot 技术高，但需要至少 16 道的毛细管电泳仪。以下是几种常用技术的原理、方法、优缺点及法医学应用。

一、DNA 芯片技术

（一）基本原理

　　DNA 芯片（DNA chip），也称生物芯片（biochip），其大小与计算机上的 CPU 芯片相似，约 1cm^2 或更大些，以玻璃、硅、聚丙烯等作为载体基片，芯片上铺了一层肉眼看不见的 DNA 纤维"地毯"，即具有特定碱基序列的探针，其探针密度跨越范围几百至上百万不等，其中 GoldenGate^{TM} 所使用的微球芯片密度可达 100 万，Affymetrix SNP 芯片密度近 200 万。待测基因经提取后，被切成长短不一的片段，经荧光化学物质标记后，注射到嵌有芯片的载片上。由于 DNA 和探针杂交的程度与荧光强度相关，因此通过激光扫描，即可根据荧光强弱测出被检测序列的变异。

（二）DNA 芯片的 SNP 检测平台

　　目前，基于 DNA 芯片的 SNP 检测平台已经成为高通量、大规模、全基因组 SNP 检测分析的主流技术。其中典型的代表是 Affymetrix 公司的 SNP 检测高密度 DNA 微阵列芯片。新的 Genome-Wide SNP Array 6.0 产品的特点是超过 1 800 000 个遗传变异标志物，包括超过 906 600 个 SNP 和超过 946 000 个用于检测拷贝数变化的探针。大约有 482 000 个 SNPs 来自于前代产品 500K 和 SNP5.0 芯片。剩下 424 000s 个 SNP 包括了来源于国际 HapMap 计划中的标签 SNPs，X，Y 染色体和线粒体上更具代表性的 SNPs，以及来自于重组热点区域和 500K 芯片设计完成后新加入 dbSNP 数据库的 SNPs。SNP6.0 还包括了 202 000 个用于检测 5677 个已知拷贝数变异区域的探针，这些区域来源的于多伦多基因组变异体数据库。该数据库中的每个 3182 个非重叠片段区域分别平均用 61 个探针来检测。除了检测这些已知的拷贝数多态区域，还有超过 744 000 个探针平均分配到整个基因组上，用来发现未知的拷贝数变异区域。

（三）基本技术

　　DNA 芯片技术主要包括四个主要步骤：芯片制备、样品制备、杂交反应、信号检测和结果分析。

　　1. 芯片制备　目前制备芯片主要以玻璃片或硅片为载体，采用原位合成和微矩阵的方法将寡核苷酸片段或 cDNA 作为探针按顺序排列在载体上。芯片的制备除了用到微加工工艺外，还需要使用机器人技术。以便能快速、准确地将探针放置到芯片上的指定位置。

　　2. 样品制备　生物样品往往是复杂的生物分子混合体，除少数特殊样品外，一般不能直接与芯片反应。有时样品量很小，所以，必须将样品进行提取、扩增，获取其中 DNA，然后用荧光标记，以提高检测的灵敏度和使用者的安全性。

3．杂交反应　杂交反应是荧光标记的样品与芯片上的探针进行的反应并产生一系列信息的过程。选择合适的反应条件能使生物分子间反应处于最佳状态，以减少生物分子之间的错配率。

4．信号检测和结果分析　杂交反应后的芯片上各个反应点的荧光位置、荧光强弱经过芯片扫描仪和相关软件可以分析图像（图 10-3/ 文末彩色插图 10-3），将荧光转换成数据，即可以获得有关生物信息。

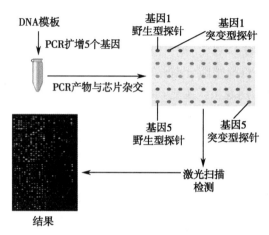

图 10-3　DNA 芯片技术流程

（四）DNA 芯片技术的优缺点

DNA 芯片的优点在于：高通量、大规模、高度平行性、快速高效、高灵敏度、高度自动化、检测效率高，应用范围广，成本相对低。尽管基因芯片技术已经取得了长足的发展，得到世人的瞩目，但仍然存在着许多难以解决的问题，例如技术成本昂贵、复杂、检测灵敏度较低、重复性差、分析范围较狭窄等问题。

（五）法医学应用

目前国内外尚无成熟的法医 DNA 芯片推向市场，但现有科研成果使得法医学家对芯片在法医学上的应用前景充满信心。据 Schmalzing 报道，可在 45 秒内于 2.6cm 长的芯片泳道上对 STR 基因座的等位基因进行快速分离。另外，96 道毛细管阵列电泳型芯片可使每个样本的基因分型在 2 秒内完成。借鉴国内外 DNA 芯片技术基础，以人类 DNA 图谱的公布为契机，法医 DNA 芯片的应用将变为现实。

二、基质辅助激光解吸电离 / 飞行时间质谱技术

基质辅助激光解吸电离 / 飞行时间质谱（matrix assisted laser desorption ionization mass spectrometry，MALDI-TOF-MS）技术是由两位德国的科学家 Franz Hillenkamp 和 Michael Karas 于 1988 年发明的，这种技术所具有的高灵敏度和高质量检测范围，使其能在 pmol（10^{-12}）乃至 fmol（10^{-15}）水平检测分子量高达几十万的生物大分子。该技术可用于法医 DNA 分析。通过分析质荷比，DNA 片段的质量在不到一秒的时间内即可获得，可极大地提高 DNA 片段分析速度。近年来，很多研究与努力旨在改善大分子 DNA 片段离子化的困难，可以通过重新设计 PCR 引物，减小 DNA 片段的分子量而供 MALDI-TOF-MS 分析。MALDI-TOF-MS 分析法灵敏度高，特异性强，不需凝胶电泳，可以发展为高速检测大量 SNP 的方法。

（一）基本原理

MALDI-TOF-MS 技术的基本原理是将样品分散在基质分子（尼古丁酸及其同系物）中并形成晶体。当用激光（337nm 的氮激光）照射晶体时，基质从激光中吸收能量，样品解吸附，基质 - 样品之间发生电荷转移使得样品分子电离，电离的样品在电场作用下加速飞过飞行管道，根据到达检测器的

飞行时间不同而被检测,即测定离子的质量电荷之比(M/Z)与离子的飞行时间成正比来检测离子,并测得样品分子的分子量,见图10-4。例如,检测DNA样品时,DNA离子按其质量大小先后通过检测器,DNA片段越短,越早到达检测器。

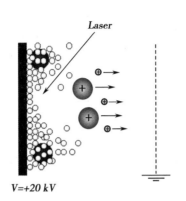

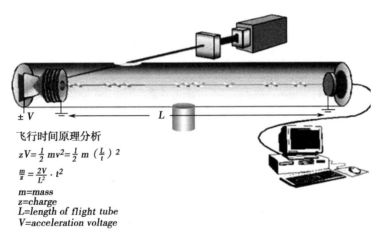

图 10-4 MALDI-TOF-MS 工作原理示意图

(二)基本方法

以引物延伸(primer extension, PEX)结合 MALDI-TOF-MS 检测 apoE SNP(334T/C)位点为例,对其基本技术和方法做一简述。

1. 基因组 DNA 的提取 采用 Chelex-100 法提取。

2. PCR 扩增 扩增 apoE 基因第 4 外显子 232bp 片段,引物序列为 5′-CGCGGGCACGGCTGTCCAAG-3′和 5′-GCCCCGGCCTGGTACACTGC-3′。50μl 扩增体系:模板 50～100ng,引物 2.5pmol,4μl Mg^{2+} 25mmol/L,Taq DNA 聚合酶 2U,dNTP 2mmol/L。循环条件:95℃预变性 5 分钟,然后 95℃变性 45 秒、68.5℃退火 30 秒、72℃延伸 50 秒,共 30 个循环,最后 72℃保温 2 分钟,4℃保存。

3. PCR 产物纯化 用磁珠法纯化 PCR 产物,去除残留的引物及 dNTPs 等。将纯化产物溶解于 10μl 溶解缓冲液中。此溶液作为下一步 PEX 反应的模板。

4. SNP 特异的 PEX 反应 apoE 的 334nt 特异 PEX 引物为 5′-GCGGACATGGAGGACGTG-3′。10μl 扩增体系:纯化后的 PCR 产物(模板)1.5μl(约 150ng DNA),热稳定测序酶(TS)0.5μl(2U/μl),TS 反应缓冲液 1μl,引物 1μl(20μmol/L),ddCTP 0.3μl,ddGTP 0.3μl,dTTP 0.4μl(各 2μmol/L)。循环条件:95℃ 5 分钟预变性后,95℃ 10 秒变性,41℃ 30 秒退火,72℃ 10 秒延伸,循环 60 次,最后经 72℃ 2 分钟延伸。

5. PEX 产物纯化 用磁珠纯化试剂盒纯化。最后将纯化产物溶解于 5.0μl 溶解缓冲液中待测。

6. 样本分析 在 Scout 100 样本靶（10×10）上，每个样品点上 0.5μl 基质溶液（饱和 3-HPA、10mmol/L 柠檬酸氢二氨、300ml/L 乙腈（ACN））。室温晾干。再将待测样品溶液 0.5μl 点于每个样品点干燥的基体表面，室温晾干。将靶装入 MALDI-TOF MS 质谱仪中，采用阳离子模式，PIE 线性工作模式进行信号采集，采用样品内部的引物峰为内标进行内部校正。

7. 数据处理及等位基因判别 收集的原始数据用 XMASS5.0 软件进行分析处理。通过 MALDI-TOF-MS 检测，计算各个产物峰与相应的引物峰之间的 m/z 之差，得知所延伸的碱基的类型，可推断 apoE 的 SNP（334T/C）基因型。

（三）MALDI-TOF-MS 技术优缺点

MALDI-TOF-MS 有如下优点：①准确：因为它检测的是生物大分子本身所特有一个物理性质分子量。因此质谱技术进行 DNA 分型可以不使用等位基因分型标准物；②快速：检测一个样品点只需几秒钟。如果配合机械手自动点样、软件自动收集检测信号和自动数据分析，此技术进行 SNPs 筛查每天可检测数千个样本；③灵敏度高：可以分析 fmol～amol 量的样品；④易于大规模和高通量的操作：市场上有样品板销售，一次可以点 384 个样品，在 1 小时内分析完成每个样品板。

MALDI-TOF-MS 在 DNA 分型分析方面还存在不足，主要原因是：①因核酸分子带有磷酸基，极性和电负性大，容易吸收大量的碱金属离子，形成碱性离子加合物，导致离子速度空间和能量的分散，引起核酸分子离子峰变宽，不易准确测定其质量数；②核酸分子在离子化过程中易于碎裂，尤其在基质辅助激光解吸电离过程中，随着寡核苷酸链长度的增加，质谱的准确度和分辨率都下降。所以，为了准确区分碱基间的差异，要求的寡核苷酸长度一般不超过 45 个碱基，这影响了它分析多重 SNPs 位点的能力，目前只能分析片段较短的 DNA 分子。尽管如此，由于生物质谱本身所拥有的优点及技术的不断完善，生物质谱已经在核酸分析基础研究领域得到了广泛的应用，在法医遗传学领域也有很好的应用前景。

（四）法医学应用

应用 MALDI-TOF-MS 对基因组 SNP 进行分析检测，可区分和鉴别分子质量为 7000Da 左右（约 20 多个碱基）、仅存在 1 个碱基差别的不同 DNA。分析结果准确、快速。分析一个样品只需几秒钟，一天可以分析数千个样品。此外，MALDI-TOF-MS 技术也可用于分析 STR 基因座，每天可完成数以千计的单个基因座 STR 分型，可以发展为高速检测大量 STR 的方法。

三、焦磷酸测序技术

（一）基本原理

焦磷酸测序（pyrosequencing）技术是在同一反应体系中由 4 种酶催化的酶级联化学发光反应。其测序原理为测序引物与单链 PCR 产物相结合后，与 DNA 聚合酶（DNA polymerase）、ATP 硫酸化酶（ATP sulfurylase）、荧光素酶（luciferase）和三磷酸腺苷双磷酸酶（Apyrase），以及底物 APS 和荧光素一起孵育。在这 4 种酶的协同作用下，四种 dNTP（dATP, dTTP, dCTP, dGTP）之一与模板配对（A-T，C-G），此 dNTP 与引物的末端形成共价键，dNTP 的焦磷酸基团（PPi）释放出来（图 10-5），而且释放出来的 PPi 的量与和模板结合的脱氧核苷酸的量成正比。ATP 硫酸化酶在 adenosine 5′ phosphosulfate（APS）存在的情况下催化 PPi 形成 ATP，ATP 驱动荧光素酶介导的荧光素向氧化荧光素的转化，氧化荧光素发出与 ATP 量成正比的可见光信号。光信号由 CCD 摄像机检测并由软件处理反映为峰（图 10-6）。每个光信号的峰高与反应中掺入的核苷酸数目成正比。ATP 和未掺入的 dNTP 由三磷酸腺苷双磷酸酶降解，淬灭光信号，并再生反应体系。然后加入下一种 dNTP，继续反应。随着以上过程的循环进行，互补 DNA 链合成。

$$（DNA）_n + dNTP \xrightarrow{\text{聚合酶}} （DNA）_{n+1} + PPi$$

图 10-5 焦磷酸基团（PPi）产生的反应式

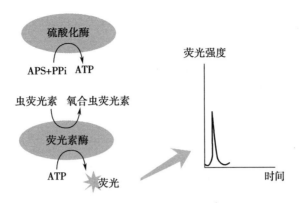

图 10-6 焦磷酸测序原理示意图

（二）基本技术

1. PCR 制备待测序的 DNA 模板，并且选择一条 PCR 引物标记生物素，进行 PCR。

2. 单链分离纯化 扩增后的 PCR 产物和偶联亲和素（avidin）的 Sepharose 微珠孵育，DNA 双链经碱变性分开，纯化得到含有生物素标记引物的待测序单链，在一定温度下和测序引物退火结合。

3. Pyrosequencing 反应 DNA 聚合酶、ATP 硫酸化酶、荧光素酶和三磷酸腺苷双磷酸酶及其反应底物 APS、荧光素组成一个反应体系一起喷入反应孔中，四种 dNTP（dATPS，dTTP，dCTP，dGTP）之一被加入反应体系，如与模板配对（A-T，C-G），此 dNTP 与引物的末端形成共价键，dNTP 的焦磷酸基团（PPi）释放出来。经过系列酶反应，生成的光信号由 CCD 摄影机检测并由 Pyrogram 软件将其转化为峰图。峰的高度即光信号强度与反应中掺入的核苷酸数目成正比。这样就可以通过信号峰的有无判断碱基的种类，信号峰的峰高来判断碱基的数目。

4. ATP 和未掺入的 dNTP 由三磷酸腺苷双磷酸酶降解，淬灭光信号，并再生反应体系。加入另一种 dNTP，使第 2-4 步反应重复进行，根据获得的峰图即可读取准确的 DNA 序列信息（图 10-7）。

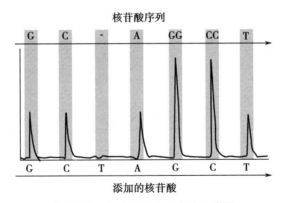

图 10-7 焦磷酸测序反应结果峰图

（三）焦磷酸测序的优缺点及法医学应用

焦磷酸测序技术在检测 SNP 时只要根据已知序列设计一对 PCR 扩增含该位点的引物和一条测序引物，无需荧光标记和毛细管电泳，在 10 分钟内即可检测 96 个样本，可大大缩短检测时间。对于 200bp 以内的 SNP 分型更加准确，适用于高度降解的检材，而且操作简单，成本较低。焦磷酸测序技术为 SNP 研究提供了非常理想的技术平台。

目前已有一些研究将焦磷酸测序技术用于法医学检验，包括分析常染色体 SNP、Y-SNP、线粒体 DNA 的 SNP 等。研究表明焦磷酸测序技术具有与 SNaPshot 技术同样的稳定性和准确性，灵敏度也较高。

此外，利用焦磷酸测序技术产生的荧光信号没有碱基种类的差异，可以结合 DNA 样本混合（DNA

Pooling）方法应用于等位基因频率的分析及相关性研究，具有准确灵敏、简便、快速、低耗的特点。该方法可以将众多样本 DNA 混合后进行扩增，然后进行一次焦磷酸测序反应，通过比较同一位点不同碱基的峰图的比例获得样品中该 SNP 位点估计等位基因频率。此方法可以大大减少样品、试剂消耗，同时提高建库的速度。因此是构建大规模群体基因频率数据库的良好选择。

四、微测序技术

（一）基本原理

微测序技术（minisequencing）即单碱基延伸法，其基本原理是将测序引物设计在 SNP 位点上游 1 个碱基处，测序反应体系中的底物为 4 种标记不同荧光物质的 ddNTP，而不是 dNTP，测序引物与待测模板退火后，只能延伸 1 个碱基，该碱基就是多态性位点；然后根据不同的荧光颜色确定多态性位点的碱基种类（图 10-8）。

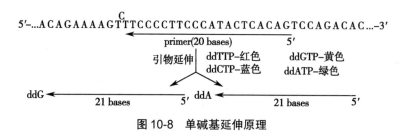

图 10-8　单碱基延伸原理

多重单碱基延伸 SNP 分型技术（multiplex SNaPshot）可进行多 SNP 位点复合分型，通过在引物的 5′ 末端连接不同数目的核苷酸尾巴，同时进行多引物复合扩增，这样各位点可根据扩增产物长度的不同而区分。目前大多数应用是在引物 5′ 端增加不同数目的多聚 T，这样在电泳分离时可分离出每个位点（图 10-9/ 文末彩色插图 10-9）。

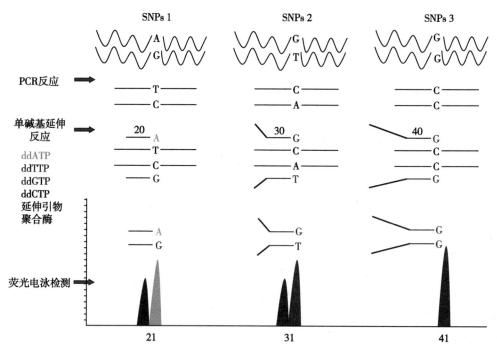

图 10-9　SNaPShot 进行多位点复合分型检验原理

（二）基本技术

微测序技术主要步骤为（图 10-10）：

1. PCR扩增包括SNP位点的区域,根据实验目的可选用单一PCR或复合PCR进行。

2. 用核酸外切酶(Exo)消化PCR反应后剩余的单链引物,用虾-碱性磷酸酶(SAP)消化未结合的dNTP底物。去除引物和dNTP,可有效避免其在随后引物延伸反应中的干扰。

3. 在ExoSAP酶处理后的PCR产物中加入SNP延伸引物、四种荧光标记的ddNTP混合物及聚合酶共同完成引物延伸。

4. 在延伸产物中加入SAP消化剩余的ddNTP,以避免干扰后续的检测。

5. 在毛细管电泳仪上进行片段分离与基因分型。

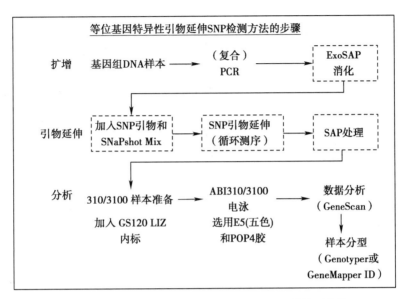

图 10-10　SNaPshot 等位基因特异性引物延伸检测步骤
虚线框中显示与STR分型不同的步骤

(三)SNaPshot技术的优缺点及法医学应用

1. **优点**　①分型准确,其准确度仅亚于直接测序;②可进行复合扩增,一次可检测十余个甚至更多的SNPs位点,属于中通量检测技术;③灵敏度高;④不受SNP位点多态特性的限制,不管该位点是G/C、A/T、G/A、C/T还是InDel多态性,都可以在一个体系中检测;⑤可以检测出受污染的样本,如果一个样本分型峰偏离正常的分布,提示该样本可能受到污染或浓度过低;⑥所使用的仪器设备为大多数法医DNA实验室常用设备,容易普及。

2. **缺点**　将50个以上的SNP放在一个反应体系中复合扩增,对引物设计、引物浓度、退火温度、反应体系的优化要求很高,难度较大。

由于SNaPshot技术具有上述优点,目前SNP在法医学领域的研究大多采用SNaPshot技术,多家实验室已经建立了多个SNP复合分型体系,包括常染色体SNP、Y-SNP、X-SNP等,每个分型体系的位点数目从10多个到50多个不等,能够满足不同的检测需求。但目前尚无像CODIS那样的核心SNP位点检测系统。

五、TaqMan技术

(一)基本原理

TaqMan技术目前已广泛地应用与SNP的基因型检测。该技术的基本原理就是设计一对具有特异荧光标记的寡核苷酸探针,即TaqMan探针。其中一种荧光基团被用来标记野生型,另一种荧光基团则标记突变型。每种探针带有5′端特异荧光基团和3′端荧光淬灭基团。PCR反应中只有与DNA模板的碱基匹配的TaqMan探针可以与扩增片段杂交,此时DNA聚合酶的5′→3′核酸外切酶功能将探针的 5′ 端荧光报告基团切除, 使其与荧光淬灭基团分离, 从而发出特定波长的荧光信号。同时未杂交的探针, 其荧光报告基团无法被切除, 因此仍然被 3′ 端的荧光淬灭基团所淬灭, 无法发射任何荧光信号。因此, 根据所检测到的荧光信号, 可以判断模板 DNA 的基因型。如图 10-11 所示, 若个体为等位基因 1 纯合子, 则绿色荧光信号强而蓝色荧光信号弱; 若个体为等位基因 2 纯合子, 则蓝色荧光信号强而绿色荧光信号弱; 若为杂合子则蓝色和绿色信号强度相当。一次实验所检测的碱基变化的数量取决于实验的设计和荧光定量 PCR 仪所支持的荧光基团检测种类。

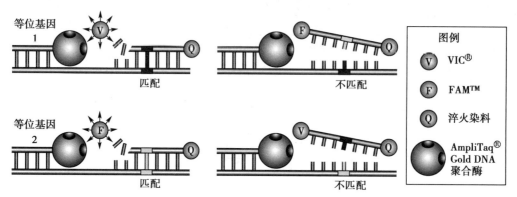

图 10-11 TaqMan 法检测 SNP 原理

该检测系统中, 等位基因 1 纯合子表现为仅绿色荧光信号(V)明显升高, 等位基因 2 纯合子表现为只有蓝色信号(F)明显升高, 杂合子为两种颜色信号都明显增高

(二)基本技术

1. 设计引物和探针 首先要根据检测的靶序列设计相应的探针及引物组合, AB 公司提供 3 种方法用于选择探针和引物: ① Assays-on-Demand SNP Genotyping Products 为 SNP 分型提供包括生物学信息、经验证完全有效、经质量控制测试的 TaqMan® 探针实验分析方法, 详情请登录网站 http://www.appliedbiosystems.com, 点击 TaqMan® Assays-on-Demand SNP Genotyping Products 链接; ②通过订购 Assays-by-Design 服务, 设计、合成、组合及提供引物和探针组合; ③使用 Primer Express 软件设计引物和探针。

2. 提取基因组 DNA。

3. 读取扩增前荧光信号 使用一个等位基因鉴别反应板文件, 测定扩增前与探针相关的基线荧光水平。

4. 扩增过程 使用一个等位基因鉴别反应板文件生成实时 PCR 数据, 用来分析并在必要时调试 PCR 数据以完成等位基因鉴别实验。

5. 读取扩增后荧光信号 使用原始等位基因鉴别反应板文件, 自动减去扩增前读取信号中测得的基线荧光水平, 然后使用扩增后的数据进行等位基因分型(自动或手动)。

(三)TaqMan 荧光法分析 SNP 的优缺点

1. 优点 ①全封闭反应, 无需 PCR 后处理; ②特异性强, 灵敏度高; ③仪器在线式实时监测, 结果直观, 避免人为判断; ④可实现一管双检或多检; ⑤操作安全, 缩短时间, 提高效率; ⑥利于自动化和联网管理。

2. 缺点 ①由于采用荧光和淬灭基团双末端标记技术, 因此淬灭难以彻底, 本底较高; ②报告基团的水解利用的是 Taq 酶的 5′-3′ 外切酶活性, 因此定量时容易受酶活性的影响; ③探针标记成本较高。

本章小结

二等位基因多态性是指只有两个等位基因的遗传标记, 目前法医学领域涉及的二等位基因 DNA 标记主要包括 SNP 和 InDel。SNP 是人类基因组中含量最丰富的 DNA 序列多态性, 被认为是继 STR

后的第三代遗传标记,具有突变率低、更能分析高度降解 DNA 样本、自动化程度高、能够提供 STR 不能提供的一些特殊信息等优势。SNP 在法医学的应用分为四类:个体识别 SNP、祖先信息 SNP、系谱信息 SNP、表型信息 SNP。InDel 即由于 DNA 片段的插入或缺失形成的 DNA 多态性,插入或缺失的 DNA 片段可以是 1 个到数百个核苷酸,其两个等位基因可以简单地分为短和长。InDel 具有突变率低、扩增片段短、易于分析和检测,兼具 SNP 与 STR 的某些特征,是法医学理想的遗传标记。SNP 的检测方法有很多种,目前常用的技术包括 SNaPShot 技术、焦磷酸测序技术、TaqMan 技术、MALDI-TOF-MS 技术和 DNA 芯片技术。

关键术语

二等位基因多态性(bi-allelic polymorphism)

单核苷酸多态性(single nucleotide polymorphism,SNP)

个体识别 SNP 系统(individual Identification SNPs,IISNPs)

祖先信息 SNPs(ancestry Informative SNPs,AISNPs)

系谱信息 SNPs(lineage Informative SNPs,LISNPs)

表型信息 SNPs(phenotype Informative SNPs,PISNPs)

插入缺失多态性(insertion/deletion,InDel)

DNA 芯片(DNA chip)

微测序技术(minisequencing)

基质辅助激光解析电离 / 飞行时间质谱(matrix assisted laser desorption ionization mass spectrometry,MALDI-TOF-MS)

焦磷酸测序(pyrosequencing)

(李淑瑾)

思考题

1. SNP 的法医学应用分类与现状。
2. SNP 与 STR 在法医学应用的优缺点比较。
3. InDel 遗传标记有哪些法医学应用优势?
4. 分析二等位基因多态性遗传标记的法医学应用前景。
5. 二等位基因遗传标记的检测技术有哪些,各自的优缺点是什么?

第十一章 表达产物水平遗传标记

学习目标

通过本章学习,应该**掌握**红细胞血型、HLA、血清型和红细胞酶型的基本概念、命名原则和主要分型原理。**熟悉**ABO血型正定型反定型试验以及血清型和红细胞酶型分型方法。**了解**表达产物水平遗传标记在法医学的应用价值。

在大规模采用DNA分型之前,法医学主要采用表达产物水平遗传标记(genetic marker,GM)进行个人识别和亲子鉴定。表达产物水平遗传标记包括血型和具有多态性的蛋白质遗传标记。血型有广义与狭义两种概念,广义的血型是指由遗传决定的人类血液的个体差异,狭义概念指血液中细胞表面由遗传决定的抗原差异。

第一节 红细胞血型

血型(blood group)是人类血液由遗传控制的个体性状之一,是血液的遗传标记。红细胞血型是指红细胞表面抗原由遗传所决定的个体差异。

一、概述

血型具有个体特异性和终身不变的特征,作为人类遗传标记在法医学个体识别和亲子鉴定具有重要的意义。血型在临床输血、器官移植及人类学研究中也是重要的指标。

(一)血型的命名

传统的红细胞血型命名是由发现者根据具体情况而决定,如ABO血型系统是依据抗原的种类确定名称,Rh系统是根据免疫动物命名等。国际输血学会(ISBT)建议对红细胞血型系统使用数字命名。

知识拓展11-1 ▶

人类红细胞血型系统命名

红细胞血型命名没有统一规定,由发现者根据具体情况命名,如ABO系统是依据抗原的种类确定名称,Rh系统是根据免疫动物命名,Lewis、Duffy等是根据首次发现含有抗体的患者的姓氏命名的。国际输血学会(ISBT)建议对红细胞血型系统使用数字命名如下:

编号	系统名	ISTB标记名	基因名	染色体定位
001	ABO	ABO	*ABO*	9q34.1-q34.2
002	MNS	MNS	*GYPA*, *GYPB*, *GYPE*	4q28-q31
003	P	P1	*P1*	22q11.2-qter
004	Rh	RH	*RHD*, *RHCE*	1p36.2-p34
005	Lutheran	LU	*LU*	19q13.2
006	Kell	KEL	*KEL*	7q33
007	Lewis	LE	*FUT3*	19p13.3
008	Duffy	FY	*FY*	1q22-q23
009	Kidd	JK	*SLC14A1*	18q11.1-q11.2
010	Diego	DI	*SLC4A1*	17q21-q22
011	Yt	YT	*ACHE*	7q22
012	Xg	XG	*XG*, *MIC2*	Xp22.32, Yp11.3
013	Scianna	SC	*ERMAP*	1p36.2-p22.1
014	Dombrock	DO	*DO*	12p13.2-p12.1
015	Colton	CO	*AQP1*	7p14
016	Landsteiner-Wiener	LW	*LW*	19p13.3
017	ChidoHRodgers	CHHRG	*C4A*, *C4B*	6p21.3
018	Hh	H	*FUT1*	19q13
...				
029	GIL	GIL	*AQP3*	9p13

(二) 红细胞血型抗原

红细胞血型抗原根据化学结构可分为 3 类：ABH 抗原等是糖脂质，型特异性决定于寡糖的结构；Rh 抗原等是膜内镶嵌蛋白，型特异性决定于蛋白质的结构。另外，分泌型个体的体液与分泌液中的 A、B、H 抗原等属于水溶性糖蛋白，型特异性也决定于寡糖的结构。

(三) 红细胞血型抗体

血型抗体根据产生的机制可分为"天然"抗体和"免疫"抗体两类。天然抗体指的是没有经过确切的抗原刺激而存在于人血清中的抗体，也称作"规则"抗体。如人体内的抗 A 抗体与抗 B 抗体即属于此类，分别存在于 B 型和 A 型人血清中。免疫抗体是指有明确抗原刺激或经过人工免疫而产生的抗体，也称作"不规则"抗体。

血型抗体根据血清学反应特点不同又分为"寒冷"抗体与"温暖"抗体。"寒冷"抗体的最适反应温度为 4～20℃，可在盐水介质中与红细胞发生凝集反应，故又称盐水抗体或完全抗体，一般多为 IgM 类。"温暖"抗体的最适反应温度为 37℃，需要加入其他试剂才可出现可见的凝集反应，因而又称为不完全抗体。不完全抗体在盐水中虽不出现凝集，但已与红细胞上的抗原决定簇发生了特异性结合，此时再加入完全抗体也不会出现凝集反应，因其阻断了后者与红细胞的结合，所以也称遮断抗体或封闭抗体。

自然界中也存在类似具有天然抗体特异性的物质，如荆豆种子(Ulex eurorueus)浸液具有抗 H 特异性；双花扁豆(Dolichos biflorus)浸液具有抗 A₁ 特异性等。

(四) 红细胞血型的检测

红细胞血型的检测通常应用凝集反应(agglutination)，即在颗粒性抗原悬液中加入对应的抗体，抗体与抗原决定簇特异结合，使颗粒性抗原集聚成团块的现象。红细胞与对应的抗体发生的凝集反应称作红细胞凝集反应。

1. 红细胞的凝集反应 红细胞的凝集反应过程可以分为两个步骤，即红细胞抗原与抗体的特异性结合（致敏）和结合了抗体的红细胞形成网状团块（凝集）。

（1）致敏：抗体的特异性结合部位与抗原决定簇结构互补，由离子间相反电荷、氢键、疏水键等的作用而发生结合。此种结合是可逆的，增加抗原与抗体的浓度、维持合适的 pH 值、降低反应介质的离子强度等可增加抗原 - 抗体复合物的产量。

（2）凝集：致敏的红细胞是否产生凝集，取决于抗体的性质、抗原决定簇的部位与数目及红细胞动电位的大小。

IgM 抗体由 5 个亚单位构成，理论上有 10 个抗原结合部位，两个抗原结合部位间的最大距离为 30nm，可以在普通的介质（如盐水）中使红细胞发生凝集。IgG 抗体有 2 个抗原结合部位，其间距离为 14nm，通常在普通的介质可使红细胞致敏，但难以产生凝集现象。

ABO 抗原在红细胞上数量丰富且其抗原决定簇为糖脂的寡糖部位，突出于红细胞的表面，使 IgG 抗体在普通的介质中引发红细胞的凝集反应。Rh 抗原为膜内镶嵌蛋白，位于细胞膜内且在红细胞上抗原数量较少，盐水介质中 IgG 类抗体难以引发红细胞凝集反应。

在正常情况下，红细胞膜表面的 N- 乙酰 - 神经氨酸残基电离，使红细胞表面携带负电荷。由于同性相斥，使红细胞在介质中相互分离，呈悬浮状态，细胞间距保持约为 25nm。红细胞膜表面携带的负电荷可吸引介质中的正离子，在红细胞周围形成一正离子团，由红细胞表面的负电荷与正离子团外自由正离子间形成的电位差称为红细胞的动电位（zeta potential）。动电位的大小取决于红细胞表面荷负电荷的程度与介质中的离子浓度，也决定了红细胞间距，与凝集反应的发生有密切关系。

2. 红细胞凝集反应的促进因素 红细胞凝集反应可以通过缩小红细胞的间距和在抗体间搭桥来促进。

（1）缩小红细胞的间距：通过降低红细胞的动电位和物理加压的方法可以缩小红细胞的间距。

降低红细胞的动电位方法有：①用蛋白水解酶（如胰蛋白酶、菠萝蛋白酶等）或神经氨酸酶处理红细胞，裂解红细胞表面的神经氨酸，减小红细胞表面的负电荷数量；②在反应体系中加入牛血清白蛋白等，可降低介质中离子的介电常数并中和红细胞表面的神经氨酸；③用低离子强度溶液（如 7% 葡萄糖溶液、10% 蔗糖溶液等）作为反应介质，可以减少红细胞吸引的阳离子数量。

物理加压的方法为：将含有红细胞和抗体的反应溶液经 12 000r/min 离心 3 分钟，离心力可减小红细胞的间距，促进凝集。

（2）在抗体间搭桥：在含有红细胞和抗体的反应溶液中加入与抗体对应的第二抗体（抗球蛋白抗体），连接已致敏红细胞上的抗体，间接使红细胞形成网状团块（凝集）。

知识链接 11-1 ▶

抗人球蛋白试验

抗人球蛋白试验又称 Coombs 试验，是检测不完全抗体的抗原抗体反应的经典方法。抗球蛋白试验有直接试验与间接试验两种。直接抗球蛋白试验用来检测在体内被抗体或补体所致敏的红细胞，用于诊断自身免疫溶血性贫血，新生儿溶血症及溶血性输血反应等。间接抗球蛋白试验则用于检测红细胞在体外与抗体的反应，用以测定某些红细胞的血型、鉴定不规则抗体及作输血前的配型等。

间接抗球蛋白试验的原理为待分型检测的红细胞与抗血清反应，相应血型抗体使红细胞致敏。然后加入抗人球蛋白血清，抗人球蛋白抗体与致敏红细胞上的血型抗体发生抗原抗体反应，如同在致敏红细胞间"搭桥"，使红细胞出现可见凝集，证明待测红细胞上具有与抗血型抗体相对应的抗原。阴性结果则证明待测红细胞上没有与血型抗体相对应的抗原，综合红细胞的反应结果，判断红细胞的血型。

二、ABO血型

ABO血型（ABO blood group）是第一个被发现的人类血型系统，在输血、器官移植及人类遗传学研究中具有重要意义。1900年，Landsteiner根据凝集反应产生与否把人类血型分为三种型别。A型、B型和C型（后称为O型）。随后，Decastello及Sturli（1902）发现了AB型。1910年，Dugem及Hirschfeld提出了ABO型命名法，其2种凝集原为A及B；两种凝集素为抗A，抗B或α、β。Dugem及Hirschfeld（1910）证实了A和B抗原的遗传遵循孟德尔定律。Bernstein（1924）认为在某一基因座的三个等位基因就可以解释ABO的遗传，从而提出三复等位基因学说。

（一）ABO抗原的结构

ABO血型抗原有三种类型：①水溶性糖蛋白：主要存在于人体液、分泌液和组织中，但不见于红细胞和血清中；②醇溶性糖脂类：主要存在于红细胞及其他组织细胞表面，但不见于脑组织和体液；③膜糖蛋白：主要是位于细胞膜的离子交换蛋白-Band3和葡糖转运蛋白-Band4、5。每个成人红细胞上大约有100万个Band3蛋白和50万个Band4、5蛋白单体。

ABO血型抗原均以H物质作为基础物质。H物质是由19号染色体上FUT基因座编码的α2-L-岩藻糖转移酶（α2-L-fucosyltransferase，α2-FUT）作用于血型前体物质而产生的。这种前体物质是由多种单糖有顺序的连接形成的糖链，它的非还原末端有一基本二糖结构，称为末端核心结构（图11-1）。根据糖的种类和二糖之间的糖苷键连接方式，分有6种类型。

Ⅰ型 Galβ1-3GlcNAcβ1-R
Ⅱ型 Galβ1-4GlcNAcβ1-R
Ⅲ型 Galβ1-3GalNAcα1-R
Ⅳ型 Galβ1-3GalNAcβ1-R
Ⅴ型 Galβ1-3Galβ1-R
Ⅵ型 Galβ1-4Glcβ1-R

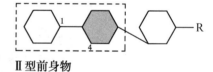

图11-1 血型前体物质的末端核心结构

Ⅰ型物质存在于分泌液、血浆和内胚层起源组织；Ⅱ型物质存在于红细胞、分泌液和外胚层或中胚层起源组织；Ⅲ型物质分为：①A-连接酯质型位于红细胞膜；②O或A-连接粘蛋白型存在分泌液中；Ⅳ型物质仅位于红细胞膜，与P抗原有关；Ⅴ型物质是人工合成产物；Ⅵ型物质以寡糖的形式存在于人乳汁和尿液中。

在α2-FUT催化下，L-岩藻糖（Fuc）转移至前体物质糖链末端的D-半乳糖（Gal）第2个碳原子上而形成H抗原。在此基础上：①由A基因编码的α3-N-乙酰-D-氨基半乳糖转移酶，催化N-乙酰-D-氨基半乳糖（GalNAc）转移至H抗原糖链末端的D-半乳糖第3个碳原子上而形成A抗原；②由B基因编码的α3-D-半乳糖转移酶，催化D-半乳糖转移至H抗原糖链末端的D-半乳糖第3个碳原子上而形成B抗原；③O基因编码无酶活性的蛋白，因此，ABO抗原并不是基因的直接产物，而是由基因表达产生不同的糖基转移酶，催化不同结构糖链的生成，A与B抗原特异性取决于半乳糖、氨基半乳糖和岩藻糖组成的三糖结构（图11-2）。O型个体没有糖基转移酶表达，没有ABO抗原生成，而只有基础物质H抗原。

（二）ABO等位基因结构与命名

1. ABO等位基因结构与命名 ABO基因座位于人类第9号染色体（9q34），全长约18Kb，有7个外显子（图11-3），编码产生糖基转移酶。A和B等位基因间存在7个单碱基差异，其中3个属于同义突变，4个属于错义突变，导致编码的酶蛋白有4个氨基酸残基不同，是A和B基因产物特异性不同的分子基础。A基因编码α3-N-乙酰-D-氨基半乳糖转移酶，B基因编码α3-D-半乳糖转移酶。O基因仅编码合成一条无酶活性的短肽，主要是因为基因中出现一个单碱基缺失所致移码突变，使终止密码提前出现。极少数的O基因是由其他类型变异所致（图11-4，图11-5）。

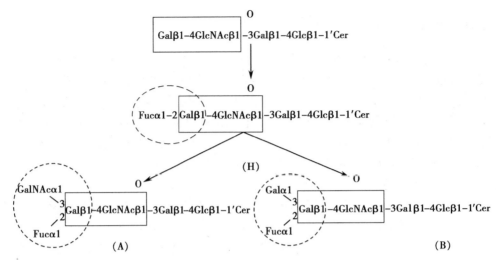

图 11-2　A 抗原与 B 抗原结构

A 与 B 抗原特异性取决于半乳糖、氨基半乳糖和岩藻糖组成的三糖结构（圆圈内）；血型前体物质
的末端核心结构（方框内），红细胞膜上为Ⅱ型结构

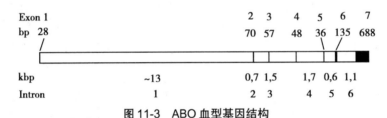

图 11-3　ABO 血型基因结构

第一行数字为外显子编号，第二行数字为外显子的大约碱基数，第三行数
字为内含子的大约碱基数，第四行数字为内含子编号

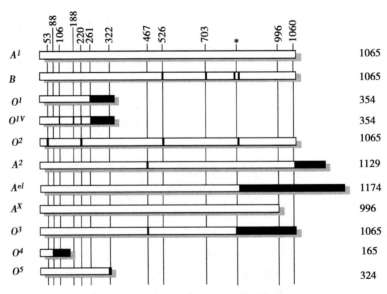

图 11-4　ABO 血型的等位基因结构

序列以 A^I 为参照，黑线或黑框表示与 A^I 不同处。图中＊表示 B 与 A^I 不同
处位置为第 796 和第 803 位碱基。左边数字为等位基因的名称，右边数字
为每一个等位基因的阅读框大小

0– 239 | 240– 374 | 375– 1 062

Exon 1–5 | Exon6 | Exon7

	261 Deletion 261	297	467 C to T: Pro to Leu	526 C to G: Arg to Gly	646 T to A: Phe to Iso	657	681	703 G to A: Gly to Ser	771	796 C to A: Leu to Met	802 G to A: Gly to Arg	803 G to C: Gly to Ala	829	871 G to A: Asp to Asr	930	1 054 C to T: Arg to Trp	1 059 Deletion 1 059
A^1	G	A	C	C	T	C	G	G	C	C	G	G	G	G	G	C	C
A^2	G	A	T	C	T	C	G	G	C	C	G	G	G	G	G	C	-
A^3	G	A	C	C	T	C	G	G	C	C	G	G	G	A	G	C	C
A^X	G	A	C	C	A	C	G	G	C	C	G	G	G	G	G	C	C
$A^{Stroncek}$	G	A	C	G	T	C	G	G	C	C	G	G	G	G	G	C	C
ABcis	G	A	T	C	T	C	G	G	C	C	G	C	G	G	G	C	C
$B^{(A)}$	G	G	C	G	T	C	G	G	C	A	G	C	G	G	A	C	C
B	G	G	C	G	T	T	G	A	C	A	G	C	G	G	A	C	C
B^3	G	G	C	G	T	T	G	A	C	A	G	C	G	G	A	T	C
O^1	-	A	C	C	T	C	G	G	C	C	G	G	G	G	G	C	C
O^1variant	-	G	C	C	A	C	A	G	T	C	G	G	A	G	G	C	C
O^2	G	G	C	G	T	C	G	G	C	C	A	G	G	G	G	C	C

图 11-5 ABO 血型的等位基因结构有差异部分

2. ABO 血型的表型 按照 Bernstein 三复等位基因学说，ABO 基因座主要有三个等位基因 A、B 和 O。A、B 对 O 为显性，O 为隐性。ABO 血型的表型与基因型的关系是：A 型为 AA 或 AO；B 型为 BB 或 BO；AB 型为 AB；O 型为 OO（表 11-1）。因为隐性基因 O 存在，ABO 基因型不能直接用凝集反应来确定，但可通过 DNA 分型技术直接检测基因型，或通过表型的家系调查来推定。

表 11-1 ABO 血型的表型与基因型

红细胞		血清中抗体	糖基转移酶
基因型	表型		
AA AO	A	抗 B	α3-N- 乙酰 -D- 氨基半乳糖转移酶
BB BO	B	抗 A	α3-D- 半乳糖转移酶
AB	AB	—	α3-N- 乙酰 -D- 氨基半乳糖转移酶和 α3-D- 半乳糖转移酶
OO	O	抗 A 和抗 B	—

3. ABO 血型的亚型与变异型 ABO 血型系统存在部分亚型、弱亚型与变异型，在检测时不易发现，需注意避免分型错误。

（1）最常见的 A 亚型：A 抗原主要有 A_1、A_2 两种亚型，B 型人血清中有抗 A 与抗 A_1 两种凝集素。抗 A 可以凝集所有 A 型及 AB 型红细胞，抗 A_1 只能凝集 A_1 型或 A_1B 型红细胞。双花扁豆具有抗 A_1 活性的植物血凝素，在分型 A_1 型和 A_1B 型红细胞的特异性较好。酶生化学研究结果显示，存在两种不同的 A_1 和 A_2 糖基转移酶。基因序列分析发现，A_2 型是在 A^1 等位基因基础上出现 C467T 突变和 1059C 单碱基缺失，导致阅读框架的移位，终止密码错后出现，使其编码的酶蛋白多出 21 个氨基酸残基。

（2）异常的 ABO 型：Cis-AB 型（cis 是顺反子 cistron 的缩写）的血清学特点是：①A 抗原多为 A_2；②B 抗原几乎为弱 B；③细胞上 H 抗原的量高于正常的 A_2B 型；④血清中含有弱抗 B 抗体，可识别自身缺乏的 B 抗原；⑤分泌型个体唾液中分泌正常量的 A、H 物质与少量的 B 物质。一般 Cis-AB 型常以弱亚型 A_2B、A_2B_3，A_xB，A_mB_m 等形式出现。

产生 Cis-AB 型的原因有多种，在分子遗传学上主要分为两类：①由不等交换导致 A、B 基因连锁，即在一个染色体的一小段同时存在两个基因 A 和 B。在部分 Cis-AB 型人血清中可获得两种不同性质的 A 与 B 酶，一种类似于 A_2 酶，另一种类似于 B 酶；②由 ABO 基因座的单碱基错义突变导致变异基因的出现，Cis-AB 型变异基因与 A^1 等位基因相比，有 C467T 与 G803C 两处错义突变，使 Cis-AB 型变异基因碱基序列与 A^2 基因一致；与 B 基因相比，Cis-AB 型变异基因有 G297A、T657C 两处同义突变及 G526C、A703G、A796C 三处错义突变，使 Cis-AB 型变异基因与 *B* 基因碱基序列基本一致，编码合成的酶蛋白具有 A 酶和 B 酶双重活性，可同时催化 A、B 物质的合成。

（3）获得性 B 抗原：获得性 B 抗原是指发生于 A 型个体检测出 B 型活性的现象，此型的特点是：① A 型个体，血清中有正常的抗 B 抗体；②红细胞被抗 B 抗体弱凝集，但不被自身血清中的抗 B 凝集；③分泌型个体体液中有正常量的 A 与 H 物质；④常发生于患癌症或感染性疾病患者，特别是多见于结肠癌与直肠癌患者；⑤获得性 B 是一过性的，程度随病情变化而变化。在大多数 A 型特别是 A_2 型人血清中存在抗获得性 B 抗体。

获得性 B 抗原产生的原因被认为是细菌等微生物产生的去乙酰酶（deacetylase），作用于 A 抗原特异性单糖 N- 乙酰 -D- 氨基半乳糖，使其变成 D- 半乳糖胺而具有弱的 B 抗原性。在部分癌变组织特别是消化道癌变组织，容易出现 ABH 抗原性减弱或消失的现象，甚至发生抗原性质的变化。这类情况在法医学检验中应受到高度重视。

ABO 血型在中国部分群体中的等位基因频率分布见表 11-2。

表 11-2　中国部分群体 ABO 基因频率的分布

民族	例数	A	B	O
汉族（北方）	9503	0.2092	0.2556	0.5352
（上海）	40 980	0.2325	0.2117	0.5558
（广州）	4902	0.2266	0.2102	0.5632
回族	1355	0.1983	0.2052	0.5965
蒙古族	1112	0.1701	0.2291	0.6008
藏族	2111	0.1479	0.2527	0.5994
维吾尔族	1513	0.1184	0.2466	0.5248
壮族	1487	0.1352	0.1727	0.6921
彝族	1007	0.2051	0.2147	0.5801
高山族	3101	0.1888	0.1634	0.6478
瑶族	3472	0.1262	0.1233	0.7505
黎族	3384	0.1992	0.2760	0.5248
傈僳族	1007	0.1045	0.2423	0.6532

（三）分型方法

1. ABO 血型血清学分型方法　ABO 血型根据红细胞与特异性抗体的反应来分型（表 11-3）。即用抗 A 抗体判定 A 抗原，用抗 B 抗体判定 B 抗原，这种检查法称作正定型试验（direct grouping）。同时依据血清中的凝集素与标准型别红细胞膜上的凝集原反应的性质来检验结果。即用标准的 A 型红细胞判定抗 A 抗体，用标准的 B 型红细胞判定抗 B 抗体，称作反定型试验（reverse grouping）。为使结果准确，应进行正反两个试验来分型，同时也应应用抗 H 抗体判定 H 抗原。当正反试验的结果与常规的 ABO 分型原则不符的时候，提示可能是弱亚型或变异型。

2. ABO 血型 DNA 分型方法　分子生物学技术将 ABO 血型分型由血清学水平深入到 DNA 水平。DNA 分型方法是针对核苷酸顺序差异而设计的。DNA 分型方法主要的优点是可以区分同一表型的不同基因型，如 A 型可区分 AA 和 AO。

表 11-3　ABO 血型分型的正反定型试验

正定型试验		反定型试验		型别判定
抗 A	抗 B	A-RBC	B-RBC	
−	−	+	+	O
+	−	−	+	A
−	+	+	−	B
+	+	−	−	AB

三、H 抗原与分泌型

红细胞表面 ABO 抗原的前身物质是 H 抗原。H 抗原由 α2-L-岩藻糖转移酶（α2-FUT）催化 L- 岩藻糖转移至血型前体物质上形成。除稀有的孟买（Bombay）型红细胞 Oh 外，所有人红细胞表面都有 H 抗原。因此，在 O 型的红细胞上，实际上有大量的 H 抗原。试验发现，在成人 O 型红细胞上 H 抗原数量约是 1.7×10^6 个，在新生儿 O 型红细胞上约是 0.325×10^6 个。即使 A 型和 B 抗原红细胞上，也有 A 和 B 抗原的前身物质 H 抗原。红细胞上 H 抗原性的强度与其抗原数成正比，各型成人红细胞 H 抗原性从强到弱顺序为：$O>A_2>B>A_2B>A_1>A_1B$。

国际输血学会（ISBT）定义的血型是简单的孟德尔遗传性状，因此已经把 H 单独考虑为一种血型系统 Hh。直接与 H 抗原相关的表型常见的有分泌型和非分泌型，罕见的有 H- 缺失型孟买（Bombay）型、副孟买（para-Bombay）型和 OHm, Hm 型等。

（一）H 抗原与分泌型抗原的性质

除红细胞上有 H 抗原外，在约 80% 的人唾液中可由中和试验检出 H 抗原，称为分泌型（secretors, Sec）。另外 20% 的人唾液 H 抗原中和试验为阴性，为非分泌型（nonsecretors, nS 或 non-Sec）。分泌型人唾液中与 H 抗原同时存在的还有 A 和 B 抗原，在他们的胃肠道的杯状细胞黏液腺、胃液、胆汁、胎粪、泌尿生殖道分泌物如精液、阴道分泌物等、呼吸道分泌液、乳汁、汗液、眼泪以及羊膜液中都存在 ABH 抗原。不同分泌组织中血型物质的分泌量有明显差别，以唾液及精液为最多，其他含量较少。亚洲人绝大多数非分泌型个体并非完全不分泌 ABH 血型物质，只是含量较少。

人体液与分泌液中的血型物质是水溶性糖蛋白，以 I 型结构为主（图 11-6），II 型结构血型物质的分泌量仅为前者的 $1/10 \sim 1/20$。非分泌型个体无 II 型结构血型物质的分泌。

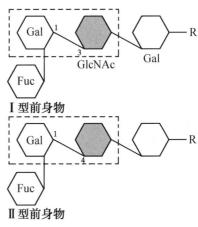

图 11-6　H 抗原的 I 型与 II 型结构

（二）H 基因结构与命名

在 1980 年以前，一般认为是调节基因（Se 基因）控制分泌组织的 H 基因的表达。具有 Se 基因的任何人，除了罕见的无 H 基因个体，都会使其 H 基因表达产生 α2- 岩藻糖转移酶，在分泌液中有 H 物质。而 se 基因的纯合子，是以不很清楚的原因使 H 抗原只是在红细胞上表达，而体液中无 H 抗原。近年来，逐渐阐明了人体内几种 α2- 岩藻糖转移酶的特点。目前已明确控制分泌表达的双结构基因概念（two structural genes concept）。

1. 基因结构与功能　两个结构基因是指第 19 条染色体两个紧密连锁的基因座 FUT1（H）和 FUT2（Se）。两基因各自编码表达一种 α2- 岩藻糖转移酶。FUT1 基因座编码产物是 365 个氨基酸残基组成 α2-L- 岩藻糖转移酶，催化 L- 岩藻糖转移至血型前体物质上形成 H 抗原。FUT2 基因座与 FUT1 基因座紧密连锁，相距约 40kb，大部分序列与 FUT1 同源，编码产物是 332 个氨基酸残基组成的 α2- 岩藻糖转移酶，比 FUT1 基因编码的酶在 N 端多出 11 个氨基酸残基，只作用于分泌腺细胞。

FUT1(H)基因编码的 α2-岩藻糖转移酶作用的底物是Ⅱ型糖链，FUT2(Se)基因编码的 α2-岩藻糖转移酶的底物是Ⅰ型糖链。红细胞本身只产生Ⅱ型糖链的 H 抗原。分泌型人唾液腺细胞有 Se 和 *H* 基因，同时表达Ⅰ型和Ⅱ型 H 抗原，而非分泌型为 *se* 隐性基因，表达Ⅰ型糖链受阻。白色人种的非分泌基因(se)是 FUT2 基因座 G428A 单碱基无义突变，形成了终止密码，导致编码一条仅由 142 个氨基酸残基组成的无酶活性的短肽，称作 se1 基因。黄种人的非分泌基因是 A385T 单碱基错义突变，使酶蛋白 129 位的异亮氨酸被苯丙氨酸所置换，酶活性仅相当正常的 α2-FUT 的 2%～5%，称作 se2 基因，因此也称作弱分泌基因。这种突变的民族性差别说明了为什么黄种人非分泌型个体的人体液中也有少量的血型物质而白人非分泌型个体的分泌液中确实不分泌血型物质(表 11-4)。此外，FUT2 基因座也存在其他类型的突变。

表 11-4 基因结构与功能比较

	分泌型		非分泌型		弱分泌型	
分布	红细胞	唾液	红细胞	唾液	红细胞	唾液
基因	FUT1(H)	FUT2(Se)	FUT1(H)	se1	FUT1(H)	se2
酶	FUT1 编码酶	FUT2 编码酶	FUT1 编码酶		FUT1 编码酶	酶活性为 FUT2 编码酶 2%～5%
底物糖链	Ⅱ型	Ⅰ型	Ⅱ型		Ⅱ型	Ⅰ型
抗原	H	H	H	凝集抑制试验阴性	H	弱 H 阳性
存在 ABO 血型物质	A,B	A,B	A,B	凝集抑制试验阴性	A,B	弱 A,B 阳性

2. 表型 H 受控于 FUT1 基因座一对等位基因 H 和 h，H 对 h 为显性基因，按孟德尔定律遗传，其基因型有 3 种，HH、Hh 与 hh。前二者的表型是红细胞上有 H 抗原，后者无 H 抗原。

分泌型与非分泌型受控于 FUT2 基因座一对等位基因 Se 和 se，Se 对 se 为显性基因，按孟德尔定律遗传，其基因型有 3 种，SeSe、Sese 与 sese。前二者的表型是 Sec，即分泌型；后者是 nS，即非分泌型。分泌型遗传与 ABO 基因无关，但与 Lewis 基因关系密切。

由于 H 抗原是 ABO 抗原的前身物质，人体液中的 H 抗原也会被 ABO 血型的糖基转移酶转化为 ABO 抗原。因此，A 型分泌型人分泌 A 物质，B 型分泌型人分泌 B 物质，AB 型分泌型人分泌 A 型及 B 型物质，O 型分泌型人分泌 H 型物质，所有分泌型人都分泌 H 物质(图 11-7)。但也有例外的情况，即 Asec 或 Bsec 人唾液中只分泌 H 物质，而不分泌 A 或 B 物质；或只分泌 A 或 B 物质，而不分泌 H

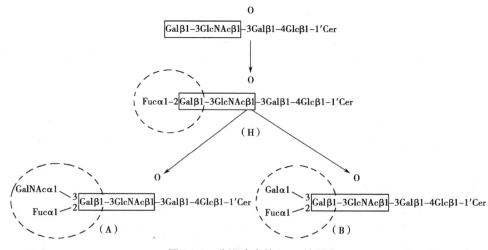

图 11-7 分泌液中的 ABH 抗原

圆圈内为决定 ABH 抗原特异性的糖结构；方框内为血型前体物质的末端核心结构，分泌型个体体液与分泌液中的血型物质以Ⅰ型结构为主

物质。其出现率约为 4.0%～10.3%。称作矛盾分泌型（aberrant secretors）。矛盾分泌型的发生机理尚不十分明确，这一现象在法医学检验实践中应受到高度重视。

在大多数群体中分泌型的频率约为 0.8 左右，中国的不同民族群体的数据也类似。

（三）分型方法

1. 红细胞 H 抗原测定　通常用抗 H 抗体对红细胞作凝集反应试验判定 H 抗原。荆豆种子（Ulex euroruueus）浸液具有抗 H 特异性，是常用抗 H 植物凝集素。

2. 分泌型与非分泌型测定　ABH 的分泌状态以唾液检测为依据。由于唾液中含有血型物质分解酶，可使血型物质的活力迅速下降，取到唾液样本后，应立即煮沸 10 分钟，然后 2000r/min 离心 10 分钟，分离上清入另一试管备用。

分泌型唾液中的 ABH 物质常用凝集抑制试验（hemagglutination inhibition test，HAI）来测定。HAI 原理是分泌型唾液中的水溶性 ABH 物质能特异地与抗 A、抗 B 和抗 H 抗体结合，结合后的抗体不再能与指示红细胞发生凝集反应。故指示红细胞不凝集为阳性反应，说明唾液中含有与抗体相对应的抗原，相比之下，指示红细胞凝集为阴性反应，说明唾液中不含与抗体对应的抗原。

（1）抗血清标准化：作凝集抑制试验必须用标化抗血清。抗血清标化方法如下：按 2、4 系列倍数稀释抗血清，每管 0.1ml。加入 0.05ml 2%～5% 指示红细胞悬液，离心观察结果。产生明显凝集反应的最大抗血清稀释度就是标化抗血清的稀释度，然后按此稀释度稀释抗血清原液即为标化抗血清。抗血清效价太高，抗体过多，难以被唾液中的血型物质全部抑制，易发生假阴性结果。

（2）半定量凝集抑制试验：将唾液分为 3 份，各按 2、4 系列倍数稀释法稀释 10 管，共 3 排试管，每管 0.1ml。分别将标化好的抗 A、抗 B 和抗 H 血清加到 3 排试管中，每管 0.1ml。室温 20 分钟后，于各排试管中分别加入 2%～5% 的 A、B 和 O 指示红细胞悬液，每管 0.05ml。室温 15 分钟后离心，观察结果。发生凝集反应为阴性，不发生凝集反应为阳性。不出现凝集的管数越多，说明唾液中所含相应血型物质就越多。

凝集抑制试验中，注意唾液中 ABH 抗原与相应抗体的含量应相当，则抗体全部或大部分被抑制，阳性结果可靠。若抗体过多，抗体不完全被抑制，会出现指示红细胞的凝集，呈现假阴性结果。因此，凝集抑制试验的关键是抗血清的标化。

分泌型人唾液中均含有 H 物质，若测定分泌状态，仅测唾液中的 H 物质就行了。除唾液外，其他体液和分泌液以及其斑痕均可用本法测定其 ABH 血型物质。

四、MNSs 血型

MNSs 血型（MNSs blood group）是第二个被发现的红细胞血型系统。Landsteiner 与 Levine（1927）用人红细胞免疫家兔首次得到一对抗人红细胞抗体，与红细胞的凝集情况与 ABO 型无关。将这两种抗体分别命名为抗 M、抗 N，相应的红细胞抗原命名为 M 及 N，取自"immune"，表明其抗体是免疫产生。应用两种抗体，根据凝集反应将 MN 血型分为三种类型：M、N、MN。

Walsh 与 Montgomery（1947）在研究一死胎病例时，在母亲的血清中发现一种与 ABO、Rh 系统无关但与 MN 系统相关的新抗体。55% 英国人的血样可被新抗体所凝集。按 MN 型区分，则 MN 型中有 60%，M 型中有 72%，N 型中有 33% 对新抗体呈阳性反应，即 MN 及 M 的阳性率高，N 阳性率低，说明新抗原与 M 的关系比 N 密切。此抗原命名为 S 凝集原，抗体称为抗 S。Levine 等（1951）又发现一种新抗体，可使 89% 的白人血样发生凝集，此抗体与抗 S 一起试验，全部样品均发生反应。遂命名此新抗体为抗 s，抗原为 s 凝集原。抗 S 与抗 s 都是不完全抗体（IgG）。家系调查证明，每一个 M 或 N 都同 S 或 s 有密切的联系，二者如同结合成一个基因进行分离与遗传。因此命名 MNSs 血型系统。

（一）MNSs 血型抗原的结构

MN 和 Ss 血型抗原决定簇分别由血型糖蛋白 A（glycophorin A，GPA）和血型糖蛋白 B（glycophorin B，GPB）携带，是位于人红细胞表面的唾液酸糖蛋白（sialogly-coprotein，SGP），为红细胞膜的构成成分。MNSs 物质没有水溶性形式。由于 M、N 决定簇都是唾液酸糖蛋白，因此经唾液酸酶或蛋白酶处理，即丧失 M 与 N 的抗原活性。

M 与 N 决定簇的寡糖部分和多肽部分均有结构上的差异。M 与 N 决定簇的结构差异主要表现在寡糖部分，M 比 N 多了一个 N- 乙酰神经氨酸（NANA），也称唾液酸，GPA 肽链 N 末端（细胞外部分）的氨基酸排列也不同，M 型的第一氨基酸为丝氨酸，第五为甘氨酸；N 型则分别为亮氨酸及谷氨酸。S 与 s 的主要区别在于 GPB 肽链 N 末端（细胞外部分）第 29 位氨基酸，S 为蛋氨酸，s 为丝氨酸。

MN 型抗原表现有剂量效应（dose effect），即红细胞的被凝集性与基因型有密切关系。纯合子 NN 的被凝集性比杂合子 MN 强，这种因纯合子、杂合子不同表现出红细胞被凝集性有强弱之分的现象称作剂量效应。

在红细胞凝集反应中，观察到抗 N 凝集素不仅可被 N 及 MN 型红细胞吸收，且可被 M 红细胞吸收，这种现象的发生与 M、N 红细胞上存在共同抗原有关。M 型红细胞上存在类似 N 的受体或 N 抗原是 M 抗原的前身物质，使其具有较弱的类 N 特异性（N-like specificity）。GPB N 末端前 26 个氨基酸残基与具有 N 活性 GPA 的 N 末端前 26 个氨基酸残基完全一致。因此，当用抗 N 抗体检测 MM 纯合型红细胞时，该细胞的 GPB 显示出一定的 N 型活性。

（二）等位基因结构与命名

编码 GPA 和 GPB 的基因座染色体定位 4q28-31，是紧密连锁的基因复合体，分别有 7 个和 5 个外显子。

M 和 N 为共显性等位基因，S 和 s 也为共显性等位基因。MNSs 系统可有 4 种单倍型：MS、Ms、NS、Ns。可以构成 10 种基因型。用 4 种抗血清抗 M、抗 N、抗 S 和抗 s 检查，可检出 9 种表型，由此可确定 10 种基因型中的 8 种。对于 4 种抗血清均为阳性时双杂合子表型，其构成的单倍型难以判定，基因型也就不能确定（表 11-5）。只有进行家系调查，方可确定基因型。

表 11-5　用 4 种抗血清判定 MNSs 型

抗 M	抗 N	抗 S	抗 s	表型	基因型
+	−	+	−	MS	MS/MS
+	−	+	+	MSs	MS/Ms
+	−	−	+	Ms	Ms/Ms
+	+	+	−	MNS	MS/NS
+	+	+	+	MNSs	MS/Ns
					Ms/NS
+	+	−	+	MNs	Ms/Ns
−	+	+	−	NS	NS/NS
−	+	+	+	NSs	NS/Ns
−	+	−	+	Ns	Ns/Ns

（三）分型方法

根据红细胞与抗血清的凝集反应来分型，检测结果见表 11-5。由于类 N 特异性问题，对 MN 分型方法应事先标化反应时间。对于不完全抗体的抗 S 与抗 s，常需用间接抗球蛋白试验。

五、Rh 血型

Levine 和 Steetson（1939）在一新生死产儿母亲体内发现了一种新的红细胞抗体。在输同样 O 型血时却发生了强烈的输血反应，推测是由于胎儿抗原刺激，在母体内产生的一种新抗体引起了输血反应。该抗体与 104 例 O 型人做凝集试验，有 80 人发生凝集反应。虽然 Levine 并没有命名，该抗体实际上是人类发现的第一例 Rh 抗体。为了弄清引起新生儿溶血症的抗体,1940 年 Landsteiner 与 Wiener 用猕猴血液免疫兔子与豚鼠,发现抗血清不仅能与猕猴红细胞发生反应,也能与纽约 85% 白人的红细胞发生反应,由于这类抗原存在于所有的猕猴(rhesus monkey)的红细胞上,故命名为 Rh 因子,将凡能与抗 rhesus 血清起反应的 85% 白人称为 Rh 阳性,而其余不起反应的 15% 白人称为 Rh 阴性。

以后 Wiener 与 Peters(1940)发现与兔抗 rhesus 同样的抗体也存在于某些输 ABO 型相容血液,并曾发生过输血反应受体的血液中。那时认为 Levine 与 Stetson 1939 年在新生儿溶血症患儿母亲血中发现的抗体与兔抗 rhesus 抗体没有什么区别。许多年之后,才认识到兔抗 rhesus 抗体与人类 Rh 抗体所针对的抗原并不一样,由于那时已积累了许多文献资料,不便再将人类抗 Rh 抗体易名,故将兔抗 rhesus 抗体改称为抗 -LW 抗体,以纪念 Landsteiner 与 Wiener。

(一)Rh 血型抗原的结构

红细胞膜上与 Rh 血型(Rh blood group)有关的蛋白统称为 Rh 蛋白家族。Rh 蛋白家族是四聚体的分子复合物,分子量约为 170kD,含有 2 个 Rh 蛋白和 2 个 Rh 相关糖蛋白。Rh 蛋白分子量为 30 000,也称作 Rh30,包括 RhD 和 RhCcEe 分子。Rh 相关糖蛋白(Rh-associated glycoprotein,RhAG)分子量为 50 000,也称作 Rh50。Rh 蛋白与 RhAG 的氨基酸序列具有约 40% 的同源性,均为含有 12 个跨膜区的多肽,N- 末端与 C- 末端均位于细胞质,6 个亲水性多肽环位于细胞外,Rh 蛋白的亲水性多肽环是 Rh 血型系统的多态性基础。RhD 蛋白表达 D 抗原性;RhCcEe 蛋白在同一蛋白分子上带有 C 和(或)c 及 E 和(或)e 抗原。RhD 与 RhCcEe 蛋白的 N- 末端前 41 个氨基酸序列完全一致,两个多肽链有 30~35 个氨基酸不同。RhAG 与 Rh 抗原性无关。

(二)等位基因结构与命名

1. 等位基因结构 Rh 基因座染色体定位 1p36.13-p36.1,由紧密连锁且高度同源的 RHD 和 RHCE 二个亚基因座组成。RHD 亚基因座位于着丝粒一侧,RHCE 亚基因座位于端粒一侧,相隔 30Kb 左右。二个亚基因座分别含有 10 个外显子,各编码一条 417 个氨基酸多肽。Tippett(1986)提出 Rh 血型的双结构基因模型:一个基因编码 D 抗原,另一个编码 CcEe 抗原;一些少见的 Rh 复合物即 Rh 抗原不正常表达的原因被认为是基因的突变或两基因座不等交换等。大量分子生物学研究结果证实了 Tippett 提出的 Rh 双结构基因模型(Two structural Rh gene models)(图 11-8)。

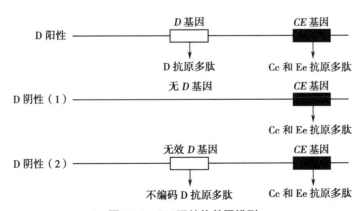

图 11-8 RH 双结构基因模型

1. RH 血型抗原由两个基因编码,RHD 编码 D 抗原,RHCE 编码 Cc/Ee 抗原。
2. RHD 阳性人有 RHD 和 RHCE 基因,RHD 阴性人大部分只有 RHCE 基因而无 RHD 基因,但少部分人有无功能的 RHD 基因。
3. RHD 和 RHCE 基因均为 10 个外显子和 10 个内含子。
4. RHD 无等位基因,既无 d 基因,也必然无 d 抗原和抗 -d 抗体。
5. 现在已经摈弃了 RH 血型基因两个假说,即 Fiher-Race 等的 C,D,E 三个紧密连锁的基因位点学说和 Wiener 的 Rh-Hr 单一基因的多表位学说。

所有 RhD（+）人具有 RHD 基因，而 RhD（−）人却有不同的遗传背景。白种人的 RhD（−）个体缺乏 RHD 基因，极个别人具有 RHD 基因；黄种人的 RhD（−）个体中有 30% 的人具有 RHD 基因；非洲黑人的 RhD（−）是 RHD 基因第三内含子与第四外显子交界处插入了 37 个碱基，第五与第六外显子分别出现一处错义突变和无义突变所致。Cc 抗原多态性是由于 RHCE 基因第 1 外显子与 2 外显子发生了 6 个碱基替代，从而使 4 个氨基酸发生改变，导致产生 C 或 c 抗原。Ee 多态性与 RHCE 基因第 5 外显子上一个碱基替代有关。这个碱基替代使位于第 4 个细胞外多肽环上的一个氨基酸发生改变，表现为 E 或 e 特异性（表 11-6）。

表 11-6 主要抗原多肽链氨基酸残基的差异

抗原	多肽链氨基酸残基位置				
	16	60	68	103	226
D	Trp	Ile	Ser	Ser	Ala
CE	Cys	Ile	Ser	Ser	Pro
cE	Trp	Leu	Asn	Pro	Pro
Ce	Cys	Ile	Ser	Ser	Ala
ce	Trp	leu	Asn	Pro	Ala

2. Rh 抗原命名　Rh 系统常见的 5 种抗原分别为 D，C，E，c，e 也称作 RH1，RH2，RH3，RH4，RH5。Rosenfield 的数字命名法是现在国际输血学会血型命名法的基础。Rh 系统基因产物为蛋白质，迄今共发现 51 种抗原。编号从 RH1 到 RH51。用 5 种抗体检测 Rh 表型推测基因型见表 11-7。

表 11-7 5 种抗体检测 Rh 表型推测基因型

抗血清的反应					表型	基因型
抗 C	抗 c	抗 D	抗 E	抗 e		
−	+	−	−	+	ccdee	dce/dce
+	+	−	−	+	Ccdee	dCe/dce
−	+	−	+	−	ccdEE	dcE/dcE
+	+	−	+	−	CcdEE	dCE/dcE
+	+	−	+	+	CcdEe	dceHdCE
+	−	−	−	+	Ccdee	dCe/dCe
+	−	−	+	−	CcdEE	dCE/dCE
+	−	−	+	+	CcdEe	dCE/dCE
−	+	−	+	+	ccdEe	dcE/dce
+	+	+	−	+	CcDee	DCe/dce
						Dce/dCe
						DCe/Dce
+	−	+	−	+	CCDee	Dce/dCe
						DCe/Dce
+	+	+	+	−	CcDEE	DCE/dcE
						DCE/DcE
						DCE/DcE
+	+	+	+	+	CcDEe	DCE/dce
						dCE/Dce
						DcE/dCe
						dcE/Dce

续表

抗血清的反应					表型	基因型
抗 C	抗 c	抗 D	抗 E	抗 e		
						Dce/DcE
						Dce/DCE
−	+	+	+	−	ccDEE	DcE/dcE
						DcE/DcE
−	+	+	+	+	ccDEe	DcE/dce
						DcE/DcE
						DcE/Dce
−	+	+	−	+	ccDee	Dce/dce
						Dce/Dce
+	−	+	+	−	CCDEE	DCE/dCE
						DCE/DCE
+	−	+	+	+	CCDEe	DCE/dCe
						dCE/Dce
						DCE/Dce

（三）分型方法

根据红细胞与抗血清的凝集反应来分型,即用抗 D、抗 C、抗 E、抗 c 和抗 e 抗体分别判定 D、C、E、c 和 e 抗原。采用不完全抗体血清时,需用间接抗球蛋白试验或者酶处理红细胞的方法。

第二节 白 细 胞 型

人类白细胞抗原(Human Leukocyte Antigen,HLA)是人类最复杂的显性遗传多态性系统,也是迄今为止人类基因组中基因密度最高的区域。HLA 系统具有极其重要的功能,如抗原的加工、呈递,控制免疫应答,调节免疫细胞间相互作用,对异体移植物的排斥,肿瘤监视,参与大量自身免疫疾病的发生等。HLA 多态性的研究及分型技术的发展使其成为法医学个体识别和亲权鉴定理想的遗传标记。

一、HLA 抗原

人类白细胞膜上的抗原分为三类:一类是红细胞血型抗原,如 ABH、Rh 等;另一类是白细胞本身特有的抗原,如 CD4、CD8、Leu8 等;第三类是与其他组织共有的,也是最强的同种抗原,即人类白细胞抗原(HLA)。HLA 又可称为移植抗原、组织相容性抗原或组织抗原(tissue antigen)。早在 20 世纪 60 年代,在研究小鼠的肿瘤移植时就发现有一种抗原支配着移植的成败,这种代表个体特异性的同种抗原称为移植抗原(transplantation antigen)或组织相容性抗原(histocompatibility antigen)。后来发现,机体内与排斥有关的抗原系统多达 20 个以上。其中,能引起强而迅速排斥反应的抗原称主要组织相容性抗原。编码这些抗原的基因位于同一染色体片段上,形成一组紧密连锁的基因群,称为主要组织相容性复合体(major histocompatibility complex,MHC)。人类的 MHC 称为 HLA 系统,小鼠的 MHC 称为 H-2 系统。

HLA 抗原结构及其分布

HLA-Ⅰ类和 HLA-Ⅱ类抗原存在于细胞表面,为跨膜蛋白质,均为异二聚体蛋白。HLAⅠ类和Ⅱ类抗原分子的三级结构有很多相似之处,其抗原结合部位均由 8 条反向平行的 β 折叠链和 2 条反向平行的 α 螺旋链组成,称为肽结合槽,具有多态性的氨基酸残基位于此槽的底部(图11-9)。

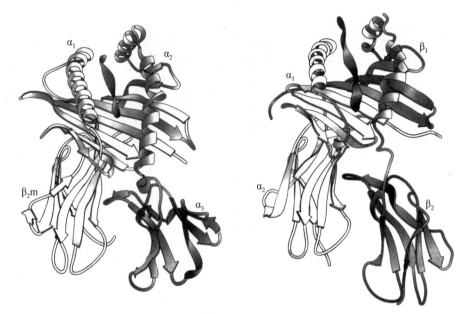

图 11-9　HLA 抗原结构示意图
左为 HLA-Ⅰ类抗原；右为 HLA-Ⅱ类抗原

1. HLA-Ⅰ类抗原的结构　Ⅰ类基因产物为 HLA-A、B 和 C 抗原，由重链和轻链两条多肽链构成。重链（α 链）由 HLA Ⅰ 类 DNA 分子编码，约有 350 个氨基酸组成，分子量为 45kD，分为 5 个区域：α1 结构域、α2 结构域、α3 结构域、跨膜区和胞浆区。HLA Ⅰ 类抗原分子的轻链为 β2 微球蛋白（βm），约由 100 个氨基酸组成，缺乏多态性。它的编码基因位于 15 号染色体上。两条链以非共价键相连接。重链插入细胞膜，留在细胞膜外的部分折叠成 3 个结构域，每个结构域大约含 90 个氨基酸，靠近细胞膜的结构域为 α3，向细胞膜外依次为 α2 和 α1。α3 很恒定，而 α2 和 α1 则有高度可变性，形成多态性。重链 α1 和 α2 区的氨基酸序列呈螺旋状排列，形成凹槽，决定 HLA-Ⅰ 类抗原多态性的所有氨基酸均位于凹槽边或底部。Ⅰ 类抗原分子中的抗原决定槽两端是封闭的。因此，Ⅰ 类抗原分子只能容纳、提呈 8～9 个氨基酸的短肽。

2. HLA-Ⅱ类抗原的结构　Ⅱ类基因产物为 HLA-DR、DQ、DP 抗原，均为跨膜糖蛋白，由 α 和 β 两条链构成。α 链分子量为 33～35kD，DRα 链无多态性，DQα 及 DPα 链有多态性；β 链分子量为 25～30kD，DR、DQ、DP 的 β 链均有多态性。α 和 β 链均有一段插入细胞膜，细胞膜外面部分折叠成 2 个结构域，分别为 α1 与 α2 和 β1 与 β2。Ⅱ 类抗原的多态性由离细胞膜最远的 α1 和 β1 所决定。HLA Ⅱ 类抗原分子中的抗原决定槽两端是开放的。因此，Ⅱ 类抗原分子能够容纳、提呈 15～24 个氨基酸的长肽。

3. HLA 抗原的细胞分布　HLA 抗原主要存在于细胞膜上，不同细胞上的抗原分子多寡不同。HLA-Ⅰ 类抗原分布广泛，几乎存在于所有的有核细胞表面，以淋巴细胞上的密度最高。正常情况下，心肌细胞和肝细胞 HLA 抗原极少或没有。血浆中有可溶性 HLA-Ⅰ 类抗原，可能是细胞膜代谢所致。成熟红细胞上没有 HLA-A、B、C 和 DR 抗原，幼稚红细胞却有，年轻红细胞上有少量 HLA 抗原。血小板除自身带有 HLA-Ⅰ 类抗原外，还可以从血浆中吸附可溶性 HLA 抗原。含有 HLA-Ⅱ 类抗原的组织比 Ⅰ 类抗原少得多，密度最高者为树突状细胞、单核细胞，一些吞噬细胞亚群及 B 细胞。Ⅱ 类抗原作为一种分化抗原在不同细胞上表达，大多数骨髓分化细胞具有 HLA Ⅱ 类抗原。

二、HLA 命名

世界卫生组织对 HLA 的命名包括基因命名与抗原特异性命名两个方面。HLA 命名的主要原则如下。

1. 以大写字母 A、D、C……表示 HLA 遗传区域中的座位。

2. HLA 抗原特异性用数字表示。由于历史原因，HLA-A、B 基因座上的抗原以发现先后次序排列。因此 HLA-A、B 座位上的抗原特异性编号不重叠，例如 A 座位上有 1、2、3、9、10、11 等，而 B 座位上有 5、7、8、11、13 等。其他座位上的抗原特异性编号从 1 开始。

3. 为防止与补体组分命名相混淆，HLA-C 抗原特异性以 Cw 为字首命名。

4. HLA 基因命名一般以 4 位数字表示，其中前 2 位数字表示对应最相近的 HLA 抗原特异性，后 2 位数字则用于表示亚型的等位基因。如 A*0101 和 A*0102，均表示能用血清学方法检出的 A1 抗原，但它们 DNA 编码的序列不同，产物的 HLA 特异性存在细微差别。

5. 如果出现第五位数字，则代表"沉默取代"，即该基因中虽发生了个别碱基的替换，但新密码子与原密码子属简并密码，不影响所编码的氨基酸序列。如 A*31011 与 A*31012，二者 DNA 序列不同，但编码的 A31 抗原的氨基酸序列均相同。

6. 第 6、7 位数字代表相应的启动子（包括内含子或侧翼区等）序列的多态性，如 DRB4*0101102。

7. 末尾加英文字母 N 表示无效等位基因或不表达基因，如 DR B4*0101102N。

8. 在不能区分等位基因时，可允许取最前面的 2 位或 4 位数字表示该 HLA 的特异性，如目前已检出 17 个 A2 等位基因，如果不能确定是哪个等位基因，则可写作 A*02；同样 DRB4 的等位基因可记为 DRB4*0111。

随着对 HLA 抗原研究的深入，HLA 命名在不断修改。一些原来命名的抗原特异性可被进一步细分。例如 HLA-A9 可分解为 A23 和 A24，HLA-B40 分分解为 B60 和 B61。因此，把先前命名的特异性称为宽特异性，把分解后的抗原称为窄特异性或亚型。原来的宽特异性用括弧注明。例如 HLA-A23（9）和 HLA-A24（9），又如 HLA-B60（40）和 HLA-B61（40）。另一方面，抗原特异性不断在被合并。例如，根据 1991 年命名，HLA-A 基因座有 41 个等位基因，对应 27 种抗原特异性；HLA-B 基因座有 59 个等位基因，对应 59 种抗原特异性；HLA-C 基因座有 18 个等位基因，对应 10 种抗原特异性，因此所命名的 HLA-A、B、C 基因座共有 118 个等位基因，对应 96 种抗原特异性。1995 年命名时，HLA-A、B、C 基因座等位基因数量增加到 213 个，但其相应检出的 A、B、C 抗原特异性却合并为 75 种，HLA-Ⅱ基因座也有类似情况。

三、HLA 遗传

HLA 基因定位于人类第 6 号染色体短臂（6p21.31），参考序列全长 3.6Mb，占整个人类基因组全部碱基序列的 0.12%。

（一）HLA 基因结构

HLA 区主要有 HLA-Ⅰ、Ⅱ及Ⅲ类基因座（图 11-10）。

Ⅰ类基因区 DNA 片段为 1600～2000kb，主要有三个Ⅰ类基因座，即 HLA-A、HLA-B 和 HLA-C。每个基因座编码经典Ⅰ类抗原的一条重链。Ⅰ类基因含有 8 个外显子和 7 个内含子，多态性主要由外显子 2 和外显子 3 决定。其他的Ⅰ类基因，如 HLA-E、F、G 和 H 基因也编码Ⅰ类蛋白，称为 HLAIb 基因。与 A、B、C 基因座相比，它们的多态性少得多，近来的工作已确认了它们的多种功能。例如，HLA-E 和 HLA-G 基因产物能结合抗原肽，参与 NK 细胞的识别。

Ⅱ类基因位于 HLA-D 区，DNA 片段长 1000～1200kb。HLA-D 区至少编码Ⅱ类分子的 6 条 α 链和 10 条 β 链（图 9-3）。DR、DQ 和 DP 基因座编码Ⅱ类区域的主要表达产物，但也鉴定出了其他的基因。DR 家族包括一个单一的基因（DRA）以及含假基因在内的共 9 个 β 基因（DRB1～9）。此基因座中有几种不同的基因重排。每个 DQ 和 DP 家族都各有一个编码 α 和 β 链的基因，并包括一对假基因。在细胞内，DR、DQ 和 DP 的 α 链主要与它们相关基因座编码的 β 链相结合。例如，*DPA1* 和 *DPB1* 基因产物结合成为 HLA-DPⅡ类分子，后者可用特异细胞加以检测。同样，*DQA1* 和 *DQB1* 编码 HLA-DQ 抗原。DRB 区域的结构和长度在不同的单倍型中有所不同，并且 β 链表达的数目也不一样。Ⅱ类基因含有 6 个外显子和 5 个内含子，多态性主要由外显子 2 决定。

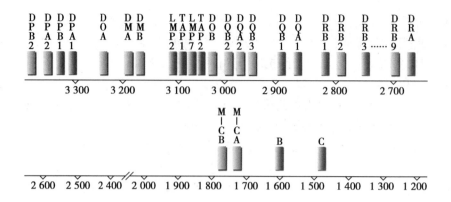

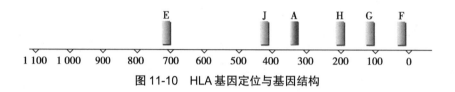

图 11-10　HLA 基因定位与基因结构

（二）HLA 遗传特征

1. 共显性遗传　HLA 属常染色体共显性遗传，每个 HLA 基因座表达一对抗原，组成了个体该基因座的表型。人类 HLA 每个基因座上有众多等位基因，故多数个体是 HLA 杂合子。例如某个体的 HLA-A 座位检测出 A1 和 A2 抗原，该个体表型为 HLA-A1,2。用血清学方法分型时需要注意，如果个体只检测出一个抗原，例如 A1，则有三种的可能原因：①是该抗原的纯合子，即 HLA-A1,1；②HLA 抗血清板不完全，缺少针对某抗原的抗体，漏检了一个抗原；③存在一种至今尚未发现的抗原。因此，在只检测出一个抗原时，称为存在一个空白抗原，记作 HLA-A1,—，不能判断为一定是纯合子。

2. 单倍型遗传　单倍型（haplotype）是指一条染色体上 HLA 各基因座的基因紧密连锁组成的基本遗传单位。人体细胞为二倍体型，两个单倍型分别来自父亲和母亲。由于一条染色体上 HLA 各基因座的距离非常近，很少发生同源染色体之间的交换。因此，在 HLA 遗传过程中，单倍型作为一个完整的遗传单位由亲代传给子代，子代 HLA 单倍型一个来自父亲，一个来自母亲。同胞之间 HLA 单倍型比较有 3 种可能性，①有 1/4 机会 HLA 单倍型完全相同；②有 1/4 机会 HLA 单倍型完全不同；③有 1/2 机会一半相同，即共有一个单倍型。偶然有基因重组现象，例如图 11-11 中第 5 个孩子来自亲代的 B27 和 B44 基因发生了交换重组，产生了新的单倍型。

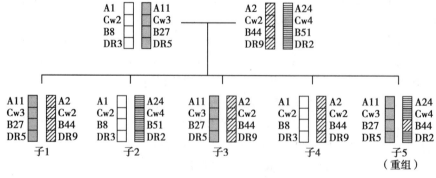

图 11-11　HLA 的单倍型遗传图

3. 连锁不平衡　处于 Hardy-Weinberg 平衡时，不同基因座的基因组成一个单倍型的频率等于各基因频率的乘积。实际群体调查发现，HLA 各基因座的基因并非完全随机组成单倍型，有些单倍型观察频率高于期望频率或低于期望频率,这种现象称为连锁不平衡(linkage disequilibrium)。例如,群体中 HLA-A1 和 HLA-B8 频率分别为 0.17 和 0.11。若随机组合,则单体型 A1-B8 的预期频率为 0.019,但实际观察到的 A1-B8 单倍型频率是 0.088,故 A1-B8 处于连锁不平衡。处于连锁不平衡状态说明 HLA 不同基因座的基因之间存在关联,具有一同遗传的趋向。因此,在法医数据分析中,HLA 不同基因座的累积概率不能简单使用各基因频率的乘积,而应该用单倍型频率。否则会导致过高或过低估计 HLA 系统的鉴定能力。

四、HLA 分型

HLA 分型方法可归纳为 3 类,其中微量淋巴细胞毒试验主要用于检测 HLA-A、B、C、DR 和 DQ 基因座的抗原;淋巴细胞培养试验主要检测 HLA-D 和 DP 基因座的抗原;DNA 分析可检测 HLA 所有等位基因。

(一)血清学分型

微量淋巴细胞毒试验(microlymphocytotoxic test)或称补体依赖的细胞毒试验(complement dependent cytotoxic test)首先由 Terasaki 在 1964 年建立,后经美国国立卫生研究院(National Institute of Health,NIH)标准化,故又称 NIH 技术。分型原理为淋巴细胞膜上的 HLA 抗原与已知 HLA 血清中相应抗体结合后,形成抗原抗体复合物,再结合补体。被激活的补体系统产生细胞毒性,攻击并破坏淋巴细胞。经过染色,染料进入破损细胞内着色,为阳性结果。如果抗原与抗体未结合成抗原抗体复合物,则不能结合补体,细胞膜完整,染料无法进入细胞内,为阴性结果。在倒置相差显微镜下观察,计数着色细胞即死细胞所占细胞数目的百分比。一般认为死细胞＞20% 为阳性反应,即表示该细胞膜上有与抗体相应的抗原。反之,无此种抗原。

(二)DNA 分型

HLA 分型已由抗原水平深入到基因水平。1991 年第十一届国际专题研讨会讨论了 HLA-Ⅱ类 DNA 分型方法;1996 年第十二届国际会议讨论了 HLA-Ⅰ类 DNA 分型方法。HLA-DNA 分型方法都是针对核苷酸顺序差异而设计的,包括 PCR-RFLP、PCR-SSO、PCR- 微量滴度板杂交法(PCR-MPH)、PCR-SSP、DNA 芯片技术和测序分型方法。DNA 分型优于血清学方法之处在于:①试剂由化学合成,任何实验室均可获得完全相同的试剂,便于标准化和相互比较结果;②对检材要求不高。血清学方法因需要活细胞而难以用于斑痕 HLA 分型的限制得以克服;③血清学与 DNA 分型不完全相同的分型误差得以解决。大量的研究表明,HLA 血清学与 DNA 分型有不同程度的不吻合。血清学方法发生的错误主要集中在:①交叉反应抗原;②能否正确指定属于 A9 和 A19 的亚型,如 A2、A23、A69、A74、A80;B35、B46、B48、B50、B54、B55、B57、B58、B61、B63、B67、B70、B73、B75、B76、B77 以及很难获得相应特异性抗血清的 B71、B72、B78、B81,这些抗原多在交叉组(cross-reactive epitope group,CREG)内或是宽特异性抗原的裂解产物;③未能检出 WHO 命名的全部基因;④纯合子细胞中存在假阳性反应。易漏检的抗原有 HLA-B41,B40,B52,B14,B46,B82,B56 和 B47。长期以来,人们接受 HLA-C 座位上存在大量"空白"基因的事实,因为没有相应的抗血清检测出它们的产物。DNA 分型技术促进和改善了对 HLA 多态性的分辨率,C 座位上的"空白"已不复存在。

第三节　血　清　型

人类某些血清蛋白具有遗传多态性,表型有个体差异,称为血清型(serum types)。在法医学鉴定中应用的血清型主要有:结合珠蛋白、维生素 D 结合蛋白、α1- 抗胰蛋白酶、转铁蛋白、类粘蛋白、α_2-HS 糖蛋白、纤维蛋白溶解原、间 -α- 胰蛋白酶抑制因子、抗凝血酶Ⅲ、同种异型遗传标记以及部分补体蛋白等。

一、概述

人类第一个血清型遗传标记结合珠蛋白（Haptoglobin，Hp）的遗传多态性发现可以追溯到 1955 年，此后的半个多世纪中，随着更多的血清型遗传标记的发现，人类对血清型检测方法及其应用的认识亦逐步深入。

（一）血清型的分类与命名

按照分型原理不同，血清型可以分为两大类：一类为同种异型遗传标记，它指同一种属不同个体血清蛋白抗原性的差别，可采用特异性抗血清分型。免疫球蛋白 γ 链的同种异型 Gm 是最早发现的同种异型遗传标记，以后发现 Am、Em、Km 以及低密度脂蛋白 Ag 及 Lp 等同种异型遗传标记。此类血清型的命名多以抗原所在的肽链名称加抗原编号组成。如：G1m（1）抗原表示该抗原位于免疫球蛋白 IgG1γ 重链上。另一类为血清蛋白的电泳多态性遗传标记，是指不同个体血清蛋白的电泳特性的差异，是血清蛋白多肽链中部分肽链段或个别氨基酸不同，引起电泳迁移率发生变化构成的多态性，需用电泳技术分型。这类血清型的命名通常是蛋白的缩写名称加表示等位基因的数字或字母，如：表型为 1-1 型的结合珠蛋白型写作 Hp1-1，PLG AB 表示纤维蛋白溶酶原的 AB 杂合子表型。血清型的表型命名起初来自发现者，为便于比较，后来采用了国际统一的命名方法，如：维生素 D 结合蛋白、α1- 抗胰蛋白酶等。

（二）分型原理

传统的免疫学方法可用来进行同种异型遗传标记的分型，以特异性抗体检测同种异型抗原，可确定遗传标记的型别，如红细胞被动凝集抑制试验，酶联免疫分析，胶体金标免疫试验等。在法医学鉴定中应用的血清型多数属于电泳性质上的多态性，需要采用凝胶电泳技术分型。不同表型的蛋白分子一级结构存在差异，分子量和等电点不同，在一定 pH 环境的凝胶中和一定的电场条件下，电泳迁移率不同，可依据蛋白谱带位置进行分型。等电聚焦技术则依靠不同蛋白分子之间等电点差异进行分型，分辨率比常规凝胶电泳高，能够揭示许多普通电泳难以检出的多态性，从而提高该系统的个人识别概率。

由于血清蛋白多以糖蛋白的形式存在，糖侧链的电荷也可以影响蛋白电泳迁移率。因此有些血清型在分型之前，样品需经神经氨酸酶或其他试剂处理，如转铁蛋白分型。值得注意的是某些血清型的血液与血痕电泳谱不同，如新鲜血液与血痕中的 Gc，Tf 蛋白电泳迁移率稍有不同，原因在于他们与其他蛋白质分子的相互作用，并非遗传差异。

电泳后血清型谱带的显示可以用普通蛋白染色、免疫固定或免疫印迹法。常用的蛋白质染色有考马斯亮蓝 R250、氨基黑 10B 和硝酸银染色等。蛋白染色操作简便，但谱带无特异性，仅适于谱带位置明确，易于识别的血清型如 Gc 型，Tf 型等的检测。免疫固定后染色为特异性显色方法，主要是利用抗原抗体的特异性反应识别特异性蛋白。适当比例的抗原与抗体在凝胶中反应，并形成免疫复合物沉淀，经洗涤后再用普通蛋白染色，可显示特定血清型的特异性谱带。有时为便于操作，先将凝胶中的蛋白转印至醋酸纤维膜上，再进行抗原抗体反应，利用标记在抗体上的酶或其他标记物显示抗原抗体复合物。这种方法叫做免疫印迹法。免疫印迹技术除具有高特异性的优点外，还能提高检测的灵敏度。免疫固定及免疫印迹法同属特异性显色法，适用于所有电泳分型的血清型检测。另外，还可以利用某些血清型的生物化学特性，设计显色方法，如 Hp 可与血红蛋白（Hb）结合形成 Hp-Hb 复合物，其中 Hb 具有过氧化物酶样的活性。因此，Hp 显色多采用与 Hb 结合后加入过氧化物酶底物的方式，显示复合物谱带，具有相当高的检测灵敏度。

二、结合珠蛋白型

Polonovski 和 Jayle（1939）在研究血清蛋白时，观察到血清蛋白质的 α-2 球蛋白组分中的蛋白质可以和血红蛋白（Hb）结合并使后者的过氧化物酶样活性显著提高，将其命名为结合珠蛋白（Haptoglobin，Hp）。

（一）Hp 的生化性质及生物学功能

Hp 是一种糖蛋白，由肝脏合成，等电点为 4.1～4.2，含糖量约占 19.8%，其中唾液酸 5.3%、半乳糖 5.3%、甘露糖 2.5%、葡萄糖 5.3%、岩藻糖 0.2%。Hp 合成后释入血中，血浆中平均含量为 100mg/100ml，约占 α2 球蛋白组分的四分之一左右。红细胞被解体破坏后释出血红蛋白（Hb），Hp 立即与之结合成 Hp-Hb 复合物，并很快被网状内皮系统所清除，使 Hb 中的铁得以再利用。大分子 Hp-Hb 复合物不易被肾小球滤过，可防止血红蛋白沉积于肾小管，从而保护了肾脏。

Hp 蛋白由两条 α 链和两条 β 组成。Hp1 型与 Hp2 型之间只是 α 链一级结构不同，β 链都相同。Hp1 由两条 hp1α 链和两条 hpβ 链组成；Hp2 由两条 hp2α 链和两条 hpβ 组成。hp1α 与 hp2α 的分子量分别为 9000 与 16 000，hpβ 链的分子量为 40 000。hp1α 由 83 个氨基酸组成，hp2α 由 142 个氨基酸组成。

（二）等位基因结构与命名

1. Hp 基因 Hp 基因定位 16q22.1，Hp 基因簇包含编码 hpα 链和 hpβ 链的 Hp 基因以及 Hp 相关基因 *Hpr*（Haptoglobin-related gene）。

基因 Hp*1 含 5 个外显子。在 Hp*1 基因的基础上，涉及 Hp*1 基因的第 2 至 4 内含子范围，即包括第 2、4 内含子的部分和第 3、4 外显子的全部，出现大约 1.7kb DNA 片段的基因内重复（intragenic duplication），形成了 Hp*2 基因。因此，Hp*2 基因含有 7 个外显子。第 5、6 外显子源于 Hp*1 基因的第 3，4 外显子（图 11-12）。

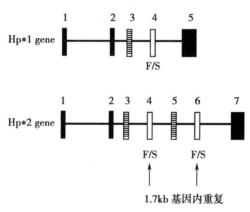

图 11-12 Hp*1 和 Hp*2 基因结构示意图

根据 Hp*1 基因第 4 外显子中第 52、53 位密码子的不同可将 Hp*1 基因分为 Hp*1F（GAT，AAG）和 Hp*1S（AAT，GAG），Hp*1F 基因产物 hp1Fα 第 52 位为天冬氨酸，第 53 位为赖氨酸；而 Hp*1S 基因产物 hp1Sα 第 52、53 位分别为天冬酰胺和谷氨酸。hp1Fα 第 52 位天冬氨酸呈酸性，第 53 位赖氨酸呈碱性；而 hp1Sα 链中等位的天冬酰胺和谷氨酸分别呈中性和酸性。所以，电泳时 hp1Fα 链的迁移率大于 hp1Sα 链。同理，分别位于 Hp*2 基因第 4，第 6 外显子中的第 52 位，第 53 位与第 111 位，第 112 位密码子也具有 Hp*1F 与 Hp*1S 的差别。因此，Hp*2 基因可分为 Hp*2FF，Hp*2FS 及 Hp*2SS 三个等位基因。家系调查表明各等位基因 Hp*1F、Hp*1S、Hp*2FS、Hp*2SS 及 Hp*2FF 均属共显性等位基因，按孟德尔规律遗传（表 11-8）。

表 11-8 Hp 等位基因的密码子

等位基因	52 密码子	53 密码子	111 密码子	112 密码子
Hp*1F	GAT（Asp）	AAG（Lys）		
Hp*1S	AAT（Asn）	GAG（Glu）		
Hp*2FF	GAT（Asp）	AAG（Lys）	GAT（Asp）	AAG（Lys）
Hp*2FS	GAT（Asp）	AAG（Lys）	AAT（Asn）	GAG（Glu）
Hp*2SS	AAT（Asn）	GAG（Glu）	AAT（Asn）	GAG（Glu）

2. Hp 表型 Smithies（1955）采用淀粉凝胶电泳技术将不同个体的 Hp 分为 3 型：Hp1-1、Hp2-1 及 Hp2-2 型。Hp1-1 型的电泳谱带呈现单一成分，泳动最快靠近正极侧。Hp2-2 型和 Hp2-1 型由多个成分组成，电泳迁移率较小，其谱带浓度向负极侧呈逐渐递减趋势。Hp2-1 型含有一条位于 Hp1-1 及 Hp2-2 区带之间的带可作为辨别 Hp2-1 的标志之一（图 11-13）。Hp2-2 型和 Hp2-1 型的多个成分是因为蛋白单体形成了多聚体（图 11-14）。

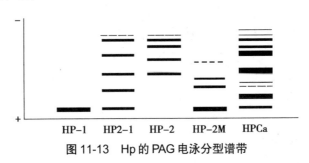

图 11-13 Hp 的 PAG 电泳分型谱带

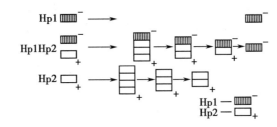

图 11-14 Hp 谱带假设结构

Hp2-2 型和 Hp2-1 型的多个成分是因为蛋白单体形成了多聚体

采用 8mol/L 尿素使 Hp1-1 分子中 α 链变性，再用巯基乙醇还原后电泳，发现 Hp*1 基因产物由 Hp*1F、Hp*1S 两个基因产物组成。这样可检出 6 种表型，分别为 Hp1S-1S、Hp1S-1F、Hp1F-1F、Hp2-1F、Hp2-1S 及 Hp2-2。家系调查证实由三个共显性等位基因所控制：Hp*1F，Hp*1S 和 Hp*2（图 11-15）。

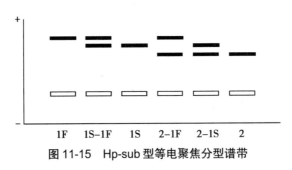

图 11-15 Hp-sub 型等电聚焦分型谱带

应用等电聚焦分型 Hp 证实 Hp 可进一步分为十余种表型。其中常见的有：Hp1S、Hp1SF、Hp1F、Hp1F2FS、1S2FS、Hp2FF1F、Hp2FF1S、Hp2SS1F、Hp2SS1S、Hp2SF、Hp2FF、Hp2FS2SS 及 Hp2SS。由 Hp1S、Hp1F、Hp2FS、Hp2SS 和 Hp2FF 五个共显性等位基因所控制。Hp 常见的表型及基因型的对应关系见表 11-9。

从目前较大样本资料来看，Hp 表型分布存在一定种族差异。亚洲人以 Hp2-2 居多，其次是 Hp2-1，Hp1-1 最少。白人中 Hp2-1 占优势，其次是 Hp2-2。黑人群体中 Hp1-1 出现频率最高，其次是 Hp2-1。有关 Hp 亚型的报导国内外均可见到。

（三）Hp 分型原理、方法及法医学应用评价

Hp 型分析可采用淀粉凝胶或醋酸纤维膜电泳方法，但聚丙烯酰胺凝胶电泳的分辨率较高，常用聚丙烯酰胺凝胶圆盘电泳方法。

表 11-9　Hp 表型与基因型

表型（3 种）	表型（15 种）	基因型
Hp1-1	Hp1S	Hp*1S / Hp*1S
	Hp1FS	Hp*1F / Hp*1S
	Hp1FF	Hp*1F / Hp*1F
Hp2-1	Hp1F2FS	Hp*1F / Hp*2FS
	Hp1F2SS	Hp*1F / Hp*2SS
	Hp1F2FF	Hp*1F / Hp*2FF
	Hp1S2FS	Hp*1S / Hp*2FS
	Hp1S2SS	Hp*1S / Hp*2SS
	Hp1S2FF	Hp*1S / Hp*2FF
Hp2-2	Hp2FS	Hp*2FS / Hp*2FS
	Hp2FS2SS	Hp*2FS / Hp*2SS
	Hp2FS2FF	Hp*2FS / Hp*2FF
	Hp2SS	Hp*2SS / Hp*2SS
	Hp2SS2FF	Hp*2SS / Hp*2FF
	Hp2FF	Hp*2FF/ Hp*2FF

1. 聚丙烯酰胺凝胶圆盘电泳　电泳的原理是利用聚丙烯酰胺凝胶（PAG）的分子筛作用和电场的作用，在柱状凝胶中分离不同型别的 Hp 蛋白。由于 Hp 蛋白可以与血红蛋白结合，利用后者过氧化酶样的活性可使联苯胺氧化为联苯胺蓝，从而使谱带显色。因为 Hp1 和 Hp2 的基因产物分子量差别较大，此法对血清 Hp 型别分离较为满意。该方法仅适用于检测新鲜血清中 Hp 型别。

先将待测样本血清同血红蛋白混合，使之形成 Hp-Hb 复合物。聚丙烯酰胺凝胶浓度 T = 6%，交联度 C = 2.1%；电极缓冲液采用 0.08mol/L，pH 9.0 的硼酸 - 硼砂缓冲液。凝胶缓冲液为 pH 8.8、0.5mol/L Tris-EDTA 缓冲液。电泳条件为：2mA/ 管，恒电流电泳 90 分钟。泳毕剥胶，用联苯胺溶液染色。结果判断参见图 11-22。

Hp 在血痕中较为稳定，室温中保存 18 个月的血痕可检出 Hp 型。但由于血痕中大量血红蛋白除少部分可与 Hp 结合外，大部分以游离形式存在。电泳中 Hb 占凝胶的大部分，联苯胺染色时，Hb 掩盖了 Hp 谱带，无法判型，因此血痕的 Hp 分型效果不理想。

2. Hp 亚型等电聚焦电泳分型　用 DEAE- 纤维素将人血清中的 Hp 纯化，加尿素溶解后，再加裂解液（β- 巯基乙醇、尿素、硼酸、氢氧化钠、碘代乙酰胺）室温放置 15 分钟后，加硫代乙酰胺 10 分钟后加样。

等电聚焦电泳条件：T = 5%，C = 3%，两性电解质（pH 5～7，pH 6～8，pH 3～9.5 混合）2.17%（W/V），电极间距 9.5cm，正极液 1M 磷酸，负极液 1M NaOH。样品加于距负极 1.5cm 胶面上。聚焦条件恒电压 1000V，循环水温 10℃。两小时后用考马斯亮蓝染色显带。应用蛋白免疫技术分型 Hp 有新的进展。电泳后采用蛋白吸印加酶联免疫分析技术可检出浓缩 3000 倍人尿液中的 Hp 普通型。

三、维生素 D 结合蛋白

维生素 D 结合蛋白（Vitamin D binding protein，DPB），也称型特异成分（Group Specific Component，Gc）。由 Hirschfeld 于 1959 年发现其多态性。电泳属 α2 球蛋白，由于这组多态性蛋白质生物学活性相同，抗原性一致，仅电泳行为不同，故当时命名为型特异成分。后来才发现型特异成分与维生素 D 结合蛋白为同一物质。

（一）Gc 的生化性质与生物学功能

Gc 由肝脏合成，正常人血清 Gc 含量为 36.4±6.0mg%，10～13 周胎儿就有合成 Gc 蛋白的能力，对早产及新生儿的调查结果表明,33～36 周的胎儿已能查出。Gc 分子量为 52 000～58 000。Gc 是糖蛋白。唾液酸含量:Gc1c 1.16%,Gc1a 0.17%,Gc2 0.57%。等电点 4.8～5.1,其中 Gc-VitD 复合物为 4.8,Gc1F(1a)为 4.95,Gc1S(1a)为 4.96,Gc1F(1c)为 5.03,Gc1S(1c)为 5.04,Gc2 为 5.10。

Gc 的主要生物学功能是结合和转运维生素 D。每个 Gc 分子都含有一个 VD 甾醇结合位点,与 25-羟 VD3 的结合力最强,血浆中 Gc 的甾醇结合位点数量远大于 VD 含量,正常时仅 1%～2% 的位点被利用,参与 VD 代谢的转运和储存过程。

(二)遗传及等位基因命名

1. Gc 基因　Gc 基因定位于 4q12,迄今所检出所有等位基因产物均受控于该区,因而 Gc 系统属常染色体单一位点共显性遗传系统。Gc 基因全长约 42.4kb,包含 13 个外显子,其中第 1 外显子部分翻译,第 13 外显子不翻译,但含有多聚 A 信号序列 AATAAA。Gc 基因产物为含 458 个氨基酸残基的单一肽链。位于第 11 外显子中第 416 位,第 420 位密码子的变化导致 Gc 遗传多态性;现已知常见的等位基因为:Gc*2,Gc*1F 和 Gc*1S。其密码子的变化见表 11-10。

表 11-10　*Gc* 基因第 11 外显子多态密码子

基因	416 位	420 位
*Gc*2*	GAT(Asp)	AAG(Lys)
*Gc*1F*	GAT(Asp)	ACG(Thr)
*Gc*1S*	GAG(Glu)	ACG(Thr)

Gc*1S 基因 DNA 序列在 416 位密码子可被内切酶 Hae Ⅲ 所识别(GG/CC),而 Gc*2 基因 DNA 序列在 420 处可被 Sty Ⅰ(CCTAGG 或 CCATGG)切断。因此可以利用上述限制酶进行 Gc 等位基因的 RFLP 分析与鉴别。

2. Gc 表型　聚丙烯酰胺凝胶圆盘电泳可检出 Gc*1 及 Gc*2 两个基因产物,将 Gc 分为三种普通表型(图 11-16)。Gc*1 基因产物呈现两条带,靠正极侧的称为 Gc1a,靠负极侧的称为 Gc1c。目前认为这种 Gc1 带的异质性并非多肽链一级结构差异所致,而是翻译后修饰造成。用唾液酸酶处理后,这种异质性消失而合为一条带。肽图分析结果发现 Gc1 和 Gc2 蛋白均有 52 个肽图,但其中有两个肽图不同。通过序列分析证实 Gc 基因产物的不同与肽链 416～420 位置的氨基酸替换有关。

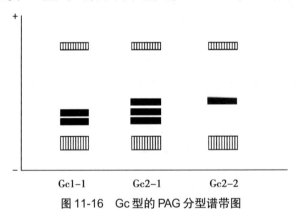

图 11-16　Gc 型的 PAG 分型谱带图

用等电聚焦电泳技术可检出三个等位基因产物共六种常见表型(图 11-17)。Gc 常见的表型及基因型的对应关系见表 11-11。

通过大量群体调查相继发现了许多变异型。1978 年确定了一套统一的命名方法。用等电聚焦电泳技术检测 Gc 变异型时,凡双带变异属 Gc1 变异,单带变异属 Gc2 变异。Gc1 变异带出现在 Gc1S 正极侧的为 Gc1A 带,出现在 Gc1S 负极侧的为 Gc1c 带。同理,Gc2 变异带出现在 Gc2 正极侧的为 Gc2A 带,负极侧者为 Gc2C 带。每类变异按发现时间先后顺序用阿拉伯数字编号(图 11-17)。目前 Gc 位点的突变基因数已达 120 多个。

表 11-11　Gc 表型与基因型

表型（3 种）	表型（6 种）	基因型
Gc1-1	Gc1S	*Gc*1S / Gc*1S*
	Gc1F1S	*Gc*1F / Gc*1S*
	Gc1F	*Gc*1F / Gc*1F*
Gc2-1	Gc1F2	*Gc*1F / Gc*2*
	Gc1S2	*Gc*1S / Gc*2*
Gc2-2	Gc2	*Gc*2 / Gc*2*

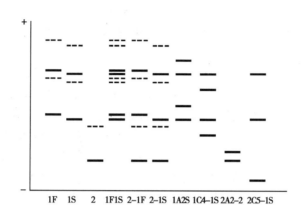

图 11-17　Gc 型的等电聚焦分型谱带

Gc 亚型的基因频率分布在不同人种间分布有区别。对于白人，Gc*1S > Gc*2 > Gc*1F。蒙古人种 Gc*1F 占优势，Gc*1S 及 Gc*2 两者大体相当。黑人群体中 Gc*1F 出现频度很高。

（三）Gc 分型原理、方法及法医学应用评价

Gc 普通型可用聚丙烯酰胺凝胶圆盘电泳分型，亚型则需用等电聚焦电泳分型。

1. 聚丙烯酰胺凝胶圆盘电泳　胶浓度 T = 5.8%，交联度 C = 2.14%。采用 Tris- 甘氨酸缓冲液（pH 8.3）作电极液。电泳条件 3mA/ 管。两小时后剥离玻管中的凝胶，普通蛋白染色，Gc 带位于白蛋白与转铁蛋白之间。

2. 等电聚焦技术　用 pH 4.5～5.4 的两性电解质载体，以胶浓度为 5%，交联度为 3% 的聚丙烯酰胺凝胶为介质，正极液为 0.04mol/L 谷氨酸，负极液为 0.1mol/L 的氢氧化钠，电极间距 9.5cm。血清样品浸于滤纸上，直接点样于距负极 1.3cm 的胶面上，在 1800V 条件下聚焦 2～3 小时，电泳后用抗 Gc 血清进行免疫固定，再用考马斯亮蓝染色，观察结果。

第四节　酶　　型

在人体的血液、组织及各种体液中，存在有催化生物化学反应的酶。具有相同的生物化学功能，催化同一种生物化学反应，但蛋白质分子结构不同的一类酶，称为同工酶（isoenzymes）。同工酶各蛋白质结构上的差异在酶的非催化部位，酶的活性中心结构相同，并不影响催化特异性，但酶蛋白的理化性质有不同。

一、概述

在同工酶中，那些由遗传所致的，在不同个体之间表现出酶分子蛋白质一级结构差异，并可将人群分为若干类型的同工酶被称为多态性同工酶（polymorphic enzyme）。

（一）同工酶分类及命名

遗传学角度的同工酶仅指那些由遗传基因决定的、结构不同但具有同一催化特性的酶。可分为三类同工酶。

1. 复基因座位同工酶（multiple gene loci） 复基因座位同工酶又称遗传独立同工酶，由几个不同基因座位的基因编码，然后编码产物经过组装成为完整的酶蛋白分子。这类同工酶各亚基的一级结构差异很大，例如乳酸脱氢酶是由 2 个基因座编码的产物（H 和 M），以不同比例组成五种完整的，有活性的四聚体酶分子（H4、H3M1、H2M2、H1M3 和 M4）。磷酸葡糖变位酶（PGM）则是分别由位于 1、4、6 号染色体上的基因座编码，以三种结构不同的同工酶（PGM1，PGM2，PGM3）独立地存在。

2. 复等位基因同工酶（multiple allele） 由同一基因座位上的多个等位基因编码，这些基因一般都表现为显性基因，各等位基因编码的肽键一级结构不同，具有个体差异，成为个人识别的基础，是法医学常用的一类同工酶遗传标记。例如：PGM1 基因座有 PGM1*1$^+$，PGM1*1$^-$，PGM1*2$^+$ 和 PGM1*2$^-$ 等 4 个等位基因，决定 10 种表型。

3. 遗传变异体同工酶（genetic variants） 遗传变异体同工酶由单基因座的基因突变产生的同工酶。这类同工酶的发生是由亲代某一基因发生突变，由突变等位基因编码的一条特异的多肽链，在不同人群中的分布尚无规律可循。例如葡萄糖 -6- 磷酸脱氢酶，迄今已发现 140 多种变异体。

同工酶分类的编号由 4 个数字组成，分别表示酶的大类、亚类、亚亚类和顺序号。酶的大类一般按酶促反应的类型区分并编号为：氧化还原酶、转移酶、水解酶、裂解酶、异构酶和连结酶，编号分别为 1、2、3、4、5 和 6。例如磷酸葡糖变位酶（PGM）的酶编号为 EC2,7,5,1。

国际生化联合会规定，酶命名一般采用一种酶可有表明底物和反应性质的系统名和在实用中比较易记的习惯名两种名称。例如：NAD$^+$ 氧化还原酶（醇脱氢酶）。自从 1963 年 Hopkinson 等用淀粉凝胶电泳法，发现第一个红细胞多态性酶型酸性磷酸酶以来，至今已经发现人类红细胞中有 20 余种同工酶，表现出遗传多态性（表 11-12）。

表 11-12 部分多态性同工酶的编号和命名

酶编号	名称	染色体定位
1.1.1.27	乳酸脱氢酶 A lactate dehydrogenase（LDH$_A$）	11
1.1.1.44	磷酸葡糖脱氢酶 phosphogluconate dehydrogenase（PGD）	1
1.1.1.49	葡萄糖 -6- 磷酸脱氢酶 glucosc-6-phosphate dehydrogenase（G-6-PD）	X
1.6.4.2	谷胱甘肽还原酶 glutathione reductase（GSR）	8
2.6.1.1	谷氨酸草酰乙酸转氨酶 glutamate oxaloacetate transaminase（GOTs）	10
2.6.1.2	谷氨酸 - 丙酮酸转氨酶 glutamate pyruvate transaminase（GPT）	5/16
2.7.1.1	己糖激酶 hexokinase（HK）	—
2.7.4.*	尿苷 - 磷酸激酶 uridine monophosphate kinase（UMPK）	1
2.7.4.3	腺苷酸激酶 adenylate kinase（AK）	9
2.7.5.1	葡糖磷酸变位酶 Phosphoglucomutase（PGM$_1$）	1

续表

酶编号	名称	染色体定位
2.7.7.12	半乳糖 -1- 磷酸转尿苷酶 galatose-1-phosphate uridyl transferase（GALT）	1
3.1.1.1	酯酶 D esterase D（EsD）	13
3.1.3.2	酸性磷酸酶 acid phosphatase（ACP）	2
3.1.3.18	磷酸羟乙酸磷酸酶 phosphoglycolate phosphatase（PGP）	16
3.4.11.*	肽酶 A peptidase A（pepA）	18
3.5.4.4	腺苷脱氨酶 adenosine deaminase（ADA）	20
4.2.1.1	碳酸酐酶 carbonic anhydrase Ⅱ（CAⅡ）	
4.4.1.5	乙二醛酶 glyoxalase Ⅰ（GLOⅠ）	6

作为个人识别和亲子鉴定的同工酶，应具备下列条件：①酶型多态性程度高，鉴别能力及非父排除率高；②酶的催化活性易于测定；③酶活性高而稳定，不易受干燥和其他理化因素影响；④电泳检测操作简便，结果重复性好；⑤除血液外，在其他人体组织及细胞中也可检出相同的型别。

法医学鉴定常用的红细胞酶型有红细胞酸性磷酸酶（EAP）、酯酶 D（EsD）、磷酸葡糖变位酶 1、乙二醛酶Ⅰ（GLOⅠ）、6- 磷酸葡糖酸脱氢酶（G6PD）、谷氨酸丙酮酸转氨酶（GPT）、腺苷脱氨酶（ADA）、腺苷酸激酶（AK）等 8 种。

（二）同工酶分型方法

1. 分型的基本原理　同工酶的多态性采用凝胶电泳方法进行分型，常用区带电泳或等电聚焦技术。前者是利用酶蛋白分子的大小和所携带电荷数量即酶蛋白分子的电荷密度的差异，在介质中迁移率不同，而形成清晰的区带；后者是根据酶蛋白分子的等电点不同，在 pH 梯度介质中，酶蛋白分子聚焦在相应的等电点 pH 位置上，形成狭窄而清晰的区带。

2. 凝胶介质上酶区带的显现及鉴定　酶蛋白的显示方法是根据酶特异性催化特性设计的，在凝胶上原位操作。经过显色，被分离的酶蛋白显现特征性谱带，称为酶谱。常用以下方法。

（1）直接底物显色法：常用于测定水解酶，在酶的作用下，无色的底物被酶的催化反应转变成有色产物，从而显现酶的谱带。

（2）荧光染色法：在酶的催化下，非荧光底物生成高度荧光的产物（正荧光染色）或使荧光底物转化成非荧光产物（负荧光染色）。例如：以非荧光物质 4- 甲基伞形酮醋酸盐作为底物，在酯酶 D 的催化下水解为羧酸阴离子和发荧光的甲基伞形酮，在紫外线照射下能够显现出酯酶 D 酶谱区带。

（3）电子转移染料染色法：在酶的催化下，反应底物转化成新的产物同时，使氧化型辅酶 NAD^+ 或 $NADP^+$ 还原成 NADH 或 NADPH，同时提供电子。在中间媒介催化剂吩嗪甲酯硫酸盐（phenazine methosulfate，PMS）的参与下，染料 MTT 还原成暗蓝紫色的不溶性甲臜（formazan），使酶区带显色。

二、磷酸葡萄糖变位酶

磷酸葡萄糖变位酶（phosphoglucomutase，PGM，EC2.7.5.1）广泛地存在于人体和动物体内各种组织中。Spencer（1964）等使用淀粉凝胶电泳法对 PGM 活力做特异性染色时，首次发现了 PGM 的多态现象。

（一）生物化学性质与生物学功能

PGM 是糖代谢中的重要的酶类,可逆地催化葡萄糖 -1- 磷酸盐和葡萄糖 -6- 磷酸盐的转化,在转化中需要葡萄糖 -1,6- 二磷酸盐做辅助因子。

PGM 的天然底物是葡萄糖 -1- 磷酸盐,反应需要有镁离子(Mg^{2+})参加。某些金属结合剂如咪唑可增强其活性,锌离子(Zn^{2+})抑制 PGM 酶活性(图 11-18)。

$$\text{G–1–P} \xrightarrow[\substack{Mg^{2+} \qquad\qquad \text{G–1,6–DP}}]{\text{PGM}} \text{G–6–P}$$

图 11-18　PGM 催化的反应

在人体内至少有 3 个基因座编码表达 PGM,分别称为 PGM_1、PGM_2 和 PGM_3。三种 PGM 的分子量分别为:PGM_1: 51kD、PGM_2: 61kD、PGM_3: 53kD。三个基因座位产物的热稳定性程度为:$PGM_1 > PGM_2 > PGM_3$。

PGM_1 同工酶的活性很高,占组织中 PGM 活性的 80%,心、肝达 95%,红细胞为 50%。PGM_2 在组织中的活性仅次于 PGM_1,在红细胞中与 PGM_1 活性相当。PGM_2 主要存在于胎盘组织、精子、白细胞中。

（二）等位基因结构与命名

1. PGM_1 基因　PGM_1、PGM_2、PGM_3 的基因座分别位于 1、4、6 号染色体。其中,PGM_1 等位基因是由于外显子发生第 723 位单个碱基替换和第 1320 位单个碱基替换,导致第 220 位密码和第 419 位密码改变而产生(表 11-13)。

表 11-13　PGM1 等位基因 DNA 序列的主要区别

等位基因	第 4 外显子第 220 位密码	第 8 外显子第 419 位密码
PGM1*1+	CGT（Arg）	TAT（Tyr）
PGM1*1−	CGT（Arg）	CAT（His）
PGM1*2+	TGT（Cys）	TAT（Tyr）
PGM1*2−	TGT（Cys）	CAT（His）

2. PGM_1 表型　普通凝胶电泳 PGM 可检出 7 条谱带,从负极向正极方向顺序为 a、b、c、d、e、f、g。其中谱带 a、b、c、d 具有个体差异,为 PGM_1 基因产物,由一对等位基因 PGM_1*1、PGM_1*2 控制。可分为三种表现型,$PGM_1$1-1 型具有 a、c 带;$PGM_1$2-2 型具有 b、d 带;$PGM_1$2-1 型同时具备 4 条谱带。a 带最靠近负极,其余依次向止极排列。谱带 e、f、g 为 PGM_2 基因座产物,多态性较低(图 11-19)。

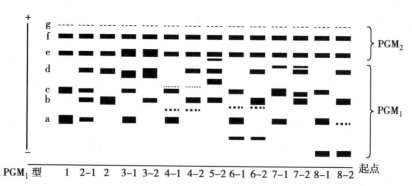

图 11-19　PGM_1 的凝胶电泳谱型

应用 pH 5~7 梯度范围的聚丙烯酰胺凝胶等电聚焦技术,可将 PGM_1 分为 10 种亚型,受控于 PGM_1 基因座上的 4 个共显性等位基因 PGM_1*1+、PGM_1*1−、PGM_1*2+、PGM_1*2−。组成的表现型分别命名为：PGM₁1+、PGM₁1−、PGM₁2+、PGM₁2−、PGM₁1+2+、PGM₁1-2−、PGM₁1-2+、PGM₁1+2−、PGM₁1+1−、PGM₁2+2−。其中1−带最靠近阴极，1+、2−、2+带向阳极方向依次排列（图11-20）。

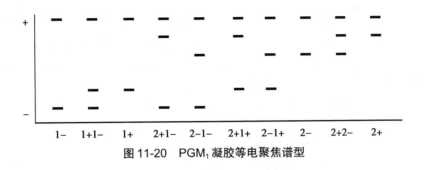

图 11-20　PGM₁凝胶等电聚焦谱型

大多数群体的 PGM₁*1 基因频率高于 PGM₁*2。PGM₁*1 最高可在 0.90 左右，中国各民族 PGM₁*1 基因频率分布在 0.59~0.83 之间，最低为云南纳西、傈僳等几个少数民族，最高为鄂伦春、赫哲和彝族。中国不同地区和民族群体中，除几个 PGM₁*1 频率较低的民族外，其他绝大多数民族与亚洲其他地区、美洲白人、黑人和欧洲多数群体之间无明显差异。中国多数民族群体中检出有稀有基因 PGM₁*6，偶有检出 PGM₁*8。

PGM₁ 亚型的基因频率在各群体之间多无显著性差异。中国不同地区群体中 PGM₁*6 基因频率较高在 0.0022~0.027 之间，有些已达到多态水平。PGM₁ 亚型的 DP 值可达 0.60 以上，是所有酶型系统中最高的。

（三）PGM₁分型方法

PGM₁ 同工酶普通型的分型多采用淀粉凝胶电泳或琼脂糖凝胶电泳，使用 pH 7.4 的缓冲系统，PGM₁ 亚型使用聚丙烯酰胺凝胶等电聚焦技术。

1. 酶显谱反应原理　PGM₁ 在葡糖 -1,6- 二磷酸盐存在下可催化葡糖 -1- 磷酸盐（G-1-P）转化为葡糖 -6- 磷酸盐（G-6-P）。葡糖 -6- 磷酸脱氢酶可使 G-6-P 氧化，同时使辅酶Ⅱ（NADP⁺）还原为 NADPH。NADPH 在吩嗪甲酯硫酸盐（PMS）存在下，使噻吩兰（MTT）还原为深蓝色不溶性的甲䐶而显示酶谱带（图11-21）。

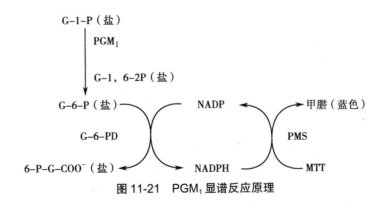

图 11-21　PGM₁显谱反应原理

2. 电泳分型

（1）PGM₁ 普通型分型的淀粉凝胶电泳法：凝胶为 10% 水解淀粉凝胶，胶板规格 200mm×150mm×1mm。电极缓冲液为 0.1mol/L Tris-0.1mol/L 马来酸 -0.01mol/L MgCl₂-0.01mol/L EDTA pH 7.4。凝胶缓冲液为 1:10 稀释的电极缓冲液。加样原点距阴极 3cm，用滤纸浸取处理好的样品插入胶板中。电泳条件为电压 300V（15V/cm），循环水温 4~8℃，电泳时间 5 小时。

酶谱显现：称取 35mg 葡萄糖 -1- 磷酸盐（含 1% 葡萄糖 -1,6- 二磷酸盐），2.5mg 辅酶Ⅱ（NADP⁺），

2.0mg 噻唑蓝（MTT），2.0mg 酚嗪甲酯硫酸盐（PMS），20μl 葡萄糖 -6- 磷酸脱氢酶（1.7U），溶于 10ml 0.1mol/L Tris-HCl 反应缓冲液（pH 8.0）中，于已溶化并降温至 56～60℃的 10ml 2% 琼脂糖液混合，迅速铺在电泳胶板上原点起向阳极约 8cm 范围内，胶板置保湿盒中，37℃孵育至蓝色谱带显现。

（2）PGM₁ 普通型分型的琼脂糖凝胶电泳法：电极缓冲液与淀粉凝胶电泳法相同。凝胶缓冲液为 1∶14 稀释的电极缓冲液。凝胶为 1% 低电渗琼脂糖，胶板规格 200mm×150mm×1mm。加样原点距阴极 3cm，用滤纸浸取处理好的样品插入胶板中。电泳条件为电压 300V（15V/cm），循环水温 4～8℃，电泳时间 3～3.5 小时。酶谱显现同淀粉凝胶电泳法。

（3）PGM₁ 亚型分型的聚丙烯酰胺凝胶等电聚焦法（PAGIEF）：正极液为 1mol/L 磷酸。负极液为 1mol/L 氢氧化钠。凝胶储存液为 29.1% 丙烯酰胺，0.9% 甲叉双丙烯酰胺，4℃储存。凝胶规格为浓度（T）5%，交联度（C）3%，两性电解质 pH 5.0～7.0，5%（V/V）。胶板厚度 0.5mm。加样点距负极 2cm。聚焦条件为预聚焦电压 500～1000V，最大电流 10mA，最大功率 10W，预聚焦 30 分钟后加样，加样后聚焦 30 分钟，去除加样纸，加大电压至 1800V，循环水温 4～8℃，继续聚焦 2 小时。酶谱显现同淀粉凝胶电泳法。

3. 检材处理及检出时限

（1）检材处理：新鲜血液样品，取压积红细胞制成红细胞溶血液，以加样纸蘸取加样。血痕样品在检验前用 0.05mol/L 二硫苏糖醇浸泡处理，以还原二硫键，恢复酶活性。精液样品分离精子后加等体积蒸馏水，冰冻处理。精斑样品可直接用蒸馏水浸泡后加样。毛发样品取带有毛囊的毛根部，压扁后用缓冲液浸润加样。人体组织需制成匀浆后用干净纱线或加样纸提取加样。

（2）检出时限：室温保存的血痕样品 4～6 周内可以准确分型。条件较好，保存得当的血痕，3～4 个月仍可进行分型。低温下保存的样品在更长时间后仍可检出酶活性带。陈旧血痕样品，可能在 d 带区域出现一条扩散的谱带，干扰正常判型。

三、酯酶 D

酯酶 D（Esterase D，EsD，EC3.1.1.1）是存在于红细胞和组织中的水解酶。该水解酶有酯酶 A、B、C 和 D。EsD 的多态性最早是由 Hopkinson（1973）用淀粉凝胶电泳发现的。

（一）生物化学性质与生物学功能

EsD 能水解羧酸酯键（图 11-22），与 4- 甲基伞型酮醋酸盐（4-MUA）反应活性最大，酶反应最适 pH 范围在 5.0～5.5 之间。EsD 的分子量为 60kD，EsD 在胎儿血中已经发育成熟，除红细胞外，EsD 还存在于皮肤、脑、毛根、心、肝、肾、子宫、睾丸等组织。

$$R\text{-}COON'+H_2O \xrightarrow{\quad EsD \quad} RCOOH+R'OH$$

图 11-22　EsD 催化的反应

（二）等位基因结构与命名

1. EsD 基因　EsD 基因座定位 13q14.1，基因长度 1.3kb。由一对共显性等位基因 EsD*1 和 EsD*2 所控制。EsD 等位基因是由于外显子发生单个碱基替换，导致第 190 位密码改变而产生（图 11-23）。

2. EsD 表型　EsD 有 3 种表型 EsD1-1、EsD2-1、EsD2-2。变异稀有基因有 EsD*3、EsD*4、EsD*5、EsD*7 和 EsD*0 等。EsD 的凝胶电泳谱型有 3 条主要谱带，EsD1-1 型由近负极测的 1 带和中间位置的 2 带组成，EsD2-2 型由 2 带和靠近正极测的 3 带组成；杂合的 EsD2-1 型则同时具有 3 条带。1、2、3 带中以 1 带的活性最高（图 11-24）。

绝大部分群体中 EsD*1 基因频率高于 EsD*2。蒙古人种与白人及黑人群体之间存在明显差异。在中国各地区及各民族群体中，EsD*2 基因频率南方高于北方。云南畲族 EsD*2 达 0.5120。EsD 在我国具有很好的基因频率分布。

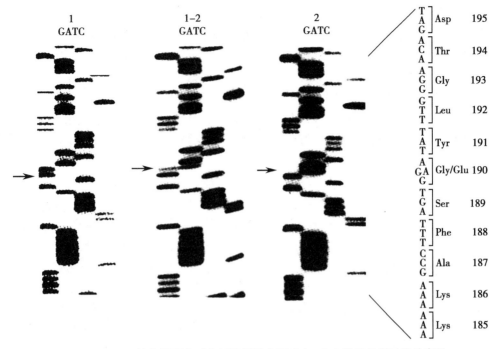

图 11-23　EsD 等位基因序列分析结果及密码改变，上方数字代表对应的表型

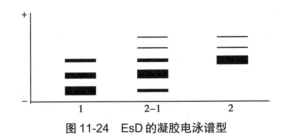

图 11-24　EsD 的凝胶电泳谱型

（三）分型方法

EsD 同工酶的分型方法有淀粉凝胶电泳法、琼脂糖凝胶电泳法、醋酸纤维素膜电泳法及聚丙烯酰胺凝胶等电聚焦法等，其中较常采用的方法是分辨率较好，方法简便的琼脂糖凝胶电泳法。

1. 酶显谱反应原理　EsD 分型最常用 4- 甲基伞形酮醋酸盐为底物显色。4- 甲基伞形酮醋酸盐属于非荧光物质，在 EsD 催化下可分解为 4- 甲基伞形酮和羧酸阴离子，4- 甲基伞形酮为荧光物质，在紫外灯照射下可发出荧光（图 11-25）。

4-甲基伞形酮醋酸盐
↓ EsD
羧基阴离子　4-甲基伞形酮（荧光）

图 11-25　EsD 显谱反应原理

2. 电泳分型

（1）淀粉凝胶电泳法：电极缓冲液为 0.1mol/L Tris-0.1mol/L 马来酸 -0.01mol/L MgCl$_2$-0.01mol/L EDTA，pH 7.4。凝胶缓冲液为 1∶14 稀释的电极缓冲液。底物缓冲液为 0.05mol/L 醋酸钠 - 醋酸 pH 6.5。凝胶为 10% 水解淀粉凝胶。电泳条件为电压 300V（15V/cm），循环水温 4～8℃，电泳时间 3～3.5 小时。

酶谱显现：称取 4- 甲基伞型酮醋酸盐 5mg，加入少量丙酮（约 3 滴）助溶后，加 5ml 底物缓冲液混匀，将一张 15cm×5cm 大小的滤纸浸透，铺贴在胶板原点向正极 10cm 范围内，将胶板置 37℃保温 5～10 分钟，紫外灯下观察结果。EsD 分型也可用琼脂糖凝胶电泳法。其电极缓冲液、凝胶缓冲液、电泳条件及显谱方法均同淀粉凝胶电泳法。唯凝胶为 1% 低电渗琼脂糖。

（2）丙烯酰胺凝胶等电聚焦法：阳极液为 1mol/L 磷酸。阴极液为 1mol/L 氢氧化钠。凝胶储存液为 29.1% 丙烯酰胺，0.9% 甲叉双丙烯酰胺，4℃保存。凝胶规格为 T 5%，C 3%，两性电解质 pH 5～7，

5%（V/V）。聚焦条件为预聚焦电压 500～1000V，最大电流 10mA，最大功率 10W，预聚 30 分钟后加样，加样后聚焦 30 分钟，去除加样纸，加大电压至 1800V，继续聚焦 2 小时。酶谱显现同淀粉凝胶电泳法。

3．检材处理及检出时间

（1）检材处理：新鲜血液及血痕样品的处理方法同 PGM₁ 检验法。毛发样品取带毛囊的毛根部压扁，用缓冲液或蒸馏水浸润后加样。

（2）检出时限：室温保存 3～4 个月的血痕可以检出 EsD 型。条件较好并且在低温保存的血痕，在半年后仍可做 EsD 分型检验。组织检材 EsD 分型的检出时限较血痕短。

本章小结

表达产物水平遗传标记包括血型和具有多态性的蛋白质遗传标记。红细胞血型是指个体由遗传决定的红细胞表面抗原差异。红细胞血型的检测通常用凝集反应。ABO 血型是第一个被发现的人类血型。ABO 血型根据红细胞与特异性抗体的反应来分型，即用抗 A 抗体判定 A 抗原，用抗 B 抗体判定 B 抗原，这种检查法称作正定型试验。同时，依据血清中的凝集素与标准型别红细胞膜上的凝集原反应的性质来检验结果，即用标准的 A 型红细胞判定抗 A 抗体，用标准的 B 型红细胞判定抗 B 抗体，称作反定型试验。HLA 是人类最复杂的遗传多态性系统。HLA 遗传特征可概括为共显性遗传、单倍型遗传及存在连锁不平衡。人类某些血清蛋白具有遗传多态性，表型有个体差异，称为血清型。法医学应用的血清型主要有：结合珠蛋白、维生素 D 结合蛋白（又称 Gc）、α1- 抗胰蛋白酶、转铁蛋白、类粘蛋白、α2-HS 糖蛋白、纤维蛋白溶酶原、间 -α- 胰蛋白酶抑制因子、抗凝血酶Ⅲ 以及同种异型遗传标记等。在同工酶中，由遗传所致的可将人群分为若干类型的同工酶被称为多态性同工酶。法医学常用的有红细胞酸性磷酸酶（EAP）、酯酶 D（EsD）、磷酸葡糖变位酶 1、乙二醛酶Ⅰ（GLOⅠ）、6- 磷酸葡糖酸脱氢酶（G6PD）、谷氨酸丙酮酸转氨酶（GPT）、腺苷脱氨酶（ADA）以及腺苷酸激酶（AK）等 8 种。

关键术语

遗传标记（genetic marker）

血型（blood group）

ABO 血型（ABO blood group）

分泌型（secretors，Sec）

MNSs 血型（MNSs blood group）

Rh 血型（Rh blood group）

人类白细胞抗原（Human Leukocyte Antigen，HLA）

结合珠蛋白（Haptoglobin，Hp）

维生素 D 结合蛋白（Vitamin D binding protein，DPB）

型特异成分（Group Specific Component，Gc）

磷酸葡萄糖变位酶（phosphoglucomutase，PGM）

酯酶 D（Esterase D，EsD）

（王保捷）

思考题

1．何谓 ABO 血型的正反定型？

2．试述分泌型的分子基础。

3．试述 HLA 的遗传特征。

4．举例说明血清型的分型原理。

5．举例说明同工酶的分型原理。

第十二章　亲子鉴定

学习目标

通过本章的学习,应该**掌握**亲子鉴定的概念和原理;亲子鉴定的重要参数,包括非父排除概率、父权指数、父权相对机会。**熟悉**法医亲子鉴定标准。**了解**用 DNA 进行其他亲缘关系分析的适用条件。

亲子鉴定(parentage testing)是通过对人类遗传标记的检测,根据遗传规律分析,对有争议的父母与子女血缘关系的鉴定。涉及父母与子女关系的亲权纠纷(disputed parentage)可见于:①私生子,女方指控某男子是孩子的生父;②丈夫怀疑孩子不是自己亲生;③怀疑医院调错婴儿;④失散儿童及失散亲属的确认;⑤财产继承纠纷;⑥涉外婚生子女移民案件的血缘鉴定;⑦拐骗儿童案;⑧强奸致孕案,嫌疑人否认涉案时。亲子鉴定中,需要确定与小孩有无亲子关系的男子称为有争议的父亲(alleged father,AF),或假设父亲,或被控父亲,简称为 AF。同理,需要确定与小孩有无亲子关系的女子称为有争议的母亲(alleged mother,AM),或假设母亲,或被控母亲,简称为 AM。

亲子鉴定可参考的指标很多,包括非遗传特征与遗传特征两大类。前者如根据妊娠期限推测受精日期,若能证明受精期内,有争议的父亲不可能与小孩生母有性关系,则可排除 AF 的父权;后者包括如毛发颜色、皮肤颜色、耳毛、脸型及短指或多指畸形等多基因决定的遗传性状和单基因座决定的遗传标记。这些指标在亲权鉴定中并不是同样有用,选择时应该注意。通常用于亲子鉴定的指标或遗传标记,应该是一种简单的遗传性状,经过家系调查已确定遗传方式按孟德尔定律遗传,群体调查证明具有遗传多态性,具有比较高的排除非亲生父亲的能力。在出生时,该遗传标记已完全表现,并且终生不变,不受年龄、疾病及其他环境因素的影响。

检测遗传标记需用标准化方法,标准化方法的必备条件为:①基因座名称、染色体定位以及相关特征已有文献报道;②已完成种属特异性、灵敏性、稳定性等研究;③有可供使用的群体遗传数据,包括有关人群的等位基因频率或单倍型频率;④用于亲子鉴定的分型方法与用于群体遗传数据分析的实验方法完全相同。目前常用的标准遗传标记类型和实验方法有:红细胞血型、白细胞血型、红细胞酶型、血清型、短串联重复多态性(STR)以及单核苷酸多态性(SNP)。其他实验方法对于亲子关系鉴定可能也有效,可作为补充实验,例如线粒体 DNA 序列多态性,但不能代替标准化实验方法。

第一节　亲子鉴定基本原理

亲子鉴定的基本原理有以下两点:①如果明确孩子的某些等位基因应来自生父,而 AF 并不带有这些等位基因,这就不符合亲子遗传规律。检查多个遗传标记,如果观察到不符合亲子遗传规律的现象很多,就可以排除他是孩子的生父。显然,检查的遗传标记越多,非生物学父亲被排除的概率就越大；②如果明确孩子的某些等位基因应来自生父，而 AF 也带有这些基因的情况下，不能排除他是孩子的生父（图 12-1）。这时可以计算如果判断他是孩子生父，理论上把握度有多大。

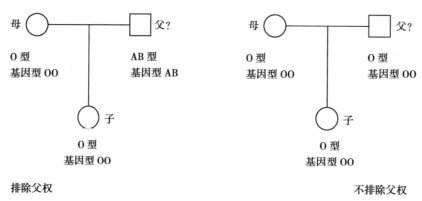

图 12-1　亲子鉴定基本原理

在一个双等位基因遗传标记系统中，符合和不符合亲子遗传规律的各种格局如表 12-1 所示。在一个家庭中，遗传规律可概括为：①孩子不可能带有双亲均无的等位基因；②孩子必定得到双亲每方的一对等位基因中的一个；③除了在双亲都带有相同基因（如 A）的情况下，孩子不可能带有两个相同基因（AA）；④某个基因在双亲中的一方或双方为纯合子时（AA），必定要在孩子中表现出来（A）。双等位基因遗传标记亲子鉴定的基本遗传原理可以推广到多个等位基因的遗传标记，如 STR 系统（图 12-2）。

表 12-1　符合和不符合亲子遗传规律的格局

母亲	孩子	AF 符合亲子遗传规律	AF 不符合亲子遗传规律
AA	AA	AA 或 Aa	aa
AA	Aa	Aa 或 aa	AA
Aa	AA	AA 或 Aa	aa
Aa	Aa	AA 或 Aa 或 aa	—
Aa	aa	Aa 或 aa	AA
aa	Aa	AA 或 Aa	aa
aa	aa	Aa 或 aa	AA

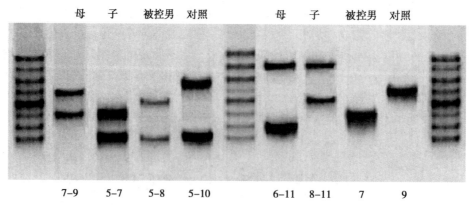

图 12-2　符合和不符合亲子遗传关系的格局

在图 12-2 的右侧例，母提供等位基因 11 给孩子，孩子的等位基因 8 必来自生父，AF 无，不符合遗传规律。在左侧例，母提供等位基因 7 给孩子，孩子的等位基因 5 必来自生父，AF 有，符合遗传规律

第二节 否 定 父 权

否定父权不仅需要考虑遗传标记在两代人之间是否符合遗传规律，也要考虑遗传标记在亲子鉴定中的系统效能。

一、排除亲子关系

在大多数的亲子鉴定案例中，一般已知母亲是孩子的生母，问题是要鉴定父亲是否为孩子的生父。如果母亲不带有孩子的某些基因，那么可推断这些基因一定来自生父。根据遗传规律，排除父子关系有四种类型（表 12-2）。前两类被称为直接排除；后两类是根据阴性反应结果检出纯合子，称为间接排除。第 1 类中，孩子带有 VWA 等位基因 14，因为母亲并无 VWA 等位基因 14，所以 VWA 14 一定来自生父，而 AF 无 VWA 14，故被排除。第 2 类中，AF 带有 D20S161 等位基因 17 和 20，所以他的亲生孩子必定带有 D20S161 等位基因 17 或 20，而孩子 D20S161 等位基因为 15 和 18，故也可以排除 AF 为生父。第 3 类中，孩子为 Rh 血型中的 E 抗原纯合子，说明有一个 E 基因来自生父，而 AF 并无 E 抗原，故被排除。第 4 类，AF 为 MN 血型中的 MM 纯合子，理应在孩子中出现 M 抗原，而孩子并无 M 抗原，AF 也被排除。第 1、2 两种父权否定，是用实验方法检查有无某种遗传标记，称为直接法，除因突变例外，结果比较可靠。第 3、4 两种基于试验结果阴性，推断为纯合子，称为间接法，下结论时应该慎重。阴性结果应该在不同实验室重复试验。原则上基因型需作家系调查方能确定。必要时可作附加试验，检测其他遗传标记。直接法至少应根据三个以上遗传标记否定父权，间接法否定父权的遗传标记数量应该更多一些。

表 12-2 排除父子关系的类型

类型		母亲	孩子	AF
直接排除	1	VWA 15-17	VWA 14-17	VWA 16-18
	2	D20S161 15-18	D20S161 15-18	D20S161 17-20
间接排除	3	Rh（E+）	EE	Rh（E-）
	4	MN	N	MM

二、非父排除概率

非父排除概率指不是小孩生父的男子（简称为非父）能被遗传标记排除的概率。不是小孩生父的男子被指控为生父时，理论上可以根据遗传标记检测予以否定。但在遗传标记的鉴别能力较差时，无血缘关系的男子与小孩的遗传标记偶然也会符合遗传规律，因而不能否定他与孩子有亲子关系。例如，单独使用一个血型时，有时不能提供排除的信息。假设母亲和孩子都为 B 型，则 A，B，O 和 AB 四种表型的男子都不能排除。为此需要检查更多的遗传标记。对孩子的生父来说，不论检查多少遗传标记，都不可能找到排除他与孩子有亲子关系的证据；而对于不是孩子生父的男子，随着检测遗传标记的增加，他被排除的概率就越大。不同遗传标记多态性程度高低不同，无关男子因偶然机会不能被排除的概率也有高有低，因此有必要知道不是小孩生父而被控为生父的男子，应用某种遗传标记检测有多大的可能性能被排除父权。这就是通常所说的非父排除概率（probability of exclusion，PE），它是衡量遗传标记系统在亲子鉴定中实用价值大小的指标。

（一）排除概率计算原理

排除概率的大小取决于遗传方式和群体基因频率。现以 MN 血型为例说明排除概率的计算原理。设 M 和 N 基因频率分别为 p 和 q，在 Hardy-Weinberg 平衡状态下，群体中基因频率和基因型频率保持世代不变，下列表达式反映了群体中基因频率和基因型频率的数学关系。

$$(p+q)^2 = p^2 + 2pq + q^2$$

$$纯合子基因型频率 = p^2 \text{ 或 } q^2$$

$$杂合子基因型频率 = 2pq$$

对于共显性的 MN 血型，表型 M，N 和 MN 的频率分别也为 p^2，q^2 和 $2pq$。依据母和子表型的各种可能组合频率，算得每种组合中孩子表型的相对比例，以及被排除非父的相对概率，可求得 MN 血型系统的排除概率为 $pq(1-pq)$，具体计算见表 12-3。

表 12-3 MN 血型系统的排除概率计算

母亲表型	频率	孩子表型	相对概率	可排除非父表型	相对概率	排除概率
M	p^2	M	p	N	q^2	p^3q^2
	p^2	MN	q	M	p^2	p^4q
N	q^2	N	q	M	p^2	p^2q^3
	q^2	MN	p	N	q^2	pq^4
MN	$2pq$	M	$p/2$	N	q^2	p^2q^3
	$2pq$	N	$q/2$	M	p^2	p^3q^2
合计						$pq(1-pq)$

（二）各种遗传标记的排除概率

排除概率依据遗传标记系统是否为显隐性或共显性遗传方式有不同的计算方法。按上述 MN 血型的计算原理，可以写出各种遗传方式的遗传标记计算排除概率的公式。

1. 一个显性和一个隐性基因组成的系统 没有共显性等位基因的血型（如 P, Se, D）及由一对共显性等位基因决定的遗传标记用一种抗血清检测其中一种遗传标记，排除概率的计算方法相同。以 Duffy 血型为例，若只用抗 -Fy^a 检测 Fy^a 抗原，设 Fy^a 及 Fy^b 的基因频率分别是 $p=0.543$，$q=0.457$，则只有在下列母 - 子 -AF 血型联合时，AF 才能被否定（表 12-4）。

表 12-4 根据一个遗传标记 Fy^a 否定父权的概率

母亲	孩子	可排除的非父	父权否定机会
Fy(a−)	Fy(a+)	Fy(a−)	
q^2	p	q^2	pq^4

因此有：

$PE = q^2 \times p \times q^2 = pq^4 = 0.543 \times 0.457^4 = 0.0237$，即 2.37%。

说明单用抗 -Fy^a 血清，理论上 100 个非父中，只有不到 3 个人可以被否定。

2. 两个共显性基因的排除概率 一对共显性等位基因的血型系统，如有两种抗血清试剂，可测出三种表型。用抗 -Fy^a 与抗 -Fy^b 血清，可测出 Fy(a−b+)、Fy(a+b+) 与 Fy(a+b−) 三种表型。p 与 q 分别代表一对共显性等位基因的基因频率。按上述公式排除概率为：

$$PE = 2p^2q^2 + q^4p + p^4q$$
$$= pq(2pq + q^3 + p^3)$$
$$= pq(1-pq)$$
$$= 0.543 \times 0.457(1 - 0.543 \times 0.457)$$
$$= 0.1866$$

明显比单用一种抗血清高得多。

若用 Kell 血型系统中的 K 及 k 两个基因排除父权。中国汉族群体 K 与 k 的基因频率分别是 $K=0.002$，$k=0.998$，即 $PE = 0.002 \times 0.998(1 - 0.002 \times 0.998) = 0.002$。说明理论上 1000 个非父中，可以排除 2 个。

以上两个血型系统 PE 值如此不一样，主要是它们的等位基因频率不同之故。Fy^a 与 Fy^b 一对等位基因频率相差不远，PE 值高，而 K 与 k 一对等位基因频率相差甚远，PE 值很低。由此可见，Duffy 血型系统用于否定父权远比 Kell 血型系统好。

3．两个显性和一个隐性基因组成的系统　ABO 血型系统中的 A 与 B 基因是显性基因，O 是无效基因，设 p、q、r 分别代表 A、B、O 基因频率，中国汉族群体基因频率分别是 $p=0.208,q=0.207,r=0.585$，Wiener 建立了 PE 值计算公式。

$$PE = p(1-p)^4 + q(1-q)^4 + 2pqr^2 + pq(p+q)r^2 = 0.1846$$

4．复等位共显性基因的排除概率　目前常用的 DNA 遗传标记，如 STR 一个基因座有多个等位基因，并且均为显性。设 p_i 代表群体中第 i 个等位基因频率，p_j 代表群体中第 j 个等位基因频率，并且等位基因 i 不等于等位基因 j，则排除概率为：

$$PE = \sum p_i(1-p_i)^2 - 1/2 \left[\sum\sum p_i^2 p_j^2 (4-3p_i-3p_j) \right]$$

表 12-5 以成都汉族群体为例，给出了目前常用 13 个 STR 基因座的排除概率计算实例。

（三）累积非父排除概率

上述各种计算非父排除概率的公式是对于某一个基因座而言的。既然亲权鉴定不止使用一个基因座，有必要知道使用的全部遗传标记对于不是小孩生父的男子，否定父权有多大的可能性，即累积非父排除概率（cumulative probability of exclusion，CPE）。计算累积非父排除概率的前提条件是一个遗传标记系统独立于另一个系统。在此前提下，一个无关男子不能被多个遗传标记排除的概率可由单个遗传标记不能排除的概率累积计算求得。具体地说，一个无关男子不能被一个遗传标记排除的概率与该男子不能被另一个遗传标记排除的概率的累积，符合概率乘法定律，即独立事件同时发生的概率等于独立事件的概率乘积。每个血型或遗传标记系统不能排除父权的机会分别为 $1-PE_1$，$1-PE_2$，$1-PE_3$……$1-PE_n$，求其乘积，即得累积不能排除概率。用 1 减去累积不能排除概率，即得排除无关男子的累积概率。累积非父排除概率计算公式为：

$$CPE = 1-(1-PE_1)(1-PE_2)(1-PE_3)(1-PE_k) = 1-\prod(1-PE_k)$$

式中 PE_k 为第 k 个遗传标记的 PE 值。检查多种遗传标记，按各种遗传标记的遗传方式求出 PE 值后，再按公式求出总的 CPE 值。

表 12-5 以成都汉族群体为例，给出了常用 13 个 STR 基因座的累积排除概率计算实例。

表 12-5　汉族群体 STR 非父排除概率

基因座	排除概率	累积排除概率
TPOX	0.302	0.302
D3S1358	0.510	0.6580
FGA	0.635	0.875 16
D5S818	0.683	0.960 427
CSF1PO	0.413	0.976 770 4
D7S820	0.445	0.987 107 57
D8S1179	0.685	0.995 938 885
TH01	0.326	0.997 262 808
VWA	0.540	0.998 740 892
D13S317	0.593	0.999 487 543
D16S539	0.409	0.999 697 137
D18S51	0.667	0.999 899 146
D21S11	0.667	0.999 966 415

由表 12-5 可见，理论上如果随机抽取 100 个由母亲、孩子及非生物学父亲构成的三联体，TPOX 将排除 30.2% 的非父；D3S1358 将排除 51.0% 的非父；而 FGA 可排除 63.5% 的非父。基因座多态性

程度越高，非父排除概率越高，排除非生物学父亲的能力就越强。

TPOX，D3S1358，FGA 三个 STR 系统否定父权累积机会的计算方法：设 PE_1，PE_2，PE_3 分别代表 TPOX，D3S1358，FGA 三个 STR 系统的否定父权机会，则：

$$CPE=1-(1-PE_1)(1-PE_2)(1-PE_3)=1-(1-0.302)(1-0.510)(1-0.635)=0.8752$$

提示所用遗传标记数目越多，累积非父排除概率愈高，鉴定能力愈强。

同理，基于等位基因频率，红细胞血型系统、HLA、血清型及酶型等也可计算出非父排除概率与累积非父排除概率。中国汉族群体 30 个系统的累积非父排除概率为 99.89%（表 12-6）。

表 12-6 中国汉族 30 个系统的非父排除概率

基因座	排除概率（%）	累积排除概率（%）
ABO（A1，A2，B，O）	20.17	20.17
Rh（D，C，c，E，e）	27	41.72
MN（M.N）	18.74	52.65
Jka，Jkb（a.b）	18.45	61.38
Fya，Fyb（a.b）	8.06	64.50
K，k	0.17	64.56
P	8.13	67.44
Se	2.44	68.23
Lua，Lub（a.b）	0.35	68.35
Diego（a+.a−）	5.06	69.95
HLA-A，B，C，DR	91.63	97.49
Hp（1.2）	16.55	97.9
Gc（1F. 1S.2）	25.6	98.44
Tf（C1.C2.C3.C4.Dchi）	17.74	98.72
Pi（1.2.3.X.Etok. P.L.V）	23.06	99.01
C（F.S）	0.25	99.01
C6（A.B.B2.B3.M）	21.89	99.23
C7（1.2.3.4）	16.08	99.35
H（A.B）	18.74	99.48
Bf（F.S）	10.73	99.53
ATⅢ（A.B.V）	8.59	99.57
ITI（1.2.3）	20.03	99.65
PLG（A.B）	1.03	99.66
α2.HS（1.2）	16.61	99.72
EsD（1.2）	18.03	99.77
GLO1（1.2）	10.01	99.79
ACP（A.B）	14.31	99.82
PGM1（1.2）	16.18	99.85
6PGD（A.C）	10.72	99.87
GPT（1.2）	18.67	99.89

三、错误否定父权的风险

测试的遗传标记增多，遇到遗传变异的可能性也增加。遗传变异使亲子之间的遗传关系呈现为不符合遗传规律。如果缺乏这方面的知识，容易错误否定父权。遗传变异主要有：基因突变、沉默基因、替代等位基因、基因缺失、血型变异、基因互换、弱抗原、嵌合体、镶嵌抗原、生理与病理性变异等。尽管遇到遗传变异的概率很低,但为了避免潜在遗传变异的影响,排除父权至少应根据两个以上遗传标记。

(一)突变率

在细胞的减数分裂过程中,存在有基因的交换与重组,或由于某些外界影响因素的作用,导致基因的核苷酸顺序或数目发生改变,这就是基因突变。突变(mutation)是导致亲代与子代的遗传标记不符合遗传规律的重要原因。突变可能会影响到亲子鉴定结果的正确性,从而对案件的侦破与审判产生误导。因此在亲子鉴定中,应选取那些突变率低的遗传标记。这里的突变率是指每代细胞发生突变的百分率,是评估遗传标记稳定性与亲子鉴定可靠性的指标。不同基因座的突变率是不同的,一般而言,表达产物水平的遗传标记的突变率要比 DNA 遗传标记突变率低。

为了避免因遗传标记的突变而错误地排除亲子关系,法医学亲子鉴定所选用的遗传标记必须经家系调查,且至少观察 500 次减数分裂。选用的遗传标记突变率应低于 0.2%。表 12-7 是亲子鉴定常用 DNA 遗传标记的突变率。

表 12-7 常见法医 VNTR 及 STR 遗传标记的突变率

基因座	母方突变观察值	母方突变率(%)	父方突变观察值	父方突变率(%)
D1S80	2/13 770	0.015	44/127 633	0.035
HUMvWA31	1/4197	0.024	444/118 342	0.375
D17S5	0/228	<0.439	7/6568	0.107
CYP19	6/343	1.75	104/110 417	0.094
ACTBP2	0/330	<0.302	312/44 297	0.704
HUMCSF1P0	0/2419	<0.041	150/122 428	0.123
HUMTPOX	0/2561	<0.040	4/7385	0.054
HUMTHO1	1/316	0.320	1/17 945	0.006
HUMF13A01	0/467	<0.220	5/2960	0.169
HUMFESFPS	1/1472	0.068	41/59 473	0.069
D7S820	0/638	<0.157	8/4957	0.161
D13S317	0/631	<0.159	1/759	0.132
D5S818	0/1174	<0.090	4/2091	0.190
HUMLIPOL	0/312	<0.350	1/693	0.141
D18S849	0/4143	<0.025	11/5368	0.205
D12S1090	7/4019	0.174	43/5272	0.816
D3S1744	4/4146	0.097	29/5378	0.539
D9S302	5/2663	0.188	12/2611	0.460
D22S683	2/2670	0.075	9/2625	0.343
D18S535	1/2676	0.037	2/2624	0.076

STR 基因座是目前最常用的亲子鉴定遗传标记。STR 突变使亲子鉴定面临错判的风险。因此,必须对 STR 基因座的突变有所认识。

1. 复制滑动突变 复制滑动是形成 STR 多态性的原因之一,也是 STR 基因座基因突变的主要原因。复制滑动突变多表现为等位基因增加一个或减少一个基序。这种只涉及一个基序的加或减的突变称为一步突变(one step mutation),大约占 STR 基因座突变的90%。少数突变基因涉及几个基序,称多步突变。常用 STR 基因座的突变率大约在 0.1%~0.2%。

STR 基因座的突变率与等位基因中基序的碱基结构和重复次数有一定的关系。基序碱基结构均一的基因座容易发生突变,而等位基因中含有不完全基序的基因座突变发生率反而较低,例如 D21S11

基因座中基因 30 容易突变,而基因 30.2 含有 TA 碱基插入,却不易发生突变。等位基因中简单序列基序重复次数越多,基因的突变率越高。一般规律是重复次数低于 10 的基因座突变比较少见,大于 10 个基序的基因突变较多。

STR 基因突变与性别有关,一般的规律是父方基因突变比母方多见(表 12-7)。文献报道男性与女性的突变比例观察值为 17:3,分析其中的原因是男性精子细胞分化经历的细胞分裂次数比卵细胞多 10 倍,其次是精子染色体中碱基替换的积累比卵细胞快 2 倍。突变率与细胞分裂次数密切相关,因为 DNA 的复制次数越多,滑动错配的机会越大。据估计,一个卵原细胞在进入减数分裂前大约只进行了 22 次有丝分裂,而精原细胞在形成精子之前经历了更多的有丝分裂。例如一 29 岁的男子精子细胞在进入减数分裂之前大约经过 350 次分裂,精子 STR 突变率比女性大约高 16 倍。随着父亲年龄增长,STR 突变率呈上升趋势,但女性则没有这种年龄效应。

STR 基因座的突变率是通过家系调查确定的,孩子 DNA 图谱中出现父亲和母亲都没有的陌生片段,就是突变基因。例如父亲基因型是 14,18,母亲是 15,17,孩子是 13,17,则可以判断孩子的 13 基因是突变基因。按 STR 突变的规律,一步突变约占 90%,从这个三联体家系分析可以确定孩子的 13 基因是来自父亲 14 基因的一步突变。

2. 无效等位基因　STR 序列内出现点突变一般不会干扰对片段长度的分型,例如基序内或基序侧翼区的点突变,不影响靶基因扩增,也不改变等位基因的长度,对基因型判定没有影响。如果单个碱基变异正好出现在模板上引物 3′ 末端的结合处,将会直接影响该引物退火和延伸,导致这个等位基因没有扩增产物,杂合子个体只有一个等位基因的扩增产物。这个没有扩增产物而漏检的基因叫做无效基因(null allele)。对常规使用的 STR 基因座进行观察,无效基因的出现率大约为 0.01%~0.5%。例如在汉族人群中,采用 Profiler Plus 试剂盒检测 D8S1179 基因座,在 2013 例血样中确定 10 例有无效基因,出现率 0.5%。进一步序列分析证实引物退火处出现 G147A 碱基替换。按照 GenBank 数据库序列重新合成引物后,避开了出现点突变的碱基位置,无效基因现象消除。由于无效基因比例较高,在汉族人群中用此试剂盒检测 D8S1179,无效基因问题应予警觉。另外 PowerPlex1.1 试剂盒 D13S317 基因座也出现有无效基因的现象,序列分析证实是 3′ 端引物结合部位出现 4 个碱基 -TGTC- 的缺失。

(二)遗传变异

1. 沉默基因　沉默基因产生的表型有下列两种:

(1)沉默基因纯合子称为 minus-minus 表型或 Null 表型,可见于许多血型系统(表 12-8)。这些表型的产生是由于血型前身物质未被基因所活化的结果。这些表型大多数很少见,但 O 型、Fy(a-b-)、Le(a-b-)及 P- 型是例外,如 O 型就很常见。

表 12-8　Minus-Minus 表型

系统	表型	系统	表型
ABO	A-B-H+(O) A-B-H-(Bombay, O^Ah, O^Bh)	Kell	K 0
MNS	M-N-(En(a-)) S-s-(S^u) M-N-S-s-(M^k)	Glutamic pyruvic Transaminase	GPT 0
Rh	E-e-(D--, DC^w-, Dc-)	Adenylate kinase	AK 0
Duffy	Fy(a-b-)	Acid phosphatase	Acp 0
Kidd	JK(a-b-)	Haptoglobin	Hp 0
Lutheran	Lu(a-b-)	Complement	C3 0
Lewis	Le(a-b-)	Group specific component	Gc 0
P	p	Transferrin	Tf 0

Null 表型的产生有下列两种假设：

1）调节基因缺如，或被抑制，而结构基因正常。某些遗传标记的产生需要两种基因，即调节基因与结构基因，前者负责产生遗传标记的前身物质，或将前身物质转变为一种产物，结构基因产物作用于前身物质，最后产生遗传标记。孟买型个体虽有正常的结构基因 A 和 B，但是缺乏调节基因 H，故不能产生 A 与 B 物质。这种个体可以将结构基因 A 或 B 传给子代，如果子代从另一亲代方获得调节基因 H 时，即可产生 A 或 B 物质，成为 A 型或 B 型。

2）结构基因缺如或功能不良，而调节基因正常。例如 D-/-，缺乏结构基因 CcEe；DC^W- 与 DC- 均缺乏结构基因 Ee。当母亲为 E+，孩子为 EE，可疑父亲为 E- 时，正常情况下，可疑父亲被否定。若孩子为 E/-，则 D-/- 的可疑父亲不能否定。

（2）非 minus-minus 表型：有些血型与红细胞酶型系统有沉默等位基因存在，无基因表达产物产生。如 Duffy 血型系统有沉默等位基因 Fy，Hp 血型系统有沉默等位基因 Hp*0。父权鉴定举例如下：

例 1 当只有可疑父亲及孩子时，假设孩子为 Fy(a+b-)，可疑父亲为 Fy(a-b+)，如孩子是 Fy^{a}Fy^a 纯合子，可疑父亲为 Fy^{b}Fy^b 纯合子，则可疑父亲被否定。如孩子是 Fy^{a}Fy 杂合子，可疑父亲是 Fy^{b}Fy 杂合子，可疑父亲可以给孩子 Fy 沉默等位基因而不能否定。

例 2 设可疑父亲为 Hp1-1 型，母亲及孩子均为 Hp2-2 型，一般情况下，可疑父亲被否定，但若可疑父亲不是 Hp*1/Hp*1 纯合子，而是 Hp*1/Hp*0 杂合子，孩子不是 Hp*2/Hp*2 纯合子，而是 Hp*2/Hp*0 杂合子，则母亲给孩子 Hp*2 基因，可疑父亲可以给孩子沉默等位基因 Hp*0 而不能否定。

2. 替代等位基因 红细胞血型中，有一些替代等位基因，MN 血型系统中的 Mg 基因是 M 基因的替代等位基因。假设母亲与女儿均是 N 型，可疑父亲为 M 型，一般情况下，可疑父亲应被否定，但若可疑父亲是 MM^g 型，孩子是 NM^g 型，则 MM^g 型的可疑父亲因可提供 M^g 基因给孩子而不能否定。单用抗 -M 及抗 -N 血清不能测出 M^g 抗原，会误将可疑父亲错判为 M 型（MM），将孩子错判为 N 型（NN）。

3. 弱抗原 弱血型抗原不容易测出来，易误定为抗原阴性。胎儿或婴儿下列抗原发育不好，抗原性很弱，如 A$_1$、I、P$_1$、Le^b、Xg^a 及 Hp，故 A$_1$ 型易误定为 A$_2$ 型，P$_1$ 型误定为 P$_2$ 型，Hp 血型误定为 Hp0 型等。MN 血型系统的 N$_2$ 亦是弱抗原，若错误地将 MN$_2$ 型定为 M 型，将 NN$_2$ 型定为 N 型，可导致错误否定可疑父亲。举例如下：如可疑父亲为 M 型，母及孩子均为 N 型，正常情况下，可疑父亲应被否定。但若可疑父亲是 MN$_2$ 型，孩子是 NN$_2$ 型，母亲给孩子 N 基因，孩子应从生父获 N$_2$ 基因，可疑父亲可以提供 N$_2$ 基因，故不能否定。因无抗 -N$_2$ 血清，测不出 N$_2$ 抗原，误将 MN$_2$ 型定为 M 型（MM），将 NN$_2$ 型定为 N 型（NN），得出错误结论。

4. 基因互换 曾经发现了几例 MNSs 血型系统的基因互换，发现过一例 Rh 基因互换，但概率都很低。HLA 与 Gm 系统的基因互换率约 1%～2%，使得间接否定父权结果不那么可靠。

5. CIS-AB 效应 AB 型个体的 A、B 基因不是分别位于各自的同源染色体上，而是位于同一条染色体上以基因复合物遗传的一种稀有 ABO 血型，其基因型是 AB/O，叫做 CIS-AB 型。出现这样异常的 AB 型父或母可以生出 O 型子女。

6. 生理性变异 许多表达产物遗传标记在婴儿期发育不好，其中有一些表达产物遗传标记在出生 6 个月以前还没有完全发育。

7. 病理性变异 某些病理过程会影响血型测定的结果，例如：体内溶血，会使血清 Hp 的含量明显的降低或测不出，易误判为 Hp0 型；无丙种球蛋白血症患者，其 Gm 与 Km 的定型会受到影响；上消化道腺癌患者常产生大量的血型物质，干扰 ABO 定型的结果；大肠杆菌感染可使人获得 B 抗原。

由以上所述可知，作亲子鉴定需要血液遗传学、免疫血液学及分子生物学的知识，需要掌握不同群体或不同民族血型的基因与单倍型频率，能解决操作方法所引起的一系列问题，这个工作应由有经验的医师和技术人员承担。有些试验方法是很精致的，操作及阅读结果均需十分小心。

（三）防止错误否定父权的方法

当只有 1 个遗传标记不符合遗传规律时，为了防止错误将父权否定，可采取下列措施。

1. 用不同批号的抗血清试剂，由同一技术员或其他技术员在同一实验室或其他实验室重复试验。

2. 若怀疑血型抗原性弱，测不出来，可用不同批号或不同公司生产的抗血清试剂重新测定，用杂合子红细胞作对照。

3. 加测同一血型系统其他血型抗原及抗体，当测出红细胞上无 A 及 B 抗原时，加测红细胞上有无 H 抗原及血清中有无抗 -H 抗体，区别 O 型与孟买型。若红细胞上无 A 及 B 抗原，但有 H 抗原，血清中有抗 -A，抗 -B 及抗 -A，B 抗体，则为 O 型；当红细胞上无 A，B，及 H 抗原，血清中有抗 -A，抗 -B 及抗 -H 抗体，则为孟买型。

4. 作家系调查确定基因型，如父子均为 A 型，母为 B 型，则孩子是 AO 杂合子，不会是 AA 纯合子。又如，父亲与孩子均为 Hp2-2 型，而孩子的生母是 Hp1-1 型，说明生母是 Hp*1/Hp*0 杂合子，孩子是 Hp*2/Hp*0 杂合子。

5. 计算不符合遗传规律遗传标记的父权指数（见第三节），并检测更多遗传标记。

第三节 确 信 父 权

在亲子鉴定中，受检者带有孩子生父或生母所应有的等位基因，这时不能排除受检者与孩子有父子或母子关系，倾向于认同受检者与孩子有亲子关系。肯定结论的可靠性，取决于检测遗传标记的多少以及具体遗传标记的等位基因频率。估计父权方法有多种，目前国内外大多数是根据母亲、孩子和 AF 三者的分型结果计算。具体步骤是根据母、子联合遗传类型，先计算出父权指数，然后计算父权相对机会。

一、父权指数

父权指数（paternity index，PI）是亲子关系鉴定中判断遗传证据强度的指标。它是判断亲子关系所需的两个条件概率的似然比，即具有 AF 遗传表型的男子是孩子生物学父亲的概率（X）与随机男子是孩子生物学父亲的概率（Y）的比值。由下列公式表示：

$$PI = X/Y$$

式中，X 为具有 AF 遗传表型的男子是孩子生物学父亲的概率，Y 为随机男子是孩子生物学父亲的概率。

知识拓展 12-1 ▶

父权指数计算基础

亲子鉴定是要根据样本分型结果来进行推断。要推断就得建立一个决策规则，统计学常用的决策方法是似然比方法。父权指数 PI = X/Y 正是一个似然比。

$$LR = Pr(E|Hp)/Pr(E|Hd) = X/Y = PI$$

似然比由两个条件概率构成，其条件是两个对立的统计假设。条件概率的统计假设决定了计算参数和方法。在父权指数计算中，以频率计算概率。亲代涉及基因型频率，在 HW 平衡条件下，可由等位基因频率求得。子代与亲代的关系涉及传递概率，该概率与孟德尔遗传及其影响因素（如突变率）有关。

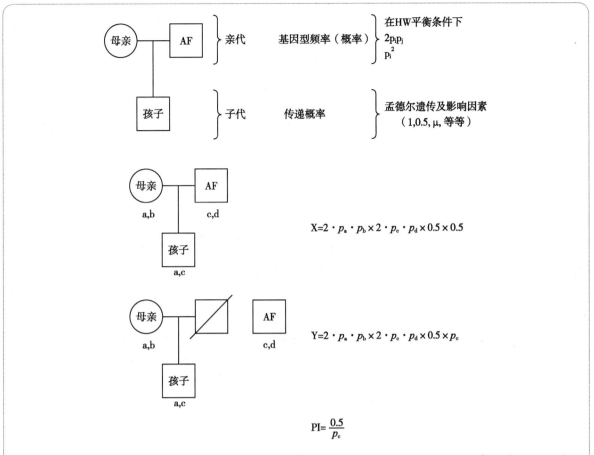

ab 代表母亲基因型，$2p_ap_b$ 代表其基因频率；cd 代表 AF 基因型，$2p_cp_d$ 代表其基因频率；ac 代表孩子基因型；0.5 为传递概率；p_c 为群体中 c 基因频率。

通常可以根据母子表型，排列出母子各种可能的等位基因组合，并进一步推测出必定来自生父的基因，这个基因称为生父基因。根据 AF 的表型，可以求出他是否带有生父基因，以及传递各种可能的生父基因成为生父的概率 X。在随机人群中，该生父基因的概率等于其在群体中的频率，据此可求出 Y，从而求出父权指数。举例如下：

例 1　检测遗传标记结果 AF 表型为 P，孩子的表型为 P，母亲的表型为 PQ。以 p 为 P 基因频率，q 为 Q 基因频率，则：

$$X = \text{AF 提供 P 基因概率} \times \text{母亲提供 P 基因概率} = 1 \times 0.5 = 0.5$$
$$Y = \text{随机男子提供 P 基因概率} \times \text{母亲提供 P 基因概率} = p \times 0.5 = 0.5p$$
$$PI = 0.5/0.5p = 1/p$$

例 2　检测遗传标记结果，AF 表型为 P，孩子的表型为 PQ，母亲的表型为 PQ。以 p 为 P 基因频率，q 为 Q 基因频率，则：

$$X = \text{AF 提供 P 基因概率} \times \text{母亲提供 Q 基因概率} = 1 \times 0.5 = 0.5$$
$$Y = \text{随机男子提供 P 基因概率} \times \text{母亲提供 Q 基因概率} + \text{随机男子提供 Q 基因概率}$$
$$\times \text{母亲提供 P 基因概率} = p \times 0.5 + q \times 0.5 = 0.5(p+q)$$
$$PI = 0.5/0.5(p+q) = 1/(p+q)$$

此例中母亲与随机男子的基因配合有两种或两种以上的方式，则 Y 值应是几个独立结合概率的数学和。同样道理，如果母亲与 AF 的基因配合有两种或两种以上的方式，则 X 值应是几种独立结合概率的数学和。表 12-9 给出了包括 STR 在内的共显性遗传标记计算父权指数的方法。

表 12-9　共显性遗传标记计算父权指数

孩子	母亲	AF	PI
q	pq	q	$1/q$
pq	p or pr	q	$1/q$
q	q	q	$1/q$
pq	p or pr or ps	qr(or pq)	$1/2q$
q	pq	qr(or pq)	$1/2q$
q	q	qr	$1/2q$
pq	pq	pq	$1/(p+q)$
pq	pq	q	$1/(p+q)$
pq	pq	qr	$1/(2p+2q)$

随着共显性多等位基因遗传标记如 STR 的广泛使用，即使没有检测母亲时，在不能排除受检者与孩子有父子关系时也可计算父权指数，表 12-10 给出了没有检测母亲的共显性遗传标记计算父权指数的方法。

表 12-10　没有检测母亲的共显性遗传标记计算父权指数

孩子	AF	PI
q	q	$1/q$
pq	q	$1/2q$
q	qr	$1/2q$
pq	pq	$(p+q)/4pq$
pq	qr	$1/4q$

在检测多个 STR 时，偶尔会遇到个别 STR 不符合遗传规律的现象，这时父权指数的计算会变得复杂。通常基于 STR 逐步突变模型（stepwise mutation model）计算父权指数。表 12-11 给出了 STR 不符合遗传规律时，基于 STR 逐步突变模型计算父权指数的方法。

表 12-11　遇到不符合遗传规律时父权指数（PI）计算（以 D13S317 为例，平均突变率 μ 为 0.002）

基因座	母亲	孩子	被检测男子	父权指数
D13S317	7	7-8	9-11	$\mu/(4p_8)$
D13S317	7	7-8	10-11	$\mu/(40p_8)$
D13S317	7	7-8	11-12	$\mu/(400p_8)$
D13S317	7	7-8	9	$\mu/(2p_8)$
D13S317	7-8	8	9	$\mu/(2p_8)$
D13S317	7-8	8	7-9	$2\mu/(4p_8)$
D13S317	7-8	8	9-11	$\mu/(4p_8)$
D13S317	7-9	7-9	10-11	$\mu/[4(p_7+p_9)]$
D13S317	7-9	7-9	10	$\mu/[2(p_7+p_9)]$
D13S317	7-9	7-9	8-10	$3\mu/[4(p_7+p_9)]$

表中 p_7, p_8, p_9 为相应等位基因 7, 8, 9 的频率

偶尔会遇到不能区分 STR 不符合遗传规律的现象是源自母亲或是源自被检测男子。此时父权指数的计算应考虑男女突变率不相同。例如：D13S317 基因座，母亲为 7-8，孩子为 7-9，被检测男子为 7-8。父权指数计算方法为：

$$PI = \frac{(mut_{f8 \to 9}) + (mut_{m8 \to 9})}{p_9} = \frac{\mu_f + \mu_m}{4p_9}$$

式中，μ_f 为男性突变率，μ_m 为女性突变率。通常，男性突变率高于女性突变率。例如，男性突变率可取值 0.002，而女性突变率可取值 0.001～0.0005。

知识链接 12-1 ▶

STR 逐步突变模型在 PI 计算中的应用

逐步突变模型假设 STR 一步突变表现为 50% 的 STR 增加一个重复单位，50% 的 STR 减少一个重复单位；二步突变表现为 5% 的 STR 增加一个重复单位，5% 的 STR 减少一个重复单位；三步突变表现为 0.5% 的 STR 增加一个重复单位，0.5% 的 STR 减少一个重复单位，以此类推。因此，观察到 STR 不符合遗传规律时，可基于 STR 逐步突变模型（stepwise mutation model）对传递概率进行修饰，然后据此计算 PI。

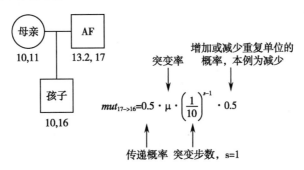

$$PI = mut_{17 \to 16} / p_{16} = \mu / 4p_{16}$$

式中 p_{16} 为群体中某 STR 等位基因 16 的频率。

当遗传标记存在显隐关系时，PI 的计算也会变得复杂。为计算方便，通常列表给出父权指数计算公式。表 12-12 给出了 ABO 血型计算父权指数的简化方法。

表 12-12 ABO 血型计算父权指数

孩子	母亲	AF	PI
A	A	A	$(r+p)(3r+p)/(2r+p)[(p+r)^2+pr]$
A	A	B	$r(r+p)/(2r+q)[(p+r)^2+rp]$
A	A	O	$(r+p)/[(p+r)^2+rp]$
A	A	AB	$(r+p)/2[(p+r)^2+pr]$
B	A	B	$(r+q)/q(2r+q)$
B	A	AB	$1/2q$
O	A	A	$1/(2r+p)$
O	A	B	$1/(2r+q)$
O	A	O	$1/r$
AB	A	B	$(r+q)/q(2r+q)$
AB	A	AB	$1/2q$
A	B	A	$(r+p)/p(2r+p)$
A	B	AB	$1/2p$
B	B	O	$(r+q)/[(q+r)^2+rq]$
B	B	AB	$(r+q)/2[(q+r)^2+qr]$

孩子	母亲	AF	PI
B	B	B	$(r+q)(3r+q)/(2r+q)[(q+r)^2+qr]$
B	B	A	$r(r+q)/(2r+p)[(q+r)^2+qr]$
O	B	B	$1/(2r+q)$
O	B	A	$1/(2r+p)$
O	B	O	$1/r$
AB	B	A	$(r+p)/p(2r+p)$
AB	B	AB	$1/2p$
A	O	A	$(r+p)/p(2r+p)$
A	O	AB	$1/2p$
B	O	B	$(r+p)/q(2r+q)$
B	O	AB	$1/2q$
O	O	A	$1/(2r+p)$
O	O	B	$1/(2r+q)$
O	O	O	$1/r$
A	AB	A	$1/(p+r)$
A	AB	B	$r/(p+r)(2r+q)$
A	AB	O	$1/(p+r)$
A	AB	AB	$1/2(p+r)$
B	AB	A	$r/(q+r)(2r+p)$
B	AB	B	$1/(q+r)$
B	AB	O	$1/(q+r)$
B	AB	AB	$1/2(q+r)$
AB	AB	A	$(r+p)/p(2r+p)$
AB	AB	B	$(r+q)/q(2r+q)$
AB	AB	AB	$1/(p+q)$

二、父权指数的统计学意义

亲子鉴定所要解决的问题,可以把它归结为两个对立统计假设的决策问题。例如某个母亲指认某男子是她孩子的父亲,这里就会出现两种相互对立的假设:

Hp: AF 是孩子的生父。Hp 又称原告假设。

Hd: AF 不是孩子的生父。Hd 又称被告假设。

亲子鉴定是要根据样本分型结果来推断究竟是 Hp 成立,还是 Hd 成立。要进行推断就得建立一个决策规则,统计学常用的决策方法是似然比方法。而父权指数 PI＝X/Y 正是一个似然比。以 E 代表观察到的情况,即母、子,AF 三人的遗传标记检测结果。用竖线分开条件与事件,竖线右边为条件,左边为事件。条件概率 Pr(E|Hp) 和 Pr(E|Hd) 分别代表在假设 Hp 和假设 Hd 条件下的概率,则似然率可写为:

$$LR = Pr(E|Hp)/Pr(E|Hd)$$
$$= X/Y$$
$$= PI$$

设 E＝{C, M, A},代表母、子,AF 三人的遗传标记检测结果。其中 C＝孩子的基因型,M＝母亲的基因型,A＝AF 的基因型。用 A＝F 表示 AF 确是孩子的生父。所以有:

$$LR = Pr(E|Hp)/Pr(E|Hd)$$
$$= P(C,M,A|AF 是孩子的生父)/P(C,M,A|AF 不是孩子的生父)$$

式中的分子 $P(C,M,A|AF 是孩子的生父) = P(A)P(M)P(C|M,A=F)$。这是因为婚配是随机的，故 M 与 A 独立。分母 $P(C,M,A|AF 不是孩子的生父) = P(A)P(M)P(C|M)$。这是因为在 AF 不是孩子生父的情况下，他是随机人群中抽取的，故 A 与 C，M 独立。所以有：

$$LR = [P(A)P(M)P(C|M,A=F)]/[P(A)P(M)P(C|M)]$$
$$= P(C|M,A=F)/P(C|M)]$$
$$= X/Y$$
$$= PI$$

PI 回答了面对母、子，AF 三人的遗传标记检测结果，如果一定要在两个互不相容的原因（Hp 和 Hd）中找一个引起现象的原因，应该选择使观察事件发生的可能性大的那个原因，因此根据 $P(E|Hp)/P(E|Hd) = X/Y$ 的大小来决策究竟是 Hp 还是 Hd 成立是合理的。PI 值大于 1 表示倾向于认同父子关系，其理论值可接近无穷大。PI 小于 1 表示倾向于排除父子关系。

需要强调的是，亲子鉴定用于计算 PI 的母、子，AF 三人的遗传标记检测结果是基于遗传标记不能排除的结果。鉴定中使用的全套遗传标记系统的效能，即多个遗传标记系统的累积非父排除率足够高是用 PI 进行统计决策的前提。不管系统效能，仅靠 PI 值高低单一指标进行统计决策是不可靠的。

三、父权的相对机会

父权指数是两个条件概率的比值，它的一个条件概率可以按 Bayes 定理换算成另一个条件概率，从而引出另一个参数，称之为父权相对机会（relative chance of paternity，RCP）或父权概率（probability of paternity），后者常简写为 W，来源于德语 Vaterschaftswahrscheinlichkeit。父权相对机会代表了判断 AF 是孩子生父的把握度大小。

在构成父权指数的两个条件概率中，需要把条件概率 $P(E|Hp)$ 换算成另一种条件概率 $P(Hp|E)$。条件概率 $P(E|Hp)$ 表示以 AF 是孩子的生父为条件时，获得观察到的情况 E，即母、子、AF 三人的遗传标记检测结果的概率。而条件概率 $P(Hp|E)$ 表示在母、子、AF 三人的遗传标记检测结果的条件下，AF 的确是孩子生父的概率。显然，后者正是亲子关系概率。把一种条件概率换算成另一种条件概率最常用的方法是 Bayes 公式。因此有：

$$P(Hp|E) = P(Hp)P(E|Hp)/[P(Hp)P(E|Hp)+P(Hd)P(E|Hd)]$$

分子分母同除以 $P(Hp)P(E|Hd)$，又因 $P(E|Hp)/P(E|Hd) = X/Y$。所以：

$$P(Hp|E) = (X/Y)/[(X/Y)+P(Hd)/P(Hp)]$$

式中 $P(Hp)$ 和 $P(Hd)$ 分别代表 AF 的确是孩子生父的前概率和 AF 不是孩子的生父的前概率。由于对 Hp 与 Hd 成立与否在受理鉴定前可能一无所知，通常假定 $P(Hd) = P(Hp) = 0.5$，表示从非遗传标记估计 AF 是孩子的生父或不是孩子的生父机会均等。所以：

$$P(Hp|E) = (X/Y)/[(X/Y)+1] = PI/(PI+1) = W = RCP$$

例如某亲子鉴定案的父权指数（PI）计算值为 2497，在前概率相同的条件下，则：

$$RCP = PI/(PI+1) = [2497/(2497+1)] \times 100\% = 99.96\%$$

多个遗传标记用于亲子鉴定时，若父权不能否定，由每一个遗传标记获得的父权指数需单独计算。设每个遗传标记的父权指数分别为 $PI_1, PI_2, PI_3, \cdots PI_n$。n 个遗传标记的父权指数相乘则为累积父权指数（combined paternity index，CPI），由此再计算 RCP（表 12-13）。

$$CPI = PI_1 \times PI_2 \times PI_3 \times \cdots \times PI_n$$
$$RCP = CPI/(CPI+1)$$

表 12-13 累计父权指数与 RCP 计算

遗传标记	AF	母亲	孩子	PI
TH01	9-10	9-10	9-10	0.8904
VWA	17-17	16-18	16-17	3.3113
FES	11-13	11-11	11-13	2.6882
D13S317	10-12	8-11	8-10	2.0263
D3S1358	11-12	12-13	11-13	5.2521
D8S1179	13-18	14-15	15-18	12.6263
D21S11	22-24	21-25	24-25	2.5157
D16S539	8-12	7-11	7-12	4.2315
D5S818	7-9	8-10	8-9	2.3545
D7S820	6-10	7-7	6-7	3.3324
D18S51	13-16	15-15	15-16	8.8267
FGA	18-22	20-24	18-20	8.9278
CSF1PO	10-13	9-11	10-11	4.5657
TPOX	6-9	7-10	7-9	7.7896
D1S1676	12-15	13-17	13-15	6.4356
CPE > 0.9995		CPI = 1 604 432 675		RCP > 99.95

需要指出，在计算亲子关系概率的 Bayes 公式中含有从非遗传标记估计亲子关系的概率，这种估计称为前概率。式中 P(Hp) 和 P(Hd) 分别代表 AF 的确是孩子生父的前概率和 AF 不是孩子的生父的前概率。P(Hp)=P(Hd)=0.5 时，表示从非遗传标记估计 AF 是孩子的生父或不是孩子的生父机会均等。在此前提下才有：

$$RCP = PI / (PI + 1)$$

假设根据案情调查认为 AF 大约有 80% 的可能性是孩子的生父，即 P(H$_0$)=0.8。如遗传标记鉴定求得 PI=62。把这两方面情况合并考虑，则：

$$P(H_0|E) = (X/Y) / [(X/Y) + P(Hd)/P(Hp)]$$
$$= PI / [PI + P(Hd)/P(Hp)]$$
$$= 62 / [62 + (1-0.8)/0.8]$$
$$= 0.996$$

肯定结论的把握度可得到提高。反之，如果 P(Hp) 小于 0.5，RCP 值及肯定结论的把握度会降低。

第四节 法医亲子鉴定标准

为了确保法医亲子鉴定的可靠性，使之规范化，科学化和标准化，国内目前已有法医亲子鉴定标准。要点如下：

实验使用的遗传标记累计排除概率应等于或大于 0.9999。为了避免潜在突变影响，任何情况下都不能仅根据一个遗传标记不符合遗传规律就排除父权。检测的遗传标记均需计算父权指数，包括符合和不符合遗传规律的遗传标记。任何情况下都不能为了获得较高的父权指数，将检测到的不符合遗传规律的遗传标记删除。获得所有单个遗传标记的父权指数后，计算累计父权指数。

被检测男子的累计父权指数小于 0.0001 时，支持被检测男子不是孩子生物学父亲的假设。鉴定意见可表述为：被检测男子不是孩子的生物学父亲，从遗传学角度已经得到科学合理的确信。被检测男子的累计父权指数大于 10 000 时，支持被检测男子是孩子生物学父亲的假设。鉴定意见可表述为：被检测男子是孩子的生物学父亲，从遗传学角度已经得到科学合理的确信。累计父权指数大于 0.0001 而小于 10 000 时，应当通过增加检测的遗传标记来达到要求。

第五节 其他亲缘关系鉴定

随 DNA 遗传标记的广泛使用,亲子关系鉴定已经扩展到更大范围的血缘关系鉴定,包括兄弟、姐妹、叔侄及爷孙隔代关系等的鉴定。目前用于更大范围血缘关系鉴定的遗传标记有两类,常染色体 DNA 遗传标记与非常染色体 DNA 遗传标记,后者主要指 mtDNA 和 Y 染色体 DNA 遗传标记。常染色体 DNA 遗传标记进行血缘关系鉴定的原理是基于有血缘关系的个体比无血缘关系的个体共享相同等位基因的概率高,血缘关系近的个体比血缘关系远的个体共享相同等位基因的概率高。因此可以通过与无血缘关系个体比较概率高低来判断是否存在血缘关系。mtDNA 和 Y 染色体 DNA 遗传标记进行血缘关系鉴定的原理是基于 mtDNA 遗传标记的母系遗传特征和 Y 染色体遗传标记的父系遗传特征。具有共同的母系祖先或父系祖先的个体具有相同的等位基因,反之则无。因此可以通过检测 mtDNA 和 Y 染色体 DNA 遗传标记来判断是否存在血缘关系。需要指出,血缘关系鉴定针对的是一组个体的遗传特点而不是一个个体的遗传特征,其特定性需要其他证据来佐证。例如,Y 染色体 DNA 遗传标记本身并不能区分爷孙关系与叔侄关系。用 Y 染色体 DNA 遗传标记明确他们有共同的父系祖先后,爷孙关系或叔侄关系的确定需要其他证据。因此,血缘关系鉴定的特定性不如亲子关系鉴定。

本章小结

亲子鉴定是通过对人类遗传标记的检测,根据遗传规律分析,对有争议的父母与子女血缘关系的鉴定。通常用于亲子鉴定的指标或遗传标记,应该是一种简单的遗传性状,经过家系调查已确定遗传方式按孟德尔定律遗传,群体调查证明具有遗传多态性,具有比较高的系统效能。亲子鉴定的基本原理可归纳为,对于有争议的父与孩子经多个遗传标记分析,如果观察到不符合亲子遗传规律的现象很多,可以排除他是孩子的生父;如果符合亲子遗传规律,就不能排除他是孩子的生父,这时可以通过统计学分析阐明如果判断他是孩子生父,理论上把握度有多大。亲子鉴定时不仅需要考虑遗传标记在两代人之间是否符合遗传规律,也要考虑遗传标记在亲子鉴定中的系统效能。衡量遗传标记在亲子鉴定中系统效能的指标是非父排除概率。父权指数是亲子关系鉴定中判断遗传证据强度的指标。它是判断亲子关系所需的两个条件概率的似然比。按 Bayes 定理可以从父权指数引出另一个参数,称之为父权相对机会。父权相对机会代表了判断有争议的父是孩子生父的把握度大小。为了确保法医亲子鉴定的可靠性,国内已有法医亲子鉴定标准。

关 键 术 语

亲子鉴定(parentage testing)

非父排除概率(probability of exclusion,PE)

父权指数(paternity index,PI)

父权相对机会(relative chance of paternity,RCP)

STR 逐步突变模型(stepwise mutation model)

(侯一平)

思考题

1. 何谓非父排除概率?

2. 试述父权指数与父权相对机会

3. 何谓排除父权的标准?

4. 何谓认定父权的标准?

5. 三联体亲子鉴定与两联体亲子鉴定有何区别?

第十三章 法医物证检材的提取、包装和送检

学习目标

通过本章学习，应该**掌握**法医物证检材的发现、提取、包装、保存和送检的原则与方法。**熟悉**法医物证检验的对象、任务和意义。**了解**法医物证检验程序和要求。

第一节 检材特点

法医物证检材是指来源于案（事）件现场，并可进行法医物证、DNA检验，从而能为侦查提供线索、为法庭提供证据的生物样本，或含有、承载可进行法医物证、DNA检验的生物样品的物品。主要是各种体液、分泌液、排泄物，如血液、精液、阴道分泌物、乳汁、鼻涕、痰、尿液、羊水及其斑痕；各种人体组织器官及其碎块，毛发、指甲、骨骼和牙等；个别案件中可能涉及某些动、植物斑迹以及出现在案件现场的烟头、果核、口杯、口香糖等。具有容易变性，变质，降解和腐败的特点。不同检材所受环境因素影响千差万别，尤其是来自犯罪现场的检材，自身的变性、降解和腐败等改变的程度是不能人为控制的，也是无法预知的，这给检验鉴定工作带来相当的难度。在物证鉴定中，处理各类陈旧、腐败检材，解决检材本身的不确定性是鉴定成功的关键。因此，在检材送达实验室检验鉴定之前，办案人员应该尽量保存好法医物证检材，尽量缩短送检时间。

第二节 检材发现和提取

法医物证的发现和提取工作主要由具有专业知识、接受过相关培训且具有现场勘验、检查资格的现场勘查、检查人员完成。提取检材时使用的试剂应经去核酸处理，转移用载体应经过无菌处理，封装用容器、非一次性器械应保持洁净。提取检材时，应当分别提取，独立包装，统一编号。

一、检材发现

在现场勘查过程中，全面仔细搜寻检材非常重要，发现检材，第一时间原位拍照或拍摄录像资料，结合测量、绘图等手段详细记录现场原始状态，并有相应的提取记录，包括：案（事）件名称、提取地点、提取时间、提取方法、检材名称、检材数量、检材外观描述（如颜色、形状等）、保存方法、见证人（签字）和提取人（签字）。在进行详细记录后，方可移动和提取检材。有的检材有特定颜色、形状，量多时，很容易发现，如大片的血痕、肢体等。一些检材没有明显的特征或微量、细小，不易发现，例如细小的喷溅状血痕、精斑等。为了不遗漏有价值的检材，在对案发现场进行勘查和对犯罪嫌疑人住所、活动场所、物品进行搜查过程中，应力求做到全面、充分和仔细。不同类型的检材分布总会与案件的发生过程有密切关系，有一定的规律可循。在发现检材过程中，要注意改善照明条件，仔细观察拐角、缝隙等隐蔽部位。

（一）血痕

薄层血痕，为褐色斑痕，局部量大的血痕形成暗褐色血痂。血痕常可见于现场地面、墙面、墙角、家具、衣服、鞋袜、被褥、蚊帐、凶器、石块、砖头、泥土、木棒、工具、窗台、窗玻璃、门把手、水龙头开关、植物叶茎表面、头发、指甲缝等处。作案人处理过的现场，特别注意观察家具脚、缝隙，家具下的地面，家具挡住的墙角，木板缝隙，垃圾桶内外壁、桶底，照明不好的地面，墙面等地方。仔细观察现场和嫌疑人住所找到的各种刀具、工具的凹槽、缝隙，鞋底和鞋面缝隙。对交通肇事逃逸的车辆，仔细观察轮胎、车底盘、挡泥板、撞击变形处附近等隐蔽部位。现场勘查过程中应配备便携式照明工具。黑暗现场的血痕，可用鲁米诺（luminol）喷雾寻找，血痕发荧光。

（二）精斑

性犯罪案件必须常规提取受害人阴道拭子，现场的精斑可出现在于受害人衣裤、卫生巾、被褥、手帕、卫生纸、草席，及受害人腹壁、大腿、阴毛等处。精斑的形状不规则，颜色因附着物不同而有所差异，在白色的衣裤或床褥等布类物品和卫生纸上，呈淡黄色不规则形，周边颜色稍深，触之较无斑痕处更硬。浓稠的精斑呈灰白色糨糊状痂块。深色布上的精斑不易发现，在质料松软的深色布料上的精斑，触感发硬明显。精斑在紫外线灯光下呈银白色带淡紫晕的荧光。受害人对案件发生过程的描述对发现精斑有非常重要的意义。根据受害人提供的情况可对重点物品进行重点观察搜寻，迅速发现精斑。

（三）唾液斑

唾液斑常见于现场遗留的烟头、烟斗、口香糖、瓜子壳、吸管、饮料容器、咬痕、牙签、牙刷和信封口与邮票背面等处，肉眼观察没有明显特征，不易发现，可将可疑物品送实验室检验。

（四）皮肤及其他脏器组织碎块

在斗殴、凶杀等暴力犯罪案件中，可在被害人或涉案人员指甲缝中发现对方的皮肤组织，也可在凶器、致伤工具上发现伤者的组织脏器碎块。交通事故中可在交通工具上发现死、伤者的组织脏器碎块。

（五）毛发

毛发本身可自然脱落，也常在案件发生过程中被外力拔脱。毛发呈细丝状，当环境中存在形态类似物或毛发存在部位颜色与毛发接近时，发现毛发比较困难。在暴力犯罪案件，毛发常遗留在案发现场地面、床褥、家具、凶器等处，也可见于受害人手中。强奸案件中，毛发多见于现场床褥、沙发，及受害人阴部、内裤、外阴和大腿间。盗窃案件则常见于窗、门等进出通道上。蒙面抢劫案件，用于蒙面的套头用品中常能发现毛发。在寻找毛发时，良好的照明条件更有利于发现毛发。一些案件中，动物毛发可成为破案线索。

（六）植物斑痕

在一些案件中，可能有植物物证的存在，如罪犯无意间带走或留在现场的植物叶片、果实、斑汁、花粉等。多见于嫌疑人的袖边、裤角、鞋底等处。先对植物进行肉眼鉴别，在肉眼无法鉴别时，可送到实验室检验。

（七）脱落细胞

在犯罪现场，肉眼无法鉴别，但人体脱落细胞可能存在于罪犯接触的每个物品上。最常见的口腔黏膜脱落细胞常附着于牙刷、牙签、口腔拭子、烟头、口杯、口香糖等载体。其他人体脱落细胞易附着剃须刀、褪毛器、饰物、内衣、帽子、头套、手套、上衣、袜子、鞋等。对于可疑含有脱落细胞的检材应整件送实验室检验。

二、检材提取

根据不同法医物证检材的特性和附着物的差异，提取（extraction）检材以不损失、不污染、不破坏检材的可检测性为基本原则。提取检材时，应穿着洁净的工作服、戴帽子、口罩、一次性手套。帽子应包裹住头发，手套应戴过袖口，提取不同检材时，应更换手套。提取者须持洁净器具，如刀、剪、镊子或竹木类工具等提取，禁止裸手直接触摸检材。斑迹类检材附着于小件易携带物品（如树叶、草秆、衣裤、鞋帽、刀、斧、卫生巾、烟蒂等),应整件提取,附着于大件不易携带物品,提取附着检材的部位。根据检材附着载体特性,应用剪切、刮削、擦拭、吸敷、浸泡、锯凿、挖取等方法提取。不同部位的检材应分别提取。凡是从各种载体上提取检材,均应提取检材附近材料作空白对照。提取的新鲜体液应取部分尽快检验,其余部分应制成纱布斑痕。人体组织应干燥或冷冻保存或浸泡于75%乙醇中。各种体液性检材应在阴凉通风、可防止污染处自然干燥成斑痕,切勿加热烘干或晒干。对提取的检材均应逐个做好详细记录和标签。

需要特别注意的是,在提取检材过程中,可能导致现场物件的损坏。法医现场勘查人员应当熟悉现场勘查,物品扣押,物证提取、保存、移送、返还有关的法律法规内容。严格遵守有关法规,完善相关法律手续。

(一)新鲜血液

犯罪嫌疑人、受害人等案件有关人员的对照血样,采静脉血1~3ml,装入EDTA抗凝消毒试管,同时取0.5ml血液直接涂于干净纱布或采样卡上,阴凉处晾干。从耳垂、指尖采血,取0.2ml血液装入EDTA抗凝消毒试管,同时取0.2ml血液直接涂于干净纱布或采样卡上,晾干制成血痕。在现场发现新鲜血液时,用吸管或注射器吸取后移入加有抗凝剂的试管。也可用洁净棉纱布浸染吸附后,晾干。尸体血液容易受细菌污染发生腐败,血液不易保存。未腐败尸体可取心腔血,同时制备血痕。应当注意,未腐败的尸体组织是良好DNA检测材料,除取血液外,同时采取腐败程度较轻、细胞密度高的组织浸泡于75%乙醇中备检。

(二)血痕

当血痕附着在较小的物品或易于搬动、包装、运输、送检的物品上,应将血痕连同附着物整体提取。当血痕附着于可剪切或易于拆卸的大件物品上时,可将有血痕部位连同周边无血痕部位的一部分剪切下,或将有血痕部位的构件拆下。血痕附着在坚硬、固定、沉重等不易携带搬运的大件物品上,附着物表面光滑,血痕已形成血痂,可用手术刀片仔细将血痂刮取。若血痕稀薄,可将蒸馏水稍浸湿的洁净纱布折角在血痕处反复擦拭,使血痕转移到纱线上,晾干。附着物表面松软的,应提取血痕周围的相同附着物表面基质作为基质对照。泥土中的血痕,可将血痕部位及其周边少量泥土整块采取后置盒子中,衬以海绵或棉花等松软物品避震。各种纺织物品上遗留的血痕,小件的整件提取,不便整件提取或血痕附在较大件的纺织物品上,可将血痕剪下并记录其所在部位,同时剪取血痕附近的空白织物作为对照。树叶、草叶、禾秆等小件载体上附着的血痕均整件提取。较大的木质类载体上的血痕,可根据载体的情况采取切削薄片状部分或锯掉端、角处等方法提取有血部位。光滑水泥地面、铁木器具、漆面、玻璃、陶瓷、塑料、光洁的金属物品等质地致密的载体上的血痕,附在较小、易于提取的物品上可以整件提取;在大件物品上,则采用擦拭或刮取方法提取。擦拭方法根据血量的多少,准备适当大小的纱布块或纱线,用蒸馏水浸润即可,仔细擦拭血痕,阴凉处晾干。带有血痕的凶器应整件提取,如凶器较大可用湿滤纸制备转移血痕。

(三)精斑

疑被性侵犯或死因不明的女尸,常规提取受害人内裤和阴道分泌物。性侵犯活体受害人衣裤、现场床单、被套、枕套、枕巾、卫生纸、蚊帐、毛巾等小件物品上的可疑精斑应整件提取。提取肛门、会阴、腹壁、大腿内侧可疑斑痕时,用蒸馏水稍稍浸湿的洁净纱布反复擦拭提取。被害人阴道内外的可疑精斑,用纱布块或棉球提取,阴道内由外向内直至后穹隆部位分三段用纱布吸敷。必要时通过解剖,在输卵管壶腹部提取精斑。可用刮板或玻片刮取流出的精液。室外现场的精斑常遗留在树枝、草、禾秆等植物或土地上,在植物上的取整件或取精斑遗留处的枝段,遗留在土地上的按提取土地上血痕的方法提取。遗留在较硬载体上的精斑采用擦拭或刮取方法提取。可疑口交或鸡奸案件的活体和尸体均用纱布块擦拭口腔或直肠提取。留有精斑的衣物已浸泡在水中,尚未用肥皂洗衣粉清洗,亦应提取晾干。涉嫌性侵犯的案件在送检精斑时需提取嫌疑人、被害人以及与被害人可能有性关系的人员(被害人丈夫、男友等)的血液或口腔拭子作为比对样本(reference sample)。

对于轮奸案件，检材往往只能检出混合精斑的基因型，不利于案件的侦破、诉讼。取材前先用紫外灯检查提取的检材，尤其是受害人的衣物，尽可能找出不在裆部的斑迹，此斑迹有可能为单一精斑。在提取受害人阴道擦拭物时，要分段进行提取。遇到受害人未及时报案，且衣物已清洗的，除了提取受害人的阴道擦拭物外，可对受害人后换上的内裤进行检测，往往亦能检出阳性结果。对于疑有混合斑的检材，则需提取几个不同的部位分别检验，量不宜大，否则易出现混合斑分型结果。可对检材浸泡，取上清液用中和吸收法进行常规筛选，对筛选出单一血型物质的斑迹沉渣进行多个 STR 基因座的 DNA 检测，此方法应用在轮奸案件中往往能取得较好的效果。

（四）唾液及唾液斑

提取嫌疑人唾液方法是提供唾液者清水漱口后，让唾液自然流出 1~2ml，收集在洁净的试管或小烧杯内，水浴煮沸 5 分钟或冰冻保存，或将收集的唾液用纱布制成唾液斑。若提取唾液斑用于 DNA 分型，在采取唾液斑时，应注意提取颊黏膜上皮细胞。方法是让被提取人用清水漱口后将一 5cm×5cm 纱布或口腔取样拭子放入口中，待其被唾液浸透后，反复多次擦拭两侧颊黏膜后取出。

发现可疑、与案件有关的烟蒂均应用镊子提取。对可疑的用于堵嘴的手帕或衣物等均应整件提取，如有湿润部位应用彩色笔标出部位。大件衣物剪下可疑部位并取附近空白对照。对尸体或活体皮肤留有咬痕或可疑被舔吻部位，如乳头、口唇等可用浸湿的棉拭子或纱布擦拭，同时擦拭附近部位作为对照。可疑留有犯罪嫌疑人唾液的口杯茶具等均整件提取或用湿润棉拭子擦拭其边缘部位，同样取近处空白对照。含有唾液的信封口或邮票背面可疑遗留唾液斑时，对该信封和邮票整件提取。手帕、毛巾等均可留有使用者本人的唾液，涉案的手帕或毛巾整件提取。

（五）其他体液

遗留在衣物、被褥等各种织物上的可疑尿斑的提取法与遗留在相同载体上血痕的提取法相同，同时提取空白检材。提取阴道分泌物时，用消毒纱布或棉球擦拭阴道，提取内容物；被害人内裤可留有阴道分泌物斑迹，可整件提取内裤；被害人阴道内棉条或外阴部垫有棉纱物品可整件提取。提取活体内羊水，应由妇产科医师在有条件的医院实施羊膜腔穿刺手术提取。留在卫生纸上或手帕上的鼻涕斑及痰液斑整件提取，留在衣物上的鼻涕斑或痰液斑，可剪下带有空白的斑迹。现场上留下的呕吐物可取约 50 克装入洁净瓶内，尸检时取相同量的胃内容物。

（六）毛发、组织器官、脱落细胞

现场发现的毛发应分别提取、独立包装，并记录下提取部位。禁止多根毛发混装。提取毛发时，应用镊子小心提取，提取动作轻柔，避免将沾附在载体上的毛发拉断，也防止将毛发上的附着物擦掉。如果毛发在载体上沾附较紧，尽量将载体一同提取。在强奸案中从被害人身体上提取脱落毛发时，应提取被害人的血样作为比对样本。提取潮湿的毛发时，应先晾干后置于透气的纸质物证袋中，室温保存。对照毛发最好与检材毛发提取自同一部位，对照毛发应拔取带有完整毛囊的毛发 5~8 根。

离体的人体小块内脏、肌肉、皮肤或碎骨等均应整块提取。肌肉组织、脑组织、软骨组织、指甲等提取后应置于洁净容器内，密封后 −20℃ 保存。附有软组织的小骨片可连同软组织一并提取。附着在大块骨组织上的软组织可先将软组织剥离，与骨组织分别保存。大块骨组织应冷冻保存，或晾干后装入透气的纸箱（盒）中在干燥环境下保存，同时定期检查，防止霉变。对较多的白骨化骨骼，应全部提取。粘附有灰、土、油迹等物质的小块软组织应同时提取沾附的空白物对照。湿润的皮肤、肌肉、脏器碎块组织在提取后，在每块组织上取 0.5cm×0.5cm×0.5cm 大小的组织块 2~5 个，置 75% 乙醇中保存。

解剖女尸，发现或疑为早期妊娠，能清楚辨别胎儿和绒毛组织时，提取胎儿和绒毛组织；也可提取整个子宫，冰冻或置 75% 乙醇中。

易携带的可能附有人体脱落细胞的物品（如牙刷、剃须刀、褪毛器、牙签、饰物、内衣、手套、袜子等）可以整件提取；不易携带的可能附有人体细胞的物品（如棉衣、棉被等），可根据物品质地的不同，对重点部位采取吸附、黏附等方法提取后，置于透气的纸质物证袋中低温、干燥保存。对现场遗留的指纹、掌纹或案(事)件相关人员可能接触并留有脱落细胞的部位,在提取指纹、掌纹后,可用适当的载体转移提取。

(七)植物

收集到的植物检材应尽快送到实验室检验,观察细胞结构或提取 DNA 进行种属鉴别或同一认定。如材料不能马上进行检验,应保存在冷而湿的地方,例如在冰盒中。如有必要可以冷冻保存。如果没有条件,最好在无水 $CaSO_4$ 瓶中快速干燥。DNA 的提取应尽快进行,以防其降解。

知识拓展 13-1 ▶

用鲁米诺(Luminol)发现血痕

鲁米诺是用于血痕检验的一种预试验试剂。原理是血痕中的血红蛋白或正铁血红素具有的过氧化物酶活性,使过氧化氢分解成水和新生态氧,后者在碱性溶液中氧化鲁米诺而产生化学发光。0.1g 的 3-氨基-邻苯二甲酰肼和 5.0g 的碳酸钠加入 100ml 的去离子水即制成鲁米诺试剂,使用前加入 0.7g 的过硼酸钠。该试剂易氧化失效,必须临时配制,加适量的尿酸可减弱自身发光现象。向要检测的物体上喷洒鲁米诺试剂,可快速检测大面积的检材上是否有血痕。将试剂用喷雾器向可疑斑迹处喷雾,有血痕部位立即出现青白色发光现象,为阳性反应。本法特异性较好,对唾液、精液、尿液、乳汁、脓液及粪便均呈阴性反应。鲁米诺试剂可发现稀释至 1000 万倍的血痕,具有较高的灵敏度。喷洒过的样本必须在黑暗的环境中才能更加清晰地看到荧光,尤其适用于夜间或黑暗处较大范围内发现血痕。鲁米诺试剂检测对检材随后的 DNA 检测没有抑制作用。

第三节 检材包装、保存与送检

现场提取的法医物证检材,只要保存恰当,及时送检,一般可获得理想的结果。

一、检材包装和保存

提取物证检材后,对每件检材必须单独包装。包装(packaging)物应能保证检材在运送过程中避免互相摩擦、冲撞以及失落,防止易碎检材发生挤压和震动。避免送检过程中检材损失和交叉污染。法医物证检材的包装应结实、牢固,洁净,便于标写文字,可用各种规格的纸袋、塑料离心管、广口瓶等。斑痕置于纸袋中,而不宜放塑料袋中保存。血液置试管、塑料离心管中。组织块放置有 75% 乙醇的瓶中。每份检材/比对样本都应独立包装,密封并在封装条上签上封装人姓名。封装后,按要求分别标注案件编号,提取地点及时间,提取方法,样品名称,数量,保存方法,采集人等内容,贴在包装物上,书写字迹应工整,采用国家标准汉字。

对法医物证检材进行 DNA 检验,只要保存(preservation)恰当,微量检材都可获得理想的结果。毛发、斑迹类检材经干燥后,标记清楚,于室温阴凉干燥处或 −20℃保存。现场采取的血液、湿润的血痕、精斑、组织等检材,用洁净的容器密封盛放,血液应采取必要的抗凝措施,标记清楚,−20℃保存,并即时送实验室检验,若不能即时送检时,也可制成斑痕,经干燥后,装入纸袋中放置于阴凉干燥处或冰箱中。液体或湿润检材在采取后,尽快 −20℃冰冻保存。冷冻保存的检材,应避免反复冻融。冰冻是保存 DNA 检测样本的简单有效方法,但冰冻不能杀菌,解冻后,仍会出现微生物的快速繁殖。干燥能抑制微生物的生长繁殖,大部分检材均可制成干燥斑痕长期保存。将斑痕保存于 −20℃冰箱中效果更好。紫外线能较快降解 DNA,应避免检材存放于阳光直射的地方。甲醛水溶液浸泡过的组织,很难提取 DNA,一般可将组织块浸泡于 75% 乙醇溶液中保存。

低温存放各种检材,以冷冻效果为佳。检材提取后应有专人负责保存,物证检材袋应加密封口。保存区间应有必要的防火防盗措施,以确保检材安全。疑似有传染性疾病等危险性的检材应按相关规定保存。检材应在原办案单位保存到案件审理终结后 1~2 年。

二、检材送检

对提取的涉案法医物证检材，应当根据案件调查或举证需要及时送相应实验室检验鉴定。液体类检材、软组织等容易腐败的检材应冷藏送检（delivery）。斑迹类检材、毛发等检材常温送检。硬组织（骨组织、牙齿等）可冷藏送检或干燥后常温送检。所有检材送检时应进行适当的第二次包装，必要时可以使用国际生物危险标记。检材应有 2 人以上（含 2 人）送至检验单位，检材初次送至单位时封装条应完好，并在所有送检人同时在场的情况下进行检材的移交。送检人应持工作证，开具鉴定委托书。鉴定委托书内容主要包括：鉴定委托单位，送检人，送检物品清单，简要案情介绍，送检目的要求，发文日期与复函地址，联系人与联系电话等。采取对照样本（control sample）如犯罪嫌疑人、受害人的血液、唾液、毛发等，连同现场收集的样本送实验室检验鉴定。第二次鉴定或多次重复鉴定，应说明再次鉴定的原因，附送原鉴定报告书复印件。

三、检验程序和要求

实验室检验鉴定人员受理法医物证检材的检验鉴定后，应对其来源、名称、数量及性状进行详细的审查，如发现有异常情况，或与被告知的情况或提供的说明不符时，应及时向委托方询问、核实，做好记录和拍照固定并有委托方签字确认。鉴定人根据检材情况，结合自身经验和实验室条件，判断能否满足送检单位的检验鉴定目的。如果检材对于案件调查和举证具有关键作用，而检材量较少，委托鉴定内容项目又欠合理时，鉴定人应及时指出并告知风险，可提出进一步要求，或建议转送有条件的单位检验鉴定。

法医检材常是唯一的，相当部分是来自现场的微量检材，根据实验室条件，利用尽量少的检材获得尽可能多的信息对案件调查十分重要。检材量少，在检验中必需用完检材的，需明确告知送检人，得到送检人同意后，才能进行检验。对检测条件达不到检验的基本要求，可以不受理鉴定，或告知送检单位，检验鉴定不一定能获得理想结果。

鉴定人应根据检材情况，结合鉴定目的和内容，确定检验方案步骤。选择的检验方法应当准确、高效、灵敏。安排检测方法一般遵循非检材消耗性实验在前，检材消耗性实验在后，先进行简单预备试验，后进行复杂费时的实验。严格遵守标准检验程序和方法步骤，只在微量斑痕时可考虑省略某些步骤，如微量血痕检验，可对联苯胺实验阳性的样本直接进行 PCR-STR 复合扩增检测。检验中尽量节约检材，每个检材都应尽量留下足够多的备份并妥善保存，以备复验或再鉴定时使用。

承担检验鉴定的实验室应有完善的鉴定质量控制保障体系，包括人员、条件、设备、试剂的质量保证，严格的操作规范与标准化的实验流程等。以保证检验鉴定结果准确客观。实验室在接受检材后应及时完成检验鉴定工作；获得检验鉴定结果后出具鉴定文书，鉴定文书的形式包括鉴定意见书和检验报告。鉴定意见书指鉴定人对所委托的专门性问题进行分析、鉴别和判断后出具的记录和反映鉴定过程和鉴定意见的书面载体。出具鉴定意见书的基本条件是：提供的资料系统完整，送检材料齐全，实验条件（技术方法和设备）完备，能得出鉴定意见（认定或否定）。检验报告指鉴定人对所委托的检验对象进行检验后出具的报告书。出具检验报告书的基本条件是：通过检验特定检验对象后，不加任何分析说明，直接客观反映检查、测试所见或实验结果。实验室应根据科学的方法，对检验结果进行论证，并出具鉴定意见。当实验室采用群体遗传学计算作为检验结果的依据时，实验室所用的群体遗传学基础数据与突变频率应是公开发表，并会正确应用，能够保证这些数据的有效性并确定其符合实验室的技术需求。鉴定文书一般包括以下要素：标题，鉴定文书的唯一性编号和每一页的标志，委托鉴定单位名称，送检人姓名，鉴定机构受理鉴定委托的日期，与鉴定有关的案（事）件情况摘要，检材和样本的描述，鉴定要求，鉴定开始日期，必要时应包括实施鉴定的地点，鉴定过程和检验方法，必要的论证，鉴定意见，鉴定人的姓名、技术职务或者技术资格、签名，鉴定单位公章，完成鉴定文书的日期，必要的附件，鉴定机构必要的声明。每例鉴定的鉴定报告书须有 2 名或 2 名以上鉴定人及其亲笔签名。送检检材应及时退还送检单位,由送检单位妥善保存。

知识链接 13-1 ▶

"海尔布隆幽灵"正确提取和包装法医物证检材的重要性

"海尔布隆幽灵"曾被欧洲警方视为 16 年来最神秘的连环杀手之一:她是一名年轻女性,在德国南部、奥地利及法国频繁作案,且在犯罪现场无一例外地留下了自己的 DNA 信息。为将其抓捕归案,德、奥、法警方耗费了大量人力、财力,却总是一无所获。然而,据德国《明镜》周刊报道,所谓的"海尔布隆幽灵"极可能不存在。导致警方错误判断的原因可能是,在犯罪现场提取 DNA 信息时使用的棉签遭到了"污染"——"海尔布隆幽灵"的 DNA 可能属于棉签生产厂家某个"粗心"的女工。这批棉签可能在生产过程中沾染了某个"粗心"女工的皮屑、汗水等,从而附带了其 DNA 信息;警方使用这批棉签在犯罪现场提取 DNA 样本,便将该女工的 DNA 信息当成了犯罪嫌疑人的 DNA。

本章小结

物证检材搜寻原则:全面、充分、仔细。注意事项:改善照明条件,配备便携式照明工具并做好详细记录后,方可移动和提取检材。物证检材提取基本原则:严格遵守相关的法律,保证质量不变和必要的数量(不损失、不污染、不破坏)。注意事项:①在提取物证前,必须详细记录,使能显示物证的原始状态和原来的位置;②检材提取者必须戴手套(禁止用手直接触摸检材)、持洁净器具提取;③根据检材附着物的特点:小件易携带物品整件提取,大件不易携带物品,提取检材附着的部分;④不同部位的检材应分别提取,并应逐个作好详细记录和标签;⑤各种载体上提取检材的同时,必须提取检材附近的材料做空白对照。物证检材提取包装要求:每件检材要单独包装并做好标记,避免送检过程中检材的损失和交叉污染,使用透气的纸质物证袋,切忌用塑料袋包装。物证检材保存原则:①根据检材种类和检验项目的不同,选择合适的保存方法;②检材提取后应有专人负责保存;③检材的保存期限为案件审理终结后 1～2 年。遵循冷冻、干燥、避免紫外线的照射、组织块浸泡于 75% 乙醇中的保存方法。物证检材基本要求:①检材要及时送检、防止检材腐败变质;②同时送检必要的对照检材。

关键术语

提取(extraction)
保存(preservation)
包装(packaging)
送检(delivery)
对照样本(control sample)
比对样本(reference sample)

(李英碧)

讨论题

1. 为什么从各种载体上提取检材均应提取检材附近材料作空白对照?
2. 法医物证检材的主要特点是什么?
3. 提取脱落细胞检材的注意事项是什么?
4. 斑痕为什么不能放塑料袋中保存?
5. 物证检材基本要求是什么?

第十四章 血痕检验

学习目标

通过本章学习,应该**掌握**血痕的检验程序、常用检验方法的适用范围及检验意义,特别是预试验、确证试验、种属鉴定和个体识别。**熟悉**血痕的特点及可提供的其他信息,如出血部位、出血时间及血痕的形态学意义。**了解**血痕检验的新进展和新方法。

血液在体外干燥后形成的斑迹称为血痕或血迹(bloodstains)。血痕检验是法医物证检验中最常遇到和最重要的项目。凡在凶杀、斗殴、抢劫、盗窃、碎尸、灾害事故等现场,致伤物、受害人与嫌疑人的衣服上发现的可疑血液或血痕均要进行检验。

第一节 概 述

血痕是最常见的物证检材。血痕的存在,多数情况下表示有人受伤。在伤害或凶杀案件的现场以及相关的物品上大多数都会遗留下血痕。根据现场血痕的分布、形状等情况,可以推断案件的性质,分析案件属于他杀、自杀或者是灾害事故。在凶杀案件中,现场血液或血痕可提示被害人死亡原因、案件发生的时间和地点,可以分析罪犯和被害人之间的相互位置关系,有无搏斗过程等重要线索。犯罪嫌疑人身上、可疑凶器和其他物体上沾有被害人的血液,常为重要物证。因为搏斗或越墙、爬窗、破门时受伤,在现场和被害人的身上可能遗留罪犯的血痕,对案件的侦破极为重要。

一、血痕的特点

血液在一个健康人约占体重的 8%,血液是非牛顿液体,即随着剪切力的变化,其黏度发生改变。血液离开身体后,受到重力、血液黏度和表面张力的影响。血痕的形态取决于出血的部位,打击的方式和力度等。血液一旦离开人体,就面临外界物理、化学以及生物学因素的作用和影响。血液的降解、污染和腐败过程十分迅速。离开机体的时间越长,血液成分的改变越大。尤其是大分子的抗原蛋白质和 DNA 破坏会增加血痕个体识别的难度。所以血痕的检验方法比临床检验复杂,比新鲜血液检验更加困难。血痕越陈旧,检验的阳性率越低。因此及时发现和提取血痕,及时检验极为重要。

二、血痕检验的目的及基本程序

血痕检验需要解决以下问题:①提取和送检的可疑斑痕是否是血痕;②血痕是人血还是动物血;③确定人血后,检测血液的遗传标记,进行个体识别;④其他检验,如血痕的性别、出血量、出血时间及出血部位推断等。

血痕检验的基本程序为:①肉眼检查;②预试验;③确证试验;④种属鉴定;⑤遗传标记测定;⑥其他检验等(图 14-1)。

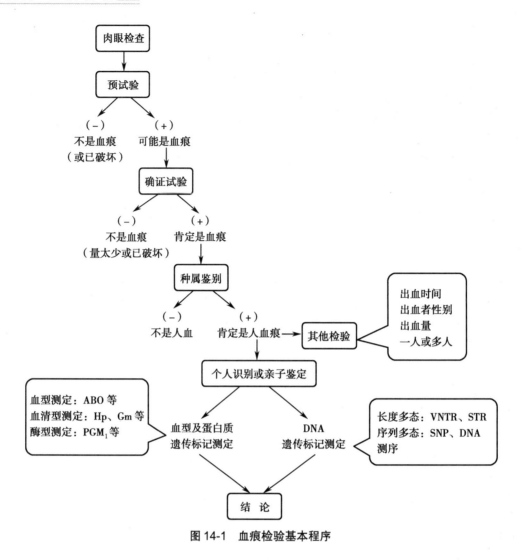

图 14-1 血痕检验基本程序

第二节 肉眼检查

主要观察血痕的分布范围、数量、形态、位置、色泽以及血痕同周围其他物品的关系等。现场的血痕可因雨淋、日晒而变淡，凶器上或衣服上的血痕又可被洗涤而难以辨认。另一方面，许多有色物质，如油漆、颜料、酱料、泥土等又可在衣物上形成暗褐色斑痕，易与血痕混淆。深色衣物上的血痕易被疏忽遗漏，因此必须在现场仔细寻找，认真观察可疑斑痕。对可疑血痕存在的部位、颜色、形态及范围等必须详细记录、绘图、照相或录像。

一、血痕的部位

现场勘察主要是观察血痕分布的位置、数量以及血痕存在的部位。在室内要仔细检查地面、墙面、门窗、家具、蚊帐、被单、枕套、席子、床板以及其他物品，注意在砖缝、锁扣、门栓等处隐藏部位寻找，应检查水龙头、水勺、面盆、水缸、毛巾上的可疑血痕。尤其在动过的人及物品现场，注意冲洗后遗留下的微量血迹或血印痕。在室外，血痕可沾附在树叶、草叶上，呈有光泽的暗红色斑，易辨认。若血液渗入泥土中，则难以辨别，此时应将可疑斑痕连同周边无斑痕处的泥土整块取出送检。检查伤者、死者或犯罪嫌疑人时应注意观察不易发觉或难以清除的部位，如毛巾上、指甲缝里、衣服皱褶、衣袋袖口、纽扣孔、鞋边等。

二、血痕的颜色

正常人血液在体外 3～15 分钟内完成血痕的凝结过程。新鲜血痕的颜色呈暗红色,有光泽。随着时间的推移,血痕的外层会先干燥,一般在 1 小时内全部干燥,血泊和流注样血液的下端干燥时间可延长。随后血痕逐渐变暗红色、褐色或灰褐色。在非日光直接照射下,放置数周至月余的血痕,可保持红色至红褐色,数年变为褐色至灰褐色。在弱阳光下,数周后成灰色。在阳光直射下,数小时成灰色。根据血痕干燥程度和颜色,可以大概推测血痕经过时间。

三、血痕的形状

血滴的形成取决于血滴受到的重力、血滴的内聚力即黏度、形成血滴载体的表面张力的影响。血滴形成后可看作球形。血滴形成的载体决定了血滴的体积。血滴在体外的运动受到重力、空气阻力、飞行距离等因素影响。滴落的距离越大,终末速度也越大,形成的血滴的面积也越大。除此之外,血滴初始速度和运动方向以及靶面的性质也直接影响血痕的形态和分布状态。靶面性质远比滴落距离影响更大:粗糙有孔的表面如混凝土和织布等,即使很小的距离也足以破坏血滴的表面张力,使血滴外周形成多刺的边缘和外围溅洒的小血滴。而瓷砖,玻璃等光滑的表面使得血滴成边缘光滑的圆形,无论滴落距离的大小,血滴的表面张力和黏度可抵御破裂,形成均匀的圆形血迹。滴落血痕撞击到斜面时,与滴落角度相关,角度越小,椭圆形的长宽比越大。当受伤者出血时疾走或奔跑中滴落的血滴为一边呈锯齿状的圆形或椭圆形血滴,锯齿状边缘的方向为伤者行走的方向。动脉受伤,形成喷射溅状血痕;大量血液喷射到墙上可形成流注状血痕。静脉出血时,往往出现流注状血痕。此外还有擦拭状血痕、血印痕、血泊等。当不同类型血痕混合时,需要判断血痕形成的先后顺序,可以从血痕风干时间和形成时间等判断。

知识链接 14-1 ▶

血痕的形态学分析

对血痕进行形态学分类并正确分析其形成过程是法医现场检验的重要任务。形态学分析可以推断血痕形成的方式、出血部位、受害人位置及血痕形成的距离和角度。对推断致伤物、分析案件性质、死因判定等有重要帮助。血滴在体外的飞行规律和最终形态符合物理定律。经过简化处理可以用来分析血痕的投射角度和血源点的查找,有助于重建现场。血痕的形态受以下因素影响:血量、受力的大小和方向、飞行的距离和轨迹、血滴的大小、靶面的性质以及血痕形成是否有阻挡物、是否曾遭到改变等。血痕形态学分析已经成为一个专门的学科。血痕的形态学分类尚无统一标准。按照血痕形成时的受力状态和有无二次改变可将其分为被动血痕、溅洒血痕和改变的血痕等。有些血痕的形态学分类得到公认:如被动血痕中的滴落血迹、血泊、流柱样血痕等;受到外力(如钝器和锐器伤、枪击、动脉破裂、咳嗽等)作用形成的喷溅血迹等;二次改变包括苍蝇或者吸血昆虫导致的血痕变化。部分血痕形态命名则有争议,如按照与血源点碰撞速度分类的低速、中速、高速碰撞飞溅血痕等。国际血痕分析协会(International Association of Bloodstain Pattern Analysts,IABPA 网址 www.iabpa.org)致力于血痕形态分析的培训和研究工作。

四、血痕的范围

血痕的范围一般取决于出血量,但有时因混有尿液、唾液等使血痕范围扩大。由于雨雪天气、清洗衣物和现场等造成血液的稀释。根据血痕的大小可估计出血量。出血量常与死亡及受伤后存活时间等有关。详细的肉眼检查可发现许多重要的线索。在实验室对送检血痕还要进行仔细的肉眼检查,因为有良好的光线和附加设备,可能找到在现场未发现的新斑痕,获得新线索。

必须强调,肉眼检查以及后续的所有实验室检查,不能用手触摸检材,以免检查者自己手上的汗液造成交叉污染,使实验结果的解释复杂化。

第三节 血痕预试验

预实验(preliminary test, presumptive test)是一种筛选试验,目的是要从大量的可疑血痕中筛除不是血痕的检材。很多斑痕外观上与血痕相似,如油漆、酱油、染料、铁锈、蔬菜和果汁斑。通过预试验,可排除这类非血痕检材。几乎所有的血痕预试验,均具有灵敏度高、操作简便、快速的特点。预试验的方法很多,多数是测定血痕中血红蛋白或其衍生物的过氧化酶活性,达到筛查血痕的目的。因为过氧化酶在自然界广泛存在,因此预试验阳性反应仅表示可能是血,而不能肯定是血。血痕预试验的意义在于阴性结果,阴性结果可以否定血痕。

一、联苯胺试验

联苯胺试验(benzidine test)是 1904 年 Adler 建立的一种检测大便隐血的实验方法,是最常用的血痕预试验方法。

原理:利用血痕中的血红蛋白或正铁血红素的过氧化物酶活性,使过氧化氢分解并释放出新生态氧,将无色的联苯胺氧化成蓝色的联苯胺蓝(图 14-2)。

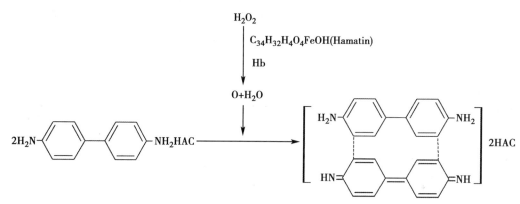

图 14-2 联苯胺试验原理

方法:剪取或刮取微量检材置于白瓷板上,或用滤纸轻擦斑痕。依次滴加冰醋酸、联苯胺无水乙醇饱和液各 1 滴。1～2 分钟后无蓝色反应,再加 3% 过氧化氢 1 滴,立即出现蓝色为阳性反应。若不出现蓝色,为阴性反应。

联苯胺试验最大的特点是灵敏度高,血液经过稀释 50 万倍,试验仍可能呈阳性结果。所以联苯胺试验阴性结果可以否定是血痕检材。联苯胺试验有两类干扰物质,一是氧化剂,例如高锰酸钾、重铬酸钾、铁锈和镍盐等,能直接将联苯胺氧化为联苯胺蓝,呈现蓝色反应。但氧化剂造成的蓝色反应出现在未加过氧化氢之前,所以要求实验时必须按上述次序滴加试剂。例如铁锈的痕迹,按照 H_2O_2 和联苯胺的顺序加入就可以立即呈现翠蓝色,结果看似阳性,但是按照冰醋酸、联苯胺和 H_2O_2 的顺序加入,则见不到蓝色反应。另一类干扰物质是生物源性物质如某些植物、蔬菜、水果等,本身含有过氧化酶使试验出现阳性反应。人体液如脓液、鼻涕或有些组织浸液,细菌如大肠杆菌等也含有过氧化物酶或具有过氧化酶活性的物质,亦能使联苯胺试验呈阳性。例如土豆,洋葱等,即可呈现阳性结果,只是出现时间较迟。因此阳性结果只能说明检材可能是血痕,不能肯定为血痕。所以,联苯胺试验的意义在于阴性结果,阴性可以否定血痕,除非血痕中的血红蛋白或其衍生物已经彻底被破坏。如果真是血痕,联苯胺试验阴性,说明血痕已经彻底破坏,后续的所有检测已经失去检测条件。

联苯胺能够破坏血痕，不能再进行后面的检测，因此试验时不要将试剂直接滴在衣服或其他检材的斑痕上。联苯胺是致癌物，检测时应加强自我防护。

二、其他预试验

（一）酚酞试验

酚酞试验（phenolphthalein test，Kastle-Meyer test）的原理与联苯胺试验相同，新生态氧使还原酚酞氧化为酚酞，在碱性溶液中酚酞呈桃红色或红色。操作方法同上。本法灵敏度不及联苯胺试验，同样缺乏特异性。但酚酞试剂无毒、安全。

（二）鲁米诺试验（luminol test）

鲁米诺化学名为 3- 氨基苯二甲酰肼，也称作发光氨，是近年来应用较多的血痕预实验试剂。

原理：鲁米诺的碱性溶液在过氧化氢存在下与血红素或血卟啉环内的铁离子反应发出强荧光。

方法：鲁米诺 0.1g，无水碳酸钠 5g，30% 过氧化氢 15ml，加蒸馏水至 100ml。因为这种溶液有弱的自发荧光，可加入 0.2% 的尿酸抑制发光。在暗室中把试剂喷到可疑血痕部位，如是血痕则发出蓝白色至黄绿色荧光，干燥、分解和陈旧血痕比新鲜血液发出更强的荧光。此试验在黑暗的大面积现场检查时最为适用，广泛用于寻找潜在血迹和清洗过的血迹。发光氨对于血液有特异性，对于血清、胆汁、唾液、脓液、精斑、尿液等均不反应。可与马铃薯汁、金属和清洗剂（次氯酸）发生反应。

洗涤剂中的次氯酸钠是强氧化剂，可氧化碱性的鲁米诺而产生荧光干扰，可用加入 0.1M 的乙二胺至鲁米诺喷剂中，使之与氯酸盐快速反应形成氯胺，抑制氯酸盐引起的荧光。也可以加入甘氨酸抑制氯酸盐。

使用发光氨不会干扰血痕的联苯胺试验、酚酞试验，对于血痕的确证试验，种属试验、ABO 血型测定和 DNA 分型等后继分析也不产生影响，但会影响到酶型分析。

发光氨试剂对眼睛、皮肤、呼吸道有刺激作用，使用时建议佩戴防护镜和安全面具。

第四节　血痕确证试验

确证试验（conclusive test）的目的是要确证检材是否为血，主要依据是检测检材中是否含有血红蛋白或其衍生物。阳性结果可确证检材为血痕。但是确证试验灵敏度一般都不太高，检材有真菌生长、细菌污染、或经过洗涤、雨淋、日晒后，确证试验往往呈阴性反应。因此确证试验阴性结果时，可继续作种属试验，因为常规的抗人血红蛋白血清沉淀反应的灵敏度比确证试验高。防止因确证实验的灵敏度低而漏检了血痕。

一、血色原结晶试验

原理：血色原结晶试验又称高山结晶试验（Takayama crystal test）。血红蛋白在碱性溶液中分解为正铁血红素和变性珠蛋白。在还原剂作用下，正铁血红素还原为血红素，同变性珠蛋白和其他含氮化合物（如吡啶、氨基酸等）结合形成血色原结晶。

血色原结晶试验的试剂又称高山试剂，由 10% 氢氧化钠 3ml，30% 葡萄糖 10ml，吡啶 3ml 混合组成。

方法：剪取或刮取少量检材，置载玻片上，用针分离成细纤维，盖上盖玻片，加 1～2 滴高山试剂，室温下静置 10 分钟后镜检。出现樱桃红色星状、菊花状或针状结晶，即为阳性。不出现结晶，为阴性反应。

血色原结晶试验最大的特点是特异性好，目前未发现任何其他物质，经过同样处理，能形成该樱桃红色结晶。凡试验阳性可以肯定是血痕，所以血色原结晶试验的意义在阳性结果。试验的缺陷是灵敏度低，血液经过稀释 200 倍就难以得到典型的血色原结晶，阴性结果没有意义。经过水洗，雨淋或变性、腐败、陈旧的血痕阳性率低。

高山试剂久置易失效，每次试验时应强调作已知血痕的阳性对照。结晶形成的速度和结晶的形态大小与血液浓度有关。

二、氯化血红素结晶试验

原理：氯化血红素结晶试验（Teichmann crystal test）。血红蛋白受酸性作用，分解产生正铁血红素，其与氯离子反应成氯化血红素结晶，游离氯离子由醋酸和氯化钠作用而产生（图14-3）。

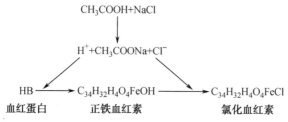

图 14-3 氯化血红素结晶试验反应式

方法：取检材少许置玻片上，分离成纤维状。加氯化钠少许，用玻棒压碎并与检材混合，盖上盖玻片，滴加冰醋酸 1~2 滴，在酒精灯上微加热，至出现 1~2 个小气泡时即移开，待冷却后镜检。有褐色菱形或针状结晶为阳性反应。阳性可确证为血痕。氯化血红素结晶试验的意义及注意事项与血色原结晶试验相同，试验的特异性好，但灵敏度低。

三、吸收光谱检查

有色物质能吸收一定波长的光线，日光经过被检测物质，其中某些特定波长的光线被吸收，光谱上便出现黑色吸收线条。血液中主要成分血红蛋白及其衍生物均为有色物质，对光线具有很强的选择性吸收能力（表14-1）。根据这种特性在分光镜下检查有无特定的吸收线，可确证检材是否是血痕。

表 14-1 血痕中血红蛋白及其衍生物的吸收光谱

化合物名称	主要吸收峰波长（nm）			
氧合血红蛋白（HbO_2）		578	540	
还原血红蛋白（Hb）		556		430
碳氧血红蛋白（HbCo）		572	540	
亚铁血红素		575	550	
硫化血红蛋白（SHb）	620			
酸性正铁血红蛋白	630	578	540	
碱性正铁血红蛋白	610	578	540	
血色原		555		530
氰血色原		540		

该实验具有操作简便、可靠等优点。检查时若发现有氰化正铁血红蛋白、碳氧血红蛋白的吸收光谱，提示出血者有氰化物、一氧化碳中毒。

第五节 种属鉴定

当可疑斑痕确定为血痕后，应确定其种属来源，明确血痕是人血还是动物血，必要时还需确定是哪种动物血。血痕的种属试验是血痕鉴定的一个关键，因为动物血中含有某些与人血液遗传标记类似的物质,如 A 及 B 抗原,若不进行种属鉴定,直接测定血痕的 ABO 血型,可误将动物血判断为人血,造成错案。即使采用 DNA 分析作个人识别,仍必须确定血痕是人血后才能做 DNA 分型检测。

血痕种属鉴定有许多方法,包括血清学方法、细胞学方法、分子生物学方法及生物化学方法。以血清学的沉淀反应最为简便实用。

一、沉淀反应

沉淀反应(precipitation reaction)是一种经典的免疫反应。可溶性抗原与相应抗体发生特异性结合,当抗原抗体比例适合时可形成肉眼可见的抗原抗体复合物沉淀。

血痕浸出液中的可溶性蛋白抗原,称为沉淀原,抗人血清或抗人血红蛋白抗体称为沉淀素。抗原抗体比例适当是沉淀反应的关键。如果抗原过剩,不利于抗原抗体复合物之间交联,不易形成稳定的抗原抗体复合物晶格,不出现沉淀反应。如果抗体过剩,游离抗原决定簇迅速被大量的单个抗体分子结合,抗原抗体复合物之间也难交联形成大的抗原抗体复合物晶格,表现为弱沉淀反应。反应中抗原过剩的阻滞称为后滞,抗体过剩的阻滞称为前滞,后滞比前滞更为多见。因此,作沉淀反应时,通常稀释抗原而不稀释抗体,并以抗原的稀释度作为抗体的效价。

(一)抗血清制备

沉淀反应中的抗体可根据需要制备。血痕的种属鉴定常采用人的血红蛋白和人的血清蛋白免疫动物而获得相应的抗血清,即抗人血红蛋白血清和抗人血清蛋白血清。抗体的质量直接关系到种属鉴定的结果是否准确可靠,要求抗血清要效价高,至少在 1 万倍以上,与已知人血痕浸出液应在15 分钟内出现阳性反应。其次外观透明清澈,无细菌污染。抗体的特异性要求具有种属和器官特异性。

1. 种属特异性　指抗体只对某一物种的组织、细胞、血清、体液、或分泌液发生特异反应的特性,而对其他种属动物的蛋白均不发生反应。抗人血清蛋白抗体、抗人血红蛋白抗体都具有种属特异性。

2. 器官特异性　指抗体只对某一器官成分发生特异反应,与其他器官蛋白均不发生反应的特性。例如抗人血红蛋白血清既具有种属特异性,又具有器官特异性。与动物蛋白不发生反应,与人体除血液以外的其他任何组织也不发生反应。

3. 交叉反应　抗体除与诱发其产生的相应抗原发生反应外,与其他的抗原也发生交叉反应。产生交叉反应的原因是:①人与动物血清蛋白有共同的抗原。人血清中含有上千种蛋白,与其他动物血清蛋白具有共同抗原,包括类属抗原和异嗜性抗原,故用人的血清蛋白免疫动物而得到的抗体是多价、多克隆抗体,因此会出现交叉反应。②人与有些动物血红蛋白分子结构差异小。如恒河猴的血红蛋白与人的血红蛋白只相差 12 个氨基酸,其中 α 链相差 4 个,β 链相差 8 个。因此,用人的血红蛋白免疫动物而得到的抗体也有不同程度的交叉反应。

常见的交叉反应包括近亲反应和类属反应。前者是指发生在近亲动物抗原之间的交叉反应,如在人类与黑猩猩、猿、猴之间;后者是指抗血清与抗原亲缘关系较远的其他动物蛋白发生的交叉反应。如在人与牛、马、羊等之间。抗血清的交叉反应可采取以下方法加以减弱或消除:①用吸收法除去交叉反应性抗体。用不同动物血清吸收粗制抗人血清后,抗血清的特异性不同程度地提高,但抗血清的效价会下降;②稀释抗原。将抗原溶液稀释 500～10 000 倍,可以消除非特异性交叉反应。因为一般非特异性抗原,经过稀释 50～200 倍后,很难出现沉淀反应。通常类属反应容易消除,近亲反应难以消除。做实验结果解释时应当注意。

(二)血痕浸出液的制备

1. 血痕浸出液的制备取血痕检材 0.5cm²,剪碎置试管内,加 0.5ml 生理盐水,浸泡血痕 2～12 小时。血痕浸出液的基本要求是澄清,透亮,淡稻草黄色。离心沉淀,吸取上清作沉淀反应。陈旧血痕的蛋白不易溶解,可适当延长浸泡时间。

2. 为避免抗原过剩,应稀释血痕浸出液,要求浸出液中的蛋白含量在 0.1% 以下。浸出液中的蛋白含量可粗略测定:①观察浸出液的颜色,如呈淡稻草黄色相当于1/1000;②猛烈震荡试管内的浸出液,若产生的气泡能维持数10秒,蛋白浓度约为1/1000。

(三)影响沉淀反应的因素

凡能影响抗原抗体反应的各种因素均会影响沉淀反应,如温度、pH、离子强度、抗原抗体的浓度和比例等。抗原本身受多种因素影响,如腐败使蛋白变性分解,血痕被水漂洗等,沉淀反应阳性率下降,会出现假阴性。残留在检材上的肥皂或洗衣粉等可与抗血清产生絮状沉淀。血痕基质中的化学物质如制革的鞣酸等也会引起假阳性沉淀环。

(四)环状沉淀反应

环状沉淀反应(ring precipitation)可溶性抗原与相应抗体相遇且比例合适时,形成抗原抗体复合物,在抗原与抗血清的界面出现可见的白色沉淀环(图14-4)。

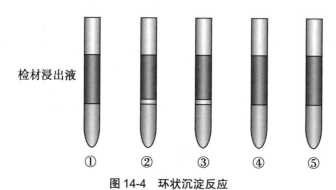

检材浸出液

① ② ③ ④ ⑤

图 14-4　环状沉淀反应

上层:检材浸出液:①②已知人血痕;③检材血痕部分;④检材无血痕部分;⑤已知动物血痕
下层:①兔血清;②③④⑤兔抗人血红蛋白血清
结果与解释:沉淀环出现在②、③两管检材浸出液与抗人血红蛋白血清交界处
①阴性对照正确;②阳性对照正确;③检材是人血痕;④空白对照正确;⑤阴性对照正确

方法:反应管中加入抗血清,将血痕浸出液用毛细吸管层叠于抗血清的上面,保持两液界面清晰,室温静置1小时内观察结果。若两液接触面出现白色沉淀环为阳性反应,无沉淀环为阴性反应。试验必须设置已知人血痕浸出液阳性对照,检材无血痕部位的浸出液、生理盐水及常见动物血痕浸出液等阴性对照。

二、抗人血红蛋白胶体金试验

胶体金法是一种免疫层析技术,用该技术进行种属试验,具有灵敏度高、操作简便的特点。

原理:胶体金由金化合物制备而成,带负电荷,可作为抗体染料结合物。胶体金将抗体免疫球蛋白吸附在表面,形成一种标记了该种免疫球蛋白的"探针",用此"探针"可以结合相对应的抗原。此种由抗体标记后的胶体金称为免疫胶体金。胶体金颗粒自身呈红色,当免疫胶体金颗粒结合对应的抗原后,再与抗原相应的抗体结合,免疫胶体金颗粒便被滞留而富集,出现肉眼可见的红色,据此判断阳性或阴性的结果。

免疫层析胶体金试剂条是将所有反应物均固定在硝酸纤维素膜上,反应利用膜的毛细作用原理。试剂条分为加样区、反应区和吸附区三部分。加样区贴有一层有免疫胶体金颗粒的玻璃纤维膜。反应区有两条反应线:一条为检测线,包被有检测抗原的抗体,如抗人Hb抗体;一条为质控线,包被有抗免疫球蛋白抗体,能检测标记胶体金的免疫球蛋白抗体。吸附区将加样区和反应区层析扩展上来的剩余免疫胶体金颗粒吸附于其中,以提供层析的动力。

方法:取少量血痕样本用蒸馏水浸泡,使浸泡液微带黄色。取出试纸条,在加样区(S)加3~5滴浸出液或将试纸条的加样区(S)浸于待检样本的浸泡液中5~10秒,静置3~5分钟观察结果:反应区中的检测线和质控线出现两条红色区带为阳性结果。只有质控线显现红色区带为阴性结果,无带出现表明可能操作失误或试纸条失效,应重复测试(图 14-5)。

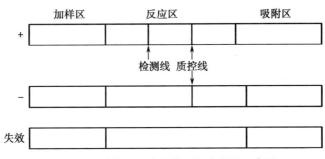

图 14-5　胶体金一步法检测血痕结果示意图

+为阳性结果;-为阴性结果

三、DNA 检验

(一)根据 Alu 序列作种属鉴定

哺乳类动物细胞 DNA 有一中度重复序列,重复单位长约 300bp。其中在 170bp 附近有限制性内切酶 Alu 切割的 AGCT 序列,命名为"Alu"家族。Alu 序列为人和灵长类所特有,具有种属特异性。对血痕检材用 PCR 扩增 Alu 家族进行检测,可作为种属鉴定。检测方法有斑点杂交及 PCR 扩增后电泳检测两种方法。

引物序列:Alu 9.1　5′-GGC ACT TTG GGA GGC CAA GG-3′

Alu 9.2　5′-TAC AAG CTT GTG CCA CCA TGC CCA AC-3′

在反应体系中,含有 10～100ng 模板 DNA,0.2μmol/L 两种引物,200μmol/L dNTPs,1μl Taq DNA 聚合酶,50mmol/L MgCl$_2$,10mmol/L Tris-Hcl。扩增产物在 2% 琼脂糖凝胶中电泳,可获得 DNA 长度为 130bp 的特异性条带。牛、大鼠、蛙、鲫鱼等的扩增片段大于 130bp,且扩增产量非常少。除猴血外,其他动物均无扩增产物。

(二)根据 28S rRNA 序列鉴定种属

人类 rRNA 由 60S 和 40S 大小的两个亚基构成,其中 60S 又由 28S、5.8S 和 5S 三个亚基组成。大部分 28S rRNA 编码序列的区域进化缓慢,相对保守,但保守区中的可变区进化较快,种属之间差异较大。针对这一区域进行 PCR 扩增,可获得人和动物有差异的特异性片段。

引物 A:5′-ATC TAG TAG CTG GTT CCC TC-3′

引物 B:5′-CCT CTA ATC ATT CGC TTT AC-3′

经 PCR 扩增,电泳检测,人类 DNA 扩增片段为 108、104、101 及 99bp,主要产物为 99bp,不同动物 PCR 扩增产物长度不同。

(三)细胞色素 b 基因序列进行种属鉴别

细胞色素 b 基因位于 mtDNA 上,是一个具有种属差异的遗传标记,几乎所有的生物检材都可检验。由于 mtDNA 拷贝数远多于核 DNA,检测的灵敏度较高。人和其他哺乳动物的细胞色素 b 基因片段均存在 Alu I 酶切位点,但酶切片段大小不同,可区分人与其他哺乳动物。

引物序列:引物 1:5′-CAT CGA CCT TCC AGC CCC ATC AAA CAT-3′

引物 2:5′-TGT TCT ACT GGT TGG CCT CCA ATT CA-3′

PCR 扩增产物经琼脂糖凝胶检测,可见一条 981bp 长的 DNA 片段。扩增产物用两种限制酶切割 (Alu I、Nco I),酶解产物用 6% 变性聚丙烯酰胺凝胶电泳分离,用银染色方法显现酶解片段。人类与动物酶切片段大小不同。

第六节 血痕的个人识别

检材确证为人血后,应测定血痕中的遗传标记进行个人识别。

选择血液遗传标记应遵循以下原则:①具有良好的遗传多态性;②较稳定;③检测方法已标准化、简便快速、结果重复性好。目前检测血痕遗传标记的主要障碍是血痕质量问题,当检材保存不当或被水浸,其中的蛋白质和 DNA 严重降解,遗传标记被破坏;或有大量真菌或细菌生长,会丧失分型检测的条件。

一、血痕的血型测定

ABO 血型抗原对高温、腐败有相当的耐受性,而且抗原性很强、稳定,可以在血痕中保存相当长时间。ABO 血型物质不仅红细胞上有,其他人体组织细胞也存在 ABO 抗原,这些特征在法医物证检材的个体识别中具有重要实际意义。ABO 血型是法医物证检验中个人识别的传统检测项目。

血痕红细胞血型测定方法与临床血型测定不同,常用方法有吸收试验,解离试验等,本节以 ABO 血型为例说明血痕血型检测的技术要点。

(一)吸收试验

吸收试验(absorption test)又称吸收 - 抑制试验(absorption-inhibition test)。

原理:血痕中 A、B、H 血型物质。能与相应的抗 -A、抗 -B、抗 H 抗体发生特异性的结合,使抗血清中的游离抗体减少或消失,不能再与相应的 A、B、O 型指示红细胞发生凝集反应。若血痕中无某种 ABH 抗原,则不能抑制抗血清中的相应抗体,抗体与相应的指示红细胞会发生凝集反应,其反应的强度没有变化(图 14-6)。根据抗血清在与血痕吸收反应前后的效价改变情况,可推断血痕所含的血型抗原种类,判断血痕的 ABO 血型。

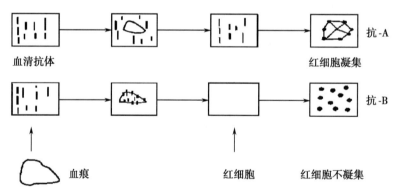

图 14-6 吸收试验示意图

方法:取血痕 3 块,大小 1cm×0.5cm,剪碎,置于试管中,分别加效价为 16~32 的抗 -A、抗 -B、抗 -H 血清各 0.1ml。与检材充分混合后,置 4℃冰箱吸收 12~24 小时。离心取上清液测定吸收后的抗体效价。以检材无血痕部分作为阴性对照,用已知人 A、B、O 型血痕作为阳性对照。

结果判断:检材无血痕部分吸收后抗体效价不降低,而待测血痕吸收后抗体效价比空白检材低3 级或 3 级以上为阳性。综合抗 -A、抗 -B 及抗 -H 血清试剂吸收的级数,判断血痕中所含的 ABH 抗原,确定血痕的 ABO 血型(表 14-2)。

吸收试验是测定血痕 ABO 血型抗原的经典方法,结果稳定可靠,但是要求检材量较多。检材太少,易出现假阴性结果。吸收试验的抗血清效价宜用 16~32,若检材量少和陈旧血痕,抗血清效价宜用 8~16。抗血清效价太高,可能被抗原吸收不全,导致假阴性。有些血痕基质对抗血清试剂有非特异性吸收作用,试验时必须取无血痕部位基质作对照。

表 14-2　吸收试验测定血痕的 ABO 血型

检材与对照		抗-A+A红细胞						抗-B+B红细胞						抗-H+O红细胞						血型判定
		2	4	8	16	32	64	2	4	8	16	32	64	2	4	8	16	32	64	
未吸收的抗血清		+	+	+	+	+	−	+	+	+	+	+	−	+	+	+	+	−	−	效价明确
已知 A 血痕		−	−	−	−	−	−	+	+	+	+	−	−	+	−	−	−	−	−	对照正确
已知 B 血痕		+	+	+	+	−	−	−	−	−	−	−	−	+	−	−	−	−	−	
已知 O 血痕		+	+	+	+	−	−	+	+	+	+	−	−	−	−	−	−	−	−	
检材 1	无血部位	+	+	+	+	−	−	+	+	+	+	−	−	+	+	+	+	−	−	O 型
	有血部位	+	+	+	+	−	−	+	+	+	+	−	−	−	−	−	−	−	−	
检材 2	无血部位	+	+	+	+	−	−	+	+	+	+	−	−	+	+	+	+	−	−	A 型
	有血部位	−	−	−	−	−	−	+	+	+	+	−	−	+	−	−	−	−	−	
检材 3	无血部位	+	+	+	+	−	−	+	+	+	+	−	−	+	+	+	+	−	−	B 型
	有血部位	+	+	+	+	−	−	−	−	−	−	−	−	+	−	−	−	−	−	
检材 4	无血部位	+	+	+	+	−	−	+	+	+	+	−	−	+	+	+	+	−	−	AB 型
	有血部位	−	−	−	−	−	−	−	−	−	−	−	−	+	−	−	−	−	−	

（二）解离试验

解离试验（elution test）又称吸收 - 解离试验（absorption-elution test）。

原理：血痕中的 A、B、H 抗原能与相应的抗 -A、抗 -B、抗 -H 抗体发生特异性的结合反应。这种特异性结合是可逆的，56℃加热后，血痕上抗原结合的抗体可以解离下来。用已知的 A、B 和 O 指示红细胞检测解离液中抗体。红细胞出现凝集者为解离试验阳性，红细胞不凝集者为解离试验阴性。综合反应结果，可判断血痕的 ABO 血型（图 14-7）。

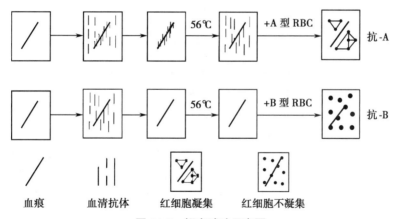

图 14-7　解离试验示意图

方法：剪取血痕纤维 3 段，长各 0.5cm，甲醇固定 10 分钟，挥干后分别置 3 支小试管中，分别加效价为 64 的抗 -A、抗 -B、抗 -H 血清，室温放置 30～60 分钟。生理盐水洗涤数次，分别加 0.1% 浓度的 A、B 和 O 指示红细胞悬液 1 滴，置于 56℃温箱 5～10 分钟后，除去血痕纤维，悬液稍离心，倾倒于载玻片上，镜检。镜下红细胞凝集者为阳性反应；不凝集者为阴性反应。以检材无血痕部分作为阴性对照，已知 A、B、O 型血痕作为阳性对照。只有当对照的结果正确时，才能对检材的结果作出判断（表 14-3）。

解离试验的特点是：①实验灵敏度高，检材用量少，适用微量血痕的血型测定；②实验所需时间较短，实验所需设备简单；③实验操作技术和经验要求较高，其中洗涤步骤是关键，洗多容易出假阴性;洗少容易出假阳性结果;④抗体效价应高于 64;⑤必须设置已知 A 和 B 型血痕对照。选择对照血痕时应注意与检材血痕浓度相当、时间相近、基质相同。

表 14-3 解离试验血痕的 ABO 血型判断

	检材				对照试验			
	Ⅰ	Ⅱ	Ⅲ	Ⅳ	无血检材	已知 A 型	已知 B 型	已知 O 型
抗 A 血清 +A 型红细胞	+	−	+	−	−	+	−	−
抗 B 血清 +B 型红细胞	−	+	+	−	−	−	+	−
抗 H 血清 +O 型红细胞	+	+	+	+	−	+	+	+
血型判断	A	B	AB	O	对照正确			

(三)血痕凝集素测定

原理:血痕的血清成分含有抗 -A、抗 -B 凝集素,用凝集原来测定血痕中的凝集素,也可以判断血痕的 ABO 血型。

方法:取血痕 3 块(0.2cm×0.2cm),分别置于标明 A、B、O 的三块载玻片上,按标记滴加 0.2% A、B、O 型红细胞悬液于各载玻片上,盖上盖玻片,使红细胞悬液弥散整个盖玻片。置室温湿盒 1 小时,镜检,观察血痕周围出现红细胞凝集为阳性反应,表明检材中含有与红细胞对应的抗体;不凝集为阴性反应。

血痕四周出现 A 型红细胞凝集时,表示血痕含有抗 -A 凝集素;与 B 型红细胞凝集时,表示含有抗 -B 凝集素。血痕中凝集素不如抗原稳定,室温下血痕凝集素保存时间大约 1 个月。较陈旧或水洗的淡泊血痕不易有阳性结果,所以凝集素测定的意义在阳性结果,阴性结果没有意义。

血痕的凝集素测定只能作为解离法判定血型的辅助检查和定型的参考,例如 O 型血痕解离法检测不出 A 和 B 物质,但凝集素测定同时检测出抗 -A 和抗 -B,可确定血痕为 O 型。

二、血痕的 DNA 分析

血痕的 DNA 分析目前已成为常规技术,技术的关键在于 DNA 的提取及定量。

从血痕中提取 DNA 的方法主要采用有机溶剂提取和 Chelex-100 提取方法。有机溶剂法提取的 DNA 纯度较高,基本提取步骤为:剪碎血痕,置于 1.5ml 离心管中,加 400μl 提取缓冲液(10mmol/L Tris,10mmol/L EDTA,10mmol/L NaCl,39mmol/L DTT,2% SDS)及 10μl 蛋白酶 K(20mg/ml),56℃ 过夜,加 500μl 酚 / 氯仿 / 异戊醇的混合液(25:24:1),抽提蛋白质,用冷乙醇沉淀 DNA,再用 70% 乙醇洗涤。吸去乙醇,沉淀干燥,再溶于 TE 缓冲液或无菌蒸馏水中。Chelex-100 提取方法比较简单,提取模板 DNA 纯度较差,仅适用于 PCR。血痕及其他法医物证检材中常有杂质存在,可抑制 PCR 扩增。常见的杂质有深色染料、苯胺染料及正铁血红素等。在 PCR 扩增反应液中加入小牛血清蛋白等,可消除血红蛋白衍生物、染色染料等的影响。现场收集的法医物证检材,可能污染有各类影响进一步 DNA 检测的物质,有时需要纯化模板 DNA,方法一般有:①氯仿、酚和异戊醇提取后的液相,再用饱和正丁醇水溶液提取一次,过滤纯化,用灭菌蒸馏水洗 3 次;②用离子交换色谱法纯化 DNA。纯化后只是去除了不能与 DNA 结合的杂质。

血痕也是 DNA 检材较好的储存形式之一。在实验室条件下,将新鲜血滴于带有计算机识别条码(barcode)的 FTA 卡上(一种可以结合并保护核酸免于降解的滤纸),以便于存放和管理。使用时用特制打孔器截取直径约 1.2mm 的血痕置于塑料试管中,用 FTA 纯化缓冲液洗涤三次,TE 漂洗两次,每次 5 分钟;然后加入 PCR 试剂扩增。由于该方法操作简便,无需进行 DNA 定量操作,因此适于实验室大规模自动化 DNA 样品检验。

血痕个人识别主要用 STR 基因座分型,其次为序列多态性如 mtDNA 的检测。

三、血痕的性别鉴定

测定血痕性别也是血痕个人识别的重要内容之一,常给案件侦查提供非常有价值的证据。一旦确定性别,即为个体识别提供了 50% 的否定率。判定血痕性别可检查 X 和 Y 染色质,也可测定性激素,或用 DNA 分析。前两种方法难免有误判,而后一种方法结果可靠,是目前主要鉴别血痕性别的方法。DNA 分析包括:Y 染色体特异性探针杂交技术、Y 染色体特异性酶切片段、PCR 扩增 Y 染色体特异性片段、PCR 扩增 X、Y 染色体特异性片段等。目前主要采用同时扩增 X、Y 两条染色体的特异性片段、Y 染色体特异性片段。

(一)牙釉基因(amelogenin,AMG)

牙釉基因位于 X 染色体 Xp22,编码牙原基质牙釉质蛋白,故名牙釉基因。在人 Y 染色体中心粒附近有一类牙釉基因(amelogenin-like AMGL),与牙釉基因的碱基序列有 90% 的同源性。用一对特异性引物可同时扩增 AMG 和 AMGL 序列片段,X 特异性片段长 977bp,Y 特异性片段长 788bp。

引物:AMXY-1F 5′-CTG ATG CTT GGC CTC AAG CCT GTG-3′

AMXY-2F 5′-TAA AGA GAT TCA TTA ACT TGA CTG-3′

扩增后男性可得到 977bp 和 788bp 两条带;女性只观察到 977bp 一条带。此法只需一对引物,使性别检验可靠、方便、快速。但是其扩增产物较长,不适合腐败血痕、过于陈旧血痕的性别鉴定。通过设计引物,缩短引物间距,扩增出更短的片段,可以克服此类缺点。

(二)ZFY/ZFX 基因

ZFY 基因位于 Y 染色体短臂,它编码一种锌指状蛋白;ZFX 基因位于 X 染色体上,与 ZFY 基因有同源序列。设计三个引物同时扩增 Y 染色体及 X 染色体特异性的 ZFY 基因和 ZFX 基因的 DNA 片段来确定性别。位于 Y 染色体的 ZFY 基因片段长 340bp,位于 X 染色体的 ZFX 基因片段长 488bp。因此女性只有一条 488bp 的谱带,男性有 340bp 和 488bp 两条谱带。

引物序列:

ZFXY 5′-ATT TGT TCT AAG TGC CAT ATT CTC T-3′

此引物为 ZFX 和 ZFY 基因二者同源序列通用的引物。

ZFY3 5′-CAT CAG CTG AAG CTT GAT GAC ACA CT-3′

此引物为 ZFY 基因 3′ 端特异 DNA 序列。

ZFX3 5′-AGA CAC ACC TAC TGA GCA AAA TGT ATA-3′

此引物为 ZFX 基因 3′ 端特异 DNA 序列。

该方法用三个引物在同一体系中一次检验 X、Y 两条性染色体。结果准确、无假阴性。

(三)扩增 Y 染色体特异 DNA 片段

针对 Y 染色体特异性片段设计的鉴定性别的引物有数对。由于为 Y 染色体特有,必须同时扩增男女共有的片段作为对照,故常用人类 Alu 片段作对照。Alu 片段长度为 130bp,扩增结果:男性具有 Y 染色体特异扩增条带和 Alu 带;女性只有 Alu 带;无 Alu 带为扩增失败。

一般情况下,同步扩增 Amelogenin 基因座及 ZFX/ZFY 基因座,扩增片段小于 300bp,鉴定性别是十分可靠的,无论男、女检材均可以得到有效扩增和分型,一般不出现假阴性结果。仅扩增 Y 特异性片段的方法不宜作为鉴定检材性别的首选方法,有异议时应同时检测 2 个或 2 个以上的基因座鉴定性别,只有结果一致时,才可做出结论。

四、血痕的其他检验

(一)出血部位的判定

血痕检验中,判定出血部位有重要意义。但单纯血痕难以判断出血部位,只有血痕中混有组织细胞时,根据细胞形态特征判断是何种组织细胞,借以推测出血部位。检验时,可利用种属试验中盐水浸液的残渣,涂片染色镜检。鼻出血时可见纤毛柱状上皮细胞,偶见鼻毛;口腔出血可见扁平上皮细胞,有时可见食物残渣;肺出血可见纤毛柱状上皮细胞及口腔扁平上皮细胞;胃出血可见食物残渣、胃黏膜及口腔上皮细胞;内脏损伤出血含有脏器及组织碎片,镜检时可见脏器特有的细胞;阴道出血可见阴道上皮细胞,偶见阴道滴虫、包皮垢干菌;月经血可见子宫内膜细胞、阴道或宫颈鳞状上皮细胞。因女性生殖器出血也可见这些细胞,故判断是否月经血常需用其他方法证明,如检验纤维蛋白降解产物及纤溶酶活性等。mRNA、DNA 的甲基化修饰等具有组织特异性和发育时间的特异性,也可以用来判断血痕的出血部位。

知识拓展 14-1 ▶

月经血和静脉血的 RNA 分析

mRNA 和 MicroRNA(miRNA)是鉴定体液组织来源的新方法。血痕中广泛存在着 mRNA 和 miRNA 等分子,由于其组织特异性表达的特点,近年来法医学关注较多。不同组织具有不同的转录组和表达谱,mRNA 是较好的体液标记物,可用于区分月经血和静脉血。外周血特异的备选 mRNA 标记物包括以下基因的 mRNA:血红蛋白 β(hemoglobin beta,HBB)、α-血红素(Hemoglobin alpha locus,HBA)、血影蛋白 β(erythrocytic spectrin β chain,SPTB)、胆色素原脱氨酶(porphobilinogen deaminase,PBGD)、氨基酮戊酸合成酶(δ-Aminolevulinate synthase,ALAS)、CD3G 等。子宫阴道分泌物的备选 mRNA 标记物主要有黏蛋白 4(Mucin4,MUC4)和 Human beta-defensin 1(HBD1)、cytochrome P450、family 2、subfamily B、polypeptide 7 pseudogene 1(CYP2B7P1)、myozenin 1(MYOZ1)、IL-19。与月经期相关的 mRNA 标记有金属基质蛋白酶(metallopeptidase MMP)MMP-7、MMP-10、MMP-11 的 mRNA,同源盒基因(MSX-1, secreted frizzled-related protein 4(SFRP4)、left-right determination factor 2(LEFTY2)。月经血中除了存在血液标记物外,还可同时检测到月经周期相关的 mRNA 标记和子宫阴道分泌物 mRNA 标记。

MicroRNA(miRNA)是一类 18～25 个碱基的非编码单链小分子 RNA,广泛存在于人体细胞中。相比 mRNA,miRNA 在体外更加稳定,存在时间更长,是理想的遗传标记。法医学家正在探索可用于区分月经血和静脉血的特异性 miRNA。

通常的检测方法是把 RNA 分子反转录成 cDNA 分子,经 PCR 扩增后用激光荧光毛细管电泳检测,也可用实时定量 PCR 检测。

(二)出血量的测定

出血量的测定有助于判断尸体所在的现场是否原始现场或推测死前挣扎的时间等。测定方法如下:

1. 重量计算 剪取含血检材与无血检材各一块,大小相等。室温干燥后,再放入干燥器内,使呈恒量,准确称量每块的重量,两者相差就是干血量。由于鲜血变为干血的重量比率是 1000:211,则血量计算公式为:血量 = 干血量×1000/211。计算血痕的总面积为剪下血痕面积的多少倍,则总出血量 = 血量×倍数。

2. 分光光度计测定法 将一定大小的干血痕溶于定量蒸馏水内,陈旧血痕可用 1～5mol/L 氢氧化钾溶解。取 1ml 血痕浸液于吸收管底部,加入砒啶-氢氧化钠溶液(砒啶 100ml,10% 氢氧化钠 30ml,蒸馏水加至 300ml)3ml,用小玻璃棒搅匀,便形成氧化砒啶-血色原,这是较稳定的化合物。再加过量固体硫代硫酸钠,便形成还原血色原,该物质不稳定,只存在 5～10 分钟,在波长 557.5nm 或 540nm 测定光密度,根据预先制好的结晶血红素标准曲线查得结晶血红素克数。用系数 25.2 乘以结晶血红素克数便得 1ml 斑痕浸液的血红蛋白克数。再乘浸液总量(ml)便是斑痕浸液的血红蛋白量。假设

100ml 血中含 14g 血红蛋白，则血液量 = 斑痕浸液血红蛋白量 ×100/14。而全部斑痕血液量 = 已测斑痕血液量 × 全部斑痕面积 / 已测斑痕面积。

出血量的测定要及时，时间越长，误差越大。

（三）出血时间的测定

血痕的陈旧度测定在某些案件中也很有意义。测定血痕陈旧度主要根据各种血液成分的变性和血清氯渗润基质的宽度，受时间推移的影响及其他因素，如热、阳光、水洗、腐败等的影响，一般只能作粗略估计。

1. 血清氯的渗透　血痕中的氯离子随着时间的延长，逐渐向周围的基质渗透。取 1% 硝酸银加数滴浓硝酸，血痕浸润 3 分钟，再用 1% 硝酸洗 3 次，每次 2 分钟，在用水洗，在加碱性甲醛水溶液浸泡，可见血痕周围黑色的氯化银析出。室内保存的血痕，其黑色斑宽如下：1～3 日为 1mm，15～30 日为 2～2.5mm，1～3 月为 3mm，6～12 月为 4～5mm，湿度高可促进血痕氯的渗透，而与温度和阳光关系不大。有汗液浸渍的布上血痕的反应不明显。

2. 血液成分的变性过程检测　血液中含有丰富的含氧血红蛋白（HbO_2），随着体外时间的延长，HbO_2 在体外逐渐转化为高铁血红蛋白（Met-Hb），接着转化为高铁血色原（hemichrome，HC）。在可见光区域，这三种血红蛋白衍生物分别有不同吸收光谱。HbO_2 的可见光谱有三个峰：～415nm 的 Soret 峰（γ 峰），～540nm 的 β 峰和～576nm 处的 α 峰；Met-Hb 和 HC 在 600nm～650nm 之间有吸收峰。由于血红蛋白的体外改变，陈旧血痕在可见光的光密度（540nm、576nm，）可随体外时间延长而逐渐降低，而在 600～650nm 处增多。如数小时到 10 天内变化最为明显，以后的降解速度减缓。通过分析其吸收光谱的变化并与对照样本进行比对可以大致确定出血时间。

3. 溶解度　随着时间的延长，血痕的很多溶液的溶解度都在减弱。以水做溶剂，新鲜血痕容易溶解，2～3 日的血痕较难容，2～3 周的血痕更难溶。

随着时间的延长，体外血痕颜色在体外经历暗红色 - 红褐色 - 褐色等颜色改变，也可用来估计血痕的体外经历时间。

血痕的体外经历时间受温度，湿度、日照等影响较大，以上试验多在实验室的严格条件控制下得到的数据，实际情况可能更复杂，一般只做粗略的估算。

本章小结

本章介绍了血痕的特点、肉眼检查和实验室检查的程序和方法。肉眼检查包括血痕的部位、颜色、形状、范围等特征。首先要找到并正确提取和保存血痕，根据这些特征可帮助确定案件性质、致伤工具、发案当时被害人的状态等。着重介绍了血痕的实验室检查次序和内容，血痕检验要按照预试验、确证试验、种属试验和个体识别的顺序进行，尤其需要正确理解和解释每一种试验的结果；血痕预试验主要用来筛查可疑血痕，联苯胺试验、鲁米诺试验等的阴性结果可排除血痕或者认为血痕已遭到严重破坏。确证试验阳性可以认定血痕，种属试验则可确认血痕是否是人血。重点介绍了血痕的血型分析技术和 DNA 检测技术，分别用于检测红细胞表面的抗原和血痕中有核细胞或线粒体 DNA 的多态性。虽然对于血痕的个体识别已经普遍开展 DNA 检测，但是血痕筛查过程可以大大减少不必要的 DNA 分析，节约时间和成本。有关出血部位、出血时间、出血量的检测等方法对于还原现场有借鉴意义。RNA 等血痕检验新技术可以区分月经血和静脉血，是血痕检验的新方向。

关 键 术 语

血痕（bloodstains）

预试验（presumptive test，preliminary test）

联苯胺试验（benzidine test）

鲁米诺试验（luminol test）

确证实验（conclusive test）

环状沉淀反应（ring precipitation）

吸收试验（absorption test）

解离试验（elution test）

牙釉基因（amelogenin）

（张更谦）

思考题

1. 血痕检验一般遵循的基本程序是什么？

2. 血痕检验需解决的问题有哪些？

3. 比较血痕预试验与确证试验的区别。

4. 试述血痕与新鲜血 ABO 血型分型方法的区别。

5. DNA 种属试验与免疫反应为主的种属试验相比有何优缺点？

第十五章　精液斑检验

精液斑（seminal stain）是精液浸润或附着于基质上，干燥后形成的斑痕。

第一节　精液斑的特点和检验目的

精液斑是法医实践中常见的物证检材。强奸、猥亵等案件常常涉及精液斑检验。

一、精液斑的特点

（一）精液的特点

典型的射精产生 2～5ml 精液（semen），主要由精浆（seminal plasma）和精子细胞（sperm cell，spermatozoa）组成。正常的精子数量为 10^7～10^8 个 /ml。精液是一种含蛋白质、各种酶及果糖等多种成分的碱性乳白色胶状液体。除精子外，还有睾丸细胞、白细胞、脱落柱状上皮细胞、前列腺卵磷脂小体、玻璃小体、各种形状的精胺结晶、色素颗粒、脂肪球等。精液呈弱碱性，pH 值为 7.2～8.6，平均为 7.8，比重为 1.021～1.040，渗透压为 0.55～0.58。

精浆是由男性各附属性腺分泌物所组成的复杂的混合物，其中精囊液约占 60%、前列腺液占 30%、附睾和尿道球腺液约各占 5%。精囊液中含有多种蛋白质，在精液的凝固和射精中发挥重要作用。此外，精囊液中含有黄素（flavin），根据其在紫外灯下发光的性质可用于搜寻精液斑物证。前列腺液含有高浓度的酸性磷酸酶（acid phosphatase，AP）和前列腺特异性抗原（prostate-specific antigen，PSA），是确证精液斑的重要标记。

精液为乳白色半透明的黏稠液体，长期未排精时可稍呈黄色。精液中含有精胺，被精液中的二胺氧化酶氧化后有特殊的麝香或罂粟花气味。射精后精液在体外接触空气，在精囊腺分泌的凝固酶的作用下，约 5 分钟内凝结成胶冻状。继而在中性蛋白酶及纤溶酶作用下，约 20～30 分钟内液化成稀薄半流动体状。

（二）精子的形态特点

人的精子是从睾丸的曲细精管中产生的。它由精原细胞开始，不断地分裂、分化，经过初级精母细胞、次级精母细胞、精子细胞的过程，最后经过变态成熟过程成为精子。成熟的精子形似蝌蚪，分头、尾两部（图 15-1）。精子头的形状呈扁平椭圆形，长 3～5μm，宽 2～3μm，厚 1～2μm，正面观呈卵圆形，侧面观呈梨形。头内有一个高度浓缩的细胞核，核的前 2/3 有顶体（acrosome）覆盖，顶体内含多种与受精相关的重要酶,如顶体蛋白酶、透明质酸酶、酸性磷酸酶等。精子尾部又称鞭毛(flagellum),长达 40~60μm,是精子的运动装置。尾部可分为颈段、中段、主段和末段四部分。颈段很短,其内有两个相互垂直的中心粒,其他 3 段内的主要结构是由中心粒发出的轴丝。中段短,在轴丝外包有线粒体鞘,为鞭毛的运动提供能量。主段长,没有线粒体鞘,代之以纤维鞘。末段短,仅有轴丝。

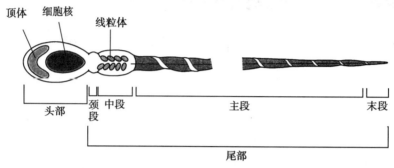

图 15-1 精子的形态

(三)精液斑的特点

精液斑无固定的形态,外观常因附着物不同而有差异。在体表,精液斑常呈白色鳞片状痂片。在深色纺织品上,浓厚精液斑呈灰白色浆糊状斑迹,偶可见结痂;较稀薄的精液斑浸润于布纤维间,则不易察见。在浅色纺织品上,精液斑多呈黄白色地图状,边缘色深。用放大镜检查,可在布纤维表面或中间见黄白色小鳞片。在软质载体,如衣、裤、纸张上的精液斑手触之有硬感。新鲜精液斑有特殊腥味。

二、检验的目的与要求

精液斑检验的主要目的与其他物证检验一样,是为案件的侦查提供线索,为分析、审理案件提供证据。对疑为精液斑的检材需要解决下列问题:可疑斑痕是否为精液斑?若是精液斑,确定精液斑的个体来源。

检验步骤为:肉眼检查、预试验、确证试验、认定为人精液斑后检测多态性遗传标记进行个体识别。

第二节 精液斑的肉眼检查

肉眼检查的目的是发现可疑精液斑,确定其所在部位及分布,以便准确取材检验,提高阳性检出率。有时还可根据精液斑的形态和部位分析有关作案过程。精液斑有特点,肉眼观察常能从载体上发现。观察并记录斑迹的分布情况、数目、位置、形状、大小、颜色及光泽等。

精囊液中的黄素(flavin)在紫外线照射下显银白色荧光,斑痕边缘呈浅紫蓝色。水洗、雨淋后的,或有色基质上的精液斑肉眼较难看到,在紫外线下则可见发浅淡的点片状荧光。阴道分泌物、尿液、鼻涕、唾液、乳汁、脓液、肥皂斑、洗涤剂、植物汁液,以及纺织品中的某些色素、染料、漂白剂、含荧光素的各种载体等在紫外线下也能发与精液斑类似的荧光,因此紫外线检查阳性结果仅表示斑痕可能是精液斑。精液斑过于淡薄,数天或者数年的精液斑,可无荧光,故阴性结果不能轻易否定精液斑。紫外线检查方法简便,不损害检材,不影响检材继续其他项目的检验。一般在肉眼不易辨别时作精液斑定位和取材用。

第三节 精液斑的预试验

预试验的目的是筛选可疑精液斑,要求方法简单,灵敏度高。精液斑预试验方法很多,常用的方法如下。

一、酸性磷酸酶检验

精液的主要成分前列腺分泌液中含有大量酸性磷酸酶，浓度为 540～4000U/ml，较其他体液、分泌液及脏器的含量高 100 倍以上。除精液外，部分蔬菜、水果也含少量酸性磷酸酶。此外，某些避孕药 AP 检测也呈弱阳性反应。故该试验只能作为精液斑的预试验。由于 AP 来源于前列腺，无精子的精液 AP 试验也呈阳性结果。

精液斑中酸性磷酸酶相当稳定，对腐败及高热有较强的抵抗力。保存 10 余年的陈旧精液斑，夏日室温放置 8 周的腐败精液及 125℃加热 30 分钟的精液仍能检出其酶活性，但 200℃加热 5 分钟则破坏其活性。

检验酸性磷酸酶的方法很多，如磷酸苯二钠试验、α- 磷酸萘酚 - 固蓝 B 方法、琼脂扩散法及电泳法等。

（一）磷酸苯二钠试验（Kind-King test）

1．原理　精液中的酸性磷酸酶可分解磷酸苯二钠，产生萘酚，后者经铁氰化钾作用并与氨基安替比林结合，生成红色醌类化合物。

2．试剂　由反应缓冲液和显色液两部分组成。

缓冲液：磷酸苯二钠 0.2g，4- 氨基安替比林 0.6g，柠檬酸 1.4g，1mol/L 氢氧化钠 12.5ml，蒸馏水加至 100ml，加热溶解后置冷水中迅速冷却，加 0.5ml 氯仿。

显色液：铁氰化钾 3.6g，1mol/L 氢氧化钠 16.7ml，碳酸氢钠 1.4g，蒸馏水加至 100ml。

3．方法　取可疑斑痕 0.1cm×0.1cm，最好取斑痕边缘部位，置试管内，加缓冲液 3～4 滴，经 37℃温箱内 5～10 分钟后，加等量显色液，立即出现红色为阳性反应，表明检材可能是精液斑。颜色深浅与酸性磷酸酶浓度呈正比，浓度愈高，颜色愈深红，浓度过高可出现红色沉淀。呈橙黄色为阴性反应，表明检材不是精液斑或精液斑中的酸性磷酸酶被破坏。同时剪取无斑痕处检材及已知精液斑作阴性与阳性对照。

磷酸苯二钠试验灵敏度较高，稀释 20 000 倍的精液仍呈阳性反应。被水洗过的淡薄精液斑，只要适当延长缓冲液温浸时间可呈阳性结果。精液如混有血液并不影响检验，血痕在该试验中呈灰褐色。由于该试验灵敏度很高，所以操作时，一般按空白部位、可疑精液斑、已知精液斑的顺序剪取检材，避免污染。

酸性磷酸酶试验的特异性较差，1g 内脏组织（如肺、肝、肾、心、胃等）用 5ml 缓冲液浸泡的浸液以及常见的人体分泌物或者排泄物（如鼻涕、汗、唾液、成年男性尿液等）也可呈弱阳性反应。为了排除上述假阳性反应，可在显色后将液体稀释 64 倍或将试管再放入 56℃温箱中 10～20 分钟，此时精液斑仍维持红色，而假阳性引起的红色则会消退。

（二）α- 磷酸萘酚 - 固蓝 B 试验（Brentamine Fast Blue Test）

1．原理　精液中酸性磷酸酶可水解 α- 磷酸萘酚释放 α- 萘酚，后者遇重氮试剂固蓝生成深紫红色偶氮化合物。

2．试剂　α- 磷酸萘酚 20mg，固蓝 B 40mg，pH4.9 柠檬酸缓冲液 10ml。4℃保存。

3．方法　取湿润的棉签或滤纸在可疑精液斑上擦拭，在棉签或滤纸上滴加试剂 1～2 滴，1 分钟内呈紫红色反应为阳性，不显色为阴性，超过 1 分钟才显色可能为非精液酸性磷酸酶所致。在大面积范围寻找精液斑时，可将大片滤纸标记方向，用水喷湿后大力压在疑有精液斑的载体上，取下滤纸用试剂喷，有精液斑的部位显现紫红色。

α- 磷酸萘酚 - 固蓝 B 试验的灵敏度较高，1∶32 稀释新鲜精液，保存 15 个月的精液斑均呈阳性反应。但阴道液斑及粪便斑有时亦呈阳性反应。

二、其他预试验

精液中的某些特定成分,如卵磷脂、精素等可与不同试剂结合,形成具有一定形态的结晶,据此可推测精液斑的存在。但形成的结晶非精液斑所特有,且结晶试验灵敏度较低,故阴性结果也不能否定精液斑的存在。

(一)碘化碘钾结晶试验(Florence crystal test)

1. 原理 精液斑中卵磷脂析出胆碱,遇碘形成过碘胆碱结晶。

2. 试剂 碘 2.54g,碘化钾 1.65g,蒸馏水 30ml。配制时,先将碘化钾溶于蒸馏水中,再加入碘溶解。

3. 方法 取少许检材置玻片上,分离纤维,加 1~2 滴试剂,覆以盖片,镜检。初见褐色颗粒,逐渐形成褐色或褐红色针状、菱形、长矛状结晶为阳性反应。该结晶不稳定,于生成后 1~2 小时可自然消失,再加试剂又复产生。镜检时若发现呈褐黄色染色的精子,可认定检材为精液斑。

此试验灵敏度不高,只有 1:400。精液混有大小便、血液或其他化学药品时,将妨碍结晶的生成。精液斑太新鲜(卵磷脂未分解成胆碱)或稍陈旧(2 个月以上)、经水洗、细菌污染(细菌使胆碱分解)均可呈阴性结果。本试验不是精液斑的特有反应,凡含有胆碱的物质如阴道液、鼻涕、唾液、脓液及肝、肾、肾上腺浸液,甚至某些昆虫或植物汁液等均可形成类似的结晶,故只能作为精液斑的预试验。

(二)苦味酸结晶试验(Barberio crystal test)

1. 原理 精素的分解产物与苦味酸结合,形成精素苦味酸结晶。

2. 试剂 1% 苦味酸溶液或苦味酸甘油酒精饱和液。配制时,先加温使苦味酸溶于甘油,至冷却后有苦味酸析出,加少量酒精使其溶解。

3. 方法 同碘化碘钾结晶试验,覆以盖片后稍加温,冷却,镜检。出现青黄色有折光性的十字形、柱状、星形结晶为阳性反应。结晶形成后可迅速增大。Barberio 结晶试验灵敏度与碘化碘钾结晶试验相似。结晶也不是精液斑所特有,肝、脾、胰等脏器浸出液也可形成同样结晶。

除此之外,还有 Niederland 结晶试验、Puraner 结晶试验、锌检出法及马铃薯凝集抑制试验等等。

精液斑的预试验中除酸性磷酸酶检验外,其他各项试验灵敏度均不高,因此实际工作中精液斑不一定要经过预试验后才进行确证试验,可剪取肉眼可见的斑痕直接进行确证试验。偶有磷酸苯二钠试验阴性而查见精子的报道,因此预试验阴性的检材仍然要进行确证试验。

第四节 精液斑的确证试验

精液斑确证试验是检验精液中的特有成分,阳性结果可以确认精液斑。近几年精液斑的确证试验进展较快,方法很多,主要有以下两类方法:精子检出法及免疫学试验方法。

一、精子检出法

检出精子是认定精液斑最简便、最可靠的方法,不需要特殊试剂和仪器。精子具有典型而稳定的形态,不易受其他因素影响而改变,十余年的陈旧精液斑也可能查见精子。

光镜下观察精子是无色的,一般情况下精子头部有折光,尾部很细。检材浸泡后涂片观察,常见精子头部和尾部分离。在实际的精液斑检验中,常选择合适的浸液及适当的染色方法,以提高精子的检出率。

(一)检材处理

取可疑精液斑检材约 1cm×1cm,剪碎,置试管内,滴加生理盐水 0.5ml(如拟对检材的浸出液做抗人精液环状沉淀实验及 ABO 血型测定,则应控制浸泡检材的生理盐水量,以免稀释 ABH 抗原),室温浸泡 2 小时或置 4℃过夜,其间可用玻棒搅拌和压挤检材。吸出全部浸液置另一试管内,2500r/min

离心 5 分钟,吸取沉淀物涂片,干燥后甲醇固定 5 分钟,染色,检验精子。

过于陈旧的精液斑,盐水浸渍不易分离精子,可用 5%～10% 氨液浸渍,或用 0.8% 盐酸、醋酸、胰蛋白酶等浸渍,12～24 小时后弃载体纤维,离心。沉淀经洗涤后涂片、染色、镜检。

(二)染色方法

精子染色方法有单染法和复染法两种。

1. 单染法　单染法使用的染料有藻红、亚甲蓝、苏木素等,其中以藻红染色效果较好。单染法操作简单,但精子和基质都染成同一颜色,不容易观察。

(1)藻红染色法:取藻红 0.5g,溶于 25% 氨水 100ml 配制成藻红染色液。在涂片上滴加 1～2 滴染色液,室温下染色 3～5 分钟,水淋洗,干燥后二甲苯透明,高倍镜检查。精子头部和尾部均染为红色。

(2)亚甲蓝染色法(Loffler 法):亚甲蓝 0.3g,加 95% 乙醇 30ml,0.01mol/L KOH 70ml,配制成亚甲蓝染色液。于涂片上滴加 1～2 滴染色液,染色 1 分钟,水洗,二甲苯透明,盖玻片镜检。精子头后部染呈深蓝色,头前部、尾部不着色或浅染。

2. 复染法　复染法使用两种或两种以上染料,精子头部、尾部和基质染成不同的颜色,便于观察和分辨。常用的复染法有 HE 染色法、酸性品红亚甲蓝染色法、圣诞树染色法等。

(1)苏木素伊红染色法(HE 法):染色试剂有三种,包括:A. 苏木素染液,称取苏木素 0.5g,用无水乙醇 5ml 溶解。取明矾 10g,在蒸馏水中加热溶解,加入苏木素乙醇液,加热至溶液呈深紫色,加入氧化汞 0.25g,迅速冷却。B. 0.5% 伊红染液。C. 1% 盐酸酒精溶液,取盐酸 1ml,加 70% 酒精至 100ml。染色方法是在涂片上滴加 1～2 滴苏木素染液,染色 10～30 分钟。水淋洗后,加 1% 盐酸酒精 5～10 秒,水洗或在水中浸泡 30 分钟后,加伊红染液 3 分钟,水淋洗。干燥后二甲苯透明,镜检。精子头前半部不着色或浅染,后半部染呈蓝色,尾部染呈红色。

(2)酸性品红亚甲蓝染色法(Baecchi 法):染色液由 1% 酸性品红液 1ml,1% 亚甲蓝 1ml,1% 盐酸 40ml 组成。染色方法简单,于涂片上滴加染色液,静置 5 分钟,用 1% 盐酸漂洗,干燥后二甲苯透明,镜检。精子头部呈红色,尾部蓝色。本法仅精子染色显著,其他杂质染色浅淡,有利于精子的检出。

(3)圣诞树染色法(Christmas tree stain):染色试剂有两种,包括:A. Kernechtrot 溶液(KS):红色部分是核固红(Nuclear Fast Red,NFR)染料,在 100ml 蒸馏水中加热溶解 5.0g 硫酸铝,加入 0.2g 核固红,溶解均匀,冷却后过滤。B. Picroindigocarmine 溶液(PICS):溶解 1.0g 洋靛红于 300ml 饱和苦味酸中。染色方法是在涂片上滴加 KS 染液,染色约 15 分钟。水淋洗后,加 PICS 染液染色约 15 秒,无水乙醇淋洗,镜检。精子核染为红色,顶体为粉红色,尾部染为绿色。

显微镜下检见精子需要一定的经验,精液斑陈旧、取材部位不准或遇到少精子症者,涂片上往往仅见少量精子,故染色后须仔细地观察,只要找到一个完整的典型精子,即能确证人精液斑。精液斑在浸渍处理过程中,精子尾部断落,常只检见精子头部,应与阴道滴虫、酵母菌等鉴别。典型的精子头部呈椭圆形,用 HE 法和圣诞树法染色时精子头部呈现前端浅染的特殊现象,而其他植物细胞、细菌、阴道滴虫等则多呈圆形,染色均匀一致。若发现几个典型的精子头部也可确证为精液斑。

性交后精子可以存活一段时间,一般情况下阴道内 3～8 小时,宫颈 2～5 天,子宫、输卵管内 1～10 天的拭子内容物涂片可检见活精子。阴道内 3～9 天,宫颈 17 天的内容物涂片可检见死精子。精子的检出期限与被害人的体位、活动情况以及月经周期有关。被害人处于月经期前后或被强奸后就行走,精子检出期限短。

在性犯罪调查中,取阴道拭子的时间越早越好,如果在 24 小时后取材阴道拭子,精子检测阳性率下降 50%;48 小时取材,阳性率仅 10%。活体阴道拭子,精子检出期限一般为 1.5～2 天。若被害人死亡,尸体处于仰卧位,则检出期限较长,阴道拭子中精子不仅数目多、而且形态基本完整,最长的检出期限可达 3 周。而冰冻 2 个半月的尸体,宫颈涂片偶能检出精子。精子检出率也与阴道拭子提取方法与部位有关,例如宫颈刮片和阴道后穹窿部擦拭物精子的检出率较高。

知识拓展 15-1 ▶

DNA甲基化与精斑确证

精子的检出是鉴定精斑的"金标准"。然而在部分陈旧性精斑的鉴定过程中，精子的检出率难以达到100%。近年来对基因组DNA特定位置胞嘧啶甲基化的检测可能成为潜在的、高灵敏度的精斑鉴定新方法。

基因组中特定区域的甲基化特征存在细胞或组织特异性，精斑中的DNA具有自身特异性的甲基化特征。有学者采用对甲基化敏感的DNA限制性内切酶处理DNA模板后再用PCR方法扩增结合遗传分析仪检测的方法进行精斑鉴定。如根据http://www.gemone.ucsc.edu网站hg18版本的人类基因组序列，第11号染色体1493401-1493538范围内（chr11：1493401-1493538）有两个GCGC（*Hha* I 酶切位点）序列中的C在精子DNA被甲基化，而血液有核细胞或其他组织分泌物细胞中该位置并未被甲基化；甲基化敏感酶（*Hha* I）消化的结果是该区域精子模板DNA不被切断而血液有核细胞或其他组织分泌物细胞中该位置的模板DNA却被切断，再用PCR扩增该区域并用遗传分析仪检测扩增产物峰时，精子DNA可被扩增并显示产物峰，而其他细胞DNA不出现峰，由此可鉴别精斑。

研制中的试剂盒采用基因组上多个胞嘧啶甲基化位点甲基化状态的联合检测，可以在设有恰当对照的基础上确证精子DNA。据检测，该方法的灵敏度可达500pg。目前该方法尚未广泛使用。

二、免疫学试验

制备各种抗人精液特殊成分的抗血清，用免疫学试验，如沉淀反应、酶联免疫吸附试验（ELASA）、胶体金标记试验等检测相应抗原，可以确证精液斑。该试验灵敏度高，还可以确证输精管结扎术者和精子缺乏症患者的精液斑。常用的有抗人精液血清和抗 -p30 血清进行的反应。

（一）抗人精液血清沉淀反应

抗人精液沉淀素血清是用人的精液作免疫原制备而成。由于该血清既有器官特异性又有种属特异性，与可疑斑痕浸液作沉淀试验，结果阳性可以肯定为人精液斑。抗人精液血清沉淀反应对无精子的精液斑更具价值，例如强阳性反应的新鲜精液斑，显微镜下检查不见精子，可认为精液斑系无精子者或输精管已结扎者所遗留。

用作沉淀反应的抗人精液血清效价应达 2000 以上。用此血清作环状沉淀试验的灵敏度为 2000 倍稀释的精液。

1. 原理　用特异性抗人精液血清与可疑精液斑检材浸液作沉淀反应，出现白色沉淀线为阳性反应，证明检材含有人精液。

2. 方法　抗人精液血清与精液斑生理盐水浸出液作环状沉淀反应、琼脂双向扩散试验或对流免疫电泳均可用于精液斑种属鉴定，阳性反应表明待测斑迹是人精液斑，阴性反应表明不是人精液斑或精液斑已遭破坏。试验时，用已知人精液斑作阳性对照，检材无精液斑部位作阴性对照。

（二）前列腺特异性抗原的检测

前列腺特异性抗原（Prostate Specific Antigen, PSA）又称 γ- 精浆蛋白（γ-seminoprotein, γ-sm），由人类前列腺上皮细胞所分泌，是成年男子精浆中特有的一类糖蛋白，PI 值约为 6.9，分子量为 30 000，故又称为 p30。人精液 PSA 正常含量为 0.24～5.5mg/ml，平均为 1.92mg/ml。PSA 性质稳定，22℃保存 5 年的精液斑仍能检出；在精液和精液与其他分泌液的混合斑中能存在很长时间，性交后 8～13 小时提取的阴道拭子中仍能检出。PSA 是确证精液斑的理想标记。

从精液中分离纯化 PSA 抗原，免疫动物，获得抗 PSA 血清。抗 -PSA 血清具有高度的种属特异性和前列腺器官特异性,与其他人体液、分泌液、组织器官浸液及各种动物精液和血清不发生交叉反应。抗 -PSA 血清确证精液斑,灵敏度和准确性均高于精子检出法,不受精液中有无精子的影响,也不受阴道液和唾液的干扰,能正确区别人类精液斑与动物精液斑,是目前确证人类精液斑的常用试剂。

用特异性抗 -PSA 血清检测精液斑中的 PSA 抗原,常用的方法有胶体金检测法、酶联免疫吸附试验、琼脂双向扩散试验和对流免疫电泳等。PSA 检测的灵敏度与检测方法有关。琼脂双向扩散试验能够检出 200 倍稀释精液,相当于 10μg/ml 浓度的 PSA 蛋白。

1. 胶体金法　胶体金法是一种免疫层析技术,用胶体金 PSA 抗原检测试剂条,又称 PSA 试剂条进行精液斑确证试验。该方法特异性好,灵敏度高,稀释 6000 倍的精液仍可获阳性结果。试验操作简单,整个试验过程可在 5 分钟内完成,是目前一项常规技术。原理及方法与胶体金法确证血痕一样,不同的是精液斑确证试验胶体金标记的是鼠抗人 PSA 单克隆抗体,检测线包被有另一种鼠抗人 PSA 单克隆抗体,质控线包被有羊抗鼠 IgG 抗体。

2. 酶联免疫吸附试验　酶联免疫吸附试验可采用直接斑点 ELISA 法、间接斑点 ELISA 法、斑点 ELISA 双抗夹心法及 ELISA 抑制法等。

知识链接 15-1 ▶

RNA 表达与精斑确证

在涉及性犯罪的法医检案中精斑的证明是重要的鉴定环节,除上述方法鉴定精斑外,近年来法医学家们也尝试进行核酸水平的检测。不同组织中 mRNA 的表达谱有所不同,如激肽释放酶(kallikrein)的 mRNA 表达水平在精液中表达水平远高于其他组织,可以借以区分精液与阴道分泌物或唾液。就目前而言,利用 mRNA 表达谱鉴定精斑尚需做进一步研究。

MicroRNA(miRNA)是一类由 18～25 个核苷酸构成的非编码小分子 RNA,在转录后水平调控基因的表达。miRNA 的表达具有高度保守性、时序性和组织特异性。新近研究表明,miRNA 在法医学体液鉴定、种属鉴定等方面有一定的应用前景。由于 miRNA 具有一定的组织特异性,因此筛选精斑中所特有的 miRNA 有望为精斑确证提供一个新的途径。但由于不同实验室所采用的样本及 miRNA 检测方法不同,目前已有的研究结果缺乏一致性及可重复性,因此有必要建立一套标准的法医学 miRNA 检测评估体系,使得 miRNA 的法医学应用成为可能。

第五节　精液斑的个人识别

精液斑检验的主要目的是进行个人识别,确定现场精液斑是谁所遗留。精液斑检验传统的遗传标记主要有 ABO 血型、酶型、血清型等,随着 DNA 多态性分型技术的广泛应用,精液斑的个体识别取得重大突破。

一、精液斑的 ABO 血型测定

ABH 血型物质以水溶性形式存在于人的体液、分泌液中,属糖蛋白。分泌型人精液中 ABH 血型物质与唾液中含量相似,常用中和试验检测;非分泌型精液由于 ABH 血型物质含量少,需用灵敏的 ELISA 法检测。

中和试验是一种检测可溶性血型物质的传统方法。试验原理是红细胞凝集抑制试验。精液斑检材中可溶性血型抗原与相应的抗体结合,使抗体的效价下降或消失,凝集红细胞的能力下降或消失。用已知型别指示红细胞检测中和后的抗体效价,凝集能力下降或消失,红细胞不凝集为试验阳性,说明精液斑检材具有相应的血型抗原。

精液斑中 ABH 物质量必须与相应抗血清中所含的抗体量相当,才能完全中和抗体,获得准确的结果。因此传统的中和法是一种半定量检测，需要将精液斑浸液作一系列的稀释度，各稀释液含有不同量的 ABH 抗原，能充分中和标化抗血清中的抗体，再加指示红细胞。精液斑检材分别与抗 -A、抗 -B 抗体及抗 -H 试剂作中和试验，综合三者反应结果，判定分泌型精液斑的 ABO 血型及分泌能力的强弱。

中和试验方法比较简单，步骤如下：

1. 抗血清效价标定　取 12 凹白瓷板一块，以 2 滴抗血清加 2 滴生理盐水作 2～4 倍数系列稀释，直至 1/2048。第 12 凹为空白盐水对照。向每凹加入 1 滴 2% 指示红细胞悬液，摇匀，室温置 30 分钟，观察结果。能使红细胞凝集的抗体最高稀释倍数即为该抗血清的效价。若抗血清的效价为 128 时，要将之标化为 4，应该稀释 32 倍。

2. 中和试验　取精液斑 0.5cm²，剪碎置小试管内，加 0.5ml 生理盐水，搅拌后室温下 2 小时，4℃冰箱中过夜。取精液斑浸出液，在白瓷板内分三列用生理盐水作倍量稀释，稀释度由 1/2 至 1/128。于三列稀释液中分别加入等体积的，效价为 4 的抗 -A、抗 -B 抗体及抗 -H 试剂，摇匀，室温下中和 30 分钟。再向三列各凹加入 2% 指示红细胞悬液各 1 滴，摇匀后静置 30 分钟，观察红细胞凝集情况。以已知 ABO 血型的分泌型人唾液作阳性对照，以检材无斑痕部分作阴性对照。在已知对照正确的情况下，精液斑检材与无精液斑检材的抑制凝集相差 3 级以上，证明精液斑中含有相应的血型物质，综合抗 -A、抗 -B 及抗 -H 中和的结果，判断精液斑的 ABO 血型（表 15-1）。

表 15-1　精液斑 ABO 血型的中和试验

精液斑编号	抗血清	指示细胞	精液斑浸出液稀释倍数							判型
			2	4	8	16	32	64	128	
1	抗H	O	−	−	−	+	+	+	+	A 分泌型
	抗A	A	−	−	−	−	−	−	+	
	抗B	B	+	+	+	+	+	+	+	
2	抗H	O	−	−	−	+	+	+	+	B 分泌型
	抗A	A	+	+	+	+	+	+	+	
	抗B	B	−	−	−	−	−	−	+	
3	抗H	O	−	−	+	+	+	+	+	AB 分泌型
	抗A	A	−	−	−	−	−	+	+	
	抗B	B	−	−	−	−	−	+	+	
4	抗H	O	−	−	−	−	−	−	−	O 分泌型
	抗A	A	+	+	+	+	+	+	+	
	抗B	B	+	+	+	+	+	+	+	

凝集抑制级数的多少在一定程度上可推测精液斑中所含各种血型物质的量，判断分泌能力的强弱，并能区分分泌型与非分泌型。在实际检案中，确定分泌能力对排除某些嫌疑对象有一定的参考价值。

中和试验灵敏度较高，在检测中一般不会出现假阳性结果，但假阴性值得注意。抗血清的效价要准确标定，通常采用效价为 4 的抗血清，抗血清效价过高易导致假阴性结果。浸泡检材的生理盐水不宜过多，检材浸液与抗血清中和时间至少 30 分钟以上等都可以减少假阴性。检材浸出液混浊时，可水浴煮沸 10 分钟，离心，以除去蛋白、细菌、酶类等干扰。

二、精液斑的 DNA 分析

精子含有大量 DNA，可从精液斑提取 DNA，检测其多态性。即使精液中无精子，由于精液中含有少量睾丸细胞、上皮细胞等，也能进行 DNA 分型。

精子细胞核膜是富含二硫基的交联蛋白组成的网状结构，能抵抗各种类型的去污剂作用，对外源性蛋白酶水解也有相当强的抵抗作用。为了裂解精子细胞,必须要切断二硫键以消化蛋白。二硫苏糖醇(dithiothreitol,DTT)作为还原剂可使二硫基断裂,还原成 -SH(图 15-2)。因此在进行精液斑 DNA 提取时,除了常规的 SDS、蛋白酶 K 以外,还需加入一定量的 DTT。利用精子细胞的这种特性,可用差异提取法(differential extraction)从精液与阴道液的混合斑中提取精子 DNA。

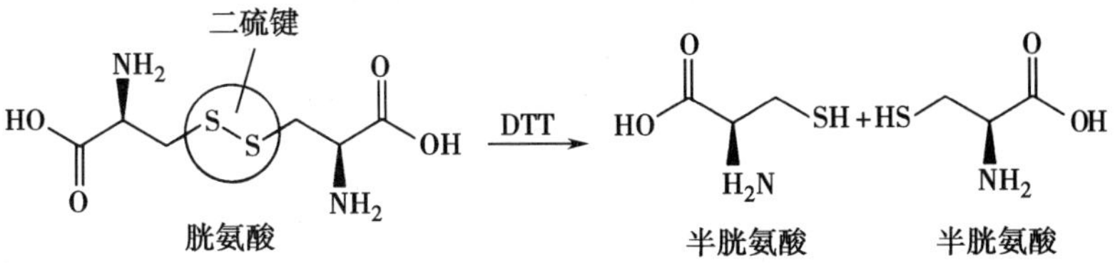

图 15-2　DTT 作用示意图
DTT 打开胱氨酸中的二硫键

精液斑 DNA 多态性分析目前多采用 PCR-STR 分型技术,在血痕中能测定的 STR 基因座也能在精液斑中进行测定,方法详见相关章节。

由于 Y 染色体系男性特有,检测 Y-STR 不需要分离男女成分即可实现对男性成分的基因分型,故在性犯罪案件中对精液与阴道液组成的混合斑中精液的个人识别有极其重要的意义。Y-STR 呈男性伴性遗传,不与其他染色体重组,除突变外,在父系的所有男性个体中,包括兄弟、父子、叔侄、堂兄弟和祖孙等都具有相同的 Y-STR 单倍型,因此可利用父系亲属的参考样本进行犯罪嫌疑人的排除推测。Y-DNA 标记作个人识别时只具有排除意义,不能认定同一性。

本章小结

精液斑是法医实践中常见的物证检材。强奸、猥亵等案件常常涉及精液斑检验。对疑为精液斑的检材需要解决下列问题:可疑斑痕是否为精液斑? 若是精液斑,确定精液斑的个体来源。检验步骤为:肉眼检查、预试验、确证试验、认定为人精液斑后检测多态性遗传标记进行个体识别。精液斑检验预实验中酸性磷酸酶检验灵敏度最高。检出精子是认定精液斑最简便、最可靠的方法。前列腺特异性抗原(PSA)又称为 p30,是确证精液斑的理想标记。目前常用 PSA 试剂条进行精液斑确证试验。精液斑的 DNA 分析时,精子细胞核膜是富含二硫基的交联蛋白组成的网状结构,能抵抗各种类型的去污剂作用,对外源性蛋白酶水解也有相当强的抵抗作用。为了裂解精子细胞,必须要切断二硫键以消化蛋白。因此在进行精液斑 DNA 提取时,除了常规的 SDS、蛋白酶 K 以外,还需加入一定量的 DTT。

关键术语

精液斑(seminal stain)
磷酸苯二钠试验(Kind-King test)
前列腺特异性抗原(Prostate Specific Antigen,PSA)

（高玉振）

思考题

1. 何谓 p30? 在法医物证精液斑检验中有何价值? 请列举两种检测 p30 的方法并比较其优缺点?
2. 如何进行精液斑的个体识别?
3. 试述精液斑与血痕 ABO 血型分型方法的区别。
4. 试述精液斑与血痕 DNA 提取方法的异同。
5. 试述 Y-STR 分型在精液斑个人识别中的优缺点。

第十六章　唾液及唾液斑检验

学习目标

通过本章学习，应该**掌握**确证唾液斑的原理及方法；唾液斑 ABO 血型测定的原理和方法；还应掌握唾液斑 DNA 分析技术。**熟悉**唾液斑检验的意义。**了解**唾液斑的特点；以及唾液斑中其他遗传标记测定原理及方法。

唾液（saliva）是人或动物口腔内分泌的无色液体，唾液斑（salivary stain）是唾液在载体上干燥后形成的斑痕，是法医物证检验中常见的生物检材。

第一节　唾液及唾液斑的特点和检验目的

案件的现场常能提取到唾液斑，而参考样本常常也提取唾液制成唾液斑。

一、唾液及唾液斑的特点

唾液主要由三对大唾液腺（腮腺、颌下腺、舌下腺）及口腔黏膜下小唾液腺的分泌物所组成。唾液的主要成分是水，占 99% 以上；固体成分约占 0.7%，其中有机成分主要有糖蛋白、黏蛋白、抗体、酶类（大量的唾液淀粉酶及溶菌酶等）以及血型物质等，无机成分包括钠、钾、氯、氨、钙、磷酸盐、碳酸盐及硫氰酸盐等；另外还有少量气体，如二氧化碳、氧、氮。唾液中还有口腔黏膜脱落上皮细胞、大量细菌及食物残渣等。

正常纯净的唾液是无色、无味、黏稠性液体，pH 5.6~7.6，平均 6.8，低渗。正常成年人每日分泌唾液约 540~640ml。唾液 60% 来自颌下腺，20%~25% 来自腮腺，舌下腺占 7%~8%，小唾液腺分泌量不超过 8%。唾液的分泌量及性质受精神因素、刺激的强度和性质影响，与食物种类亦有一定关系。含黏蛋白多时，唾液呈黏液状，含黏蛋白少时则较稀薄。吸烟者唾液中硫氰酸化合物含量明显增多。龋齿患者，唾液中乳酸含量增加。

唾液斑在白色背景上常呈淡黄色，在紫外线下发淡青色荧光。

二、检验目的与要求

唾液及唾液斑检验的主要目的是个人识别。唾液中含有的血型物质及口腔黏膜脱落上皮细胞中的 DNA，在斑痕中能长期保存，少量唾液斑即可进行个人识别。亲子鉴定时亦可采取被鉴定人的唾液，测定 DNA 多态性等。

唾液斑检验首先确定检材是否为唾液斑，确证唾液斑后再作个人识别。由于含唾液斑的检材通常出现在人们日常生活用品或物品上，例如口杯，烟头，果核等，故确证唾液斑后，可直接进行个人识别，不必进行种属鉴定。但在鉴定咬痕的唾液斑时，需确定是人咬痕还是动物咬痕。

第二节　唾液斑的证明

唾液中含有大量的淀粉酶(amylase),要分析检材是否唾液(斑)时,可检查淀粉酶。但人体粪便、几乎所有的植物、发芽种子和真菌中均含淀粉酶,人体其他分泌液如鼻涕、尿、精液等也含少量淀粉酶,因此仅凭在斑痕中检出淀粉酶,不能确证唾液(斑)。如果在检材中同时检出口腔黏膜脱落上皮细胞,则可确证唾液斑。

一、淀粉酶的检测

淀粉 - 碘试验(starch-iodine assay)是检查唾液斑中淀粉酶常用的方法。唾液中的淀粉酶较稳定,自然干燥、保存几个月的唾液斑仍可检出。

(一)原理

淀粉遇碘(I_2)呈蓝色。唾液中含有大量淀粉酶,能将淀粉分解为糖,糖与碘不呈蓝色反应。因此,将已知淀粉溶液与唾液斑作用后,再加碘,若不显蓝色,说明反应体系中淀粉已被唾液淀粉酶分解。然后再利用糖的还原作用验证淀粉分解产物糖的存在,便可判断检材中含有淀粉酶。

(二)方法

首先证明斑痕中是否含有淀粉酶。取斑痕约 0.2cm²,同时取无斑痕检材作对照,分置于试管内。加 0.01% 淀粉溶液 0.1ml,将试管放入 37℃温箱中 60 分钟,制成检材淀粉液。在检材淀粉液中加碘液 1 滴,观察颜色变化。对照管立即出现蓝色。检材管无色或呈淡黄色,为阳性反应,证明检材中含有淀粉酶,可疑斑痕可能为唾液斑;若检材管出现蓝色,则为阴性,证明检材不含淀粉酶或酶已失活,不能证明检材是唾液斑。

淀粉 - 碘反应阳性者可进一步证明糖的存在。取检材淀粉液 2 滴置于试管中,加碱性铜溶液 2 滴,在火焰上短时加热至液体出现气泡时止。出现红至棕红色沉淀为阳性反应,不出现沉淀为阴性反应。也可在检材淀粉液中加 1% 氯化三苯基四氮唑液 2 滴,短时加热,出现红色沉淀为阳性反应,无色透明或浅红色为阴性反应。

本试验灵敏度较高,5 年以上的唾液斑,或唾液斑经 100℃加热 20 分钟或 200~300℃加热 15 分钟,均呈阳性反应。检测烟头唾液斑的淀粉酶时,要注意烟草浸出液所出现的假阳性。陈旧检材,酶的活性减弱甚至消失,可出现假阴性结果。

二、口腔黏膜脱落上皮细胞的检查

唾液中含有口腔黏膜脱落上皮细胞。将检材用生理盐水充分浸泡,弃去载体,离心,取沉淀物涂片,干燥后 HE 染色,显微镜下检查。口腔黏膜上皮细胞的形态多样,但以多角形为主;伊红染色胞质呈粉色;胞核呈圆形,较小,蓝染。如发现口腔黏膜脱落上皮细胞,结合淀粉酶试验阳性结果,可判断为唾液斑。如同时检出食物残渣、嗜氧菌、厌氧菌等可以进一步确证是唾液斑。

三、其他方法

唾液斑证明亦可采用抗腮腺素血清,与斑痕浸液作沉淀试验;或对检材中的微量元素作综合分析,确证唾液斑。

> **知识拓展16-1**
>
> ### 组织特异性 mRNA 标记检测
>
> 不同组织因生理功能不同,其基因表达模式亦存在差异,不同组织均有其特异表达的 mRNA 基因。基于这一特征,近年来唾液特异性 mRNA 标记开始用于唾液斑的确证。采用反转录 PCR

（reverse transcription-PCR，RT-PCR）结合毛细管电泳技术，建立了多重 mRNA 标记复合分析方法用于唾液斑的检验。目前已陆续证实唾液特异性 mRNA 标记物包括富酪蛋白（statherin，STATH）、富组蛋白 3（histatin 3，HTN3）、粘蛋白 7（mucin 7，MUC7）、富脯氨酸蛋白 1（Proline-rich protein 1，PRB1）、富脯氨酸蛋白 2（Proline-rich protein 2，PRB2）和富脯氨酸蛋白 3（Proline-rich protein 3，PRB3）等。已有研究发现，某些唾液特异性 mRNA 标记在唾液中高表达，在其他的体液中也存在低表达。如 HTN3 基因的 mRNA 在唾液中高表达，在部分阴道拭子中也出现低表达。此类体液斑标记研究正在探讨中。

第三节　唾液斑的个人识别

唾液斑的个人识别，传统的方法是检测唾液斑中的 ABO 血型，20 世纪 70 年代有用电泳方法检测唾液蛋白和酶的遗传多态性，目前主要用 DNA 分析法。

一、唾液斑的 ABO 血型测定

（一）中和试验测定 ABO 血型
唾液属人体分泌液，和精液一样含有水溶性 A、B、H 血型物质。分泌型人含量很大，非分泌型人也含有少量，可用中和试验检测，测定原理及方法同精斑 ABO 血型测定。

（二）酶标抗体免疫测定法检测 ABO 血型
酶标抗体免疫测定法灵敏度极高，适用于测定非分泌型唾液中的 ABH 物质。如用该方法测定分泌型唾液，需将唾液样本适当稀释，以免背景着色过深，影响结果判断。因此，对未知检材，最好先用中和试验分型，结果阴性时，才用酶标抗体免疫测定法。

唾液斑的 ABO 血型测定常用直接斑点 ELISA 法、间接斑点 ELISA 法及斑点 ELISA 双抗夹心法等，也可采用 ELISA-ABC 法。

知识链接 16-1 ▶

唾液多态性酶和蛋白质

唾液中含有许多具有遗传多态性的酶，如唾液淀粉酶（salivary amylase，Amy1）、唾液脂酶（salivary esterase，Set）、唾液酸性磷酸酶（salivary acid phosphatase，Sap）等，通过电泳方法检测酶的多态性，进一步提高了唾液的个人识别能力。但由于唾液中各种酶的含量较少，酶易失活，唾液多态性酶的检测在法医学中应用不多。唾液中除含多态性酶以外，有些蛋白质亦具有多态性。到 20 世纪 80 年代初，陆续鉴定了唾液碱性蛋白（salivary basic proteins，Pb）、唾液酸性蛋白（salivary acid proteins，Pa）、唾液富含脯氨酸蛋白（salivary proline rich proteins，Pr）等 20 余种唾液蛋白多态性系统。随着核酸分析技术的建立，开始研究唾液蛋白多态性的分子学基础。唾液蛋白的多态性及其分子学基础的研究，不仅在人类遗传学、临床疾病和基因连锁分析有重要的应用价值，也为法医学个人识别和亲子鉴定提供了有用的遗传标记。

二、唾液斑的 DNA 分析

分析 DNA 多态性是目前进行唾液（斑）个人识别的有效手段。唾液中含有口腔黏膜脱落上皮细胞，可从中提取 DNA，进行基因组 DNA 与线粒体 DNA 多态性分析。

口腔黏膜上皮细胞提取 DNA 时，取适量检材（如烟蒂剪取 0.3～0.5cm 的过滤嘴；单根拭子头部的 1/3～1/4；纱布检材 0.1～0.2cm²）剪碎后放入微量离心管中，加入适当的 DNA 提取缓冲液，按常规的方法进行 DNA 提取。

唾液斑基因组 DNA 多态性分析目前多采用 PCR-STR 分型技术，在血痕和精斑中能测定的 STR 基因座也能在唾液斑中测定，方法详见相关章节。

随着微量 DNA 分型技术的日益发展，大量潜在的包括口腔脱落上皮细胞的物证 DNA 检验成功率大大提高，拓宽了 DNA 检验的范围，成为重要的证据来源。

案例 16-1 ▶

唾液斑 DNA 检验侦破性犯罪案件

某市公安局接报警，某地发生一起强奸案，受害人刘某（女，18 岁）。经调查发现同村的江某（男，30 岁）有强奸作案嫌疑。因未遗留精液，江某对强奸一事矢口否认。受害人刘某反映，犯罪嫌疑人在强奸过程中有舔舐受害人乳房的动作，案发后受害人尚未清洗。提取受害人乳房擦拭物与犯罪嫌疑人江某血样。经检验，受害人乳房擦拭物检出唾液斑，采用常规的 Chelex-100 法提取唾液斑 DNA，利用 PCR-STR 分型技术得到一男性的 DNA 分型谱带，通过与犯罪嫌疑人江某的 DNA 分型相比对，确定与江某的 DNA 分型相同，案件告破。

此案的启示在于涉及性侵犯的案件现场不要忽视唾液斑的提取。在勘查现场时，除了提取受害人阴道拭子、内裤及可能留下犯罪嫌疑人精液斑的各类载体等生物学检材，还需综合案件的具体情况，特别是有反映犯罪嫌疑人对受害人身体有亲吻情况，不要忽视提取受害人的口唇、乳房等相关部位的唾液斑。本案件就是通过对受害人乳房唾液斑拭子的 DNA 检验，得到犯罪嫌疑人的 DNA 信息，为案件的成功侦破提供了关键性的证据。

本章小结

本章介绍了唾液及唾液斑的特点和检验目的，包括唾液及唾液斑的特点；检验目的与要求。唾液斑的证明，包括淀粉酶检测，重点介绍了淀粉 - 碘试验的原理、方法和结果判断；口腔黏膜脱落上皮细胞的检查；以及其他方法。唾液斑的个人识别，包括唾液斑的 ABO 血型测定；唾液斑的 DNA 分析。

关键术语

唾液（saliva）
唾液斑（salivary stain）
淀粉酶（amylase）
淀粉 - 碘试验（starch-iodine assay）

（杜　冰）

思考题

1. 试述唾液及唾液斑的特点。
2. 如何确证唾液斑？
3. 如何进行唾液斑的个人识别？
4. 测定唾液及唾液斑 ABO 血型为什么要用中和试验？
5. 确证唾液斑的新进展有哪些？

第十七章 混合斑检验

学习目标

通过本章学习,应该**掌握**混合斑的定义、特点和检验目的;精液和阴道液混合斑的鉴定程序;混合斑中精液成分的个人识别。**熟悉**混合斑中阴道液成分的个人识别;轮奸案的混合斑检验;多人血混合斑的检验;混合 STR 分型图谱的解释。**了解**混合斑中精液 ABO 血型的判定;多人血混合斑的 ABO 血型测定。

法医物证学中的混合斑(mixed stain)是指包含两名或两名以上个体的混合生物检材。在多数情况下,此类检材的遗传标记分型往往表现为多人的混合分型,使结果分析较为复杂。

第一节 混合斑的特点和检验目的

混合斑在法医物证实践中并不鲜见,可以分成两大类:一类是由不同个体的同一种体液或组织混合而成,最常见为多个个体的混合血痕;另一类是由不同个体的不同体液或组织混合而成,最常见为性犯罪案件中男性精液与女性受害者阴道液组成的混合斑,以及头发、皮肤、唾液、指甲或口腔脱落细胞等的混合。由于受到混合成分的种类、混合的个体数目以及不同个体来源的成分所占比例等因素的影响,混合斑检测结果的分析较单一个体来源的检材复杂。

混合斑常出现在下列情况:①性犯罪案件中阴道拭子、内裤、卫生纸、床单、犯罪嫌疑人外生殖器拭子等相关检材,这类检材可能含有精子及阴道上皮细胞,属男、女个体成分的混合物;②多人受伤的现场血迹、凶器或当事人身上的血痕,多为两个或两个以上个体的混合血痕;③咬痕拭子,可能含有咬者的唾液和被咬者的皮肤组织,常见于性犯罪案件中受害者的颈部、乳头、外阴;④指甲垢,可能含有本人和被抓者的组织;⑤血衣,可能含有穿着者和另一伤者的血液、汗液等;⑥勒颈的绳索、捆绑的胶带、作案工具等也常包含受害人和案犯的皮肤上皮脱落细胞。

混合斑检验首先要确证检材是否为混合斑,然后检测与分析混合斑的遗传标记,最终达到个人识别的目的。混合斑中的遗传标记来源于多个体,是各个体遗传标记的总和。在案件调查中应尽可能地了解案情,提取案件相关人员的生物检材作为比对样本,分别进行检测,从而推断混合斑各个组分的分型。

第二节 精液阴道液混合斑检验

精液阴道液混合斑是法医物证检验中最常见的混合斑类型,常见于性侵犯案件。检验目的主要是检测出男性精液成分的遗传标记,确定嫌疑人。也有少数案件要求确定女性阴道液的遗传标记,认定受害者。

一、混合斑的确证

精液阴道液混合斑可通过检测精液成分及阴道液成分进行确证。

（一）精斑的确证

利用精斑的确证试验确证人精斑。

（二）阴道液的确证

阴道液由阴道黏膜渗出物、前庭腺、宫颈腺、子宫内膜等的分泌液与脱落上皮细胞、阴道正常菌群及其代谢产物组成。阴道液中含有大量阴道脱落细胞和特有的阴道肽酶，常用以下方法确证阴道液：

1. 细胞学检查　斑痕浸液离心，沉淀物涂片，HE 染色，显微镜下检查。阴道上皮细胞属于复层鳞状上皮细胞，典型的阴道上皮细胞大而扁平，形态不甚规则，HE 染色胞浆红染。有的是已完全角化的无核上皮细胞。如果同时查见精子，说明是阴道液与精液的混合斑。阴道上皮细胞的形态与口腔上皮细胞有些相似，但阴道上皮细胞富含糖原，可采用嗜碘试验与口腔黏膜上皮细胞相鉴别。

嗜碘试验（Lugol's iodine assay）：斑痕沉淀物涂片，干燥后，加 1~2 滴 Lugol's 碘液（碘 2g，碘化钾 3g，蒸馏水 40ml），或将玻片翻转盖在盛有 Lugol's 液的小皿上，2~3 分钟后镜检。阴道上皮细胞被碘染成红褐色或深黄褐色，口腔黏膜细胞不着色。

2. 阴道肽酶测定　肽酶（peptidase）是一类催化肽键水解的酶，能水解 L- 缬氨酰基 -L- 亮氨酸及其他二肽底物。阴道肽酶（vaginal peptidase，Vp）仅存在于女性生殖道分泌液中，包括输卵管和子宫内膜分泌液、子宫颈管黏液及阴道黏膜分泌液中，与年龄、性活动及月经周期无关。

Vp 可采用淀粉凝胶电泳检测。阴道拭子中 Vp 检测阳性率约 64%，所以阴性结果不能否定阴道液存在。在阴道液斑中 Vp 的检出期限为 7 个月。人血和其他体液中不含 Vp，故月经血及精液等不影响 Vp 检出。

近年来，基于细胞和组织特异性的信使 RNA（mRNA）、微小 RNA（microRNA）、DNA 甲基化标记等进行血痕、精斑、阴道液斑、唾液斑等体液斑的确证研究取得一定进展，详情可见相关章节。

二、混合斑中精液成分的个人识别

在强奸案中，现场提取的精斑多数混有阴道液，混合斑检验主要是对其中精液成分进行身源鉴定，以确定嫌疑人。精液和阴道液都是人体体液，均存在可溶性 ABH 血型物质和部分血清型和酶型蛋白，可供分型检测。从精子细胞和阴道上皮细胞提取 DNA，可以获得 DNA 多态性信息。从混合斑测出的遗传标记型别是精液与阴道液遗传标记的总和，因此需提取受害人和嫌疑人的血液、唾液等作参照样本，对于已婚的被害人还要提取其丈夫的样本同时检测进行比对。

混合斑的鉴定主要有三类方法，一类是对比推断法，检测混合斑遗传标记的所有分型；二是分离精液与阴道液组分，分别进行遗传标记分型；三是直接检测混合斑中精液特有成分，例如检测 Y 染色体遗传标记。对比法简便易行，比较常用，但分析较复杂，信息量有限。分离精液和阴道液组分或检测精液特有成分的方法对于确定犯罪嫌疑人比较可靠。

（一）对比推断法

1. DNA 分型　目前 STR 基因座分型技术是混合斑个人识别的常规技术。对混合斑直接提取 DNA 进行 STR 基因座分型，结果会得到男性案犯和女性受害人的混合分型图谱，使结果的分析变得复杂。对于混合 STR 分型图谱的解释策略见本章第四节。

2. ABO 血型测定　混合斑 ABO 血型测定的方法有中和试验和 ELISA 法等，其中以中和试验较为常用。

用中和试验测定混合斑和受害人唾液的 ABH 物质及分泌状态，进行对比分析，可推测混合斑中精液的 ABO 血型（表 17-1）。若混合斑中精液血型与犯罪嫌疑人血型不同，则可否定犯罪嫌疑人；如相同，则不能否定。若受害者为非分泌型，则很容易从混合斑中判断犯罪嫌疑人的血型。能否检测出混合斑各个体的血型物质，受混合比例等因素影响。在检测中要注意多处取材，分析所有的检测结果，结合相关案情，才有可能准确推定精液的血型。

表 17-1 混合斑中精液 ABO 血型的判定

混合斑血型	受害人血型	推测精液的血型	排除的精液血型
se	se	se	ABSe、ASe、BSe、OSe
OSe	se	OSe	ABSe、ASe、BSe、se
	OSe	OSe、se	ABSe、ASe、BSe
ASe	se	ASe	ABSe、BSe、OSe、se
	OSe	ASe	ABSe、BSe、OSe、se
	ASe	ASe、OSe、se	ABSe、BSe
BSe	se	BSe	ABSe、ASe、OSe、se
	OSe	BSe	ABSe、ASe、OSe、se
	BSe	BSe、OSe、se	ABSe、ASe
ABSe	se	ABSe	ASe、BSe、OSe、se
	OSe	ABSe	ASe、BSe、OSe、se
	ASe	ABSe、BSe	ASe、OSe、se
	BSe	ABSe、ASe	BSe、OSe、se
	ABSe	ABSe、ASe、BSe、OSe、se	无

注：se 非分泌型；Se 分泌型

（二）分离精液和阴道液组分进行检测

1. 差异提取法分离精子和阴道上皮细胞 DNA 对精液阴道液混合斑进行 DNA 分型，关键是获得纯净的精子细胞 DNA。目前最常用的方法是差异提取法（differential extraction），或称两步消化法（two-step lysis）。精子细胞核膜蛋白质富含二硫交联结构，对去污剂及外源性蛋白酶有相当强抵抗作用。相比之下，阴道上皮细胞经常规使用的去污剂、蛋白酶即可被消化。在混合斑检材中加适量 TNE 缓冲液、SDS 和蛋白酶 K，37℃水浴孵育 3 小时左右，阴道上皮细胞被破坏，释放出 DNA，而精子核膜尚未被破坏。离心后上清液中含有阴道上皮细胞 DNA，沉淀物则为精子。沉淀物以 TNE 缓冲液洗涤数次，再进行第二次消化，除 TNE 缓冲液、SDS 和蛋白酶 K 外，消化液中加入还原剂二硫苏糖醇（dithiothreitol，DTT），56℃孵育过夜。在 DTT 的作用下二硫键断裂，精子核膜破裂，即可获取精子的 DNA（图 17-1）。

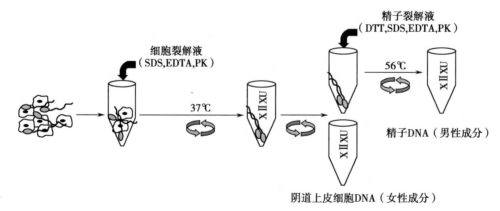

图 17-1 差异提取法原理示意图

差异提取法能够获得混合斑中的精子 DNA，原则上只要能够提取到精子 DNA，分型就不再受阴道上皮细胞成分的干扰，就可以确定犯罪嫌疑人的 DNA 型别，达到认定犯罪嫌疑人的目的。混合斑

DNA 差异提取法的关键是消除阴道细胞的干扰，得到纯净的精子 DNA，但在实际操作中并非每次都能保证理想地分离精子和阴道上皮细胞。如果现场混合斑中阴道上皮细胞数量远大于精子时，常会造成消化不完全，分离到的精子细胞 DNA 仍然是混合物；有时过度消化又可能消化掉一部分精子，导致精子 DNA 的损失和减少。因此在进行混合斑 DNA 差异提取前，应先进行涂片检查，确定精子和阴道上皮细胞的大致比例，根据情况和经验对第一步消化的时间、温度、试剂浓度等作适当的调整；如果检材数量足够，还可以对第一步消化进行几个消化时间梯度的尝试，从中选择最合适的分离时间。

混合斑第一步消化后的上清液中含有阴道上皮细胞 DNA，第二步消化液中含精子细胞的 DNA，可分别进行 DNA 分型，与受害者和犯罪嫌疑人比对，从而排除或认定犯罪嫌疑人。目前常用的几种 DNA 提取方法，包括有机溶剂法、Chelex-100 法和磁珠法等均可用于这两步消化产物的 DNA 提取。对于污染较严重的混合斑，可结合使用几种方法以提高提取质量。

差异提取法检测成本低廉，目前仍是国内大多数实验室处理精液阴道液混合斑的主要手段。但其进行混合斑 DNA 提取的成功率很大程度上受到检验人员的经验水平等主观因素以及检材的具体条件影响，对案犯为输精管结扎或少精症的情况也不能适用。近年来，有研究者对差异提取法进行改良，例如 Differex™ 法采用特殊的磁珠特异性地吸附精子细胞，然后通过分离液的作用保证消化液和阴道上皮 DNA 与精子细胞在洗涤过程中相分离，显示较好的提取效果。

2. 激光捕获显微切割技术分离精子和阴道上皮细胞　激光捕获显微切割技术（laser capture microdissection，LCM）是一项利用激光在显微镜下从组织切片中分离、纯化单一类型细胞群或单个细胞的技术。其过程可概括如下：首先在组织切片上覆盖一层透明的热塑膜，在显微镜下观察该组织切片，选择某一特殊细胞后，开启脉冲式红外激光束，使膜熔化，黏性增强，待其冷却后该位置的细胞就被牢固地黏附在膜上，从而分离细胞。

用 LCM 技术可以收集有限的检材，排除干扰物质，从而使一些现有技术无法检测的检材也能检测成功。譬如在一些混合斑中女性成分占绝对优势，女性成分难以消化完全，干扰精子分型，用 LCM 技术可以有目的地收集精子或阴道上皮细胞，得到所需组分的基因型。但对于精子形态较难辨认的陈旧检材，或者上皮细胞黏附于转移膜上或精子头部的情况，获得混合分型的情况也时有发生。近年来，有研究者将 LCM 联合免疫荧光染色技术或 LCM 联合荧光原位杂交技术分离精子细胞，提高了陈旧微量等疑难混合斑的分型成功率。

LCM 技术需要相应的仪器设备，成本高，对操作人员要求也高。若能将 LCM 的优点与单细胞 DNA 分型技术结合起来，对于强奸案中精子和阴道上皮细胞的分离以及轮奸案中不同男性的 DNA 分型等均会很有意义。

除了以上两种方法以外，近年来对精子细胞分离还有很多其他新技术，其中免疫磁珠、核酸适配体、微流控芯片等方法均显示具有很好的应用前景。

知识拓展 17-1 ▶

免疫磁珠法分离精子细胞

免疫磁珠法分离精子细胞指针对精子细胞表面特异性抗原筛选和制备抗体，与磁珠相结合，制备特异性精子细胞定向捕获体。免疫磁珠通过抗原抗体反应特异性地结合混合组分中的精子细胞，进而通过外加磁场的作用实现精子细胞的定向捕获与分离。已报道使用的抗体包括抗 MHS-10 抗体、抗 NUH-2 抗体、抗 HS-21 分子抗体、抗血管紧张素转化酶抗体、抗人精子鱼精蛋白抗体、抗 -SPAG8 抗体等。

免疫磁珠法分离精子细胞具有以下优点：简便、快速、安全，所需仪器设备简单，对精子细胞无破坏，在分离同时能进行纯化和富集，具有自动化的前景。但在实际案件中，如果检材较陈旧，精子细胞膜表面抗原已降解，则无法进行分离，此时应结合其他技术辅助完成精子细胞的分离。

（三）检测精液特有的遗传标记

1. **Y染色体DNA分析** 精液阴道液混合斑个人识别的主要目的是鉴定斑痕中的男性成分，Y染色体特异性DNA标记为男性特有，分型不受女性阴道上皮细胞干扰。实验表明精子与阴道上皮细胞DNA比例即便为1/2000时，阴道细胞的DNA也不会干扰Y-STR分型，因此不需要分离精液成分就可检测出犯罪嫌疑人的DNA遗传标记，减少了繁琐的两步消化过程，也避免了操作过程中精子DNA的损失，提高检测阳性率。由于Y-STR分型的灵敏度高，即使无精子或者少精子的混合斑也能进行分型。

Y-STR分型还有一个优势是可以确定犯罪嫌疑人的人数。对于单拷贝的Y-STR基因座，每一男性个体只有一个等位基因产物片段；如果在多个Y-STR基因座均检测出2个片段，则提示犯罪嫌疑人至少是2人，这对于轮奸案件的分析很有意义。此外，Y-STR分型对性犯罪案件中可能遇到的其他男女成分混合斑，例如血斑-血斑、唾液斑-血斑、唾液斑-皮肤的混合检材也能成功地进行男性成分检测。

精子细胞比体细胞更稳定，对外界环境的抵抗能力强，有报道对保存25年的阴道拭子进行Y-STR分型获得成功。

单个Y-STR基因座的遗传差异度多数为0.5～0.7，实际检案中通常采用多个Y-STR基因座的复合扩增，个人识别能力和检测效率很高。

2. **其他方法** 通过检测精子中特有或相对含量较高的血清型或酶型标记，例如DIA3、ORM1、GC和γ-GGT等，也是混合斑中精液个人识别的手段之一，需取犯罪嫌疑人精液作为对照。

三、混合斑中阴道液成分的个人识别

在大多数性犯罪案件中，在混合斑中检测出嫌疑男性遗传标记，即可为案件提供证据。但有些案件，需要对混合斑中女性成分作出个人识别，例如床单上的混合斑痕若能够同时检测出与犯罪嫌疑人和被害人相同型别的遗传标记，则可以确定案发现场。如果从犯罪嫌疑人阴茎龟头拭子或者冲洗液中查出被害人的基因型，则是证明嫌疑人是涉案人的有力证据。混合斑女性DNA成分取自第一次消化后离心的上清液中。进行常染色体STR多态性分析，是目前对阴道分泌液个人识别的主要方法。

分泌型阴道液中ABH物质含量略低于精液，可按测定精液ABH型物质的方法测定。

案例17-1 ▶

未检见精子的强奸案DNA检验1例

某地发生一起强奸案，被害人系一名18岁少女。她与犯罪嫌疑人一起吃完宵夜后，被犯罪嫌疑人带至暂住地强奸，事后被害人由于觉得"肮脏"而洗澡，后趁犯罪嫌疑人熟睡报警。警方在检验相关检材未果的情况下，对犯罪嫌疑人阴茎用湿润棉签进行擦拭，采用Chelex-100法提取擦拭物及被害人、犯罪嫌疑人血样，经STR复合扩增及毛细管电泳分型，结果显示犯罪嫌疑人阴茎擦拭物的STR分型为混合图谱，每个STR基因座的分型均包含被害人和犯罪嫌疑人的等位基因。

该案例中，警方从被害人阴道拭子、短裤等常规检材中均未检见精子，通过检测疑犯阴茎上的斑迹发现了线索。这一做法主要是基于以下几点：（1）对案情的充分了解。通过详细了解案发过程，知道了犯罪嫌疑人作案时的行为动作，这对于获取有价值的检材十分重要。（2）从案件发生到检材提取的时间间隔较短。本案间隔在3小时以内，检材可信。（3）检材提取得当。本案例中的检材是从人的皮肤组织上擦拭后取得，要求在提取过程中掌握好湿棉签擦拭的力量大小。由于摩擦会黏附部分皮肤的脱落上皮细胞，因此此类检材的检验结果往往大多呈混合DNA分型。

四、轮奸案混合斑检验

轮奸案混合斑中留有两个或者两个以上犯罪嫌疑人的精液。目前采用的差异提取 DNA 技术,只能分离精子细胞和阴道上皮细胞,无法分离不同个体的精子,分型检验所得 DNA 分型图谱仍是多个体遗传标记的混合图谱,例如常染色体 STR 分型会出现 3 个或 3 个以上的等位基因产物片段。混合分型图谱对确定犯罪嫌疑人有一定的困难。

Y-STR 在确定轮奸案中犯罪嫌疑人数、排除或指控犯罪嫌疑人等方面均较常染色体 STR 标记有明显的使用价值,是轮奸案件中重要的检验内容。

轮奸案的现场勘察,应注意提取多处检材或一份检材不同部位的斑痕,分别进行 DNA 提取和扩增分型,尽可能找到来自单一个体的精斑,以便最后确定各犯罪嫌疑人的基因型。混合斑中,几个犯罪嫌疑人精液的含量差异会造成常染色体 STR 或 Y-STR 分型等位基因片段的峰高差异,有时能够为确定精液的个体发挥作用,为案件侦破提供线索。对于混合 STR 分型图谱的解释策略见本章第四节。

第三节　多人血混合斑检验

在凶杀、斗殴等案件及意外事故中,会遇到含有两个或两个以上个体血液混合形成的斑痕,例如一把刺伤多个人的匕首,留有几个被害人的血迹,法医物证鉴定需对混合血痕进行一人血或多人血的鉴定,确定血痕身源。

多人血混合斑的提取与一般血痕提取相似,除了提取现场可疑血痕外,还要从受害人和犯罪嫌疑人身上提取相应的血液作为对照样本。对疑为多人血混合斑,按血痕检验步骤,先进行确证试验及种属试验证明为人血痕,然后进行血型或 DNA 分型。多人血混合斑的 DNA 分型目前最常使用 STR 分型技术,分型结果表现为两人或多人的混合分型。对于混合 STR 分型图谱的解释策略参见本章第四节。

第四节　混合 STR 分型图谱解释

荧光标记 STR 复合扩增技术不仅灵敏度高、信息量大,还可以对等位基因扩增产物进行定量分析,十分有利于混合斑分析,是目前各类混合斑鉴定最有效的手段。

从不同个体来源混合生物检材中提取 DNA 进行 PCR-STR 分型检测,实质上可视为在一个个体的 STR 基因座扩增产物的基础上,附加了另一人或多人的 STR 扩增产物。检材的前处理、DNA 提取以及 PCR 扩增与单一检材的 DNA 检测方法相同,但分型结果为多个个体的 STR 图谱累加。

目前对于混合 STR 分型图谱的解释,常见以下四种方法:定性评价、计算匹配概率、计算排除概率、计算似然率。

一、定性评价

这种方法不做计算,只进行简单的排除或不排除的定性评价。例如:假定混合斑和嫌疑人样本的 DNA 图谱的全部基因座均得到检验,不存在等位基因丢失的情况,如果混合 STR 分型图谱中不包含嫌疑人的等位基因,那么该嫌疑人即可被排除;反之,如果在混合图谱中均能找到嫌疑人相应的等位基因,则不能排除嫌疑人是混合斑的提供者。

这种方法简单、保守,但由于不能对证据力度进行量化评估,通常不能令法庭满意。

二、计算匹配概率

匹配概率(match probability)是法医物证学中常用于个人识别个案效能评估的指标。在案件中,由于同时进行了受害人和（或）嫌疑人的参考样本DNA分型，结合各等位基因峰高（peak height）和峰面积（peak area）差异，可以将混合检材来源个体的DNA分型准确地推断出来，然后按照单一来源的样本进行匹配概率的计算（详见第十九章）。

但是，由于混合检材的分型组合可能非常复杂，当混合样本中各提供者的成分接近均等，或者提供者的等位基因被非特异性产物（如stutter产物）或其他人的等位基因掩盖，或者DNA降解得到不完整图谱等情况，并不总能明确地推断混合DNA中每个来源个体的基因型，因此也限制了这种方法的应用。

三、计算排除概率

排除概率（probability of exclusion，PE）在此指排除某随机个体是混合DNA提供者的概率。这个参数提供了一个群体遗传比率的估算方法，这一比率是指混合分型中至少有一个等位基因未被观察到的基因型分型。如果混合检材中某个基因座的分型结果包括3个等位基因（A1，A2，A3），三个等位基因的频率分别为a1、a2、a3，那么：$p=a1+a2+a3$，$q=1-p$，所以$PE=2pq+q^2$。

与之对应的是包含概率（probability of inclusion，PI），或者称为随机个体不被排除（random man not excluded，RMNE），$PI=1-PE$。

多个基因座可累积计算其联合排除概率（combined PE，CPE）：
$$CPE=1-[(1-PE_1)\times(1-PE_2)\times\cdots\cdots\times(1-PE_n)]。$$

计算排除概率法只需简单地确定没有出现在检材中的等位基因，不需考虑混合检材的来源个体数量，在没有比对样本分型结果的情况下仍然可以得出结论，对复杂的混合STR分型图谱能进行保守的结果解释，意义直观，容易被法庭所理解。但该方法不能充分地利用混合STR分型图谱的信息。

四、计算似然率

目前国际法庭遗传学会（International Society of Forensic Genetic，ISFG）推荐采用似然率（likelihood ratio，LR）法进行分析和解释，计算两个对立假设的概率比值。分析步骤如下：

（一）确定是否为混合斑

可从两方面发现混合斑的存在：一是检查每个STR基因座等位基因峰的数目，如果出现2个以上峰（排除多个STR基因座中仅一个基因座出现的三带型模式的情况），尤其是多个STR基因座同时存在超过2个峰的图谱，可判定此斑痕为混合斑；二是通过检查各个STR基因座图谱的相对峰高，正常情况下杂合子的两个峰的峰高比应该大于60%，阴影带峰高与其主峰峰高比小于15%，如果不符合这种规律则提示混合斑的存在。

（二）确定等位基因峰

等位基因峰的位置应在等位基因分型标准物（ladder）±0.5bp的范围内，同一样本进行复合扩增的基因座的每个等位基因峰相对ladder的漂移应大致恒定。

（三）确定构成混合斑的组分数

确定混合斑中组分的数目对于后续的计算非常重要。一般而言，对于二组分构成的混合斑，单个STR基因座分型会出现1个、2个、3个或4个等位基因（图17-2）；如果出现5个或者6个等位基因则提示至少有3个组分；如果等位基因数目超过6个，则提示有4个以上组分。

（四）统计分析

根据有无考虑等位基因峰高或峰面积，分为两种计算方法：无限制组合的似然率法和限制组合的似然率法。

1. 无限制组合的似然率法（the likelihood ratio method using the unrestricted combinatorial approach）这种方法不考虑峰高和峰面积，仅列出能够产生给定混合STR分型图谱的所有组合，计算各种组合相应的Pr（E│Hp）和Pr（E│Hd）。

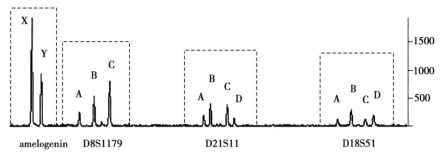

图 17-2　二组分构成的混合斑的 STR 基因座分型结果示例

例 1　对一个由两个个体组成的包含 4 个等位基因的混合 STR 分型图谱（图 17-3），其所有组合方式及其基因型频率为（表 17-2）。

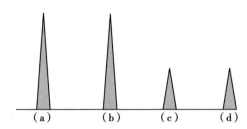

图 17-3　二组分混合斑的四等位基因图谱

表 17-2　二组分混合斑产生四等位基因图谱的所有组合方式

个体 1	个体 2	基因型频率
ab	cd	$4p_ap_bp_cp_d$
ac	bd	$4p_ap_bp_cp_d$
ad	bc	$4p_ap_bp_cp_d$
cd	ab	$4p_ap_bp_cp_d$
bd	ac	$4p_ap_bp_cp_d$
bc	ad	$4p_ap_bp_cp_d$
Sum（即 Pr（E|Hd））		$24p_ap_bp_cp_d$

进行混合斑分型结果分析时，Pr（E\|Hp）、Pr（E\|Hd）要视情况分别定义和计算。假设考虑混合斑是由一个疑犯（S）和一个未知个体（U）构成时，似然率的两个假设分别为：

Hp：疑犯（S）和未知个体（U）构成混合斑。

Hd：两个未知个体（U1 和 U2）构成混合斑。

如果疑犯（S）是 *ab*，未知个体（U）就应该是 *cd*，Pr（E\|Hp）$=2p_cp_d$，因此

$$LR = \frac{2p_cp_d}{24p_ap_bp_cp_d} = \frac{1}{12p_ap_b}$$

如果已明确混合斑是由受害人（V）和疑犯（S）组成，进行混合斑分型结果分析时，似然率的两个假设分别为：

Hp：受害人（V）和疑犯（S）构成混合斑。

Hd：受害人（V）和未知个体（U）构成混合斑。

现受害人（V）基因型为 *ab*，疑犯（S）为 *cd*，则 Pr（E\|Hp）为 1，Pr（E\|Hd）$=2p_cp_d$，因此

$$LR = \frac{1}{2p_cp_d}$$

例2　对一个由两个个体组成的包含 3 个等位基因的 STR 分型图谱（图 17-4），已明确其中一组分为受害人（V），进行混合斑分型结果分析时，似然率的两个假设分别为：

Hp: 受害人（V）和疑犯（S）构成混合斑。

Hd: 受害人（V）和未知个体（U）构成混合斑。

现已知受害人（V）基因型为 ab，疑犯（S）检出为 bc，则 $Pr(E|Hp)$ 为 1；Hd 假设情况下，混合斑可能是该 ab 型的受害人（V）与 cc、ac 或 bc 型未知个体组成，$Pr(E|Hd)=p_c^2+2p_ap_c+2p_bp_c$，因此

$$LR=\frac{1}{p_c^2+2p_ap_c+2p_bp_c}$$

同理，若受害人（V）和疑犯（S）组成包含 2 个等位基因的 STR 分型图谱（图 17-5），已检出受害人（V）基因型为 ab，疑犯（S）为 bb，则 $Pr(E|Hp)$ 为 1；Hd 假设情况下，混合斑可能是该 ab 型的受害人（V）与 aa、bb 或 ab 型未知个体组成，$Pr(E|Hd)=p_a^2+p_b^2+2p_ap_b$，因此

$$LR=\frac{1}{p_a^2+p_b^2+2p_ap_b}$$

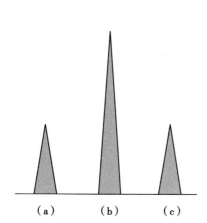

图 17-4　二组分混合斑的三等位基因图谱

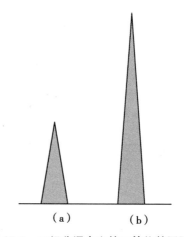

图 17-5　二组分混合斑的二等位基因图谱

2. 限制组合的似然率法（the likelihood ratio method using the restricted combinatorial approach）　这种方法除了考虑等位基因的数目和类型，还考虑了各个等位基因峰高（peak height）和峰面积（peak area）所提供的信息，由此排除掉一些不可能的基因型组合，筛选出合理表型组合。最后结合参照样本（受害人和 / 或犯罪嫌疑人）的基因型进行对比，综合进行似然率分析。例如根据图 17-4，等位基因 b 的峰高明显高于等位基因 a 和 c，已知受害人（V）基因型为 ab，如果考虑等位基因峰高和峰面积所提供的信息，通过计算杂合子等位基因间的相对峰高，在 Hd 条件下可以排除 ab 与 cc 型以及 ab 与 ac 型两种组合，仅剩下 ab 和 bc 的组合，因此：

$$LR=\frac{1}{2p_bp_c}$$

这种 LR 值计算方法更符合实际情况。根据多个 STR 基因座的分型结果，可以为混合斑的解释提供科学证据。

在实际检验中，在对混合 STR 分型图谱结果进行解释时还需考虑阴影带（stutter band）以及低拷贝数目（low copy number）的 DNA 进行 STR 分型可能产生的等位基因丢失（allelic drop-out）、等位基因增加（allelic drop-in）、不均衡杂合子（imbalanced heterozygote）等现象对混合斑分型结果造成的影响，分析比较复杂。基于不同的概率模型和分布假说，目前有多种混合 STR 图谱分析软件，例如 DNAmixtures、STRmix、LRmix 等，各种软件各有利弊，可视条件选用。

此外，目前常用的 STR 复合扩增体系中包括的性别基因（Amelogenin 基因座）和 Y-STR 基因座

在混合斑检验中也有独特的作用。Amelogenin 基因座出现 Y 峰说明检材含有男性成分；X 峰面积明显大于 Y 峰，可以认为是男女混合血痕；X 和 Y 峰面积信息可用于判断是否混合斑以及混合斑中的男女成分比例。二根据 Y-STR 基因座的数目则可推断混合斑的最少男性组分数目。

知识链接 17-1 ▶

ISFG 专家委员会混合斑分析指南

国际法医遗传学会（International Society of Forensic Genetics，简称 ISFG）2005 年 9 月 13 日至 17 日在葡萄牙亚速尔群岛召开了第 21 届国际会议。会议期间 ISFG 的 DNA 委员会研究制定了法医混合斑分析指南。目的是通过提出技术建议，指引和促进混合斑分析最佳实践，以期有助于混合斑分析的结果解释。同时，DNA 委员会也对低拷贝数（LCN）分析提供了技术建议。DNA 委员会强调在混合斑分析领域存在继续教育和科学研究的重大需求。DNA 委员会试图通过专家们当时的共识提出一个清晰的愿景，但意识到还不能自称已经能够解决每个方面存在的困难问题。为此，DNA 委员会建议容许一段时间的反馈和科学界的反映。然后 DNA 委员会将再次开会来考虑进一步的建议。ISFG 的 DNA 委员会制定的法医混合斑分析指南可通过 ISFG 网站公开访问。ISFG 网址为：http://www.isfg.org

本章小结

法医物证学中的混合斑是指包含两名或两名以上个体的混合生物检材。混合斑检验首先要确证检材是否为混合斑，然后检测与分析混合斑的遗传标记，最终达到个人识别的目的。精液阴道液混合斑是法医物证检验中最常见的混合斑类型，检验目的主要是检测出男性精液成分的遗传标记，确定嫌疑人。也有少数案件要求确定女性阴道液的遗传标记，认定受害者。主要有三种思路进行精液阴道液混合斑检验：对比推断法、分离精液与阴道液组分分别进行遗传标记分型或是直接检测混合斑中精液特有遗传标记。混合斑 DNA 分型结果往往表现为两人或多人的混合分型。目前常用于混合 STR 分型图谱解释有四种方法：定性评价、计算匹配概率、计算排除概率、计算似然率。

关键术语

混合斑（mixed stain）
差异提取法（differential extraction）
激光捕获显微切割技术（laser capture microdissection，LCM）
匹配概率（match probability）
排除概率（probability of exclusion，PE）
似然率（likelihood ratio，LR）

（孙宏钰）

思考题

1．什么是混合斑？混合斑检验需解决哪些问题？
2．试述进行精液与阴道液混合斑个人识别的几种思路。
3．什么是差异裂解法？有何优缺点？
4．试述如何对混合斑 STR 分型图谱结果进行分析和解释。
5．Y-STR 分型对混合斑的优势有哪些？

第十八章 人体组织检验

学习目标

通过本章学习,应该**掌握**毛发检验的目的和要求;毛发与纤维的鉴别;人毛与动物毛的鉴定。**熟悉**不同人体组织的特点及法医学应用价值;软组织的提取和送检注意事项;人体组织的 DNA 分析方法。**了解**骨 DNA 分析方法。

人体组织是重要的法医物证之一。在凶杀、强奸、空难、纵火、斗殴、意外事故(自然灾害、火灾、爆炸)、交通肇事等现场,常遗留有人体组织、器官、骨骼碎片以及牙齿、指甲、毛发等。通过对人体组织遗传标记的分析,可以重建案件现场,为侦察提供线索,为审判提供科学证据。

第一节 概　　述

人体组织的基本结构单位和功能单位是细胞。根据法医物证检验的特点将人体组织分为软组织(soft tissue)和硬组织(hard tissue),前者包括脱落细胞、皮肤、肌肉、脏器等,后者包括骨骼、牙齿和角化组织(毛发、指甲、趾甲等)。法医物证鉴定可通过对人体组织遗传标记的测定达到个人识别和亲子鉴定的目的。

在涉及人身伤亡的案件中,除常见的血痕、精斑、唾液斑外,人体组织也是重要的法医生物检材。毛发、骨、指(趾)甲,属于角化组织或硬组织,对腐败有较高的抵抗力,往往能保存很长的时间,在个体识别鉴定有实用价值。对一些高度腐败或白骨化的尸体,骨、指(趾)甲是唯一能保存下来的人体组织,通过对这些组织的核 DNA 分析可以进行个人识别,而陈旧骨、指(趾)甲和毛干则可通过线粒体 DNA 分析进行身份鉴定。

案例 18-1 ▶

交通肇事案

某县发生一起交通事故,罗某驾驶二轮摩托车与李某驾驶的大中型轮式拖拉机相撞,导致二轮摩托车上的乘车人俸某受伤。由于李某不愿意承担相关责任,以不知道发生过事故为由进行推脱,导致事故无法处理。提取大中型轮式拖拉机右侧后尾部可疑人体组织碎屑,同时采集伤者俸某的血样送检。种属实验确定该可疑组织为人体组织,经 Chelex-100 法提取 DNA,常染色体 STR 基因座分析,确定送检人体组织碎屑与伤者俸某的常染色体 STR 基因分型一致,似然率计算,支持送检人体组织碎屑与伤者俸某血样系来自同一个个体,从而为这起交通事故的认定提供了科学依据。

本案的启示是在交通事故中，由于车辆和人体的瞬间接触，在车辆接触人体的相应部位会留下人体的生物成分，可以通过在车辆上寻找人体生物成分与伤者或死者的生物成分进行DNA的比对，进行同一认定，确定肇事车辆。

第二节　毛　发　检　验

毛发（hair）是个人识别常见的法医物证检材，是个人识别的重要依据。毛发是皮肤的一种特殊附属器，由皮肤毛囊细胞产生的一种富有弹性的角质体。毛发具有特殊的形态结构，根据形态结构可确定样本是否为毛发，区分人毛或动物毛。毛发的角质蛋白抗腐蚀能力强，可长期保存。毛发位于体表，在受到机械性外力作用时，可损伤脱落遗留在现场。

一、毛发的特点

（一）毛发的结构

毛发由角化的上皮细胞构成。毛发大体结构分为毛干、毛尖、毛根三个部分。

1. 毛干（hair shaft）　毛干是裸露于皮肤外部的部分，由角化上皮细胞组成，毛干从外向里可分为毛小皮、毛皮质及毛髓质。

（1）毛小皮（hair cuticle）：位于毛发的最外层，由角化的无核无色素的扁平鳞状上皮细胞组成。这些细胞相互重叠，呈鱼鳞状或叠瓦状排列，叠瓦状毛小皮细胞外侧游离缘朝向毛尖。由于鳞片的大小、形状和重叠位置不同，毛小皮印痕可形成冠状、花瓣状、屋瓦状花纹。人的毛小皮花纹通常是细小波浪状。毛小皮紧密包围着皮质，起保护作用，加上皮脂腺分泌的脂质共同防止水分的侵入。

（2）毛皮质（hair cortex）：位于毛干中层、毛小皮与毛髓质之间，由细而长的梭形、纤维状角化上皮细胞组成，皮质细胞沿毛发的纵轴排列，故损伤的毛发易于纵行分裂。皮质细胞内是纤维束的角化物质，纤维走向与毛发长轴平行，纤维束间充满着残余的细胞成分和大小不同的色素颗粒、气泡、蛋白以及退化的核残余物质。

人类毛发的皮质大都很发达，是毛干的主要组成部分。由于梭形皮质细胞中纤维蛋白是富含半胱氨酸的α-角蛋白，形成紧密的螺旋链，链间由二硫键连接，结构异常牢固。微纤维间的粘合质可拉长，因而毛发有相当的弹性和强度，难溶于水和酸，能抵抗蛋白分解酶的作用。角蛋白中含有3%～5%的硫，故毛发燃烧时，发出焦味和辛辣味。

（3）毛髓质（hair medulla）：分布于毛发的中轴，由退化而形状不一的上皮细胞残留物组成。上皮细胞已萎缩、细胞核退化，常有核的残余。细胞内含有色素颗粒，对毛发的色泽无本质上的影响。细胞排列松弛，其间有气室，含有空气，细胞残渣为β-角蛋白，含硫量低，耐碱。人毛的髓质多不发达，而且髓质不连续。

2. 毛根（hair root）　毛根是埋在皮肤内的部分（图18-1）。毛根末端及其周围组织又分为毛球、毛囊、毛乳头等部分。毛球是毛根起始端膨大呈球状的部分。毛球基底部分的细胞有正常的细胞质和细胞核成分，越往上部越分化、以后变为毛小皮、皮质及髓质。毛囊为一管状鞘，包裹着毛根，内层称上皮根鞘，外层为结缔组织鞘。毛根和毛囊末端膨大，底面内凹，含毛细血管和神经的结缔组织，称为毛乳头。围绕毛乳头的上皮细胞称毛母基，此处的细胞不断增生，并逐渐角化，形成毛发的角质细胞。

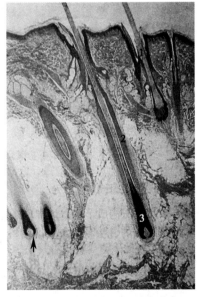

图18-1　毛发的结构
1毛根；2毛囊；3毛球；↑毛乳头

毛母基内有散在的黑色素细胞,产生黑色素由细胞突起传递到毛发的角质细胞内。

3.毛尖(hair tip) 毛尖是毛干的游离末端,毛干向毛尖逐渐变细而尖。

(二)毛发的形态与颜色

1.毛发的形态 一般毛发分为直发、波状发、卷发三种。黄种人一般为直发,少数为波状发或卷发,而黑种人毛发多为螺旋状卷曲。人类毛发的形态与种族、遗传、生长部位有关。

2.毛发的颜色 毛发颜色和深浅是由毛发色素的种类和含量决定。毛发的色素可分为白色角质体、黑色角质体及红色角质体三种。因而毛发有黄色、淡褐色、黑色和白色之分。随着人年龄的增加,毛球部黑色素细胞带消失,黑色素的合成减少,毛发逐渐变灰或白。毛发的颜色因人种的不同而异,如白种人大多为黄色,黄种人大多为黑色、褐色,黑种人与黄种人相似。某些动物毛的颜色可因季节的变化而变化,有时在同一根毛发上可有两种以上的颜色。

(三)毛发的分布及分类

人体表面除唇、手掌、足底、手指足趾未节等少数部位外均长有毛发,人体毛发根据其粗细、软硬度分为硬毛、毳毛。硬毛较粗硬,如头发、眉毛、睫毛、腋毛、阴毛、胡须等。毳毛在胚胎两个月就开始形成,细软、色淡、显微镜观察毛髓质常缺如。

(四)毛发的生长周期

1.毛发的生长和更换 毛发的生长有周期性,即生长期和静止期交替进行。根据毛发生长过程细胞学特点将毛发生长周期分为生长期,退行期、休止期。生长期的头发每日约生长0.35mm,此时毛乳头膨大、血管充血,毛母基细胞分裂频繁。退行期毛乳头萎缩变小,毛母基细胞停止增生。休止期毛根发生角化萎缩,并向表皮推移,与毛乳头分离,故毛发较易脱落。

2.毛发的生存时间 毛发的寿命因毛发的种类而异,头发约2~5年,阴毛、腋毛、胡须约7~10月,眉毛、耳毛只有3~5个月,睫毛更短。一般青少年时期毛囊大多属于生长期,而老年期毛囊多属于退行期或休止期。人的毛发处于生长、脱落不断更替状态,人平均每日脱落的毛发约为30~120根。

(五)毛发的理化性质

毛发是一种角蛋白,在沸水、中性盐溶液中不溶解,也不溶于硝酸、硫酸和过氧化氢混合液,不被胃蛋白酶和胰蛋白酶破坏、耐腐蚀。对碱性液抵抗力弱,可溶于强碱性溶液。

毛发是人体上皮组织的一部分,含有蛋白质、脂肪、水、金属元素等各种有机物和天然成分。组成毛发的角质蛋白有18种氨基酸,含量较多的有谷氨酸(19%)、半胱氨酸(15%)、亮氨酸(7%)、脯氨酸(8%)、丝氨酸(12%)、天门冬氨酸(5%)等。毛发中含有多种微量的无机元素,如钙、镁、铝、钠、铁、铅、锡、铜、锌、钾、镍、钴、钡、锶、铬、钼、镉、锰、铅、磷、硫、硒、硼、溴等,其含量具有个体差异,可供进行个人识别。分析毛发中金属元素的含量及有机物成分,可以帮助确定是何种金属中毒等。

二、毛发检验的目的和要求

毛发检验目的是个人识别。毛发的检验解决的问题:①是否为毛发;②是人毛或动物的毛发;③人毛发的部位、损伤及附着物检验;④毛发的个人识别。

三、毛发与其他纤维的鉴别

天然或人工合成的纤维如丝、棉、麻、毛纤维以及石棉、玻璃丝等外观上与毛发很相似。现场提取的检材中,有些类似毛发的检材被提取,需要与纤维进行区别。根据毛发的结构及理化性质,一般可确认毛发。

1.肉眼观察 典型的毛发有毛尖、毛干和毛根的结构特征,与天然纤维、合成纤维区别明显。

2.显微镜观察 人毛或动物毛有毛小皮、皮质、髓质三层结构,纤维无此结构,易于区分。

3.燃烧法 纤维易燃,燃烧后一般无特殊臭味,人毛或动物毛燃烧后会发出特殊的臭味。

四、人毛与动物毛的鉴别

一般可通过对毛发的显微结构特征的观察来区别人毛和动物毛。

（一）毛小皮

显微镜下一般观察到 7 种毛小皮形态。包括棘状鳞片、齿状鳞片、多面型鳞片、鱼形鳞片、环纹型鳞片、多面型鳞片及不规则花环型鳞片。其中不规则花环型鳞片多见于人和一些哺乳动物。人毛毛小皮印痕呈较细而不规则波浪花形或细锯齿状，动物毛小皮形状多变、毛小皮缘为粗锯齿状。

（二）毛皮质

人毛毛皮质较宽，一般占毛干的 2/3 左右，色素颗粒分布较均匀。动物毛毛皮质较窄，一般占毛干的 1/2～1/3，色素颗粒大小不一，分布不均匀。

（三）毛髓质

人毛毛髓质不发达，较皮质窄，宽度约占毛干的 1/4～1/5，髓质不连续，毛尖部分和部分毳毛有时髓质缺如。动物毛髓质发达、连续。一般至毛尖部，髓质占毛干的 1/3 以上。少数动物毛髓质尚可见较完整细胞形态，如兔毛髓质细胞呈砌砖样结构，猕猴毛呈单行扁平细胞排列等。

五、人体各部位毛发的鉴别

根据毛发的长短、粗细、卷曲、色泽、末端特征、横断面的形状、髓质的位置以及附着物来判断人体各部位的毛发。

1. 头发　人体中除刻意蓄胡须外，头发是最长的。因个人喜好不同、民族习惯不同有短发、长发甚至剃光头。任意生长可达 1.5 米以上。平均直径 75～100μm，中国人的头发大多呈黑色，黑褐色、褐色及灰白色。直发占大多数，也有部分为卷曲发，毛发横断面为圆形或椭圆形。

2. 阴毛　青春期阴毛开始生长。形状多呈 S 形弯曲或波状，一般 3～6cm。直径较头发粗，约为 90～140μm，横断面呈椭圆形，髓质常连续、偏心。可附着分泌物，女性经期可附着月经血。

3. 其他部位的毛发　眉毛、睫毛、鼻毛一般粗短，长度在 1cm 左右。

六、脱落毛发和损伤毛发的鉴别

（一）自然脱落的毛发

毛发有一定的自然生长周期，生长期停止的毛发，毛球萎缩与毛囊分离，就被新生的毛发推出而脱落。因此自然脱落的毛发，毛根完全角化，干燥萎缩，无根鞘附着，根部色素含量较少，用 5%～10% 的亚硝基铁氰化钠溶液染色，无颜色反应。

（二）暴力拔出的毛发

外力拔下的毛发，毛根部有毛囊组织附着，毛球湿润，毛球下端呈开放状或钩状弯曲。用 10% 亚硝基铁氰化钠浸泡染色呈鲜红色（非角化毛根所含的巯基化合物与亚硝基铁氰化钠作用呈红色）。暴力牵拉后毛发被拉长变形直至断离，毛发被拉长，滴加 1～2 滴水，毛发可自然回缩。毛发的拉伸、梳理可导致毛小皮鳞片翘起或成裂纹、毛发损伤、角蛋白丢失。

（三）热作用损伤的毛发

毛发在高温情况下可引起色泽变化。温度超过 150℃，毛发因高热缺水分，出现形态结构的改变。190℃毛发角质膨胀、熔融、出现气泡。200℃以上黑发变成黑褐色，白发则变成黄色、红色并失去光泽。240℃，毛发卷缩，并且随着温度的升高，毛发则发生炭化。烫发对毛小皮有明显的损伤，可见毛皮质出现小裂缝或气泡，皮质纤维高度扭曲并呈一定角度，毛发干燥，易碎易断。

（四）钝器损伤的毛发

毛发被钝器作用的部位变宽扁平，皮质纤维分裂，部分断裂或完全断裂（图 18-2）。完全断裂的毛发，断端膨大，不整齐，有时呈扇形或阶梯状。未断离的毛发，断端常呈纺缍形膨大，在皮质中出现长形或横形裂纹,皮质细胞断离,伴有毛小皮剥脱。

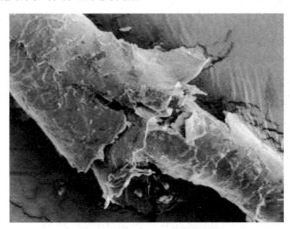

图18-2　钝器所致毛皮质损伤

(五) 锐器损伤的毛发

毛发被剪切或切割,断面形态特征与锐器刃口的锋利程度有关。通常锋利锐器切断毛发,断端平滑整齐、毛干不碎裂、皮质纤维不分裂。刃口不锋利的锐器切断毛发断端呈锯齿状或阶梯状。

七、毛发的个人识别

(一) 形态学观察

1. 毛发的形态和附着物检查　形态学检查在毛发鉴定中十分重要。对现场提取毛发或疑似毛发的检材,应观察和记录毛发的数量、色泽、长度、形态是否完整以及附着物等。根据附着物的成分可获得有关职业、毛发来源等信息。例如某些特殊来源的尘埃如煤渣、面粉、涂料、油漆、木头碎屑等这些成分有助于推断职业。如毛发上附有月经血、精液、鼻涕可帮助判断毛发的来源部位。

2. 毛发结构观察　毛发经过洗涤、干燥后即可在显微镜下观察毛发的微细结构。由于毛发色素的存在,可干扰观察,宜作脱色处理。将毛发浸于30%过氧化氢脱色液中,约10~20分钟,待毛发颜色变浅,经水洗、干燥后置载玻片上即可镜检。

(1) 毛发外形:在显微镜下可观察毛发外形,毛根周围有无毛囊附着,毛干的断面形状,毛尖是否分叉等。

(2) 色素:观察毛发色素颗粒的大小、数量和分布。灰色或灰白色的头发的色素颗粒减少或缺乏。注意人工染色的头发色素分布不均一,无毛发固有的色泽。在紫外光照射下,自然状态的头发略呈蓝荧光,人工染色的头发会出现各种染色剂荧光。

(3) 毛髓质:观察毛发的髓质粗细、是否连续、有无完整的细胞形态。注意髓质偏离毛发中轴与否,测量髓质的宽度并计算与毛发宽度的比例。

(4) 毛小皮:制作毛小皮印痕观察毛小皮纹理形态。毛小皮印痕制作法:①取硝酸纤维素片剪成载玻片大小备用;②毛发水洗,乙醇脱脂干燥,置毛发于硝酸纤维素片上,压紧毛发两端,使毛发紧贴在硝酸纤维片上。沿毛发的一端滴加氯仿或丙酮,待试剂沿毛发流下至毛发的一端后,将硝酸纤维素膜放平,上压重物,待干燥后,取下毛发,可在硝酸纤维素膜上留下永久性毛小皮印痕。

(二) 毛发的DNA分析

1. 带毛囊的毛发　带毛囊的毛发可以进行扩增片段长度多态性分析。

(1) 毛囊的DNA提取:取带毛囊的毛发数根,用Chelex-100法提取DNA。从案件现场获得带毛根的毛发是极为有限的,用Chelex-100法提取DNA适用于这类微量法医物证检材。提取过程中检材不需反复转移,避免DNA的丢失,因此该法是提取毛囊中DNA的首选方法。也可以采取直接PCR扩增的方法,获得被检测个体的STR分型。

（2）STR 分型（STR typing）：提取毛囊的 DNA，经 PCR 扩增、毛细管电泳检测扩增产物，获得样本的 STR 分型。理论上用 1 根带毛囊的毛发就可以获得个体 STR 分型，以进行个人识别。带毛囊的毛发的 STR 分析可选择与血痕、精斑等分析相同的 STR 基因座。

（3）毛发性别的 DNA 分析：同其他法医物证检材一样，可通过扩增 X 和 Y 染色体的牙釉基因进行毛发性别鉴定。

2. 毛干　仅有毛干的毛发，可以进行毛干线粒体 DNA 分析。毛干的 DNA 提取详见相关章节。毛干有丰富的线粒体 DNA，通过对线粒体 DNA（mtDNA）非编码区的序列多态性分析可进行个人识别，常用的方法是 DNA 测序。

八、毛发中微量元素分析

毛发是一种新陈代谢活动很低的组织，所含的微量元素可以反应毛发生长期间所摄入微量元素的数量和代谢情况，所以它可以间接反映某一段时间或不同地理环境下微量元素的变化。毛发中含有砷、汞、铁、锌、铅、锰、硒、锶、碘、硅等。许多微量元素能在毛发中保存很长时间，通过测定微量元素的含量和种类的差异可以帮助判断是否中毒以及个人识别。例如，正常人每克毛发中砷的含量为 0.03～0.32μg，汞的含量为 4～6μg。通过测定毛发中某种元素超出正常值范围，可以帮助推测个体的生活环境、从事的职业等。毛发微量元素的分析方法有原子发射光谱分析、原子吸收分光光度法、中子活化分析、气相色谱、质谱分析等。

第三节　软组织检验

在交通肇事、碎尸、空难、爆炸等案件中，组织块是最为常见的法医生物检材。与其他法医生物检材一样，组织有其固有的形态结构特征，通过形态学、免疫学、免疫组织化学以及分子生物学方法确定组织块的种类、种属、性别以及身份来源。

一、软组织的特性

（一）软组织的形态结构

不同部位的组织有其特定的组织结构。组织经固定、切片、HE 染色、镜检可辨别组织来源。如皮肤组织有复层鳞状上皮细胞的表皮层结构，常附着有真皮的毛囊和皮脂腺以及皮下脂肪组织；脑组织有神经细胞及神经胶质细胞；腮腺仅有浆液性腺泡的腺体；颌下腺或舌下腺有黏液性腺泡和浆液性腺泡混合结构；肝脏有肝细胞及胆管组成的肝小叶结构；胰腺呈腺体细胞排列，其间有胰岛；消化道组织有黏膜层、黏膜下层、肌层、外膜四层结构。肾脏有肾小球、肾小管结构。

（二）各种因素对人体组织的影响

人体组织细胞中的溶酶体含有丰富的蛋白水解酶及核酸酶，组织细胞失去生理功能后，胞浆内溶酶体破裂，释放出各种酶使组织细胞的蛋白质、核酸水解。组织在受到外界物理及化学因素的影响，特别是在潮湿、高温等环境中，有大量细菌、真菌生长繁殖，可以加速组织的自溶和腐败，使组织形态结构改变、破坏，ABH 血型物质被破坏、酶活性丧失、DNA 降解。

（三）同一个体不同组织遗传标记的同一性和特殊性

正常情况下，同一个体不同组织 DNA 分型结果相同。但当组织发生癌变时，DNA 分型可能发生变化。文献报道肿瘤组织的 STR 分型存在微卫星不稳定（microsatellite instability，MSI）和杂合性丢失（Loss of heterozygosity，LOH），因此，用肿瘤组织作为样本进行个人识别时须慎重。

二、软组织检验的目的与要求

组织作为重要的法医物证之一，检验的主要目的是进行个人识别，通过对案件现场组织的检验以解决个体的身份认定。同其他法医生物检材的检验一样，组织检验要解决的问题是，被检物是否为组织？是人体组织还是动物组织？如果是人体组织，还需要进行个人识别。

组织比其他生物检材更容易发生自溶和腐败，因此，在提取和送检组织材料时应注意：①尽快送检；②组织检材如不能及时送检，应于 -20℃ 以下保存；或切碎充分干燥后用纸袋保存；或 70% 的乙醇浸泡保存。注意所有的组织材料不宜用甲醛固定保存；③不同组织中所含蛋白酶量不同，自溶和腐败的速率有明显差异，例如肝脏、脾脏中核酸酶丰富，蛋白质、DNA 降解较快，因此肝脾一般不作为首选取材部位。肌肉组织，脑组织、皮肤组织等是提取 DNA 较理想的检材。

三、确定是否为组织及组织来源

碎尸、空难事故等，组织块一般较大，肉眼可以确定。如果肉眼无法确定，可经组织切片、HE 染色、显微镜观察即可确定是否为组织以及何种组织。近年来，由于分子生物学技术的不断发展，采用 mRNA 检测技术检测不同组织中蛋白的表达状况，可用以辨别不同的组织来源，如细胞角蛋白 19（CK19）在口腔黏膜、阴道上皮、子宫内膜、皮肤等细胞表达水平较高，而在脾脏，血液、肌肉中表达水平则较低；基质金属蛋白 -11（MML-11）在子宫内膜表达水平较高，而在阴道上皮表达水平则较低。因此，通过尝试检测不同组织中蛋白的表达情况，可以帮助辨别不同的组织来源。

四、种属鉴定

（一）免疫学方法

用抗人血清与组织浸液做沉淀反应或免疫胶体金种属实验等进行种属鉴定。用免疫胶体金种属实验，方法既简便又快捷。

（二）分子生物学方法

由于人类一些基因的 DNA 核苷酸排列顺序与其他动物的核苷酸排列顺序不同，可以选用人类特异性 DNA 分子探针，通过分子杂交技术，来确定是否为人体组织。也可以针对人类特有 DNA 序列设计引物，用 PCR 技术扩增组织 DNA，观察是否有特异性扩增产物，来确定是否为人体组织。方法如下：① Alu 序列：Alu 序列为人类和非人灵长类所特有，具有种属特异性；② 28S rRNA 序列：人类的 rRNA 由 60S 和 40S 两个亚基组成，其中 60S 又由 28S、5.8S 和 5S 三个亚基组成，大部分 28S rRNA 编码序列相对保守，但保守区中可变区进化较快，种属之间的差异较大，可针对这一区域设计引物，进行 PCR 扩增，获得人和动物有差异的 PCR 扩增产物，根据不同的 PCR 扩增产物的长度进行种属鉴定；③ SON 基因 3′ 非编码区序列；④细胞色素 b 基因序列：细胞色素 b 基因存在于 mtDNA 上，人和其他哺乳动物的细胞色素 b 基因均存在 *Alu* I 序列酶切位点，但酶切片段大小不同，可以区分人与其他哺乳动物。

五、组织块的个人识别

（一）ABO 血型测定

通过吸收试验、解离试验、红细胞粘连试验、免疫组化法测定被检组织的 ABO 血型。

（二）DNA 分析

新鲜组织块、蜡块、组织切片中均能提取模板 DNA，用于 DNA 多态性分析。

1. 组织的 DNA 提取　新鲜组织或冷冻组织，常规用有机法抽提 DNA，检材量少时，可直接用 Chelex-100 提取，同时提取液中需加入适量蛋白酶 K，以保证组织被完全消化。腐败组织一般情况都丧失了 DNA 分型检测的条件，在检测时尽可能地选择腐败较轻的组织，先用有机法抽提，待 DNA 干燥后，再用 Chelex-100 提取一次，以消除那些干扰 PCR 扩增的物质。组织切片或蜡块，需用辛烷或二甲苯、无水乙醇经过一定时间脱蜡后再按新鲜组织的提取方法提取 DNA。甲醛固定的组织块，蛋白质凝固变性，提取 DNA 比较困难，消化时需增加蛋白酶 K 的用量并延长消化时间。甲醛抑制

DNA 聚合酶的活性,用有机法抽提 DNA 后,再用 chelex-100 法或磁珠法提取一次,这样可以提高检出率。

2. DNA 分型　可根据需要和比对样本的情况选择 DNA 分型方法,包括 STR 分型(STR typing)和 mtDNA 分析(mtDNA analysis)。

六、性别鉴定

一些完整的组织,如子宫、前列腺、卵巢、睾丸等可以直接判定性别。组织碎块的性别测定主要选择分子生物学方法。目前成熟的方法是分析人类牙釉基因来进行性别鉴定。

七、脱落细胞的检验

微量 DNA(Trace DNA)是指由皮肤接触所移留下来的痕量 DNA,这些 DNA 随着 STR 分析技术灵敏度的不断提高,能够成功分型。皮肤是人体最大的器官,约占人体 15% 的重量,与此同时,人的表皮细胞每天都在脱落,一个人每天大约脱落 4 000 000 个表皮细胞。表皮细胞是有核细胞,每个细胞包含大约 5pg 核 DNA。目前,复合 STR 分析技术能够对低于 100pg 的 DNA 进行分析。因此,理论上来说,只要有 20 个细胞就足够进行 STR 分型。

当手指接触物体表面时,不仅仅留下了汗液和油脂,含有遗传物质的细胞也被大量的遗留下来。这就意味着犯罪现场所遗留下来的微量物证将可以作为寻找犯罪嫌疑人的线索。除皮肤细胞之外,还有很多可以遗留微量物证的部位,包括嘴巴、鼻子和眼睛等。人体角膜和眼球细胞都是连续再生的细胞,在每 6~24 小时就全部更新一遍。用手去揉眼睛,很容易让手携带上眼部承载的有核细胞。DNA 能够从隐形眼镜碎片上的细胞中获得,并且能够识别犯罪嫌疑人。摩擦面部、鼻子、嘴巴、咬指甲和其他人体无意识的行为,可能会使得携带有 DNA 的细胞被遗留下来。所以不仅仅是接触物体皮肤的脱落细胞被遗留下来,与皮肤接触的身体其他部位的细胞都有可能被遗留下来。

影响脱落细胞遗留的因素:①个体差异:有些人被称为"上皮细胞捐赠者"或是"脱落者",这些人较易留下脱落细胞,但是有些人被称为"差的脱落细胞捐赠者"或是"非脱落者",这些人较不容易留下脱落细胞;②被接触物体的差异:可渗透的物体表面比不可渗透的物体表面较易留下上皮细胞;③接触时间:当满足以上两个条件后,当身体某部位与物体接触 10 秒以上便能留下足够的脱落上皮细胞来进行 DNA 分析。

知识拓展 18-1 ▶

从罗卡定律到微量 DNA 分析

埃德蒙·罗卡(Edmond Locard)创建的罗卡定律指出:凡两个物体接触,必会产生转移现象。这个理论被广泛应用于侦破犯罪案件。理论上认为在犯罪现场、行为人(通常针对犯罪嫌疑人)必然会带走一些东西,亦会留下一些东西。通过对这些"带走的东西"和"留下的东西"进行提取、检测、比对,从而将案件的线索联系起来,对整个案件现场进行重塑,达到侦破案件的目的。基于这样一个理论基础,犯罪嫌疑人在犯罪现场活动,必然留下相应的蛛丝马迹。随着人类 DNA 分析技术水平的不断提高,对人体微量 DNA 分析成为了可能。人们甚至能够从一个被某人所接触过的物体上提取到他的脱落细胞进行 DNA 分析,并成功获得 STR 分型,从而锁定一个个体。对于手拿的物品、武器或者其他用来犯罪的工具、接触人体的表面、穿过的衣服等等,在与人体有足够时间接触的情况下,都能够被成功分析出人体脱落细胞和 DNA 痕迹。在接触过的地方留下了少量的细胞和 DNA,能通过 DNA 分析来描绘犯罪嫌疑人的轮廓,在解决案件侦破和为法庭提供证据方面具有巨大的潜力和证据价值。

第四节 骨 检 验

骨(bone)是个人识别的重要生物检材。骨由于其特殊结构具有很强的抵抗腐败的能力,可长期保存,即便是白骨化,骨残骸碎片也可通过骨组织磨片进行组织形态学观察从而进行种属鉴定,也可从中提取 DNA 进行种属鉴定和个人识别。传统上,骨骼形态学分析属法医人类学范畴,本节仅简述骨的法医物证分析要点。

一、骨的特性

骨主要由骨质构成,外面包着骨膜,骨腔内包含骨髓。骨质是骨的主要部分,分为骨密质和骨松质。骨密质坚硬,位于骨的表面;骨松质位于骨的深部。骨膜是位于骨表面,它富有神经、血管和造血细胞,故骨膜对骨质的营养和骨折的修复起着重要作用。骨髓充满在骨松质的网眼中和骨髓腔内。胎儿、新生儿骨髓是红骨髓,具有造血功能。随着年龄的增长,骨髓腔内的红骨髓逐渐被脂肪组织代替,变成黄骨髓,没有造血功能。长骨的骨松质内或扁骨的骨髓都是红髓,始终保持着造血功能。

人类骨骼组织主要包括 3 种细胞,骨细胞、成骨细胞和破骨细胞,其细胞间质主要由胶原和羟基磷灰石构成。胶原由骨细胞分泌产生,约占骨重的 30%,具有较高的变性温度和良好的热稳定性。羟基磷灰石约占骨干质量的 65%～75%,是骨骼结构支撑物质。由于有坚硬致密的骨密质作为外层保护,骨组织较人体其他组织器官腐败降解程度要缓慢得多,但同时由于高度钙化及环境因素的影响,使得对骨骼的酶解消化、提取纯化 DNA 的难度大大增加。

陈旧性骨骼样本受时间和环境因素的影响,骨骼中的糖蛋白等蛋白质可能和 DNA 产生亚甲基化交联。酸、碱催化作用都可导致碱基本身水解脱氨基,DNA 的氧化导致碱基的缺失或更迭,上述因素的影响可导致骨组织 DNA 的严重降解,因此如何提取高质量 DNA 是骨 DNA 分析的关键。

由于骨的特殊结构,骨是最能长期保存的生物检材,但陈旧骨骼受时间和环境因素的影响,骨的髓腔在损伤、疾病状态下与外界相通,易造成外源性微生物污染和人源性污染,对其进行 DNA 分析要充分考虑这些因素的干扰。

二、骨的种属鉴定

(一)形态学方法

人骨与动物骨可以通过形态学方法进行区别,对于完整的骨骼,根据解剖学形态可以判定。对于不完整的细小骨片,则应制作骨磨片,进行显微镜检查。人骨与动物骨的区别在于内、外环骨板的形态和相对厚度;哈氏系统之间的骨板形态、哈氏系统的大小;哈氏环层骨板的数量等方面,如:人骨的内外环骨板规则,厚薄均匀,哈氏系统形态大多圆而规则,致密、均匀分布于全骨层,中央管为圆形或椭圆形;动物骨的内外环骨板大多不发达,哈氏系统形态分布不均匀、形状不规则。

(二)DNA 分析

用于血痕种属鉴定的 DNA 分析方法同样可用于骨的种属鉴定。例如,28s rRNA 编码序列在种属之间差异较大,针对这一区域进行 PCR 扩增,可获得人和动物有差异的特异性片段,进行种属鉴定。

三、骨的个人识别

骨的个体识别与其他生物检材类似,主要通过 DNA 分型进行个人身份的认定。由于骨有外层骨密质的保护而使骨细胞的破坏相对缓慢,在不同的环境条件下比软组织具有更高的耐腐蚀性,更易保存,因此骨 DNA 分析是法医物证检验的重要组成部分。骨骼 DNA 主要来源于骨细胞、成骨细胞和破骨细胞等有核细胞,但是骨的 DNA 提取方法与其他生物检材有所不同。

（一）骨DNA提取

首先将被检骨的附着物刮去，清洗骨头后晾干，紫外线照射1小时，锯或钻取骨粉，取骨粉2～5g备用。

1. 方法一 加乙醚脱脂20分钟。除去并挥干乙醚。加0.5mol/L EDTA脱钙液脱钙（脱钙时间长短视所取骨粉量而定）；加裂解液（12g GuSCN，10ml 0.1mol/L Tris-HCL pH 6.4，2.2ml 0.2mol/L EDTA pH 8.0，0.3g Triton-100）。PK（20mg/ml），65℃消化36小时；离心，上清加15%二氧化硅悬浮液。室温放置1小时以上。离心，弃上清，沉淀分别用洗液（12g GuSCN 10ml 0.1mol/L Tris HCl pH 6.4）洗2次。用70%冰乙醇洗2次，再用丙酮洗1次，60℃放置15分钟，挥去丙酮；加适量DDW或TE缓冲液溶解DNA，56℃温浴5分钟；离心12 000r/min，2分钟，吸取上清备用。

2. 方法二 取骨粉适量分装于1.5ml Eppendorf管中；加入适量0.5mol/L EDTA（pH 8.0）溶液，搅拌均匀置于摇床上，脱钙三次，每次12小时，每次用无菌蒸馏水洗两遍，去上清；沉淀中加入适量裂解液（10mmol/L Tris-HCl pH 8.0，10mmol/L EDTA，100mmol/L NaCl，2% SDS，10mg/ml PK，39mmol/L DTT）于56℃放置12小时；复加PK至终浓度1mg/ml，于56℃放置24小时；上清液用有机法抽提；抽提液经Microcon100纯化柱纯化浓缩。用200μl纯水回收DNA；DNA浓缩液用冷乙醇沉淀、挥干，最后以20～40μl纯水溶解备用。

PTB、胍盐、尿素等是DNA自然和人工交联强有力的剥脱剂，能够促进DNA从组蛋白上释放。脱钙的好坏对骨骼DNA分析影响很大。不脱钙，直接消化效果不好。脱钙后有助于细胞的分散。裂解液中的SDS及EDTA协同作用使细胞膜及核膜破坏，将组蛋白从DNA分子上拉开，并抑制DNA酶活性，防止DNA降解。为了有效地脱钙，在提取骨骼DNA时，应视检材陈旧、污染及腐败程度的不同，适当增加脱钙次数及骨粉的用量。消化DNA时可延长消化时间，其间需适时补加蛋白酶K、DTT并反复振摇。目前，有机法加Chelex-100法、Chelex-100法加硅化滤膜法、硅珠法、联合运用十六烷基三甲基溴化胺（GTAB）与磁珠法均能成功从骨骼中提取DNA。

（二）骨DNA分析

提取骨组织的DNA后，可根据案情需要和比对样本的情况选择分型方法，如STR分型、mtDNA分析以及检测Amelogenin基因进行性别鉴定。

（三）骨DNA分析的难点及注意事项

1. 低拷贝DNA（low copy number，LCN）的影响 由于骨组织的有核细胞数量少、保存时间长，加之腐败、污染等使得骨骼DNA降解，在检验中会出现等位基因峰高不平衡、峰值移位或等位基因丢失等情况，故在提取时应适当增加骨粉用量；对于STR分析峰型不标准的案例不能轻易作出排除结论，可进一步进行mtDNA测序，在案件鉴定时要充分考虑到骨DNA分析的复杂性。

2. 环境因素的影响 当人类骨组织DNA含量远远少于微生物DNA时，极易引起引物错配，得不到理想的扩增产物。不同环境条件的离子强度、pH值、有机物、高温、碳化等环境因素会影响骨DNA的分析。

3. 避免污染 骨组织中DNA含量有限，在提取及扩增中要严格注意，避免污染，同时设立阴性对照，包括提取过程设立阴性对照以及在做PCR扩增时设立阴性对照，避免低信号时得到错误的分型结果。

4. 增加线粒体测序技术作为补充 陈旧骨组织的有核细胞数量少，干扰因素多，有时不能有效获得到STR分型结果，但细胞中线粒体的数量远远大于细胞核的数量，所以可采用线粒体测序技术，通过线粒体高变区的碱基变异进行个体识别或母系亲缘鉴定。

知识链接 18-1 ▶

古 DNA 分析

古 DNA 的降解速率与其保存环境条件如温度、pH 值和水溶液的离子浓度等密切相关,低温、干燥、弱碱性及微生物活动、较少的封闭环境对古 DNA 的保存最为有利。如果生物死后能迅速被沉积物或其他介质(如琥珀、火山沉积)掩埋,即能有效减弱氧化和风化作用的影响,从而为古 DNA 的保存提供较大的机会。从样本类型来说,骨骼和牙齿等硬组织是古 DNA 研究的首选,尤其是牙齿,因牙齿外致密的珐琅质层能有效阻止微生物的侵入,因此成为古 DNA 研究中极为理想的材料类型。由于考古工作中得到的古代人类遗骸一般是骨骼、牙齿,有的甚至已经形成了化石,这些样本本身坚硬,需经过打磨或液氮裂解后制成粉末,然后才进行古 DNA 的提取和纯化。

对古 DNA 的分析研究最早采取的是分子克隆的方法,目前对古 DNA 分析的策略是通过扩增特异保守性较强的 DNA 片断并进行序列测定,与已有的相应序列信息进行比较、分析,并综合样本所在的环境特点和样本本身的形态特征等,进行一些合理的推断。

由于古 DNA 提取液一般都含有 PCR 反应的抑制物,这些抑制物的成分相当地复杂,可能是糖的降解物、卟啉残基等等,能够和 DNA 一起沉淀,所以一般都必须进一步的纯化透析除去反应的抑制物,否则会抑制 PCR 反应中热稳定性聚合酶的活性。在实验过程中要注意防止外源性 DNA 的污染。可选择同样是古代 DNA 的样本作为阳性对照,防止现今生物 DNA 的污染。

第五节 牙齿的检验

牙齿是口腔内由高度钙化组织构成的器官,是人体最坚硬的组织和保存时间最长的器官,不易受环境与理化因素的影响。这种稳定性使牙齿鉴定成为法医物证鉴定的重要方面。碎尸、高度腐败、白骨化以及在交通事故中严重破坏的尸体可能仅剩下牙齿,在一些严重的火灾案件中,鉴定牙齿的个体来源可能是识别烧焦尸骸的唯一方法,这在法医个人识别中具有重要意义。传统的学科分类,牙齿形态学分析属法医人类学范畴,本节仅简述牙齿的 DNA 分析要点。DNA 分型检测的前提是提取牙齿中的基因组 DNA。

1. 牙粉制备 用手术刀刮净牙齿表面污垢物,用蒸馏水冲洗二次,紫外线照射 1h,取牙髓或用锤子将牙齿砸成粉末。

2. 牙齿 DNA 提取 取牙粉约 0.5g,有机法提取,DNA clean-up 纯化后备用。此外,上述提取骨 DNA 的方法同样适用于牙齿 DNA 的提取。

3. DNA 分析 牙齿 DNA 的分析,可根据案情需要和比对样本的情况选择分型方法,如 mtDNA 分析(mtDNA analysis)和 STR 分型(STR typing)。

第六节 指甲与趾甲检验

指甲与趾甲包括指甲游离缘、甲体、甲根三个部分。指甲与趾甲由表皮细胞角化而成,由多层连接牢固的角化细胞构成,细胞内充满富含二硫键的角质蛋白,抗腐败力强,是法医学进行个体识别的生物检材之一。在伤害或凶杀案件中,受害人与罪犯有近距离的接触或搏斗时,有可能抓刮到犯罪嫌疑人的皮肤,并在指甲垢里留下肉眼看不到的皮屑等微量生物检材,可通过对指甲、甲垢的分析进行个人识别。

一、指甲与趾甲 ABO 血型的检测

指甲与趾甲中含有较多的 ABH 血型物,指甲与趾甲中的 ABH 物质不受分泌状态的影响。成人

和新生儿指甲与趾甲中的 ABH 物质含量无明显差异。

测定指甲与趾甲的 ABO 血型用吸收试验。首先将指甲与趾甲用肥皂水洗净,蒸馏水冲洗数次,置生理盐水中软化 2 小时。干后用丙酮或乙醇脱脂 1h。用铁锤将指甲与趾甲压成碎片,放于试管中,加入 0.01mol/L pH 7.2 PBS(每 1mg 指甲与趾甲碎片加 6~8ml PBS),95℃水浴 2 小时,4℃下静置 12~24 小时。以下方法同血痕的吸收试验,只是吸收时间较长,需 4℃静置 12 小时。

二、指甲与趾甲的 DNA 检测

指甲与趾甲是角化组织,指甲的游离缘因细胞高度角化,细胞核退化,通常情况下只能进行 mtDNA 多态性测定而不做核 DNA 分型,而甲根部分所含的有核细胞比甲体和指甲游离缘多,可以取甲根部分进行核 DNA 分析。近年来,由于 DNA 提取技术的不断改进以及 STR 分型技术的不断提高,对指甲游离缘进行核 DNA 分析已成为可能。

(一)指甲与趾甲 DNA 提取

取指甲或趾甲用小毛刷将附着其上的污垢洗净,如指甲游离缘可用 1% SDS 浸泡震荡清洗,洗净后用蒸馏水反复浸泡洗涤 3 次,干燥后剪碎或用刀片削成薄片取适量置离心管,有机法提取 DNA,纯化柱纯化。也可用有机法结合 Chelex-100 法提取指甲的 DNA。

(二)指甲与趾甲 DNA 分型

根据鉴定需要进行 STR 或 mtDNA 多态性分析。

(三)指甲垢 DNA 分型

指甲垢的 DNA 提取,视检材的具体情况可采取转移、刮取甲垢、指甲及附着的甲垢一起提取DNA。在案件中如有搏斗抵抗,甲垢中可能既有指甲个体本身的细胞成分也有异体的细胞成分,检验时要注意分段进行,并提取比对样本进行比对。

本章小结

人体组织是重要的法医物证之一,在凶杀、强奸、空难、纵火、斗殴、意外事故、交通肇事等现场,常遗留有组织、器官、骨骼碎片、牙齿、指甲、毛发等。通过对各类人体组织的遗传标记分析,可为侦查提供侦察线索,为审判提供科学证据。人体组织基本结构单位和功能单位是细胞。根据法医物证检验的特点将人体组织分为软组织(皮肤、肌肉、脏器等)、硬组织(骨骼、牙齿)和角化组织(毛发、指甲、趾甲等)。人体组织只要没有腐败,就可以从中提取 DNA 进行分析鉴定。毛发、骨、指(趾)甲,属于角化组织或硬组织,对腐败有较强的抵抗力,往往能保存很长的时间,在个体识别鉴定有很高的实用价值。对一些高度腐败或白骨化的尸体,骨、指(趾)甲、牙齿是唯一能保存下来的人体组织,通过对它们的核 DNA 分析,可以进行个人识别,而陈旧骨和指(趾)甲、毛干则可通过线粒体 DNA 分析进行个体识别或母系亲缘鉴定。

关键术语

软组织(soft tissue)

硬组织(hard tissue)

毛发(hair)

骨(bone)

微量 DNA(Trace DNA)

mtDNA 分析(mtDNA analysis)

STR 分型(STR typing)

(许冰莹)

思考题

1. 毛发有何特点？
2. 毛发检验需解决的问题？
3. 提取和送检组织材料时应注意的哪些问题？
4. 骨、牙齿的 DNA 的提取与软组织的 DNA 提取有何异同？
5. 为什么骨及牙是个人识别的重要的检材？

第十九章　个人识别的证据意义评估

学习目标

通过本章学习，应该**掌握**怎样评估遗传标记对于具体个案的鉴定能力。**熟悉**匹配概率和似然率的意义。**了解**遗传标记个人识别的系统效能。

法医物证学通过遗传标记分析为案件侦查提供线索，为审判提供科学证据。如强奸案，若从被害人阴道拭子中取得的精斑遗传标记与嫌疑人的不同，这就为嫌疑人没有强奸这位妇女的论点提供了强有力的证据；又如谋杀案，若测出嫌疑凶器上的血痕与被害人血液具有相同的遗传标记，则在某种程度上支持嫌疑凶器是作案工具的论点。这里的某种程度与群体中具有该种遗传标记的个体数有关，群体中具有该遗传标记的个体越少就越支持嫌疑凶器是作案工具的论点。极端情况是该遗传标记在全人类数十亿人中是唯一的，则最大程度支持嫌疑凶器是作案工具的论点。这种统计学理论是遗传标记分析作为科学证据的基础。法医个人识别时，包括 DNA 在内的任何遗传标记分析都是基于这种统计学理论。DNA 遗传标记多态性程度远远高于血型，DNA 遗传标记具有大量的等位基因及基因型。实践中，联合使用多个 DNA 遗传标记可以产生数以千万计的基因型组合，而每一种组合在群体中出现的频率非常低，足以区别群体中的不同个体，也易于实现高概率认定。因此人们常常说，DNA 分析使法医学检验实现了从只能否定嫌疑人到可以肯定嫌疑人的飞跃。这里，"否定"与"肯定"涉及评估法医个人识别的科学证据意义，而这类评估至少需要考虑遗传标记的系统效能和遗传标记对于具体个案的鉴定能力两方面因素。

第一节　遗传标记个人识别的系统效能

遗传标记的多态性程度越高，应用该遗传标记进行法医学个人识别的效能就越高。系统效能可用个人识别能力（discrimination power，DP）定量评价。个人识别能力指从群体中随机抽取两名个体，其遗传标记表型不相同的概率。一个与案件无关的人被误控在犯罪现场留下了血痕，理论上可以根据遗传标记检测结果否定现场的血痕是他的。但在遗传标记的鉴别能力较差时，没有关系的个体与现场血痕的遗传标记偶然也会相同。无关个体遗传标记偶然相同的机会高低不同，这与遗传标记的多态性有关，因此有必要知道遗传标记识别没有关系个体的能力。对某一个遗传标记而言，多态性程度越高，其识别没有关系个体的能力就越强，这就是通常所说的个人识别能力。计算 DP 值的公式为：

$$DP = 1 - \sum_{i=1}^{n} Pi^2 = 1 - Q$$

式中 n 为一个遗传标记的表型数目，Pi 为群体中第 i 个表型的频率。$\sum Pi^2$ 为人群中随机抽取的两个样本，纯粹由于机会而一致的概率（Q）。以 STR 遗传标记 TH01 在中国成都汉族群体的个人识别能力计算为例。表 19-1 给出了计算数据。

表 19-1　遗传标记 TH01 的个人识别能力计算数据

表型	表型数	表型频率（Pi）	Pi^2
6-6	2	0.017	0.000 289
6-7	9	0.074	0.005 476
6-8	1	0.008	0.000 064
6-9	15	0.124	0.015 376
6-10	3	0.025	0.000 625
7-7	7	0.058	0.003 364
7-8	2	0.017	0.000 289
7-9	32	0.264	0.069 696
7-9.3	3	0.025	0.000 625
7-10	2	0.017	0.000 289
8-9	7	0.058	0.003 364
8-10	2	0.017	0.000 289
9-9	26	0.215	0.046 225
9-9.3	4	0.033	0.001 089
9-10	5	0.041	0.001 681
9.3-10	1	0.008	0.000 064
合计	121	1.00	0.148 805

由表 19-1 计算，则 TH01 在中国成都汉族群体中的个人识别能力为：

$$DP = 1 - Q = 1 - \sum Pi^2 = 1 - 0.148\ 805 = 0.851\ 195 \approx 0.8512$$

这意味着在成都汉族群体中随机抽取两个无关个体样本，两者 TH01 分型结果不相同的概率为 0.8512，纯粹由于机会导致两者 TH01 分型结果一致的概率为 0.1488。可理解为在成都汉族群体中 100 次随机抽取两个无关个体样本，将有约 85 次（85.12%）两者 TH01 分型结果不相同，纯粹由于机会约 15 次（14.88%）两者 TH01 分型结果一致。显然，两者分型结果不相同的概率越高，遗传标记识别没有关系个体的能力就越强。

提高系统的个人识别能力可以通过增加检测的遗传标记数目来实现。若检测 k 个遗传标记，其累积个人识别能力计算公式为：

$$TDP = 1 - Q_1 \times Q_2 \times Q_3 \times Q_4 \times Q_k = 1 - \prod_{j=1}^{k} Qj$$

式中 Qj 为第 j 个遗传标记的 Q 值。总 Q 值 $\prod Qj$ 为 k 个遗传标记 Q 值的乘积。检查数种 DNA 遗传标记，先按公式求出每种遗传标记的 Q 值，然后再求出累积 Q 值，最后再求出累积 DP 值。表 2-8 给出了以成都汉族群体为例，13 个 STR 基因座的个人识别能力计算实例。由表 2-8 可见，如果在成都汉族群体中 100 亿次随机抽取两个无关个体血样，大于 9 999 999 999 次两者 13 个 STR 基因座分型结果不相同。显然所用遗传标记数目越多，鉴别能力愈强。这对实际鉴定工作中选择遗传标记有意义。

第二节　DNA 遗传标记对于具体个案的鉴定能力

遗传标记的个人识别能力主要用于评估遗传标记。对于具体个案鉴定，法医学专家通过使样本的一系列表型组成一个稀有现象的策略来提供科学证据。

一、匹配概率

对于具体个案鉴定，个人识别的实质是通过比较案发现场收集到的法医物证检材与嫌疑人检材的遗传标记，判断是否为同一个体。鉴定无非有两种结果：可能是同一个体，也可能不是同一个体。若两份检材的遗传标记表型不同，可明确结论两份检材不是来自同一个体。若遗传标记表型相同，则称为两份检材的遗传标记表型匹配(match)。两份检材遗传标记表型匹配有两种可能的原因：①两份检材来自同一个体；②两份检材不是来自同一个体。对于一份现场检材而言，留下该检材的人与嫌疑人不是同一个体，理论上来自群体中的一名随机个体，仅仅因为其表型碰巧相同而出现了匹配。我们可以估计当两份检材的遗传标记表型匹配时，如果现场检材不是嫌疑人留下的，一个理论上的随机个体留下的可能性有多大。

在法医物证学范畴内，随机匹配概率(match probability)指的是在假设条件(Hd)下，获得DNA图谱的概率。这是一种条件概率，假设条件假定DNA图谱来自群体中一名与嫌疑人没有关系的随机个体。用竖线分开条件与事件，竖线右边为条件，左边为事件，随机匹配概率可写成 $Pr(E|Hd)$。

对于仅由一名个体留下的斑痕，如血痕，随机匹配概率数值上等于人群中这种DNA图谱的频率。

$$Pr(E|Hd)=1×P(X)$$

式中 $P(X)$ 为人群中这种DNA图谱的频率，以频率估计概率，即为发现这种DNA图谱的概率。

正确的理解随机匹配概率非常重要，它不是指嫌疑犯以外的人有罪的概率，不是指其他人在犯罪现场留下相关证据的概率，不是指被告无罪的概率，也不是指现实社会中能找到和已知基因型完全匹配的概率。随机匹配概率是对一个特定的DNA图谱可能出现在人群中的估计概率。随机匹配概率也可以理解为从一个人群中随机抽取一个样本，会出现特定DNA图谱的理论概率。显然这个概率越小，遇到这种个体的可能性就越小，说明现场检材与嫌疑人样本的表型匹配非常不像是一个随机事件，支持这两个样本来自同一个人的假设，也就是支持现场检材是嫌疑人留下的假设。

个人识别通过比较两个样本的一系列表型，从而判断两个样本是否来自同一个体。检测的基因座数越多，并且每一个基因座的表型都匹配，证据的作用就越大。例如，谋杀案中，现场血痕与嫌疑人13个STR分型相同。以频率来估计概率，这种表型组合在群体中的稀有程度可由表型频率按照乘法定律求得(表19-2)。目前大多数学者认为，如果某种表型组合的稀有程度大大超过了人类个体总数的倒数，从概率上估计在全世界人群中几乎不可能找到具有同样表型组合的另一个人，认定同一性应无疑问。就概率分析而论，有理由认为遗传分析提供的证据是充分的。

表 19-2　13个STR特定表型组合在群体中出现的概率

遗传标记	现场血痕STR表型	嫌疑人STR表型	表型频率P	群体中存在该表型组合的概率(∏P)
TPOX	8-11	8-11	0.323	0.323
D3S1358	15-16	15-16	0.242	0.078
FGA	22-23	22-23	0.103	0.008
D5S818	11-12	11-12	0.154	0.0012
CSF1PO	11-12	11-12	0.190	0.000 23
D7S820	11-12	11-12	0.143	0.000 033
D8S1179	13-14	13-14	0.075	0.000 002 5
TH01	7-9	7-9	0.294	0.000 000 074
VWA	14-17	14-17	0.131	0.000 000 009 7
D13S317	8-11	8-11	0.105	0.000 000 001 0
D16S539	9-11	9-11	0.144	0.000 000 000 1
D18S51	14-15	14-15	0.086	0.000 000 000 01
D21S11	29-31	29-31	0.092	0.000 000 000 001

个人识别的来源归属法

在随机匹配概率基础上，美国 FBI 实验室采用了来源归属方法（Source Attribution policy）。设 p_x 是给定的证据 DNA 图谱 X 的随机匹配概率，则 $(1-p_x)N$ 表示 N 个独立个体中不出现所指定的 DNA 图谱的概率。当这一概率值大于或等于置信度 $1-\alpha$（99% 置信度的 α 为 0.01），则有 $(1-p_x)N \geq 1-\alpha$ 或者 $p_x \leq 1-(1-\alpha)1/N$，可以满足当取 300 000 000，也就是接近美国总人口数时，计算出随机匹配概率的值小于 3.35×10^{-11}，表示至少 99% 的把握可以确认证据 DNA 图谱在指定群体中是唯一的。来源归属方法所提供的报告可表述为："在不考虑双胞胎或者近亲的情况下，源自（X）与（Y）的 DNA 来自于同一个体，已经得到科学合理的证实"。来源归属方法使用前提条件：①随机匹配概率足够小；②单一个体样本。然而，国际法医遗传学专家委员会指出：似然率方法对于混合斑分析是更好的措施，而基于随机匹配概率的方法应局限用于解释清晰的 DNA 图谱。如果现场检材的 DNA 图谱不够清晰，或者占次要比例者的等位基因处在具有优势比例者等位基因影子带位置上，或者存在等位基因丢失的可能性，那么基于随机匹配概率的方法就可能不是保守的。更多的讨论见网页：http://www.isfg.org 和 http://www.legalmed.org

二、似然率

在个人识别的同一性鉴定中，法医统计学更倾向用似然率（likelihood ratio, LR）方法来评估遗传分析提供的证据强度。似然率基于两个假设。例如，现场血痕 DNA 和嫌疑人血液 DNA 表型组合均为 E，可以考虑两种假设：①现场血痕是嫌疑人所留（原告假设）；②现场血痕是一个与案件无关的随机个体所留（被告假设）。似然率是假设①条件下现场血痕与嫌疑人的表型组合都是 E 的概率与假设②条件下现场血痕与嫌疑人的表型组合都是 E 的概率之比。

用竖线分开条件与事件，竖线右边为条件，左边为事件。$Pr(E|Hp)$ 为原告假设 Hp 条件下获得证据 DNA 图谱的概率，$Pr(E|Hd)$ 为被告假设 Hd 条件下获得证据 DNA 图谱的概率。则似然率可写为：

$$LR = \frac{Pr(E|Hp)}{Pr(E|Hd)}$$

对于仅由一名个体留下的斑痕，在原告假设（Hp）条件下获得证据 DNA 图谱的概率为 $1 \times 1 = 1$；而在被告假设（Hd）条件下获得证据 DNA 图谱的概率即随机匹配概率 $1 \times P(X) = P(X)$，以频率来估计概率，数值上为人群中这种 DNA 图谱的频率 $P(X)$。这种情况下 LR 是群体中这种 DNA 图谱表型频率的倒数，$LR = 1/P(X)$。

如前例，现场血痕与嫌疑人的 13 个 STR 分型相同，其 LR 为：

$$LR = 1/P(X)$$
$$= 1/0.000\,000\,000\,001$$
$$= 1\,000\,000\,000\,000$$

似然率提供了一种基于术语"支持"的简单约定，以便根据一定数据来支持一种假设，排斥另一种假设。如果似然率在数值上超过 1，证据支持原告假设（Hp）。反之，如果小于 1，则支持被告假设（Hd）。实践中，LR 大于全球人口总数！从法医遗传学角度，可以认为遗传分析提供的证据是充分的。

综上所述，对法医个人识别科学证据的评估，至少需要考虑遗传标记的系统效能和具体案件的鉴定结果，给法庭提供量化的科学证据。不同术语表达的概念与数值意义不同，在使用时需要特别注意（表 19-3）。

表 19-3　不同术语表达的概念与数值意义

术语	个人识别能力	匹配概率	似然率
表达的概念	遗传标记区别群体中随机抽样的两名个体的能力	一名随机个体碰巧与作为证据的检材（现场检材）表型匹配的可能性	两个条件概率（Pr1（E＝X 和 S＝X）和 Pr2（E＝X 和 S＝X））的比值
公式	$DP=1-\sum Pi^2$	$1\times P(X)$	$LR=1/P(X)$
公式中表型频率的区别	Pi 指群体中每一种表型的频率，因此 $\sum Pi^2$ 是所有表型频率的平方和	X 指实际检测出的样本表型，因此 P（X）是特指这种表型在群体中的频率	X 指实际检测出的样本表型，因此 P（X）是特指这种表型在群体中的频率
用途	遗传标记的系统效能分析	遗传标记的个案应用	遗传标记的个案应用
数据形式	概率	概率	实数（两个条件概率的比值）
数值意义	越大，即越接近 1，说明遗传标记区别两名无关个体的能力越强	越小，即越接近 0，说明随机个体碰巧匹配的可能性小，作为证据的检材（现场检材）与嫌疑人的表型匹配非常不像是一个随机事件，因此支持这两个样本来自同一个人的假设，也就是支持现场检材是嫌疑人留下的假设	越大，越支持原告假设，即支持现场检材是嫌疑人留下的假设

应该强调的是，法医 DNA 实验室的质量保证和质量控制体系是 DNA 证据统计学解释的前提。没有质量保证的 DNA 分型或只简单地做少数几个 DNA 遗传标记，鉴定所提供的证据强度是有限的。只有在有效的质量控制体系下联合使用多个 DNA 遗传标记，才能提高证据强度。为案件侦查提供线索、为审判提供确凿无误的科学证据。

知识链接 19-2 ▶

法医 DNA 鉴定的质量控制体系

　　法医 DNA 鉴定的质量受很多因素的制约，必需有一套质量控制体系进行质量管理，其中包括完备的体系文件、有效的监督机制、完整的证据链、科学的技术方法、足够的技术能力、完善的防污染措施和监控手段。防污染措施要求对 DNA 实验室实行分区域管理和定期清洁制度，以防止检验过程中的交叉污染；对人员防护是防止发生人员污染的根本途径；对试剂及消耗品的质量进行控制是获得准确和可靠结果的关键，使用前需对其进行质量控制检验。污染监控措施应包括平行设置不同类型的对照样本；建立 DNA 质控库，储存需要排除的相关人员 DNA 的分型数据；同批次样本间 DNA 分型结果的比对可以发现样品编号混淆和样本交叉污染造成的错误；核查 DNA 图谱中是否存在多余的谱带或明显不符合逻辑的情况，以期发现特定情况下的 DNA 污染。DNA 实验室认可从管理和技术两个方面对建立完整的质量控制体系提出了具体要求，要求具备完整的证据链，即应有从犯罪现场物证的提取、检验、保存一直到法庭诉讼过程的记录；仪器校准和期间核查是保证鉴定结果准确可靠的一个重要质量保证；方法确认及能力验证对科学、可靠的操作起指导作用，对发现检验中存在的问题及技术人员的水平等具有很好的客观评估作用。

本章小结

　　法医物证学通过遗传标记分析为案件侦查提供线索，为审判提供科学证据。通过使样本的一系列表型组成一个稀有现象，一个嫌疑人和现场检材具有同一种稀有表型，支持现场检材是他留下的论点。这种统计学理论是遗传标记分析作为科学证据的基础。法医个人识别时，包括 DNA 在内的任何遗传标记分析都是基于这种统计学理论。个人识别能力是遗传标记区别群体中随机抽样的两名个体的能力，通常用于评估系统效能。对于具体个案鉴定，个人识别的实质是通过比较现场检材与嫌疑人的遗传标记，判断是否为同一个体。用于个案分析的匹配概率，是指一名随机个体的表型碰巧与检材表型匹配的概率。法医统计学用似然率（likelihood，LR）方法来评估个案中遗传分析提供的证据强度。

关键术语

个人识别能力（discrimination power，DP）

匹配概率（match probability）

似然率（likelihood ratio，LR）

（侯一平）

思考题

1. 怎样评估遗传标记个人识别的系统效能？
2. 怎样评估遗传标记对具体个案的鉴定能力？
3. 试述匹配概率的意义。
4. 试述似然率的意义。
5. 具体案件中应当怎样评估 DNA 证据？

第二十章　DNA 数据库

学习目标

　　通过本章学习,应该**掌握**法医 DNA 数据库的概念,特别是犯罪人员 DNA 数据库和现场物证 DNA 数据库的概念;还应掌握 DNA 数据库的功能。**熟悉**其他法医 DNA 数据库的组成;也需熟悉 DNA 数据库的意义及理论依据。**了解**法医 DNA 实验室的质量控制;DNA 数据库的分型数据;以及 DNA 技术的标准化。

　　DNA 数据库(DNA database)由脱氧核糖核酸的信息所构成。广义的 DNA 数据库包括了生物学各个研究领域所获得的 DNA 数据。目前,国际上广为应用的三个主要的生物信息数据库,即欧洲生物信息学研究所(European bioinformatics institute,EBI)、美国的国立生物技术信息中心(national center for biotechnology information,NCBI)和日本的日本 DNA 数据库(DNA data bank of Japan,DDBJ)涵盖了 DNA 数据库的内容,广义 DNA 数据库侧重于基因及其相关 DNA 序列的信息处理。然而,始建于 20 世纪 90 年代的以刑事案件侦破为主要目的 DNA 数据库,其内容有别于广义 DNA 数据库,服务对象仅限于司法机构及有关部门,旨在为司法实践中的案件侦破或审判提供更强有力的手段。

第一节　DNA 数据库概述

　　DNA 数据库的诞生和发展得益于标准化的法医 DNA 分型,发展日趋成熟的计算机及网络技术和有关法律的不断完善。DNA 数据库是 DNA 检测技术、数字化技术、计算机网络通信技术和数据库技术四种技术有机的结合。

一、DNA 数据库的概念

　　DNA 数据库也称为 DNA 犯罪调查数据库(DNA criminal investigative database),是将法医 DNA 多态性分析技术与计算机网络传输技术和大型数据库管理技术相结合而建立的,对各类案件现场法医物证检材和违法犯罪人员样本的 DNA 分型数据及相关的案件信息或人员信息进行计算机存储,并实现远程快速对比和查询的数据共享信息系统。

知识拓展 20-1 ▶

法医 DNA 数据库相关的网络资源

　　1. 由美国国家标准和技术学会建立的 STR 数据库,数据库包括 STR 数据库的基本信息、法医学领域中相关 STR 的信息、其他 DNA 标记信息和非人类 DNA 资源、实验室资源和工具以及 STR

在人类个人识别及相关 DNA 诊断方面的应用等，是一个非常系统和全面介绍 STR 信息的数据库。网站为：http://www.cstl.nist.gov/biotech/strbase/。

2. 由美国国家生物技术信息中心建立的以 SNP 为主的数据库，其不仅包括 SNP 的数据信息，同时还包括插入/缺失、微卫星及非多态性等多种小型的变异，网站为：http://www.ncbi.nlm.nih.gov/snp/。

3. 由英国政府下议院民政事务委员会建立的国家 DNA 数据库，数据库包括众多的与 DNA 数据库建设相关的文件，如国家 DNA 数据库战略委员会发布的指导性文件、国家 DNA 数据库建设相关统计学分析、起始于 2006 年的国家 DNA 数据库年度报告书等。网站为：https://www.gov.uk/government/collections/dna-database-documents。

二、DNA 数据库的意义及理论依据

利用 DNA 鉴定技术帮助破案和打击罪犯是目前法医司法鉴定过程中积极采用的手段和方法之一，也是国内外法医物证检验最主要的技术发展方向。因为暴力性犯罪的现场可发现非常有价值的生物学检材，采集相应的检材，进行 DNA 遗传标记检测、分析与数据比较，能够更加快速、准确、科学地提供即时证据，提高破案效率。

DNA 数据库的意义主要在于使法医 DNA 检验由被动发现犯罪嫌疑人转变为主动发现犯罪嫌疑人。被动方式是犯罪现场发现提取犯罪嫌疑人遗留的生物物证后，必须等待侦察部门发现犯罪嫌疑人，才能通过 DNA 检验进行个人识别。而主动方式是现场提取的可疑 DNA 可立即进行检验，将 DNA 数据输入数据库检索，主动比对、查找、发现犯罪嫌疑人。

案例 20-1 ▶

DNA 数据库协助破获系列抢劫强奸杀人案

2008 年 1 月 24 日上午，文某在 A 市一小区家中被一男子将门骗开，遭抢劫强奸。案件发生后，经对现场提取的物证进行 DNA 检验，获得了犯罪嫌疑人的 DNA 分型数据，并录入 DNA 数据库中。

2008 年 2 月 25 日上午，一男子潜至 B 市某区一出租房内，将室内 2 名女子捆绑强奸。中午过后，该男子又捆绑了另 2 名来室内休息的女子，并实施抢劫。经对现场物证进行 DNA 检验并录入 DNA 数据库进行比对后，发现与文某案比中，两案并案。

在以上两案发生后的接续半年时间里，该犯罪嫌疑人在 A 市、B 市、C 市等地疯狂作案 11 起，未遂 1 起，致 4 人死亡，抢劫人民币 2 万余元；强奸作案 7 起，未遂 3 起；猥亵妇女 1 人。11 起案件均发生在市内的开放型小区，且都是在白天作案。

在第三起案件发生后，通过 DNA 检验迅速并案，并案结果通报给 A 市和 B 市两地警方。经进一步调查，A 市警方获取了三大重要证据：一是获取了犯罪嫌疑人的 DNA；二是犯罪嫌疑人在银行取款时，监控镜头将犯罪嫌疑人身高、体态、习惯特征等记录下来；三是经过对犯罪嫌疑人影视资料的研究和被害人的辨认，刻画出犯罪嫌疑人的体貌特征。警方经综合分析，特别是根据 DNA 的检验结果，推断 11 起案件应该是一人所为。其后，A 市警方抓获犯罪嫌疑人林某某，经 DNA 检验并复核，认定了犯罪嫌疑人。

DNA 技术在此案破获中起了重要的作用：一是通过及时检验，最先将几个不同地点发生的案件进行并案，为侦破提供了科学依据；二是为侦查部门排查和确定罪犯提供了强有力的参考。

DNA 数据库建立的理论依据包括：①现代刑事犯罪理论，即有接触就会遗留有痕迹。现场遗留痕迹包括血痕、精斑、唾液斑和毛发等往往是与案件事实有联系，通过比较案发现场收集到的生物检材与受审查个体的 DNA，判断是否为同一个个体。可以为侦查提供线索。②暴力罪犯存在再次或多次犯罪的倾向。暴力性犯罪人员当第一次被指控的罪名成立时，采样分析其 DNA 数据。假如其再次犯罪，只要在现场遗留有生物检材，就可对该生物检材进行 DNA 分析，经数据库内检索比较结果，可以为侦察提供线索。

三、DNA 数据库的国内外发展现状

始建于二十世纪九十年代初期的以 DNA 遗传标记信息为基础的国家犯罪人群的数据库系统，首先来自美英等国家。伴随 DNA 数据库在刑事案件侦破中所发挥出的重要作用，世界各国对其建设产生了越来越高的重视。到目前为止，世界上大多数国家或地区已经先后建立了相应的 DNA 数据库。其中，美国联邦调查局提出以 13 个 STR 基因座为核心的 DNA 识别检索系统（combined DNA index system，CODIS）建立国家 DNA 数据库。该系统通过计算机网络将分散在各地区的法医学实验室 DNA 分型资料以电子资料的形式储存于 DNA 库中，并完成 DNA 分型资料之间的比对。目前很多国家和地区采用了 CODIS 系统建设 DNA 数据库。

知识链接 20-1 ▶

FBI 的 CODIS

DNA 联合索引系统（Combined DNA Index System，CODIS）指现行的美国刑事司法 DNA 数据库及相关运行软件，由美国联邦调查局（Federal Bureau of Investigation，FBI）支持运行。在整个美国执法实验室中，依据 DNA 数据库的强有力支持，应用 CODIS 系统已经非常普遍。目前，在世界上的 52 个国家中建立了 87 个 CODIS 站点，并且仍在扩展。

国家 DNA 指标体系（National DNA Index System，NDIS）即国家 DNA 数据库，是 CODIS 的一个组成部分；由来自所有 50 个州和司法部、哥伦比亚地区、波多黎各以及美国陆军犯罪实验室的超过 190 个 DNA 实验室所提供的 NA 数据组成。截止升级到 2014 年的数据，美国 NDIS 储存有近 13 000 000 犯罪人员 DNA 分型等信息，也存有近 550 000 现场提取检材的 DNA 分型等信息。目前，CODIS 的数据库仍在继续升级，其中也包括扩展 CODIS 的核心位点。

英国是世界上最早建立 DNA 数据库的国家，其建库要求罪犯和嫌疑人的 DNA 数据必须入库。目前其总库容仍然位列世界前三位，截止到 2014 年 3 月统计的数据，DNA 的储存信息达到 617 万条。其他欧盟国家从二十世纪九十年代末也陆续开始建立了 DNA 数据库，同时成立了欧洲法科学研究所网络组织，以协调 DNA 数据库的研究和有效应用，部分国家和地区已经通过互联网将数据库信息连接，用以扩大对犯罪的打击范围，并取得了巨大的成效。

我国 DNA 数据库建设已经形成一定的规模，除精选出了合适的 STR 位点外，也为库的应用积累了大量的基础资料。截止到 2014 年，我国 DNA 数据库的储存信息已经接近 3000 万条，所进行数据库信息相关研究的实验室数百个，几乎横跨我国的所有省市、自治区和直辖市。此外，我国的香港和台湾也建立了 DNA 数据库。

第二节　DNA 数据库的组成和功能

作为以计算机网络和相应运行软件为主体的 DNA 数据库具备跨越时间及空间的 DNA 分型等信息的存储、查询等功能。

一、DNA 数据库的组成

DNA 数据库包括两个基本的数据库,即犯罪人员 DNA 数据库和现场物证 DNA 数据库。伴随着 DNA 数据库的规模扩大,目前也有将亲属样本库及基础 DNA 数据库纳入其中的(图 20-1)。

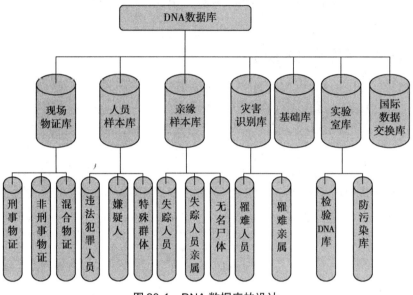

图 20-1 DNA 数据库的设计

(一)犯罪人员 DNA 数据库

犯罪人员 DNA 数据库(convicted offender DNA database)即刑事犯罪人员 DNA 数据库,简称前科库,是由犯罪人群或犯罪高危人群的 DNA 分型结果构建的数据库。其主要的信息来源是暴力犯罪(如抢劫、强奸、凶杀等)人员的生物学样本,对其进行 DNA 多态性分析,将得到的分型数据储存起来而形成。

(二)现场物证 DNA 数据库

现场物证 DNA 数据库(forensic casework sample DNA database)简称现场库,是对案件或事故现场有价值的各类生物学检材进行筛选及 DNA 分型,然后按照检验材料的不同类型进行数据储存而形成的一个数据库。其主要的信息来源是犯罪现场的生物学检材,如精斑、唾液、毛发、血迹等,特别是未破案件的检材,将检测后的 DNA 分型数据输入到数据库中,可备用于今后的检索和串联并案研究。

(三)失踪人员库

失踪人员库(missing persons DNA database)也称作亲属样本库,主要存储已失踪人员(包括被拐卖儿童和无名尸体)的父母或配偶和子女、或其他与失踪人员有血缘关系的 DNA 分型数据及相关信息的 DNA 数据库。

(四)基础 DNA 数据库

基础 DNA 数据库(basic DNA database)主要储存各基因座的染色体定位、有关群体的基因频率资料和基因型资料、有关法医学应用参数(H、Dp、PE、PIC)等信息,从而进一步保证了数据库的应用和运行的科学性。

此外,构建国际数据交换库以实现国家间 DNA 数据交换的设想可能会在不远的将来实现。2002年国际刑警组织要求其成员国家开展 DNA 数据库建设,建议各国家数据库之间互联,以实现信息共享。目前已有近百个国家建立了国家 DNA 数据库,而且众多的国家越来越支持信息共享的倡议。

二、DNA 数据库的功能

（一）DNA 数据库的信息存储功能

1. 自然信息　其中在前科库中的基本信息包括样本编号、姓名、性别、民族、住址、身份证号码等个人信息，以及以往的犯罪记录；现场库中的基本信息包括样本编号、案名、发案时间、发案地点、检材、取样时间、取样单位、检验单位及检测人等。

2. DNA 遗传标记信息　DNA 遗传标记以常染色体 STR 遗传标记为主体，同时包括性染色体的 Y-STR、X-STR，以及线粒体 DNA 序列信息。考虑以个人识别为主的生物学样本，推荐最好检出 9 个以上的常染色体 STR 基因座，如进入 CODIS 系统的常染色体 STR 标记为 13 个。

3. 管理信息　管理信息包括了从受理检验、登记信息以及从预实验到 DNA 检验分析的全过程；也包括对结果的研判、DNA 信息的确定、信息入库、鉴定书的生成等实验信息及实验人员管理信息、检验信息等。将管理系统引入 DNA 数据库，把标准化与质量控制以固化的形式融于 DNA 分析过程中，可以从源头上保证 DNA 数据的可靠性。

（二）DNA 数据库的自动比对功能

DNA 数据库通过其数据自动对比最终完成其同一性鉴定和亲缘关系鉴定的功能。

1. DNA 数据库同一性鉴定　①现场库中一个数据与前科库的比对：即某一现场生物学检材与某一个体的一致性鉴定。其功能主要体现在当案件发生时，对涉案的法医物证检材进行 DNA 遗传标记检测获得结果后，将 DNA 分型结果在库内搜索，当 DNA 分型结果与库内某一个体的 DNA 分型结果一致时，强烈提示该个体是此案件的犯罪嫌疑人，结果可迅速提供侦查线索和缩小侦查范围。②现场库中多个数据与前科库的比对。即当案件的涉案检材 DNA 分型结果与库内某一个案件或某几个案件的涉案检材 DNA 分型结果一致时，则强烈提示这些案件的作案人是同一人，结果则为串并案侦查提供依据。而如果涉案检材 DNA 分型结果与库内样本均不相同，则在较大程度上排除库内人员作案，排除与库内案件关联。

知识拓展 20-2 ▶

数据库比中结果的应用

新近得到的数据需进入 DNA 数据库进行自动检索比对，依据比对结果发布比中信息。

1. "盲中"信息的确认　通过 DNA 数据库的检索比对，如果出现预料之外的比中信息，称之为"盲中"(blind hit)或"冷中"(cold hit)。对于"盲中"信息，需要通过核查原始档案、基因座匹配情况、复核检验等方法进行复核确认。

2. 比中结果的应用　经过复核确认的"盲中"结果只是为侦查提供了线索，并不意味着串并案或认定了犯罪嫌疑人。即使在所有数据库中的 DNA 分型全部正确，对于 DNA 数据库而言也存在"错中率"（不同个体在偶然情况下具有相同的基因型所致）。"错中率"的平均大小为 $2(N-d)pA$，其中，N 为人群的大小，d 为数据库的大小，pA 为选用基因座在人群中的平均匹配概率。因此，对数据库比中结果的应用还要依赖于其他的证据作为辅助。

3. 数据库的扩展应用　虽然我国 DNA 数据库规模迅速扩大，但各省之间存在着严重的发展不平衡，其作用尚待进一步加强。在保证 DNA 鉴定质量上，需要完成 DNA 质控库等；在数据库功能上，可以开展亲缘关系检索查询、建立 Y- 和 X-STR 数据库检索查询等；在发挥数据库作用上，可以积极开展国际合作，打击跨国犯罪。

---

2. DNA 数据库亲缘关系鉴定　①可以利用 DNA 信息进行单亲或双亲比对查询，亦可对性染色体 STR 进行家系关系比对；②现场库中的 DNA 分型数据还可以对一些碎尸、空难、交通事故、爆炸和火灾中等受害者进行身源认定。

DNA 分型信息自动比对后通常显示几种可能的结果：①是现场物证检材或人员的 STR 基因分型或 mtDNA 序列测定结果一致，可以发布信息，由各检验方取原检材复核确定相关性；②若两样品相差一个等位基因时，需要复核或换试剂盒，必要时需采取进一步的分析方法；③若两样品相差两个或以上等位基因时系统默认不同，不显示结果。

实现 DNA 数据异地查询、资源共享是 DNA 数据库的基本功能。但 DNA 数据库中的数据资源共享必须限定在特定的范围内，并需要设置不同级别的查询权限。DNA 数据库的 DNA 数据是将每一个体或样本的一系列 DNA 多态性遗传标记检测结果，作为一组数据进行储存的，每一组数据必然关联特定的个人档案资料或案件资料。由于数据库涉及个人资料，必须确保数据库不被无关人员侵入，确保数据的安全和机密。

利用 DNA 数据库对于识别重复犯罪和多次犯罪者具有最直接而重要的价值。理论上，包括全世界所有个体在内的 DNA 数据库其使用价值最大，但这样理想数据库的构建至少近期难以实现。如此，恰当选择入库人员对 DNA 数据库效能发挥将具有决定性作用。重点选择刑事犯罪行为人，特别是容易发生重复犯罪和多次犯罪者登记入库，将有效保障 DNA 数据库的应用价值。

此外，还可以采用家族搜寻（Familial search）方式以最大限度地利用现有数据库，这类搜寻只在局部区域的 DNA 数据库进行，对于个体间 DNA 图谱部分匹配的结果进行分析。家族搜寻的依据是：近亲属个体间 DNA 图谱相似的概率大于无关个体间的概率，因为前者之间拥有共同的祖先；虽然该方式搜寻的应用价值远不能与 DNA 图谱直接比中相比，但仍可为检验人员提供线索，目前，以该方式搜寻发现线索进而破获的案件也不乏其例。

三、我国法医 DNA 数据库的结构和职责

我国的法医 DNA 数据库与美国的 CODIS 系统非常相似，也为三级结构形式，分别为中央库（公安部）、省级库和市级库及县级库。各级 DNA 数据库行使着不同的职责，其具体表现为如下（图 20-2）。

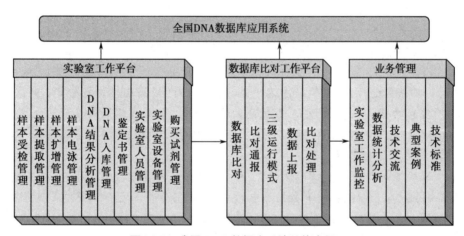

图 20-2　我国 DNA 数据库系统总体介绍

1. 中央 DNA 数据库　①接纳和管理省级 DNA 数据库输入的 DNA 分型数据及信息代码；②接受各省级公安机关人工或自动查询比对，市级公安机关人工查询比对；③中央机关所承办的案件作为一个独立单位，按相关标准要求将 DNA 分型数据和信息代码输入中央 DNA 数据库。

2. 省级 DNA 数据库　①接纳和管理市级 DNA 数据库输入的 DNA 分型数据及信息代码；②定期把本省 DNA 数据库的 DNA 分型及信息代码传给中央 DNA 数据库；③接受全国各地公安机关的查询比对；④按公安部发布的法庭科学 DNA 技术领域的行业管理指导性文件中的技术方法收集本地违法犯罪人员的 DNA 分型数据，以及未破案件现场生物物证的 DNA 分型数据，并输入省级 DNA 数据库。

3. 市级 DNA 数据库　①定期把市级库的 DNA 分型数据及信息代码传送给省级 DNA 数据库；

②按公安部发布的法庭科学DNA技术领域的行业管理指导性文件中的技术方法收集本地违法犯罪人员的DNA分型数据,以及未破案件现场生物物证的DNA分型数据,并输入市级DNA数据库。

第三节　DNA数据库的质量控制

DNA数据库的质量控制(quality control,QC)是其准确实施的前提条件。例如:参与建库的法医DNA实验室质量应严格控制;参与建库的各个地区使用共同的DNA标记和标准,使进人数据库的结果能够比较;标准化的软件,使实验室之间能交换数据。

一、法医DNA实验室的质量控制

法医DNA实验室的质量控制程序包括:①质量控制目的和目标。②组织与管理,明确所有与DNA分析有关人员的职责、权利和相互关系等。③人员资格的确立:首先,要求对实验人员进行相应的教育、培训和交流;其次,技术管理者应是在生物、化学或法庭科学等相关领域获得硕士学位或做研究工作数年,同时要求至少在法医DNA实验室工作三年以上;检验人员也应具备相关学科的学士学位及法医DNA分析技术的理论基础,同时应至少在法医DNA实验室工作六个月以上;实验员/技术员应接受相关工作性质的特别培训及参与法医DNA技术相关的资格考试。④设备的要求:法医DNA实验室应提供足够安全和保证最小污染的设施。应保证无关人员不得随意进出实验室;PCR扩增前的试剂、物证检查、DNA提取和PCR扩增加样应在不同时间或不同地点分开进行;DNA的扩增、产物的检测、贮存应与物证检查、DNA提取及PCR加样隔离开;实验室对设备及程序进行检验、清洁和净化应有书面记录。⑤物证检材管理:实验室应有物证控制体系以保证物证检材的完整性。体系应保证物证检材有标记、编号等,以免混淆;保证各个环节的物证监管;保证物证检材的最小限度损失、污染或改变;有贮存物证检材的安全区域。⑥技术评估:主要包括最初技术评估的书面记录;法医DNA新的检测技术应用前要进行技术评估以保证其准确性、精确性和可靠性;实验室规定的内部技术评估;采用权威部门公布的,或有关科技著作发表的,或已有定论的方法。⑦分析检验程序:主要包括遵循已有的经核准的检验方法;使用与所用方法相适应的试剂;应有测试样本DNA浓度的方法;采用合适的对照和标准监控分析过程;定期检查DNA检验程序;制定且执行书面的诠释实验数据的手册。⑧仪器校准和维护:实验室应使用适合于所选实验方法的仪器;应备有仪器设备校准的书面程序;应按书面程序执行仪器设备的正常保养。⑨能力验证:法医DNA实验室应每年按标准进行检查,此外还必须每两年有其他机构参与一次。

二、DNA数据库的分型数据

在DNA数据库建设与运行中,获得样本准确的DNA分型数据是数据库建设与运行质量的关键。这部分工作由法医DNA实验室承担,严格遵照上述的法医DNA实验室质量保证体系是保障DNA检测分型结果准确无误的重要条件。实现数据库功能是基于对样本DNA分型结果进行比对做出的判断,凡登记入库和用于入库搜索比对的DNA分型结果必须准确无误。任意一个样本的DNA分型结果的错误,哪怕是一个基因座,甚至一个等位基因的分型错误,都将产生错误的搜索比对结果,导致错误的判断。DNA分型数据一旦登记入库后,使用中很难发现其分型结果的错误,入库DNA分型结果准确无误对法医DNA数据库非常重要,任何环节导致的DNA分型数据错误都可导致假排除或假认定两类错误结果中的一种,两种后果都十分严重;假排除错误可使罪犯一直逍遥法外,即使再作案也依然被排除,假认定错误可导致错误执法,造成冤假错案,而漏掉真正的罪犯。

三、DNA技术标准化

为了使DNA数据库顺利无误地运行,DNA技术标准化是建库的基础和保障。21世纪开始,我国陆续发布了法庭科学 DNA 技术领域的行业标准和管理指导性文件,如《DNA 数据库选用的基因座及其数据结构》《法庭科学 DNA 实验室规范》及《法庭科学 DNA 实验室检验规范》等,为解决 DNA 数据库质量控制的问题提供了整套完善的可行性方案,也成为今后 DNA 技术发展的指导性行业标准。

知识拓展 20-3 ▶

法医 DNA 分型规范文件和技术标准

为了实现实验室的规范化和标准化,我国公安机关 DNA 实验室借鉴国外先进实验室建设管理经验,以期强化指导自身的建设与发展。公安部先后下发了《全国公安机关 DNA 数据库建设任务书》《2004—2008 年公安机关 DNA 数据库建设规划》《全国公安机关 2009—2013 年 DNA 数据库建设规划》《公安机关查找被拐卖儿童 DNA 检验技术应用规范(试行)》《法庭科学 DNA 实验室规范》(GA/T382-2002)、《法庭科学 DNA 实验室检验规范》(GA/T383-2002)、《法庭科学 DNA 数据库建设规范》(GA/T418-2003)、《法庭科学 DNA 数据库选用的基因座及其数据结构》(GA/T469-2004)、《法庭科学 DNA 数据库现场生物样品和被采样人信息项及其数据结构》(GA/T470-2004)等多项规范文件和技术标准,以指导和推动 DNA 检验和数据库建设工作。目前包括公安、司法和高校等 DNA 实验室均依据这些规范和标准进行科学管理和质量水平控制。

本章小结

本章介绍了 DNA 数据库的概述,包括法医 DNA 数据库的产生的背景;法医 DNA 数据库的概念;DNA 数据库的意义及理论依据;DNA 数据库的国内外发展现状。DNA 数据库的组成和功能,包括 DNA 数据库的组成,重点介绍了犯罪人员 DNA 数据库和现场物证 DNA 数据库的概念;DNA 数据库的功能,重点介绍了其信息存储和自动比对功能;我国法医 DNA 数据库的结构和职责。DNA 数据库的质量控制,包括法医 DNA 实验室的质量控制;DNA 数据库的分型数据;DNA 技术标准化。

关键术语

DNA 数据库(DNA database)

DNA 犯罪调查数据库(DNA criminal investigative database)

DNA 识别检索系统(combined DNA index system,CODIS)

犯罪人员 DNA 数据库(convicted offender DNA database)

现场物证 DNA 数据库(forensic casework sample DNA database)

失踪人员库(missing persons DNA database)

基础 DNA 数据库(basic DNA database)

质量控制(quality control,QC)

（庞　灏）

思考题

1. 如何理解主动与被动发现犯罪嫌疑人?法医 DNA 数据库对于主动发现犯罪嫌疑人的意义?

2. DNA 数据库的概念。

3. 试述 DNA 数据库的组成。

4. 试述 DNA 数据库的功能。

5. 对 DNA 数据库建设和运行中的质量控制有何要求?

主要参考文献

1. 侯一平. 法医学. 第 3 版. 北京: 高等教育出版社, 2015.

2. Li L, Hou Y. Forensic Medicine: An English Textbook for Medical Students, Law Students and Forensic Medical Experts. Beijing: People Medical Publishing House, 2014.

3. 刘耀, 丛斌, 侯一平. 实用法医学. 北京: 科学出版社, 2014.

4. 王保捷, 侯一平. 法医学. 第 6 版. 北京: 人民卫生出版社, 2013.

5. Butler JM. 法医 DNA 分型专论: 方法学. 侯一平, 等译. 北京: 科学出版社, 2013.

6. 侯一平. 法医物证司法鉴定实务. 北京: 法律出版社, 2012.

7. Butler JM. Fundamentals of Forensic DNA Typing. Amsterdam: Elsevier, 2010.

8. Butler JM. 法医 DNA 分型: STR 遗传标记的生物学、方法学及遗传学. 侯一平, 等译. 北京: 科学出版社, 2007.

9. Carracedo A. Forensic DNA Typing Protocols. Totowa: Humana Press, 2005.

中英文名词对照索引

F

T

W

X

Y

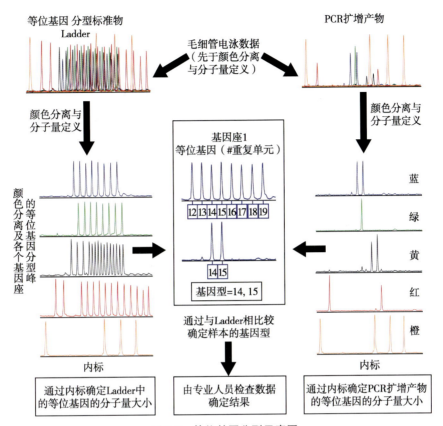

图 6-2　等位基因分型示意图

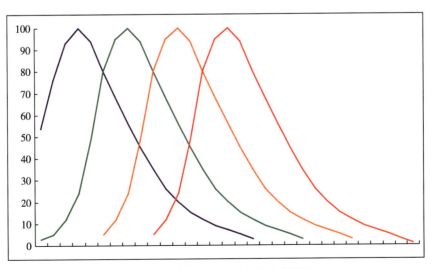

图 6-3　荧光染料之间的光谱重叠情况

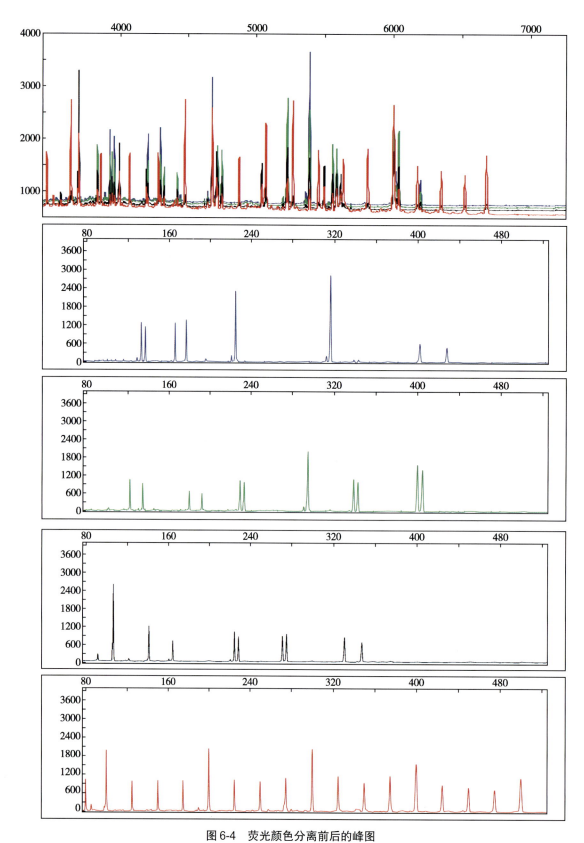

图 6-4 荧光颜色分离前后的峰图

上第 1 张图为分离前,其下 4 张图为分离后,由上至下分别为蓝、绿、黑、红色

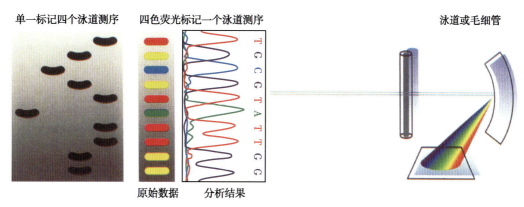

图 8-3 荧光标记末端终止法 DNA 序列测定结果

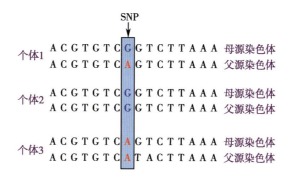

图 10-1 SNP 的二等位基因

SNP 位点如图中蓝色框所示,个体 1 为杂合子,个体 2 与个体 3 为纯合子

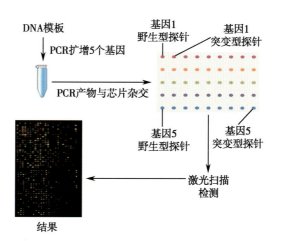

图 10-3 DNA 芯片技术流程

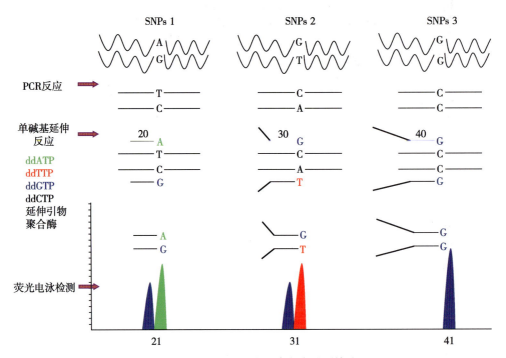

图 10-9 SNaPShot 进行多位点复合分型检验原理

28检